PARIS

PENDANT

LA DOMINATION ANGLAISE

(1420-1436)

DOCUMENTS

EXTRAITS DES REGISTRES DE LA CHANCELLERIE DE FRANCE

PAR

AUGUSTE LONGNON

A PARIS

Chez H. CHAMPION

Libraire de la Société de l'Histoire de Paris

Quai Malaquais, 15

1878

PARIS

PENDANT

LA DOMINATION ANGLAISE

(1420-1436)

IMPRIMERIE GOUVERNEUR, G. DAUPELEY

A NOGENT-LE-ROTROU.

INTRODUCTION.

Notre recueil se compose exclusivement des pièces relatives à Paris et aux Parisiens que renferment, pour la période de l'occupation anglaise, ceux des registres de la chancellerie de France, vulgairement connus sous le nom de registres du Trésor des chartes, que l'on possède encore[1]. Sur les 176 lettres royaux qui le forment, les 31 premières, antérieures à la mort de Charles VI (31 octobre 1422), sont données au nom de ce malheureux prince que le néfaste traité de Troyes (20 mai 1420) avait placé sous la tutelle du roi d'Angleterre Henri V, en assurant aux adversaires de la maison de Valois la succession à la couronne de France qu'ils convoitaient depuis près d'un siècle.

Ces 176 lettres royaux, dont huit seulement ont été imprimées jusqu'à ce jour[2], peuvent se diviser en plusieurs séries que nous

---

1. Les registres du Trésor des chartes où nous avons puisé sont au nombre de cinq ; ils sont cotés JJ. 171 à 175. Le registre JJ. 171 renferme exclusivement des pièces relatives au règne de Charles VI (1418-1421); JJ. 172 contient à la fois des lettres données au nom de Charles VI et à celui de son petit-fils et successeur Henri VI (1420-1424); enfin les trois derniers ne sont composés que de documents se rapportant au temps de la domination de Henri VI à Paris.

2. Ce sont nos pièces LXI, LXXIX, XCVIII, CLV, CLVI et CLXI, publiées

examinerons successivement en les classant selon leur importance numérique.

I.

La série des donations faites par le roi d'Angleterre, Henri V, au nom de Charles VI, ou par le duc de Bedford au nom de son neveu le roi Henri VI, est de beaucoup la plus importante au point de vue matériel; elle est aussi d'une importance incontestable au point de vue du contingent de renseignements qu'elle fournit sur l'entourage des princes anglais. Grâce aux 66 lettres de don que comprend notre recueil, on pourra dire désormais la part que bon nombre des favoris de Henri V ou de Bedford reçurent dans les dépouilles des Parisiens restés fidèles à la cause de la dynastie nationale, celle même de Bedford, celle d'Isabeau, l'indigne souveraine qui n'avait pas craint de souscrire à l'exhérédation du seul des fils qui lui restât. On saura exactement quelles propriétés, quels revenus parisiens ont été assignés aux partisans, aux serviteurs du puissant duc de Bourgogne, de ce prince du sang royal que le meurtre de Montereau avait jeté fatalement dans l'alliance anglaise; c'est-à-dire à Jean de Luxembourg, cette sorte de vice-roi de Picardie qui tint Jeanne d'Arc prisonnière durant six mois dans le château de Beaurevoir; à Guy Guillebault, trésorier du duc Philippe; à Jean de Courcelles, chevalier; à Jean de Puligny, seigneur de la Motte-Tilly; à Guillaume de Châtillon, capitaine de Reims; à l'écuyer bourguignon Hugues de Saubertier; à Roland de Dunkerque, devenu grand panetier de France; à Guy le Bouteiller, seigneur de la Roche-Guyon, que le roi Henri V lui avait donné après en avoir dépouillé ses légitimes propriétaires; à Jean Bezille, seigneur de Maye et de Buffières, comme à Jacques de Montberon, qu'on voulait dédommager

---

en 1783 dans le Recueil des *Ordonnances des rois de France;* notre pièce CXLV publiée en 1861 à Londres par M. Stevenson, et notre pièce XIV publiée en 1864 par M. Douët d'Arcq.

ainsi de l'occupation de leurs biens patrimoniaux par le parti dauphinois ; à Guy, bâtard de Jean Sans-Peur, le prince bourguignon de sinistre mémoire ; à Bérard de Montferrand, chevalier ; à Guy, le beau sire de Bar, qui avait occupé par deux fois en 1418 le poste si peu assuré alors de garde de la prévôté de Paris ; à Roger de Bréauté, chevalier normand, auquel on assigna à Paris un revenu annuel de 400 livres tournois, en dédommagement de ses biens confisqués au temps où le parti de Bourgogne combattait encore les Anglais ; à Guillaume, seigneur de Châteauvillain ; au maréchal de l'Isle-Adam, ce Français dont le regard trop fier avait blessé le roi Henri V, et à Jean de Chaulnes, dit Borgnet, chevalier. On trouvera aussi la part du grand clergé anglo-bourguignon dans les lettres de don accordées à Jean de Thoisy, évêque de Tournai, à Charles de Poitiers, évêque de Langres, à Jean de la Rochetaillée, archevêque de Rouen, et à Louis de Luxembourg, évêque de Thérouanne et chancelier de France[1].

Henri V n'oublia pas de récompenser les principaux chefs de la faction cabochienne de 1413 ou leurs parents, comme Jean de Saint-Yon, Jean le Gois, Garnier de Saint-Yon et Jean de Beloy, en assignant aux deux premiers une rente annuelle de 300 livres, aux deux autres un revenu de 200 livres parisis assis sur les biens confisqués des émigrés parisiens ; ce qui, plus tard, n'empêcha pas Jean de Saint-Yon, devenu conseiller du roi Henri VI et trésorier gouverneur général de ses finances, de recevoir par trois fois, au moins, des témoignages de la libéralité de Bedford. Le roi d'Angleterre donnait aussi en 1422, au nom de Charles VI, 200 livres parisis de rente annuelle à neuf des principaux auteurs de la fameuse conjuration qui, en mai 1418, avait livré Paris aux Bourguignons.

A côté des donations faites aux révolutionnaires et aux conjurés

---

1. Ce n'est pas personnellement à l'évêque de Thérouanne qu'est faite la donation dont nous publions les lettres sous le n° CLII, mais bien à Jacotin le Juré, « familier et serviteur » de ce prélat.

du parti bourguignon, on trouvera dans notre recueil celles dont furent l'objet Philippe de Morvilliers, premier président du Parlement de Paris, dont l'auteur du Journal parisien, anglo-bourguignon lui-même, mais fort quinteux à la vérité, parle d'une manière bien peu élogieuse; Hugues le Coq, prévôt des marchands, à qui l'on donna les biens de son frère émigré, et Simon Morhier, prévôt de Paris, c'est-à-dire trois des plus importants fonctionnaires de la capitale. On y trouvera également les dons faits à Jean Sauvage, lieutenant civil de la prévôté de Paris, et à Jean de Fleury, contrôleur de l'audience de la chancellerie de France.

Les secrétaires du roi anglais Henri VI ont aussi quelque part aux libéralités du régent; tels sont Jean Milet, qu'on dédommage par 250 livres de revenu annuel de la perte de ses propriétés champenoises; Jean de Risnel, dont on veut récompenser les services exceptionnels rendus à Henri V, mais qui, en échange des lettres qui lui accordent un revenu annuel de 200 livres assez mal assuré, est forcé de donner quittance de 1500 livres dont le trésor royal est redevable à ses enfants; Raoul Parker, un Anglais, auquel Bedford donna plusieurs maisons confisquées; Étienne Bruneau, qui, à l'office de secrétaire du roi Henri VI, joignait celui de contrôleur de la dépense de la reine Isabeau, et Laurent Calot, neveu de Jean de Troyes, le fameux orateur de 1413.

Treize des lettres de don que contient notre recueil, et ce ne sont pas les moins curieuses, sont accordées à des hommes de guerre anglais : à Robert de Wideville, écuyer et chambellan du duc de Bedford; à Jean de Haveford, chevalier; à Robert de Willoughby, que Bedford fit successivement comte de Vendôme et de Beaumont-sur-Oise; à Richard de Beauchamp, comte de Warwick; à Walter de Hungerford, chevalier, grand-maître d'hôtel du roi Henri VI ; à Thomas de Montagu, comte de Salisbury; à Thomas Blount, chevalier, chambellan du duc de Bedford; à Robert Brit, écuyer; à Jean Harbotel, maître des ordonnances de l'artillerie du roi anglais; à Jean Chetwood, chevalier, « serviteur » du régent; à Jean Popeham, chevalier, son chambellan; et à Guillaume Cotismor, son bouteiller et aussi son chambellan. Il est à remarquer qu'aucune de ces lettres n'est antérieure à la domination nominale du roi d'Angleterre à Paris : la plus ancienne est en date de juin 1423.

Quatre autres lettres de don, dont nous n'avons point encore parlé et qui appartiennent aux derniers jours de la vie du roi Charles VI, ont un caractère différent. Comme les précédentes elles appauvrissent sans doute le trésor et le domaine royal, mais elles constituent des actes de justice ou de réparation, non des actes de faveur; ici, ce n'est plus l'adhésion sans réserve au néfaste traité de Troyes, ce ne sont pas les services rendus à la cause anglaise qu'on récompense; le roi paie simplement ses créanciers et ceux des victimes de la révolution de 1418. Lorsque le théologien Guillaume le Cesne, secrétaire de Charles VI, reçoit de son maître une maison confisquée sur Miles Baillet, il donne ainsi quittance d'une somme de 514 francs qu'il réclamait pour une mission auprès du souverain pontife; le banquier lombard Augustin Ysbarre est payé d'une royale créance de 3,000 livres tournois au moyen des biens confisqués sur un membre de la famille lucquoise des Spifame, et le roi donne à ce même financier l'hôtel du chancelier de Marle en paiement d'une somme de près de 2,000 livres tournois que lui devait ce personnage, l'une des victimes les plus marquantes de la dernière révolution parisienne. De même, un conseiller royal, Jean Sac, prêteur de race italienne sans doute, se voit attribuer quelques-uns des biens de ses créanciers, maître Pierre l'Esclat, également tué par les Bourguignons en 1418, et Alexandre le Boursier, l'un des nombreux Parisiens que la défaite du parti armagnac avait jetés en exil.

Si nous rappelons maintenant le nom de Jacques Bernardini, autre lombard de Lucques, auquel Bedford abandonna le legs que le fameux financier Jacques Raspondi avait fait au roi Henri VI; celui de Simonnette de la Jesse, damoiselle de la duchesse de Bedford, que la reine douairière Isabeau gratifia des biens de Jean le Blanc, son argentier; nous aurons énuméré toutes les personnes que notre recueil fait connaître, en qualité de donataires de biens confisqués sur les propriétaires parisiens qui suivaient le parti dauphinois.

Le nombre de ces derniers est un peu supérieur, dans notre recueil, à celui des donataires anglo-bourguignons. A côté de deux princes du sang, le duc d'Orléans, neveu de Charles VI, et Pierre de Bourbon, seigneur de Préaux, nous rencontrons dans leurs rangs les héritiers de Regnaud d'Angennes ; Jean Bezille, seigneur de Maye et de Buffières, qui avait abandonné la cause du roi d'Angleterre où il avait gagné ses propriétés parisiennes ; Guillaume le Bouteiller, chevalier ; Tanneguy du Châtel et Robert Louvel, deux des hommes les plus compromis dans le meurtre de Jean Sans-Peur ; Martin Gouge, l'évêque de Clermont ; Guichard Dauphin, chevalier ; Maurice d'Esne ; Cordelier de Giresme ; Regnaud et Noudet de Jagny ; la vicomtesse Brunissent de Lautrec ; Philippe de Lévis ; les héritiers de Henri de Marle, chancelier de France ; Jean de Montigny, dit Sainte-Frise ; Pierre de Nantouillet ; le comte de Penthièvre ; Charles de la Rivière ; le seigneur de la Rochefoucauld ; Regnaud de Saint-Jean ; le seigneur de Thorigny ; celui de la Tour en Auvergne ; Charles et Milet de Vaudetar ; puis une quarantaine de bourgeois parisiens, comme Jean de la Croix, Mᵉ Pierre de l'Esclat, Oudard Gentien, Jean Taranne, tous quatre victimes des massacres de l'année 1418 ; Simon Aismé ; Jeannin Anchier, neveu du prévôt des marchands Hugues le Coq ; Mᵉ Jean d'Ay ; les héritiers de Miles Baillet ; Jean le Blanc, argentier de la reine Isabeau ; Étienne de Bonpuits, ancien échevin ; Mᵉ Pierre et Mᵉ Bureau Bouchier ; sire Alexandre le Boursier, maître des comptes du roi Charles VI ; Milet de Breuil (ou Bruiel) ; Mᵉ Miles Chaligault ; Jean de la Chapelle, maître des comptes, exécuté en 1430 pour participation à un complot ; Mᵉ Jean Chastenier, secrétaire du Dauphin ; Jean Congnet ; Pierre le Coq, frère du prévôt des marchands ; Michel Cordier ; Mᵉ Guillaume Cousinot, chancelier du duc d'Orléans ; Mᵉ Guy Coustel, official de Meaux ; Mᵉ Charles Cul-d'Oue ; les héritiers de Mᵉ Guy de Dammartin ; Jacques l'Empereur, échanson et conseiller du roi Charles VI ; Mᵉ Pierre Féron ; Godefroy le Fèvre ; les enfants de Mᵉ Jean Filleul, avocat au Parlement ; Mᵉ Jean Gentien, conseiller du roi Charles VI ; Jeanne Gentien ; Jacquet de Laillier ; Richard de Méreville ; Mᵉ Pierre d'Oger ; Mᵉ Jean le Picard, secrétaire du Dauphin ; Jean de la Haye, dit Picquet, trésorier général des guerres ; Regnaud Pis-d'Oue, changeur et ancien échevin ; Hémon Raguier, trésorier de la reine Isabeau ; Raymond Raguier, maître des comptes ; les héritiers de Michel du Sablon ; Barthélemy Spifame, banquier lombard ; Mᵉ Robert de Tuilières ; Marguerite de Tuilières ; Mᵉ Guillaume le Tur ; Mᵉ Jean Virgile et Mᵉ Mathurin Warrout.

Les dénombrements qui précèdent montrent suffisamment l'intérêt qui s'attache aux lettres de don publiées par nous : ces pièces ne sont pas seulement précieuses au point de vue de l'histoire proprement dite, elles seront utilement consultées par les biographes et les généalogistes ; mais elles offriront surtout une riche moisson à ceux de nos confrères qui étudient la topographie du vieux Paris[1].

---

1. Il est on ne peut plus intéressant de comparer cette série de pièces aux extraits des comptes de confiscation de la ville de Paris pendant l'époque anglaise, qui figurent dans le tome III de l'*Histoire et recherche des antiquités de la ville de Paris*, de Sauval. Cet érudit paraît avoir eu à sa disposition quatre de ces comptes : le premier, rendu pour un an finissant au 24 juin 1421, se composait au moins de 216 feuillets (Sauval, t. III, p. 283-297 et 653) ; le second, dont quelques articles seulement sont imprimés dans le livre de Sauval (*ibid.*, p. 653-654) avec la date de 1423, faisait sans doute immédiatement suite au précédent ; le troisième conduisait du 20 décembre 1423 au 24 juin 1427 et se composait de 60 cahiers (*ibid.*, p. 298-334) ; le quatrième se rapportait au temps écoulé entre le 24 juin 1424 et le 25 décembre 1434 (*ibid.*, p. 564-591). C'est à ces extraits, et par conséquent au tome III de l'ouvrage de Sauval, que se rapportent tous les renvois à Sauval, sans indication de tome, qu'on trouvera dans notre volume.

II.

Les lettres de rémission, étant plus nombreuses dans notre recueil que les lettres de don, nous auraient occupé tout d'abord, si nous n'avions jugé indispensable de les distinguer en deux sections, comprenant l'une les rémissions pour délits politiques, l'autre les rémissions pour délits de droit commun. Le présent paragraphe sera exclusivement consacré aux premières, qui sont au nombre de 40[1].

Il est presque inutile de rappeler à nos lecteurs le caractère des lettres de rémission ou lettres de grâce. Elles étaient accordées sur une requête adressée par l'accusé ou ses amis, qui y relataient toutes les circonstances du délit pour lequel on implorait la commisération du prince. Le récit, ordinairement détaillé, fait par le « suppliant », était reproduit dans les lettres de grâce dont il constitue le principal intérêt ; on comprend qu'il ne faille pas toujours y ajouter une foi complète, car le coupable, porté à laisser dans l'ombre les circonstances défavorables à sa cause, altérait souvent la vérité ou ne la disait pas entièrement. Malgré ce défaut, il est toutefois peu de documents aussi réellement curieux pour l'histoire des mœurs.

Parmi les rémissions de délits politiques, nous mentionnerons en premier lieu celles qui se rapportent aux cas les plus graves, c'est-à-dire à des complots contre le gouvernement de l'étranger : telles sont les rémissions accordées en 1430 à Jean de Calais, riche bourgeois du quartier de Grève, en 1434 au cordonnier Jean Simon, dit d'Arras, et en 1435 à l'orfèvre Gossouin du Luet. Ces trois pièces, les plus précieuses peut-être de notre

---

1. On peut rapprocher de ces pièces les lettres par lesquelles le roi anglais abandonne aux deux frères Chanteprime et à Jean de Fleury, moyennant certaines conditions, les biens de leur pupille Henri du Vivier, qu'on croyait mort à l'étranger, car ces lettres impliquent la réhabilitation de Henri dont les biens avaient été confisqués pour cause de rébellion.

recueil, nous initient à l'enfantement et aux secrets de la quatrième et de la huitième des conjurations ourdies de 1422 à 1433 contre la domination anglaise[1]; les notes que nous y avons jointes feront connaître au lecteur ce que les autres documents contemporains nous apprennent au sujet de ces complots et de leurs auteurs.

A côté des lettres de grâce accordées à trois de ces conjurés, il est bon de signaler celles qui concernent Jean du Bois, dit Bouquet, cordonnier, convaincu d'avoir favorisé la fuite de Jean d'Arras, à la fois son cousin-germain et son confrère, l'un des conjurés de 1433. Les lettres de rémission octroyées à un pauvre père de famille, le maçon Thoroude, qu'une parole imprudente et ironique, prononcée devant un serviteur du duc de Bourgogne, avait désigné aux rigueurs de la justice anglaise, nous révèlent évidemment les sentiments d'une partie de la population parisienne au moment où Jeanne d'Arc conduisait le Dauphin à Reims pour le faire sacrer.

Quatre autres pièces montrent les dangers auxquels étaient exposés les Parisiens soupçonnés d'avoir quelque communication avec les pays obéissant encore au parti dauphinois. Ainsi Jeannette Bonfils fut bannie de France pour avoir reçu du maître des monnaies du Puy en Velay une lettre, paraît-il, d'un caractère purement intime. Un honnête bourgeois, Jean de la Fontaine, est menacé de la prison perpétuelle pour avoir eu, presque malgré lui, si l'on en croit sa supplique, quelques rapports avec un religieux de Sainte-Croix-de-la-Bretonnerie, qui servait de messager au Dauphin et pour lequel il avait payé une part de rançon à la garnison anglaise de Chevreuse, afin d'éviter que ce compromettant personnage parût devant la justice parisienne. Un septuagénaire, d'origine tourangelle, Jean Michault, est poursuivi pour avoir donné l'hospitalité,

---

1. Vallet de Viriville compte de 1422 à 1434 huit conspirations contre la domination anglaise à Paris et deux en Normandie (*Histoire de Charles VII*, t. II, p. 332-334).

durant une nuit, à un homme venu de Tours, et pour ne pas avoir livré à la justice les lettres de son frère que cet homme lui avait apportées. Enfin, une malheureuse veuve, demeurant à Longchamps, est jetée dans les prisons du Louvre pour avoir demandé, sans l'aveu de l'administration anglaise, un sauf-conduit à la garnison dauphinoise de Saint-Denis à l'effet de vendanger ses vignes de Chaillot.

Les autres lettres de rémission pour délits politiques sont octroyées à des émigrés parisiens, dont le plus grand nombre avaient quitté la capitale en suite de l'entrée des Bourguignons et de la ruine du parti armagnac, en 1418[1]; cependant le départ de quelques-uns était antérieur de plusieurs années à cette date. Mais quel que fût l'âge des émigrés à l'époque où ils avaient quitté Paris, — certains étaient alors de jeunes enfants que leurs parents avaient naturellement emmenés avec eux[2], — ils ne pouvaient rentrer dans leur ville natale qu'après avoir obtenu des lettres de rémission de l'autorité anglaise. Un habitant de Paris voyait-il frapper à sa porte un individu venant des pays obéissant encore au Dauphin, il était tenu de le livrer à la justice, cet individu fût-il son parent, son frère, son fils, son père même[3]. Ne le faisait-il pas, alléguant que le malheureux auquel il n'avait pas voulu refuser un asile n'aurait pu, à moitié mort de froid et de misère, supporter la prison[4], il était emprisonné en même temps que son hôte, et ne pouvait échapper à la vengeance du gouver-

---

1. C'était du moins le cas pour Perrin Baudaire; Mᵉ Pierre l'Orfèvre, maître des comptes; Henri du Vivier; Marguerite, femme de Philippe de Paris, clerc des comptes; Laurence, femme de Jean d'Orléans; Thévenin Guyard, clerc servant les fermiers des impositions de la halle au poisson; Perrette Brunel; Jacqueline Couraud, femme de Jean Gentien, conseiller au Parlement, et Jeanne, femme de Mᵉ Jean Castel.

2. Telles sont Perrette Brunel, emmenée de Paris à l'âge de dix ans par une femme qui mourut en exil, et Catherine de Crouy, qui avait seulement cinq ans lorsque sa famille quitta la capitale vers 1416.

3. Voyez à ce sujet les lettres accordées à Perrin Baudaire, Perrette Brunel, André Boesseau et Jean du Pré.

4. Lettres de rémission de Jean du Pré.

nement anglais qu'en faisant solliciter par ses amis des lettres de rémission.

La plupart des personnages dont nous publions les lettres de grâce, guidés par leur horreur de la domination bourguignonne ou anglaise, par leur attachement au parti armagnac ou dauphinois, étaient allés s'établir dans les pays qui reconnaissaient l'autorité du Dauphin ; mais ils pensaient que leur exil ne serait pas de longue durée. Toutefois les années s'écoulant, ces émigrés se prirent à regretter la bonne ville de Paris, leurs biens confisqués pour cause d' « absentement », et ils sollicitèrent le pardon du nouveau gouvernement. Ce revirement, qui dénote le découragement des membres du parti national, s'accentue surtout durant les cinq années qui séparent la désastreuse journée de Verneuil (17 août 1424) de l'apparition de Jeanne d'Arc sur la scène historique[1].

Si les femmes qui avaient suivi leur mari, mort depuis en exil[2], si les adolescents qui avaient accompagné leurs parents[3], obtenaient assez facilement la grâce qu'ils sollicitaient[4], il n'en était pas tout à fait de même pour les chefs de maison qui avaient quitté la capitale de leur propre initiative ; ces derniers, en abandonnant la cause pour laquelle ils avaient souffert durant de longues années, n'osaient avouer dans la supplique qu'ils adressaient aux gouvernants anglais leurs anciennes sympathies politiques : ils expliquaient leur départ de Paris d'une manière aussi

---

1. Notre recueil renferme seulement cinq rémissions accordées à des Armagnacs antérieurement à la bataille de Verneuil (ce sont celles de Henriet le Gros, Perrin Baudaire, Jean Foison, Pierre de Compans et Isabeau de Marcoignet), et deux postérieures à la mission de Jeanne d'Arc (celles de Jacqueline Couraud et de Jeanne Castel).

2. Marguerite, veuve de Me Philippe de Paris ; Laurence, veuve de Jean d'Orléans, et Jacqueline Couraud, veuve de Me Jean Gentien.

3. Perrette Brunel et Catherine de Crouy.

4. Il n'en fut toutefois pas ainsi pour Jeanne, veuve de Me Jean Castel, qui, devenue veuve et désirant revenir à Paris, s'était vu interdire en 1425 le séjour de cette ville et obtint seulement des lettres de rémission en décembre 1431.

satisfaisante que possible pour la domination qu'ils acceptaient, en jurant l'exécution du funeste traité de Troyes. Les uns — et leur excuse devait être admise sans grande difficulté — rejetaient leur départ sur la frayeur que leur avaient causée les sanguinaires journées de 1418, où leurs proches avaient trouvé la mort [1]; d'autres étaient partis à la même époque pour échapper à leurs « hayneux » qui auraient profité de la surexcitation des esprits pour les perdre [2]. Ceux-ci avaient été chassés de la capitale par l'épidémie qui avait suivi de près les désordres de 1418 [3]; ceux-là s'étaient absentés à la faveur de la paix de trois mois que rompit le meurtre du duc de Bourgogne à Montereau [4]; quelques-uns fuyaient la disette qui sévit sur les Parisiens durant l'hiver de 1419 [5]. Enfin, plusieurs émigrés invoquaient des circonstances tout à fait personnelles; l'un disait avoir été appelé à Tours pour recueillir l'héritage de son frère, riche marchand de cette ville [6]; les autres prétendaient avoir voulu seulement échapper à leurs créanciers [7].

Aucun des émigrés, dont les lettres de rémission figurent dans notre recueil, n'attribue son départ à la misère causée par les détestables mesures du premier président du Parlement, Philippe de Morvilliers, misère dont le Journal parisien donne un tableau

---

1. Ce motif est indiqué pour le départ de Me Jean Gentien qui avait vu deux de ses frères tomber sous les coups des Bourguignons (voyez les lettres de rémission accordées à Jacqueline Couraud, sa veuve); c'est évidemment là aussi la raison du départ d'Isabeau de Marcoignet, dont le père avait été tué à la même époque, et de Jeanne d'Auxerre, dont le mari avait été exécuté.

2. Voyez les lettres accordées à Laurence, veuve de Jean d'Orléans, à Thévenin Guyard et à Philibert Cochereau, prieur de Nemours.

3. Comme Marguerite, veuve de Me Philippe de Paris.

4. Jeanne du Puis, femme de Jean de la Haye, dit Picquet; Henriet le Gros; Jeanne, veuve de Guillaume d'Auxerre, et Henri du Vivier.

5. Jeanne, veuve de Guillaume de l'Isle, et Isabeau, dont le mari, Macé de Valenciennes, resta à Paris en possession de son office de général maître des monnaies de France.

6. Simonnet de Stanfort.

7. Jean Foison et Gillette, sa femme; Jean Guérard, et Pierre le Coq, le propre frère de Hugues le Coq, alors prévôt des marchands.

si saisissant sous l'année 1421. Cependant, selon l'auteur de ce Journal, une multitude de Parisiens s'expatrièrent alors « comme gens désespérés. Les uns, dit-il, alloient à Rouen, les autres à Senlis ; les autres devenoient brigants de bois ou Arminacs, et faisoient tant de maux après, comme eussent fait les Sarrazins » ; mais si nous n'avons aucune des lettres de rémission qui purent être octroyées à ces malheureux, nous en publions six autres relatives à des Parisiens, qui, — parfois pour gagner leur vie et celle de leurs femmes, — se lancèrent dans l'aventureuse carrière de « brigants », et, tour à tour, rançonneurs et rançonnés, échouèrent finalement dans les prisons anglaises[1]. Ils furent l'objet de la clémence royale, parce que, pour la plupart jeunes gens entraînés par la fougue de leur âge, ils n'avaient, si l'on en croit leur supplique, participé à aucun meurtre, n'avaient commis aucun viol et n'avaient saccagé aucune église ; quelques-uns classent même parmi les délits non commis par eux ceux d'incendie, de larcin ou de pillage, sans que le lecteur soit forcé de croire à la complète innocence de ces routiers du xve siècle. Ajoutons, comme remarque statistique dont l'historien peut faire son profit, que le pardon semble avoir été surtout accordé aux routiers armagnacs dans les premières années de la domination anglaise[1].

III.

Les lettres de rémission accordées pour délits de droit commun, au nombre de 46 dans notre recueil, sont surtout intéressantes pour la connaissance des mœurs de nos ancêtres au xve siècle. Quelques-unes d'entre elles méritent néanmoins ici une mention particulière, parce qu'elles nous montrent de vicieux soudards anglais dans leurs rapports avec la population parisienne. L'une de ces lettres contient le récit d'une dispute entre trois soldats de

---

1. Henriet le Gros, Perrin Baudaire, Pierre de Compans, Jean Briffaut, Jean Guérard et Jean le Chéron.

la garnison anglaise de Melun et la maîtresse d'une taverne de Paris pour le paiement de leur écot[1] : l'un d'eux a frappé de trois coups de dague un sergent du Châtelet qui le voulait arrêter. Ailleurs, c'est une rémission accordée à une « femme amoureuse », de laquelle deux Anglais voulaient forcer la porte au milieu de la nuit, et qui tua l'un de ces agresseurs en lançant des pierres par la fenêtre[2]. Enfin, c'est le récit d'escroqueries et de vols commis par deux hommes d'armes d'outre-mer au préjudice de plusieurs marchands parisiens[3].

Plusieurs autres lettres de rémission pourront intéresser également l'historien, parce qu'elles lui montreront les tristes résultats de la guerre pour des malheureux ruinés par elle, et que la misère pousse au vol, comme Étienne Hervy qui, rançonné jusqu'à quatre fois par les partisans du Dauphin, s'empare des ferrements d'un moulin à vent abandonné[4]; comme cette pauvre mère de famille, dont le mari a disparu en transportant les vivres de l'armée anglaise, et qui a dérobé un plat d'argent à l'hôtel des Tournelles où on venait de l'admettre en qualité de laveuse[5]; ou bien encore comme ce misérable « avaleur de vins » qui, sans ouvrage et n'ayant de quoi nourrir sa femme et ses enfants, dérobe, entre autres choses, deux queues de vin[6]. La misère atteint même parfois des officiers royaux : le vieux garde de la tapisserie de Charles VI, non payé de ses gages, en fit la triste expérience, lorsque, pour subvenir aux besoins des siens, il se laissa entraîner à vendre un vieux tapis du dépôt qui lui était confié[7].

Plusieurs autres pièces intéresseront le lecteur d'une façon toute particulière en lui rappelant des coutumes, des lois dont nous n'avons plus aujourd'hui aucune idée. Telles sont les rémis-

---

1. Lettres de rémission pour Sander Russell, p. 137.
2. Lettres de rémission pour Jeannette Bardin, p. 142.
3. Lettres de rémission pour Nicolas Say et Richard Geppes, p. 311.
4. Lettres de rémission pour Etienne Hervy, p. 104.
5. Lettres de rémission pour Jeannette Thévenin, p. 317.
6. Lettres de rémission pour Jean Nivelet, p. 318.
7. Lettres de rémission pour Guillaume Hurtevent, p. 30.

sions accordées à des gens qui ont contrevenu aux ordonnances royales contre les blasphémateurs[1]; telles sont surtout celles relatives à des suicidés, dont le cadavre serait exécuté par la justice, puis privé de la sépulture chrétienne et les biens confisqués, si ses proches n'obtenaient une rémission fondée sur ce fait que le défunt ne possédait plus sa raison lors de l'acte fatal[2]. Telles sont aussi les lettres de grâce accordées à deux jeunes hommes qui ont enfreint « l'assûrement » donné par eux à d'anciens adversaires[3] : l'une de ces lettres est particulièrement curieuse, car l'assûrement avait été donné au cours d'un procès en nullité de mariage d'une veuve, dont les secondes noces furent annulées en faveur de fiançailles antérieurement contractées par elle.

Les autres lettres de rémission peuvent être classées sous les chefs suivants : homicide commis par un sergent au Châtelet dans l'exercice de ses fonctions[4], meurtres[5], blessures[6], infanticide commis par une mère aliénée[7], mort accidentelle d'un nourrisson[8], mort accidentelle d'une femme à la suite de dispute avec son mari[9], rébellion envers les sergents au Châtelet[10], fabrication de fausse monnaie[11], production de faux témoins[12], faux témoignage[13], falsification d'obligation[14], corruption d'un sergent au Châtelet par un épicier contrevenant à la taxe prévôtale[15],

---

1. Pages 11 et 56.
2. Pages 19, 111 et 208.
3. Lettres de rémission accordées à Jean Pestivien (p. 48-51) et à Pierre l'Escuier (p. 127-129).
4. Page 141.
5. Pages 1, 73, 112, 166, 327 et 343.
6. Page 88.
7. Page 130.
8. Pages 4-6.
9. Page 198.
10. Pages 24 et 137.
11. Pages 67, 90 et 329.
12. Pages 15 et 118.
13. Page 9.
14. Page 182.
15. Page 27.

détournement par un notaire d'objets faisant partie d'une succession dont la garde lui était confiée[1], vols domestiques[2] et autres[3]. Toutes ou presque toutes présentent, en dehors de leur intérêt pour les mœurs, quelque indication utile pour la topographie du vieux Paris.

IV.

Après les lettres de donation et les lettres de rémission, il nous faut parler des créations d'offices par les princes anglais, des privilèges et règlements confirmés ou donnés par eux à des associations parisiennes, et des lettres relatives aux confréries de métiers.

Le roi de France pouvait, en vertu du droit de joyeux avènement, et lors de son couronnement, créer un monnayer en la monnaie et un boucher en la grande boucherie de Paris. Notre recueil montre que le duc de Bedford, régent de France au nom de Henri VI, usa largement de la première de ces prérogatives en faveur des partisans de la domination anglaise : ainsi, un mois à peine après l'avènement du jeune fils de Henri V, le fameux Perrinet le Clerc était créé monnayer du serment de France en la monnaie de Paris, avec transmission de tous ses privilèges à sa descendance directe. Il semble que, dès lors, le droit de Henri VI ne pouvait s'exercer une seconde fois à la monnaie de Paris : cependant, onze années plus tard, à l'occasion du couronnement[4], Jean Dommangeot, valet de chambre de la duchesse de Bedford, reçut la même faveur que Perrinet.

C'était là un abus contre lequel protestèrent sans doute les autres monnayers du serment de France, lésés par le privilège

---

1. Page 293.
2. Pages 6 et 281.
3. Pages 12, 204, 218 et 245.
4. Diverses lettres données à l'occasion du couronnement de Henri VI semblent assimiler cette solennité à un avènement (voyez p. 331, 333 et 335).

accordé à Dommangeot. Mais encore le régent n'avait-il abusé ici que d'une prérogative réservée à chaque nouveau souverain, tandis qu'en créant, au début du règne de Henri VI, sous prétexte du droit de joyeux avènement, un nouvel office de chauffecire ou scelleur en la chancellerie de France pour Jean Burgault, il contrevenait aux usages constants de la chancellerie qui n'avait jamais eu que quatre scelleurs ; de là le procès intenté audit Burgault devant les maîtres des requêtes du Palais par les quatre chauffecires en exercice, procès qui se termina en 1425 par la renonciation du nouveau titulaire et la cancellation de ses lettres royaux [1].

Jean le Gois, de la famille des bouchers de ce nom, qui avait joué un rôle important dans les tumultueux événements de l'an 1413, participa aussi en 1422 aux faveurs que le « joyeux avènement » de Henri VI permettait à Bedford de répandre sur les anciens révolutionnaires parisiens : ce personnage, que Henri V avait fait gratifier neuf années auparavant d'un revenu annuel de 300 livres parisis, fut alors créé boucher en la grande boucherie de Paris.

A l'occasion du couronnement du jeune roi anglais, on confirma les privilèges accordés par les rois de France aux bourgeois et habitants de la ville de Paris, auxquels la royauté étrangère fit en même temps donation, jusqu'à concurrence de 600 livres parisis chaque année [2], des rentes que les rebelles pouvaient posséder sur le pont Notre-Dame ou sur les revenus de la ville. L'Université de Paris, en majorité favorable à la cause anglobourguignonne, se vit aussi confirmer ses anciens privilèges, augmentés, « pour contemplacion » du sacre de Henri VI, de l'exemption de toutes tailles, quatrièmes, impositions, guets, gardes de portes, dixièmes octroyés par le Saint-Siège, et de tous autres aides possibles [3].

---

1. Pages 185-189.
2. Page 333.
3. Page 326.

Notre recueil comprend encore la confirmation des privilèges des bouchers de la grande boucherie de Paris, que cette puissante corporation sollicita du nouveau règne en janvier 1423; l'ordonnance, en date de janvier de l'année suivante, qui restreignit à vingt-quatre le nombre des courtiers ou marchands de chevaux, alors illimité, et la confirmation des règlements du métier de tisseur de soie. On y trouve aussi sept pièces autorisant l'établissement de confréries par les bourgeois parisiens et par certaines corporations ouvrières [1].

Ces derniers documents se rapportant aux préoccupations religieuses de nos ancêtres, on nous permettra de parler à ce propos d'une ordonnance, connue d'ailleurs, et qui, faisant droit aux justes réclamations des marguilliers et paroissiens de Saint-Merry, interdit aux femmes de mauvaise vie le séjour d'une rue nommée « Baillehoe », située dans le voisinage immédiat de l'église. C'est aussi le lieu de mentionner la confirmation, au nom du roi anglais, d'un accord conclu par le premier président du Parlement, Philippe de Morvilliers, et Jeanne du Drac, sa femme, avec les religieux du prieuré de Saint-Martin-des-Champs, au sujet des fondations faites par Philippe et Jeanne en ladite église.

Il ne nous reste guère maintenant qu'à indiquer trois actes de notre recueil. L'un d'eux autorise la réunion, à une maison que Philippe de Morvilliers allait faire reconstruire dans la rue au Maire, d'un petit terrain triangulaire de soixante pieds carrés y attenant, et appartenant à la voirie qui n'en retirait aucun profit. Un autre confirme le bail perpétuel d'une maison que les chapelains de la chapelle de Braque abandonnèrent à Pierre de Fontenay, seigneur de Rance. Le troisième enfin constate une réduction de charges accordée à la veuve et aux héritiers d'Innocent le Maire, dans la location d'une maison appartenant au domaine; l'un des motifs de cette réduction, l'extrême diminution

---

1. Pages 14, 46, 219, 274, 284, 310, 353.

des loyers depuis l'an 1423, est un fait que ne peut manquer de noter l'historien qui voudra raconter l'histoire de Paris sous la domination anglaise, œuvre pour laquelle, nous l'espérons du moins, le présent volume ne sera pas sans utilité.

PARIS

PENDANT LA DOMINATION ANGLAISE.

(1420-1436.)

DOCUMENTS

EXTRAITS DES REGISTRES DE LA CHANCELLERIE DE FRANCE.

I.

1420. 21-31 octobre. Paris.

Rémission accordée par Charles VI à Jean de Fresnes, son salpêtrier, qui devra payer une amende de 100 sous parisis à l'Hôtel-Dieu de Paris et tenir prison fermée au pain et à l'eau durant quinze jours. Une querelle avait eu lieu le 11 octobre, dans une taverne de la rue des Gravilliers, entre Jean de Fresnes et Colin Joliet, aussi salpêtrier du roi, et celui-ci, ayant reçu de son adversaire deux coups de couteau, était mort neuf jours après.

(JJ. 171, n° 214.)

Charles, par la grace de Dieu roy de France, savoir faisons à tous presens et avenir, à nous avoir esté exposé de la partie de Jehan de Fresnes, notre salpestreur demourant à Paris, chargié de femme et d'enfants, comme le vendredy xie jour de ce present mois d'octobre, ledit exposant se feust transporté en une taverne en la rue des Graveliers[1], assez pres de l'eglise Saint Martin des Champs à Paris[2], où pend et est l'enseingne de la Treille, en la compaignie de Colin Joliet aussi notre salpestreur, Jehan le Veau, Jehan Poteau, Thomas Pasquier et Guillaume Lucas, entre les-

---

1. Rue des Gravilliers.
2. L'emplacement du prieuré de Saint-Martin-des-Champs est occupé par le Conservatoire des Arts-et-Métiers.

quelz se commencerent paroles pour une chayne de fer en disant par ledit Thomas Pasquier que c'estoit mal fait de acheter les chaynes de Paris[1]. Auquel Thomas icellui Lucas répondit que il l'avoit achetée de Jehan Becquet, canonnier, et ycellui cannonnier d'un autre marchant, et n'estoit pas de la ville, mais d'un pont levis; et atant se partirent, et alerent chacun en sa maison ou autre part où bon leur sembla. Advint, environ entre deux et trois heures après midi, ainsi que ledit Thomas Pasquier s'en aloit par la dicte rue des Graveliers, rencontra le dessus nommé Colin Joliet, lequel Joliet demanda audit Thomas Pasquier se il n'estoit pas cellui qui avoit dit villenie audit Guillaume Lucas, c'est assavoir qu'il avoit acheté les chaynes de la ville de Paris et pourquoy il en parloit, car ycellui Lucas ne les avoit pas de mauvais acquest, mais les avoit achetées d'un bon marchant; et que « par le sang Dieu! » il lui amenderoit. Auquel Joliet fut dit et respondu par ycellui Thomas Pasquier que se aucune chose lui avoit dit ou fait, il le vouloit amender à la voulenté dudit Guillaume; et s'en alerent yceulx Thomas et Lucas en la dicte taverne où ils trouverent ycellui exposant, lesdiz Colin Joliet et Jehan Posteau. Et, incontinent qu'ils furent assemblez, ycellui Jehan Posteau dict au dessus dit Colin Joliet qu'il s'en aloit querir de l'argent qu'il lui avoit presté, et lors ycellui exposant dist audit Thomas Pasquier que se il ne s'en aloit qu'il lui donneroit d'une chopine d'estain sur la teste, et que ledit Guillaume Lucas estoit bien faulx et traite de boire en sa compaignie, attendu que il lui avoit dit villenie. Lesquels Guillaume et Thomas de là se partirent et s'en alerent asseoir à une autre table. Et alors en despit ou contemps des paroles proferées par ledit Thomas, ycellui exposant jetta un godet de terre contre le mur. A la table ou escot desquelz exposant et Joliet survint Jehan le Veau cy dessus nommé et se assist à la table et incontinent revint ledit Jehan Posteau et dist : « Te-« nez, Colin Joliet, vez-là votre argent », en le jettant ou mettant sur la table, « et me rendez mes deux blans, que je vous ay baillés « pour arres de revenir boire ceans ». Lequel Joliet jura « par le poitron Dieu! » qu'il ne lui avoit riens baillié, lequel Jehan Posteau dist et afferma que si avoit, en la presence dudit exposant

---

1. Il s'agit évidemment ici des fameuses chaînes à l'aide desquelles les Parisiens fermaient leurs rues durant la nuit. On sait que ce privilége, enlevé aux habitants de la grande ville à la suite de l'insurrection des Maillotins (1383), leur avait été rendu en 1405 par le duc de Bourgogne.

qui dist qu'il estoit vray; lequel Joliet ala à sa bourse, attaint son argent sur la table, et dist : « Tenez, malgré Dieu! prenez tout. » En disant lesqueles paroles, chey à terre dudit argent qui fut relevé, et furent rendus yceulx deux blans audit Posteau qui dist que il ne les embourseroit pas, mais seroient beuz. Et après s'en ala ycellui Jehan Posteau et demourerent lesdiz exposant et Joliet avec ycellui Jehan le Veau en la dicte taverne, entre lesquelz se meurent paroles, c'est assavoir que ycellui exposant dist à ycellui Joliet que c'estoit laide chose de ainsi crier hault et que, par tout, il vouloit avoir le hault parler. Auquel exposant ledit Joliet respondi : « Malgré Dieu! où avez-vous veu que je l'aye eu ? » Lequel exposant respondi : « Tout par tout. » Et en ce disant, ycellui Joliet print un godet de terre qu'il frappa tres-fort contre la table et surpiez, contre le mur le jetta, qui sur la main dudit exposant redonda et lui fist playe et sang. Lequel exposant veant qu'il estoit ainsi blecié et navré, dist à ycellui Joliet : « Traitre, ribaut, « m'as-tu navré! » Advint ainsi que ycellui Joliet s'en vouloit aler, ycellui exposant sacha son cousteau à taillier pain, et le fery par derriere en l'espaule senestre; lors ledit Joliet en soy retournant dist à ycellui exposant : « Traitre senglant, m'as-tu feru! » Lequel exposant, esmeu de chaudecole, fery un autre cop en la poitrine et sur, au moins pres de, la mamele dudit Joliet qui s'en ala incontinent en la dicte rue des Graveliers, et à l'uis dudit Guillaume Lucas, ferron et salepestreur, print une broche de fer à tourner rôt, et retourna contre ledit exposant en lui disant : « Traitre ribaut, tu m'as mourdry! » Et avant que ycellui Joliet peust frapper ou attaindre contre ledit exposant, survindrent des voisins et autres gens qui deffirent la noise et debat. Ausquelz exposant et Joliet furent ostez leurs diz cousteau et broche de fer, et ycellui exposant prins et mené prisonnier es prisons dudit Saint-Martin-des-Champs, et au ixe jour ensuivant ycellui Joliet par son mauvais gouvernement, et aussi que durant sa maladie il se efforça moult fort et se releva par nuit quant l'en cria le feu qui estoit en un hostel des hales qui respond assez pres de derriere sa maison où il demouroit, est alez de vie à trespassement. Pour occasion duquel cas ycellui exposant qui est un tres povre homme, chargié de femme et d'enfans comme dessus, est en avanture d'en estre desert, et se doubte qu'il n'en soit pour le temps present ou avenir mal traittié, se sur ce il n'a notre grace. En nous humblement suppliant que, ces choses considerées et que, en tous autres cas, ycellui exposant a esté et est de bonne vie, renommée et honneste conversacion, et ledit feu Joliet estoit homme tres rioteux et haultain de paroles, combien qu'il et ledit exposant feussent bien amis l'un de l'autre et compaignons d'un mestier, yceulx frequentans communement ensemble, et que ycellui exposant fut premierement navré et blecié comme dessus, nous lui vueillons sur ce impartir notre dicte grace. Nous, ces choses considerées, voulans rigueur de justice temperer par misericorde, le fait et cas dessusdit avecques toute peine, offense et amende corporele criminele et civile, bans, proclamacions, saucuns s'en sont ensuiz, que ledit exposant a et puet avoir commis et encouru envers nous et justice ou cas dessus dit, et satisfacion faicte à partie civilement, se faicte n'est, luy avons quitté, remis et pardonné et par la teneur de ces presentes, quittons, remettons et pardonnons de grace especial et de notre pleine puissance et auctorité royal, en le restituant à sa bonne fame, renommée et biens non confisquez ; et imposons silence perpetuel à notre procureur parmy ce qu'il paiera cent solz parisis à l'Ostel-Dieu de Paris et tendra prison fermée xv jours au pain et à l'eaue. Si donnons en mandement au prevost de Paris et à tous nos autres justiciers et officiers presens et advenir.....

Donné à Paris, ou mois d'octobre l'an de grace mil IIII^c et vint et de notre regne le XLIe.

Scellé de notre scel ordené en l'absence du grant.

Ainsi signé : Par le Conseil,

ROUVRES.

II.

1420. 4-31 décembre. Paris.

Rémission accordée par Charles VI sous condition d'un pèlerinage à Boulogne-sur-Seine, à Colette, jeune nourrice de dix-sept ans, femme de Jean Mingois, fripier. Le mardi 3 décembre, à quatre heures du matin, Colette avait trouvé mort dans son berceau le fils de Jean Cordier, bourgeois de Paris, qu'elle nourrissait depuis sept mois et, à la suite de cet accident, elle était sortie de Paris craignant d'être poursuivie par la justice.

(JJ. 171, n° 233.)

Charles, par la grace de Dieu roy de France, savoir faisons à tous presens et avenir, à nous avoir esté humblement exposé d'aucuns des amis de Collette, femme Jehan Mingois, freppier, demourant en notre ville de Paris, aagiée de xvii ans ou environ, contenant que comme maistre Jehan Cordier, bourgois de notre dicte ville, et Gilete, sa femme, eussent baillié à ladicte suppliante un leur filz nommé Jehan, lors aagié de trois mois ou environ, pour le nourrir bien et deuement ainsi qu'il appartient à nourrisse nourrir enfant; laquele suppliante l'ait receu et depuis nourry par l'espace de sept mois ou environ, et telement que lesdiz pere et mere estoient contens d'elle, non obstant que ledit enfant feust tres fort à nourrir. Et il soit ainsi que lundi, second jour de ce mois, à heure de huit heures de nuit, la dicte suppliante eust donné à souper audit enfant comme elle avoit acoustumé de faire et l'eust trouvé en tres-bon point comme lui estoit advis, et après l'eust couchié et mis en son bierz,[1] environ ix heures de nuit lui eust donné la tette, et endormy, et puis mis en la place où elle avoit acoustumé le mettre pres de son lit, et sur sa teste mis un cuevrechief en quatre doubles pour doubte du froit, et après une heure ou environ la dicte suppliante se feust alée couchier toute seule en son lit pour ce que son dit mary estoit alé hors en marchandise, et à celle heure trouvé son dit enfant dormant, et se feust endormie la dicte suppliante jusques à quatre heures apres mienuit ou environ, qu'elle se esveilla soy donnant grant merveille commant ledit enfant l'avoit ainsi lessée dormir, car il ne l'avoit pas acoustumé, ycelle cuydant son dit enfant estre endormy trouva le cuevrechief dessus dit sur son visage, le leva, et regarda comment il se portoit et adonc le trouva tout mort. Et lors la dicte suppliante, comme femme toute esfrée, se escria hautement et telement que les voisins y vindrent pour savoir que c'estoit, lesquelz trouverent la dicte suppliante comme toute desesperée de la dicte mort, pour ocasion de laquele ycelle suppliante doub[t]ant rigueur de justice s'est absentée de notre dicte ville et n'y oseroit retourner ne repairier se notre grace et misericorde ne lui estoit sur ce impartie, si comme dient iceulx amis, en nous humblement suppliant que consideré ce que dit est, mesmement qu'elle est femme de bonne et honneste conversation sans oncques mais avoir esté reprinse ne ataint d'aucun autre vilain cas, blasme ou reprouche, nous lui vueillons estre piteux et misericors. Pourquoy nous inclinans à la dicte supplicacion, voulans en ceste partie preferer misericorde à rigueur de justice, à ycelle Collete

---

1. Berceau; le mot moderne est un diminutif de l'ancien qu'on écrivait plus correctement *bers*.

avons ou cas dessus dit quittié, remis et pardonné, ... parmy ce qu'elle fera un pelerinage à Nostre-Dame de Boulongne-la-Petite[1]...

Si donnons en mandement à notre prevost de Paris et à tous noz autres officiers.....

Donné à Paris, ou mois de decembre l'an de grace mil IIII^c et vint, et de notre regne le XLIe..

Ainsi signé : Par le roy, à la relacion du Conseil,

CONFLANS.

III.

1421. Janvier. Paris.

Rémission accordée par Charles VI à Marie Fremin, demoiselle de compagnie de Jeanne Haterel, dame douairière de Miraumont. Jeanne Haterel demeurait à Paris en la rue Boutebrie et devait au propriétaire de son hôtel une somme assez importante lorsqu'elle partit en Picardie pour trois mois; durant ce temps sa sœur loua une autre maison près la boucherie de Sainte-Geneviève et y transporta tout ce que possédait la dame douairière de Miraumont, ne laissant dans l'habitation de la rue Boutebrie que les objets appartenant à Marie Fremin, lesquels furent saisis à la requête du propriétaire. Marie, revenue de Picardie avec sa maîtresse et craignant de perdre ses meubles pour toujours, s'avisa le 15 décembre de dérober quelque argent et plusieurs vêtements appartenant à Jeanne Haterel. De là, vives réclamations de la dame à la damoiselle, puis de la damoiselle à la dame, qui, l'une à la requête de l'autre, furent emprisonnées à Sainte-Geneviève, puis bientôt élargies. Mais quelques jours plus tard, une perquisition faite à la suite d'une nouvelle arrestation de Marie Fremin amena la constatation de plusieurs autres larcins commis au préjudice de Guillaume d'Orgemont et de sa femme, au service desquels Marie avait été quelques années auparavant.

(JJ. 171, n° 259.)

Charles, par la grace de Dieu roy de France, savoir faisons à tous presens et avenir, nous avoir receu l'umble supplication de Marie Fremine, damoiselle, contenant comme depuis Pasques derrenierement passées ou environ la dicte suppliante feust alée demourer en la rue du Bourc-de-Brie[2] à Paris, avec et en la com-

---

1. Boulogne-sur-Seine (Seine, arr. de Saint-Denis, cant. de Neuilly). On sait que l'église Notre-Dame de Boulogne-sur-Seine fut construite de 1319 à 1329, en suite d'une autorisation du roi Philippe le Long, par la confrérie des pèlerins de Notre-Dame de Boulogne-sur-Mer qui ne tarda pas à substituer le nom de Boulogne à celui de Menus-lès-Saint-Cloud que le village portait originairement.

2. La rue du Bourc-de-Brie, originairement « rue Erembours de Brie » et

paignie de Jehanne Haterelle, dame douairiere de Miraumont[1], pendant lequel temps et depuis la feste Saint Barnabé elles feussent alées ensemble ou païs de Picardie où elles demourerent; c'est assavoir la dicte suppliante trois mois et plus. Et, ce pendant, la suer de la dicte dame qui estoit demourée à Paris pour garder leur hostel, sachans plusieurs grans arrerages estre deuz à l'oste dudit hostel, en ala louer un autre emprès la boucherie Sainte-Geneviefve[2], et en ycellui fist transporter tous les biens de la dicte dame et laissa malicieucement oudit premier hostel tous les biens que y avoit la dicte suppliante; lesquels biens ycellui hoste, combien qu'elle ne deust lesdiz arrerages, fist prendre et gaigier par aucuns de nos sergens et seeller les coffres, dont ycelle suppliante, quant elle fut retournée dudit païs en l'ostel où estoit alée demourer la dicte suer et fait transporter les biens d'ycelle dame, fut moult troublée et courroucée et requist par pluseurs foiz à la dicte dame qu'elle lui feist ravoir sesdiz biens, dont elle ne tint compte ne n'en voult riens faire. Et pour ce que ycelle suppliante doubtoit que sesdiz biens feussent vendus pour lesdiz arrerages et ainsi les perdre contre raison, et pour soy aucunement desdommager ou recompenser sur les biens d'icelle dame, cuidant que ce peust licitement faire, print le dimanche, xve jour de decembre derrenierement passé, en un petit coffret appartenant à la dicte dame un escu en or, trois frans et demi (un gros moins) en gros, un peu de fretin, avec un glan d'argent. Et, ledit jour au soir, print en la garderobe d'icelle dame une houppelande de drap noir fourrée de viez menu vair, à colet renversé, un corset de drap de taffetas figuré d'or et un chaperon vermeil, et ycelle houppelande mist en garde en la maison d'une sienne voisine, et lesdiz corset et chapperon mussa en la despence dudit hostel; lesquelles houppelande, corset et chaperon n'ont esté prisiez que six livres, et les biens de la dicte suppliante empeschiez comme dit

---

aujourd'hui rue Boutebrie, subsiste encore. Elle allait de la rue de la Parcheminerie à la rue des Noyers, aujourd'hui remplacée par le boulevard Saint-Germain.

1. Miraumont (Somme, arr. de Péronne, cant. d'Albert).

2. Les étaux qu'on établit à la fin du XIIe et au XIIIe siècle dans la rue de la Montagne-Sainte-Geneviève ont fait donner à cette voie le nom de rue des Boucheries que lui donne notamment un procès-verbal de 1636 (Jaillot, *Quartier de la Place Maubert*, p. 52). Suivant le plan de Berty (feuille non encore publiée), ces étaux auraient été établis dans la portion de la rue de la Montagne comprise entre la rue Judas et celle des Amandiers).

est en valent beaucoup plus. Et depuis, pour ce que la dicte dame apperçut aucunement qu'elle n'avoit pas les choses dessus dictes, les demanda à la dicte suppliante ; sur quoy se meurent paroles entre elles et que, tant à la requeste l'une de l'autre, elles furent mises es prisons dudit lieu de Sainte-Geneviefve et, pour ce que ycelle suppliante affirma devant le maire ou juge de la dicte eglise non avoir prins les dictes choses, furent eslargies des dictes prisons à certain jour ensuivant. Pendant lequel jour autres paroles qui sourdirent entre elles et que la dicte dame maintenoit tousjours yceulx biens avoir esté prins par la dicte suppliante, elle fut à la requeste d'icelle dame derechief mise es dictes prisons et, elle estant en ycelle, pour ce que en faisant inventoire de ses biens ou autrement l'en trouva deux cueilliers d'argent armoyées aux armes de Guillaume d'Orgemont [1], laquele confessa que quant il fu mis en prison à la bastide Saint Anthoine du temps des Armignas, pour ce que aucuns de noz sergens qui avoient esté mis en garnison en l'ostel dudit Guillaume prenoient et transportoient les biens qui y estoient, ycelle suppliante pour sauver les biens dudit maistre Guillaume et de sa femme dont elle estoit damoiselle servant print six cueilliers d'argent et les bouta en sa manche, ce que lesdiz sergents apperceurent, et pour ce lui en firent rendre les quatre, cuidans que plus n'en eust prins, et lui en demourerent deux. Et pareillement durant ledit emprisonnement d'icellui Guillaume, sadicte maistresse lui envoya querir des atours en un coffret qu'elle avoit mis en garde en l'ostel du seigneur de Sainte-More son frere [2] ; ou quel coffret, la dicte suppliante print et retint par devers soy un anneau d'or et un saphir, lequel aneau povoit bien valoir à son advis quatre escuz d'or, une petite bourse de cheveux de femme avec plusieurs pieces de linge tant draps, napes, touailles, que cuevrechiefz qu'elle ne

---

1. Guillaume d'Orgemont, chevalier, seigneur de Méry-sur-Oise, de Faillouel, Ferrières et Condren, avait probablement été compromis en 1416 dans la conspiration bourguignonne dont Nicolas d'Orgemont, dit le Boîteux, chanoine de N.-D. de Paris et l'un de ses trois frères, était un des membres les plus actifs. Il avait épousé Marguerite de Sainte-Maure, fille de Pierre de Sainte-Maure, seigneur de Montgauguier (L'Hermite et Blanchard, *Les Eloges de tous les premiers présidens du Parlement de Paris*, p. 15).

2. Jean de Sainte-Maure, seigneur de Montgauguier et de Nesle, comte de Benon, mort avant 1425, date à laquelle on trouve ses quatre enfants sous la tutelle d'Arnaud de Sainte-Maure et de Philippe d'Orgemont (Anselme, *Hist. gén. de la maison de France*, t. V, p. 11).

sauroit declairer, estans en l'ostel de Andriet le Vaasseur en un coffre que y avoit un nommé maistre Amaurry, duquel linge il en y a partie marquée de la marque ou saing dudit Guillaume, avec une sarge verte et aussi une couste-pointe blanche que lui donna sadicte maistresse, toutes lesqueles choses sont encores en nature en la main de la justice dudit lieu de Sainte Geneviefve, sans ce que ycelle suppliante en ait aucune chose vendu ou aliéné. Pour ocasion desquelz cas elle est detenue prisonniere à grant povreté et misere esdictes prisons, et est en avanture de y finer briefment ses jours, se notre grace et misericorde ne lui est sur ce impartie en nous humblement requerant ycelle. Pourquoy nous ces choses considerées et que la dicte suppliante en tous autres cas a esté et est de bonne vie, renommée et honneste conversation, sans ce qu'elle feust oncques ataint ne convaincue d'aucun vilain cas, blasme ou reprouche.....

Si donnons en mandement par ces mesmes presentes au prevost de Paris et à tous noz autres justiciers et officiers.....

Donné à Paris, ou mois de janvier, l'an de grace mil quatre cent et vint et de nostre regne le XLIe.

IV.

1421. Février. Paris.

Rémission accordée par Charles VI à Philippot Tartier, maçon, coupable d'avoir porté un faux témoignage par devant maître Jean Colletier, examinateur au Châtelet de Paris, à la requête de Pierre Clérambaud. A la suite de ce fait, Philippot Tartier avait été condamné au pilori, à la confiscation de ses biens, ainsi qu'au bannissement, et la sentence avait été exécutée.

(JJ. 171, n° 305.)

Charles, par la grace de Dieu roy de France, savoir faisons à tous presens et avenir, nous avoir receu l'umble supplicacion de Phelipot Tartier, povre homme maçon, contenant comme le vendredi IIIIe jour d'octobre derrenierement passé, Pierre Clerembaut et Richart de Senliz eussent trouvé ledit suppliant es halles de Paris et lui eussent dit qu'il alast avecques eulx, et qu'il feroit un grand plaisir audit Pierre, pour estre examiné en l'ostel d'un commissaire du Chastellet de Paris en une cause qu'il avoit contre Jaquet le Fait et ses consors, et qu'il deposast qu'il avoit esté present que un nommé Jehan Goupil, qui estoit trespassé, s'estoit rendu en son vivant, et environ six sepmaines paravant son trespas, audit Pierre et lui avoit donné tous ses biens meubles et immeubles, parmy ce que ledit Clerembaut seroit tenu de se gouverner tant qu'il vivroit et lui querir toutes ses necessitez de boire, mengier, couchier, lever, vestir et chaussier, et aussi seroit ledit Pierre tenu de paier toutes les debtes, lesquelles povoient bien monter xxx frans ou environ, lesqueles debtes ledit Goupil devoit baillier par déclaracion en une cedule audit Pierre, mais que les lettres dudit traittié feussent passées. Duquel traittié ledit Pierre avoit esté d'acord et avoit promis audit Goupil de lui baillier toutes les sepmaines jusques à la Saint Remy prochainement venant XL sous, pour ce que ycellui Pierre demouroit encores avec le pere de sa femme, et après la dicte feste Saint Remy se mettroit en son mesnage et prendroit ledit Goupil à demourer avec luy, et que ledit suppliant avoit veu que ledit Pierre avoit baillié en entretenant ledit traittié XL sous audit Goupil pour la premiere semaine, et que ledit Goupil avoit fait ledit traittié pour ce qu'il estoit ancien et debilité et ne se povoit plus aidier, et que dudit traittié ledit Pierre et Goupil avoient esté d'accord. Et dist oultre ledit Pierre audit suppliant que ledit Richart de Senliz savoit bien les choses dessus dites et les deposeroit avec ledit suppliant. Et, ce fait, menerent ledit suppliant par devers maistre Jehan Colletier, examinateur de par nous oudit Chastellet de Paris, commissaire en la dicte cour, par devant lequel commissaire ledit suppliant deposa les choses dessus dictes ou en substance, combien qu'il n'en sceust riens et qu'il n'est point esté present à ycelles; aussi n'en estoit-il riens. Et après ce que ledit suppliant eust esté examiné, ledit Pierre donna à desjuner audit suppliant et audit Richart, pour laquele chose ledit suppliant a depuis esté prisonnier oudit Chastellet, auquel il a confessé qu'il ne savoit riens des choses dessus dictes et qu'il s'estoit parjuré à la requeste dudit Pierre et pour lui faire plaisir sans ce qu'il en eust onques en aucune chose, et pour ce a esté condempné par sentence du prevost de Paris ou de son lieutenant à estre mis ou pillory et banny à tousjours de la ville, prevosté et viconté de Paris et ses biens confisquez. En executant laquelle sentence, ledit suppliant a esté mis et tourné ou pillory et banny de la dicte ville, prevosté et viconté, et par ce n'y oseroit jamais retourner se notre grace et misericorde ne lui estoit sur ce impartie, si comme il dit en nous requerant et suppliant humblement que, attendu que en autres cas il a tousjours esté de bonne vie, renommée et honneste conversation, sans avoir esté reprins d'aucun autre vilain cas, blasme ou reprouche et que il a esté induit à ce faire pour faire plaisir audit Pierre sans en avoir eu aucun proffit, et qu'il a esté puny pour le dit cas comme dit est, et que lesdiz Pierre et Ricart qui l'induyrent à ce faire, ont esté renduz à la court de l'Eglise et sont delivrés, et qu'il a perdu tous ses biens qui ont esté confisquez et ne sauroit vivre d'autre mestier que de maçonnerie, lequel mestier vault pou ou neant ailleurs que à Paris, et que aucun ne se fait partie contre lui et aussi sa dicte depposition n'a sorty aucun effect au proffit dudit Pierre, ne contre ses parties adverses, nous sur ce lui vueillons notre dicte grace impartir. Pour quoy nous, ces choses considerées, voulans.....

Si donnons en mandement par ces presentes au prevost de Paris et à tous nos autres justiciers et officiers.....

Donné à Paris, ou mois de fevrier, l'an de grace mil IIII^c et vint et de notre regne le XLIe.

Ainsi signé : Par le roy, à la relacion du Conseil,

ROUVRES.

V.

1421. 11-31 mars. Paris.

Rémission accordée par Charles VI à Jeannin Chapperon, valet charretier de l'abbaye de Saint-Germain-des-Prés, poursuivi pour blasphème en vertu des ordonnances récemment rendues à ce sujet.

(JJ. 171, n° 325.)

Charles, par la grace de Dieu roy de France, savoir faisons à tous presens et avenir, à nous avoir esté exposé de la partie de Jehannin Chapperon, povre varlet charretier demourant en l'abbaye de Saint-Germain-des-Prez emprès Paris, prisonnier en la Conciergerie de nostre palais à Paris, que comme il ait esté et soit de bonne vie et renommée, qui a demouré en la dicte abbaye quatre ans ou environ et a servy les religieux d'icelle abbaye bien et diligemment en sondit mestier de charretier, comme bon preudomme, sans estre ataint ou convaincu d'aucun vilain cas, et il soit ainsi que le lundi x^e jour de ce present mois de mars le dit exposant feust alé à Nostre-Dame-des-Champs en l'ostel du mareschal pour ferrer ses chevaux et, après ce qu'il ot ferré, eust compté avec ledit mareschal et de chaude cole eust dit chaudement en la dicte forge : « Maugré Dieu ! vous me mescomptez »;

en renyant Dieu, par deux foiz, pour ocasion desquelès paroles et blafemes, il fut prins et amené esdictes prisons de la Conciergerie, où il est detenu prisonnier, en grant peril d'en estre puny criminelment, selon noz ordonnances sur ce faictes et d'en estre reputé infame à tousjours, se par nous ne lui est sur ce impartie notre grace et misericorde, si comme l'en dit, en nous humblement requerant que comme en autres cas il ait tousjours esté homme de bonne vie et renommée sans vilain reprouche comme dit est, et que nos dictes ordonnances ont esté sur ce fraichement publiées[1], nous lui vueillons impartir notre dicte grace et misericorde. Pourquoy nous ces choses considerées, qui voulons misericorde preferer à rigueur de justice.....

Si donnons en mandement au prevost de Paris, au bailli de la dicte Conciergerie à Paris et à tous nos autres justiciers.....

Donné à Paris, ou mois de mars, l'an de grace mil IIII^c et vint et de notre regne le XLIe.

Ainsi signé : Par le roy, à la relacion du Conseil,

OGER.

VI.

1421. 29 ou 30 avril. Paris.

Rémission accordée par Charles VI à Gillet Prunier, tisserand, qui, le mercredi 28 avril, avait été pris par les gens du guet, alors qu'il se préparait à emporter chez lui le plomb qu'il avait arraché nuitamment le dimanche et le lundi précédent, d'une lucarne de l'hôtel de Nesle.

(JJ. 171, n° 342.)

Charles, par la grace de Dieu roi de France, savoir faisons à tous presens et avenir, nous avoir receu l'umble supplication de Gilet Prunier, povre homme tisserant de toiles aagié de XXVIII ans ou environ, chargié de jeune femme grosse d'enfant preste d'acouchier, demourant à Paris, contenant que samedi derrenierement passé, cinquiesme jour de ce present mois, entre trois et quatre heures après-midi, il se parti de son hostel de la rue des Poitevins[2]

---

1. Ces ordonnances n'ont pas été publiées par les éditeurs du *Recueil des Ordonnances* où l'on trouve seulement, sous la date du 8 octobre 1420, des lettres du dauphin Charles, alors en état de rébellion, contre les blasphémateurs (t. XI, p. 105).

2. Cette petite rue subsiste encore conduisant de la rue Hautefeuille à la rue Serpente (jadis rue du Battoir).

où il demeure, et s'en ala à la porte de Bucy[1] sur les murs de ceste notre ville de Paris jusques à l'uys qui est à l'entrée des grans galeries de l'ostel de Neelle[2], lequel huis il trouva ouvert, et entra oudit hostel. Et quant il fut dedens, advisa, comme paravant avoit fait, qu'il y avoit du plont sur une lucane dudit hostel qui est sur la riviere de Saine, lequel plont on avoit ja commancié à arrachier, et pour ce eust esté dès lors tempté de ycellui arrachier et emporter, de quoy toutevoyes il ne fist riens. Et le dimanche après, qui fut dimanche derrenierement passé[3], ycellui suppliant tempté de l'ennemi ala de nuit derechief oudit hostel de Neelle et arracha partie dudit plont et, pour ce qu'il ne pot tout arrachier, le lundi ensuivant aussi de nuit ala derechief oudit hostel et arracha le residu, et icellui enroola et mist en une viz rompue estant oudit hostel. Et le mercredi ensuivant derrenierement passé pareillement de nuit, par la temptacion que dessus, ala derechief oudit hostel de Neele et ycellui plont voult emporter, mais il fut trouvé par les gens du guet ainsi qu'il le gectoit par pieces et par loppins pour le charger et emporter plus à son aise. Pour laquele cause il fut mené en nos prisons du petit Chastellet, et depuis es prisons du grand Chastellet, où il est de present, et combien que ledit plont soit en nature et que ledit suppliant n'en ait riens vendu gasté ne dissipé, que aussi il ait fait et commis le cas dessus dit par temptacion de l'ennemi et par povreté comme il dit, neantmoins il doubte que pour ce il ait grandement à souffrir de sa personne, se notre grace par pitié et misericorde ne lui estoit sur ce impartie, requerant humblement ycelle. Pour quoy nous ces choses considerées et que ledit suppliant en ses autres faiz et cas a esté et est homme de bonne vie, renommée et conversation honneste, et ne fut oncques mais reprins, ataint ne convaincu d'aucun autre vilain cas, crime ou blasme, ayans pitié et compassion de sa dicte jeune femme grosse, à ycellui suppliant ou cas dessus dit avons quitté, remis et pardonné.....

---

1. C'est là le nom de la porte de l'enceinte de Philippe-Auguste, située à l'extrémité occidentale de la rue Saint-André-des-Arts, et qui avait été rendue en 1350 par les religieux de Saint-Germain-des-Prés à Simon de Bucy, premier président au Parlement.

2. L'hôtel de Nesle appartenait alors à la reine Isabeau à qui le duc de Berry, oncle du roi Charles VI, l'avait laissé (Sauval, t. II, p. 131).

3. C'est-à-dire le 25 avril, jour de Pâques, puisque les lettres de rémission sont datées du « mois d'avril, l'an de grace 1421, après Pasques ».

Si donnons en mandement au prevost de Paris ou commis à la garde et gouvernement de la justice de notre ville de Paris.....

Donné à Paris, ou mois d'avril, l'an de grace mil cccc xxi après Pasques et de notre regne le xlie.

Ainsi signé : Par le roy, à la relacion du Conseil,

OGER.

VII.

1421. 30 mai. Paris.

Charles VI autorise la confrérie récemment fondée par plusieurs bourgeois de Paris en l'honneur du Saint-Sacrement dans l'église de Saint-Eustache de Paris

(JJ. 172, n° 70.)

Charles, par la grace de Dieu roy de France, savoir faisons à tous presens et à venir nous avoir receue l'umble supplicacion de Thomas Riant, Jehan Dessoubz-le-Bois, Hennequin l'Oiseau, Simonnet Gregoire et Jehan de Gouvieux, marchans et bourgeois de Paris, et aussi de plusieurs autres personnes manans et habitans en nostre bonne ville de Paris, consors en ceste partie, contenant comme pour l'oneur et reverance du Saint Sacrement, la glorieuse Vierge Marie et de saint Quentin, et pour la grant affection et devocion qu'ilz ont à l'eglise Saint-Eustace à Paris, et pour augmenter le divin service en ycelle, ilz aient fait et ordonné entre eulx une confrarie dudit Saint Sacrement, la glorieuse Vierge Marie et saint Quentin, aux appostres, prophetes et autres personnages de sains qui se font accoustumément au jour dudit Saint Sacrement en la procession et parroisse dudit Saint Eustace; et, en l'onneur de ce, ont ordonné iceulx à faire chanter en ladite eglise pour chascune sepmaine, durant ladite confrarie, tant de messes et en tel nombre que bon leur semblera pour le salut de leurs ames ; laquele chose les diz supplians feront et continueront chascun an voulentiers à perpetuité, mais qu'il nous plaise à leur donner congié et licence sur ce. Nous qui voulons en nostre temps le divin service multiplier et acroistre de tout nostre povoir et afin que noz successeurs, et nostre tres chiere et tres amée compaigne la royne, soyons comprins et participans es messes et oroisons qui y seront dites et celebrées, inclinans pour ce à leur dite supplicacion, à yceulx supplians avons donné et octroyé, donnons et octroyons par ces presentes, de grace especial, congié et licence qu'ilz puissent faire et ordenner ladite confrarie au jour et en la maniere dessus diz, et recevoir et acompagner en ycelle confrarie toutes bonnes personnes qui, en l'onneur dudit Saint Sacrement, la glorieuse Vierge Marie et dudit Saint Quentin, y vouldroit entrer, pourveu toutes voies que en ladite confrarie ne soit faite aucune assemblée ne monopole ou prejudice de nous, de nostre royaume et de noz successeurs rois de France.

Si donnons en mandement par ces mesmes presentes au prevost de Paris et à tous noz autres justiciers.....

Donné à Paris, le penultiesme jour de may, l'an de grace mil IIII^c vint et ung et de nostre regne le XLIe.

Ainsi signé : Par le roy, à la relacion du Conseil,

ADAM.

VIII.

1421. Juin. Paris.

Rémission accordée par Charles VI à Jean Taquet, sergent à verge au Châtelet, lequel, au cours d'un procès avec Guillaume le Mareschal qui se prétendait créancier de feu Thévenin Thibaut, premier mari de Margot, femme de Jean Taquet, produisit entre autres témoins Robin Chevalier et Jacquet du Fresnay. Ces deux témoins, qui depuis furent taxés de parjure, avaient été fournis à Taquet par un garçon tavernier nommé Simonnet du Vivier, lequel prétendait être au courant des affaires de feu Thévenin Thibaut.

(JJ. 171, n° 398.)

Charles, par la grace de Dieu roy de France, savoir faisons à tous presens et avenir, nous avoir receu l'umble supplication de Jehan Taquet, nostre sergent à verge en nostre Chastellet de Paris, contenant comme depuis aucun temps en ça procès soit meu en notre dit Chastellet entre Guillaume le Mareschal, demandeur d'une part, et ledit suppliant à cause de Margot sa femme, paravant femme de feu Thevenin Thibaut, avec les heritiers duquel feu Thibaut ont chevy pour argent et leur sont demourez meubles et debtes, defendeur d'autre part, pour raison de la somme de LX escus en or dont ledit demandeur entre autres choses faisoit demande audit suppliant, soubz umbre de ce que iceulx Thibaut et Mareschal avoient et ont eu le temps passé à besoingnier de plusieurs choses et fait plusieurs marchandises ensemble. Contre laquele demande ledit suppliant qui ne savoit que tres pou de la matiere, — par ce qu'elle ne venoit pas de son fait et que ce procedoit du fait de son predecesseur, — si non par oïr dire, proposa que, dès le vivant dudit feu Thevenin, il et ledit mareschal avoient fait certain compte ensemble par lequel ils estoient demourez quittes l'un envers l'autre. Sur quoy fut tant procedé que les parties furent apoinctées contrairement. Depuis lequel appoinctement et en procedant en l'enqueste, ledit suppliant produisy deux tesmoins, c'est assavoir Perrin Gesot et Jehan Celle qui pou savoient de la matiere. Et pour ce, en caresme derrenierement passé, parla à aucunes gens qu'avoient conversé avec ledit defunct, pour savoir se ilz savoient riens de la besoingne, et, en soy dementant, vint ou s'adreça à lui un nommé Simonnet du Vivier, varlet tavernier et courretier de vins, qui est grant entremetteur et qui avoit frequenté plusieurs foiz avec ledit feu Thevenin et aussi avec ledit Mareschal, lequel Simonnet du Vivier dist audit suppliant qu'il lui pourverroit de tesmoins qui deposeroient en la matiere especialment que iceulx feu Thibaut et Mareschal estoient demourez quittes l'un envers l'autre et, brief temps après icelluy du Vivier amena trois compaignons, c'est assavoir Yvonnet Moysant, lequel ledit suppliant cognoissoit bien parce qu'il l'avoit veu converser en la rue où il demeure, et deux autres qui s'appeloient l'un Robin Chevalier et l'autre Jaquet du Fresnay, lesquels ledit suppliant ne cognoissoit et ne savoit leurs noms, lesquels III tesmoins estoient instruiz par ledit Simonnet et promidrent de deposer à l'entencion dudit suppliant. Et lors ycellui suppliant fut d'accord qu'ilz deposassent, et pour ce faire bailla à chacun desdits III temoins deux frans et, avec ce, quant ilz orent esté examinez, ilz dirent audit suppliant que ilz avoient bien fait la besoingne, le quel suppliant les mena boire une ou plusieurs fois et paia tousjours l'escot. Sur lequel procès ait esté tant procedé que les parties ont esté appoinctées à oïr droit; depuis lesqueles choses ainsi faictes, lesdiz Robin Chevalier et Jaquet du Fresnay et autres ont esté prins et mis en prison oudit Chastellet et dit l'en qu'ilz ont deposé faulx en la dicte cause, et soubz umbre de ce ledit suppliant a esté prins et emprisonné en ycellui Chastellet, et s'efforce l'en de proceder contre lui par procès extraordinaire, et par ainsi il est [en] voye d'estre desert à tousjours, se par nous ne lui est sur ce impartie nostre grace et misericorde si comme il dit, requerant humblement que consideré ce que dit est et que ledit Simonnet du Vivier a admi-[ni]stré lesdiz tesmoins sans ce que ledit suppliant y ait fait autre chose que dessus est dit, consideré aussi que ycellui suppliant a esté toute sa vie homme de bonne vie, renommée et honneste conversation, sans ce que oncques mais feust reprins, ataint ne convaincu d'aucun autre vilain cas, crime ou vilain malefice, nous luy vueillons impartir.....

Si donnons en mandement au commis de par nous à la garde de la prevosté et à tous noz autres justiciers et officiers.....

Donné à Paris, ou mois de juing, l'an mil IIII^c et XXI et de notre regne le XLIe.

Ainsi signé : Par le roy, à la relacion du Conseil,

ADAM.

IX.

1421. Juin. Paris.

Rémission accordée par Charles VI à Henriet le Gros, natif de Paris, alors gravement malade à la conciergerie du Palais où il était détenu prisonnier depuis trois mois environ. Henriet, ayant quitté vers 1419 le service de Mme de Montbazon après le mariage de cette dame avec le seigneur de Graville, n'osa pas retourner dans sa ville natale à cause de l'assassinat récent du duc de Bourgogne et entra dans la garnison de Meaux ; mais un jour, vers la fin de janvier 1421, allant aux vivres avec sa compagnie, il fut pris par la garnison de la Queue-en-Brie et contraint de payer avec l'aide de ses amis une rançon qui s'éleva à plus de 160 livres. Ramené ensuite à Paris par le capitaine de la Queue-en-Brie qui s'était engagé à le remettre aux mains des siens, il fut aussitôt emprisonné à la requête du curé de Sucy qui, jadis, avait été pris et rançonné par des gens d'armes de la garnison de Meaux, au nombre desquels se trouvait précisément Henriet le Gros.

(JJ. 171, n° 411.)

Charles, par la grace de Dieu roy de France, savoir faisons à tous presens et avenir nous avoir receu l'umble supplicacion de Henriet le Gros, clerc non marié, natif de Paris, aagié de XXIIII ans ou environ, prisonnier detenu en la consiergerie du Palais en grief maladie de sa personne, comme par rapport de phisiciens jurez fait le samedi XXIIIIe jour de l'an mil CCCC XXI est apparu à nostre court de Parlement et paravant en notre Chastellet de Paris, dès environ Caresme-prenant derrenierement passé, en grant povreté et misere ; contenant comme sur ce que par fragilité de jeunesse et pour avoir sa vie honnestement, il se feust durant le traictié de la paix mis ou service de la dame de

Montbason[1], niece de l'evesque de Paris[2] derrenierement trespassé, demourant pour lors ou chastel de Malesherbes[3], et jusques à ce qu'elle se maria avec le seigneur de Graville[4]. Et depuis s'en departi et, pour doubte de la mort et occision de feu notre tres chier et tres amé cousin le duc de Bourgogne qui ce pendant survint, il n'osa pour doubte de sa personne venir ne retourner à Paris, mais s'en ala à Meaulx ou service d'aucuns de son affinité, où il s'est tenu et fait pour avoir sa vie avec les autres estans audit lieu et chevauchié avec eulx et prins des vivres où il en a peu avoir come eulx, sans avoir esté à mort d'omme, boutement de feux ne efforcement de femmes. Et tant que devant la Chandeleur derrenierement passé[5], il fut prins par ceulx de la garnison de la Queue-en-Brie[6] avecques autres en sa compaignie où ilz estoient alez courir sur les champs pour cuidier avoir des vivres; à laquelle prise il fut forment blecié et navré de son corps, et tant qu'il en a esté malade par l'espace de deux mois et plus, et lui ont esté ostez des os de la teste plus de XXXVI, et avec ce rançonné à cent livres et un cheval de cinquante sous, et ycelle rançon paiée entièrement à l'aide de ses amis avec ses despens qui ont monté plus de LX livres. Et, ce fait, le capitaine de ladite Queue-en-Brie, faingnant qu'il le vouloit livrer à Paris à sesdiz amis, et le y eust amené et, si tost qu'il y fut, à la requeste du curé de Sucy-en-Brie[7], — un sien hayneux et malveillant soubz umbre de ce qu'il a esté prins par les gens d'armes de la garnison dudit Meaulx et mis et paié rançon, à la prinse duquel et en la com-

---

1. Jacqueline de Montagu, fille de Jean de Montagu, souverain-maître de l'hôtel du roi, était veuve alors de Jean de Craon, seigneur de Montbazon, qui l'avait épousée le 7 novembre 1399 (Anselme, *Hist. généal. de la maison de France*, t. VI, p. 378).

2. Gérard de Montaigu, élu évêque de Poitiers en 1403, quitta ce siége épiscopal en 1409 pour celui de Paris et mourut le 25 septembre 1420 à Vallères, en Touraine.

3. Malesherbes (Loiret, arr. de Pithiviers, chef-lieu de cant.). Les lettres de rémission accordées en septembre 1425 à Marguerite de Paris et publiées plus loin (n° LXXVIII) nous apprennent que l'évêque de Paris lui-même s'était alors réfugié au château de Malesherbes, qui avait appartenu à Jean de Montagu, père de la dame de Montbazon (Anselme, *Hist. généal.*, t. VI, p. 378).

4. Jean Malet, seigneur de Graville, grand fauconnier, pannetier et maître des arbalétriers (*Ibid.*, t. VI, p. 379).

5. C'est-à-dire avant le 2 février 1421.

6. La Queue-en-Brie (Seine-et-Marne, arr. de Corbeil, cant. Boissy).

7. Sucy-en-Brie (Seine-et-Marne, arr. de Corbeil, cant. de Boissy).

paignie ledit suppliant estoit, — par le commandement de notre amé et feal conseiller le premier president de notre court de Parlement, ait esté mis et amené prisonnier oudit Chastellet, et depuis amené en notre dit Parlement pour oïr sur ce les parties afin d'en ordonner, et pour la maladie de sa personne fut ordené par notre dicte court de Parlement estre mis en la dicte Consiergerie où il est comme dit est. Pendant lesquelz emprisonnemens, ou paravant, il se doubte qu'il n'ait esté appellé à noz droiz et banny de notre royaume, comme de plusieurs autres tenant le parti à l'encontre de nous a esté fait, suppliant que attendu et consideré ce que dit est, qui est et depend du fait de guerre par laquelle il a esté prins et paié sa rançon et s'en est aquittié comme dit est, et la bonne affection qu'il a tousjours eue de retourner, s'il eust peu bonnement en notre obeissance, et que en autres choses il a tousjours esté de bonne vie, renommée et honneste conversation, sans avoir esté reprins ne convaincu d'aucun autre vilain cas, blasme ne reprouche et que tout ce qui lui est advenu en ce cas a esté par jeunesse et ignorance et pour doubte de mort, il nous plaise à lui sur ce impartir notre grace et misericorde. Pour ce est-il que nous ces choses considerées et la longue prison où il a esté et encore est detenu...

Si donnons en mandement, par ces meismes presentes, à noz amez et feaulx conseillers tenans et qui tendront nostre dit parlement, au prevost de Paris.....

Donné à Paris, ou mois de juing, l'an de grace mil IIII^c et vint et ung et de notre regne le XLIe.

Ainsi signé : par le roy à la relation du Conseil.

ADAM.

X.

1421. Août. Paris.

Rémission accordée par Charles VI à feu Denisot Sensigaut, boulanger à Saint-Marcel, lequel, atteint de frénésie, s'était pendu quinze jours auparavant dans l'escalier de sa maison. En conséquence de cette rémission, le cadavre de Denisot ne sera pas exécuté, ni ses biens confisqués.

(JJ. 171, n° 429.)

Charles, par la grace de Dieu roy de France, savoir faisons à tous presens et avenir, nous avoir esté humblement exposé de la partie de Jehannette, vefve, et d'aucuns des proches parens et amis de feu Denisot Sensigaut, en son vivant et nagueres boulenger demourant à Saint-Marcel lez Paris[1], disant que depuis quinze jours ença ou environ ledit feu Denisot soit cheu en adversité de maladie des chaleurs et continue[2] qui courent à present, telement que après ce qu'il a esté confessé et receu son createur il est cheu en frenoisie, et luy estant en ycelle à un certain jour n'a gueres passé, — pendant ce que ladicte vefve sa femme estoit venue de son commandement à Paris pour apporter son orine et faire autres besoingnes qu'elle y avoit à faire, et que un jeune filz son neveu estoit alé aussi de son commandement querir du lait en certain lieu de Saint-Marcel, et une femme pour lui appareiller à mangier, — se soit levé de son lit et venu comme aucuns dient fermer l'uis de son hostel sur lui et, ce fait, ait prins une corde et l'ait atachée au hault d'une viz estant oudit hostel par où l'en monte en sa chambre, et rompu un pou du plastre d'icelle viz pour atachier ladite corde à une petite piece de bois qui y estoit, et là se soit tant par temptacion de l'ennemi comme à l'ocasion de ladite frenoisie et maladie pendu à ycelle corde. Pour ocasion duquel cas lesdits exposants doubtent empeschement estre mis es corps et biens d'icellui defunct, comme aquis et confisquez, se notre grace ne leur estoit sur ce impartie, requerans humblement que attendu que ledit feu Denisot a esté tout son temps homme de bonne vie, renommée et honneste conversation, sans oncques mais avoir esté ataint ne convaincu d'aucun autre vilain blasme ou reproche, que le cas est advenu à l'ocasion de ladicte maladie qui sont des fortunes de ce monde, et que tres dure chose seroit à ladite vefve qui est jeune femme grosse, d'enfant s'entant, et a une petite jeune fille de l'aage d'un an ou environ fille d'icellui defunct et de la dite vefve, de perdre leurs biens et chevance à l'ocasion dessus dicte, et aussi en seroient lesdits exposants et autres leurs parens et amis qui sont notables gens et de bonne lignée vituperez, s'il convenoit que le corps dudit defunct feust executé, et que durant

---

1. C'est au xviie siècle seulement que le village de Saint-Marcel fut annexé à Paris. Son église, qui est aujourd'hui l'une des églises paroissiales de la capitale, avait été élevée au ve siècle sur le tombeau de saint Marcel, évêque de Paris, et une agglomération de maisons assez considérable pour que Grégoire de Tours la qualifiât *vicus* (*De gloria confessorum,* c. 89) existait déjà au vi[e] siècle autour de ce sanctuaire.

2. Dom Carpentier a prouvé, à l'aide de lettres de rémission en date de 1366 et de 1455, que *continue* se disait alors pour « fièvre continue » (Du Cange, *Glossarium,* édit. Henschel, t. II, p. 570, au mot *continuare*).

ladite maladie il a esté confessé et receu son createur comme dit est, nous leur vueillons notre dicte grace impartir. Pour quoy nous ces choses considerées, voulans.....

Si donnons en mandement par ces mesmes presentes à noz amez et feaulx conseillers les gens tenans nostre present Parlement..., au prevost de Paris, et à tous noz autres justiciers.....

Donné ou mois d'aoust, l'an de grace mil cccc xxi et de notre regne le xlie. Ainsi signé : Par le roy à la relacion du Conseil,

ADAM.

XI.

1421. Août. Paris.

Rémission accordée par Charles VI à Perrin Baudaire qui, après l'entrée des Bourguignons à Paris en mai 1418, n'étant encore âgé que de 17 ans environ, avait quitté la capitale pour servir en qualité de page Luquin de Ris, capitaine italien qu'il accompagna le 1er juin suivant à l'attaque de la Bastille, puis à Melun, Orléans, Brie-Comte-Robert, la Ferté-Milon et à la bataille de Baugé; depuis, Perrin était passé au service d'un gascon de la garnison d'Auneau avec lequel il prit part aux siéges de Gallardon et de Chartres. Après trois années de cette vie d'aventures, le jeune page avait voulu rentrer dans la capitale, mais son père, pour se conformer aux prescriptions de la justice, l'avait mené lui-même devant la prévôté au Châtelet, où il demeura quinze jours prisonnier.

(JJ. 171, n° 435.)

Charles, par la grace de Dieu roy de France, savoir faisons à tous presens et avenir, nous avoir receu l'umble supplicacion des parens et amis charnelz de Perrin Baudaire, aagié de xx ans ou environ, né en la ville de Sauquevelle[1], près de Dieppe, filz de Jehan Baudaire, marchant à present demourant à Paris, contenant que comme dès huit ans a ou environ, ledit Perrin Baudaire feust venu demourer en nostre dite ville de Paris avec son dit pere, avec lequel il ait tousjours demouré jusques au dimanche xxixe jour du mois de may l'an mil cccc xviii que les gens de feu nostre tres chier et tres amé cousin Jehan, en son vivant duc de Bourgogne, entrerent en nostre dite ville de Paris; la nuit duquel jour un capitaine de gens d'armes nommé Luquin Ris, lombart tenant le parti de celui qui se dit Dalphin, emmena avec lui ledit Perrin Baudaire pour estre son page, lequel capitaine lui promist faire du bien, mais qu'il le vousist servir loyaument, ce que ledit Perrin Baudaire lui promist faire, non pensant à quelque mal. Et

---

1. Sauqueville (Seine-Inférieure, arr. de Dieppe, cant. d'Offranville).

ce fait, ledit Perrin ait esté avec et en la compaignie dudit Luquin, son maistre, le mercredi prochain[1] après ladite entrée des gens de feu notre dit cousin le duc de Bourgogne, devant la bastide Saint-Anthoine à l'eure que ledit qui se dit Dalphin cuida par force gaingnier et entrer en nostre dite ville de Paris et depuis ait esté par long espace de temps continuelment avec ledit Luquin son maistre, en la compaignie dudit soy disant Dalphin tant à Meleun, à Orleans, à Brie-Conte-Robert, à la Ferté-Milon, comme en plusieurs autres villes, places et forteresses, et aussi ait esté ou service et en la compaignie dudit Luquin Ris son maistre, du quel il estoit page, à la journée où feu nostre tres chier et tres amé cousin le duc de Clarence[2] et plusieurs autres de la compaignie morurent[3]. Depuis lequel temps ait esté ou service de plusieurs nos ennemis, rebelles et desobeïssans ses maistres, en la compaignie desquelz ont esté faictes plusieurs courses, esquelles plusieurs de noz bons vrais subgiez et obeïssans ont esté prins prisonniers et mis à grant rançon par les diz noz ennemis, rebelles et desobeïssans, par lesquelz aussi plusieurs places et forteresses à nous obeïssans ont esté par force prises et tenues par eulx contre nous. Et, depuis ce, icelluy Perrin Baudaire, en la compaignie d'un gascoing son maistre, nommé Pierre Stoc, tenant ledit parti de la garnison d'Auneau[4], ait esté au siege qui fut mis par ledit soy disant Dalphin et plusieurs noz ennemis rebelles et desobeïssans devant nostre ville de Galardon[5], et aussi devant nostre bonne ville de Chartres, dedens la quele lez dessus diz ennemis rebelles et desobeïssans ont cuidié entrer et ycelle prendre à force. Et depuis ce ledit Perrin soit retourné audit lieu d'Auneau avec son dit maistre et plusieurs de noz diz ennemis rebelles et desobeïssans estans audit lieu, ou quel il a esté par certain temps, et aussi durant le temps qu'il a esté avec nosdiz ennemis, rebelles et desobeïssans, ait esté par plusieurs fois en fourrage en plusieurs lieux avec plusieurs pages desdiz ennemis et vescu avec yceulx comme pages et varlès y ont acoustumé de vivre ; toutesfoiz es compaignies dessus dites il n'a tué, robé, pillié ne fait chose de soy contre nous ne nostre magesté autrement que dit est dessus,

---

1. Le 1ᵉʳ juin 1418.
2. Thomas de Lancastre, frère du roi d'Angleterre Henri V.
3. La bataille de Baugé, où les Anglais furent battus par le maréchal de la Fayette ; elle eut lieu le 22 mars 1421.
4. Auneau (Eure-et-Loir, arr. de Chartres, chef-lieu de cant.).
5. Gallardon (Eure-et-Loir, arr. de Chartres, cant. de Maintenon).

si comme il dit. Esquelz lieux dessus nommez, et en la compaignie de ses diz maistres et de noz diz ennemis, il a continuelment esté depuis son departement de nostre dite ville de Paris et, [recongnoissant] que, d'estre alé et avoir demouré si longuement avec ledit Luquin de Riz et plusieurs autres nos diz ennemis, avoit grandement offensé et mesprins envers nous, dont il se repentoit et repent, et en estoit et en est moult dolent et courrocé, s'en est retourné, sans le sceu de son dit maistre ne d'autres noz ennemis quelzconques, et venu en nostre dite ville de Paris par devers son dit pere, pour y estre et demourer soubz et en nostre obeïssance, comme nostre bon, vray et loyal subgiet sans jamais avoir voulenté de retourner avec nosdiz ennemis, rebelles et desobeïssans, le quel Perrin Baudaire, Jehan Baudaire, son dit pere, pour vouloir obeïr à justice, considerées les choses dessus dictes et les ordenances sur ce faictes, a amené en justice, et tant que pour les choses dessus dittes ledit Perrin a esté et est encore detenu prisonnier, dès quinze jours a ou environ, es prisons de nostre Chastellet de Paris, es quelles il pourroit à l'ocasion dessus dite miserablement finir ses jours, se sur ce ne lui estoit impartie nostre grace et misericorde, si comme dient ses diz parens et amis, humblement requerans yceulx. Pourquoy nous, ces choses considerans, eu regard audit aage que ledit Perrin avoit à son dit departement de nostre dicte ville de Paris, voulans en ceste partie misericorde estre preferée à rigueur de justice, inclinans à ladite supplication, audit Perrin Baudaire avons quittié, remis et pardonné, ... en imposant sur ce silence perpetuel à nostre procureur, pourveu qu'il fera le serement, es mains de nostre prevost de Paris ou de son lieutenant, de tenir et entretenir la paix et traictié derrenierement faiz entre nous et nostre tres chier et tres amé filz le roi d'Angleterre, heritier et regent de France, et que jamais ne se armera ne demourra en la compaignie de ceulx qui tiennent le parti de cellui qui se dit Dalphin, noz ennemis rebelles et desobeïssans, et qu'il baillera de ce caucion souffisant es mains de nostre dit prevost de Paris.

Si donnons en mandement à nostre dit prevost de Paris et à tous noz autres justiciers.....

Donné à Paris, ou mois d'aoust, l'an de grace mil cccc xxi et de nostre regne le xlie.

Ainsi signé : Par le roy, à la relacion du Conseil,

CALOT.

XII.

1421. Septembre. Paris.

Rémission accordée par Charles VI à Guillaume de Tuilières, marqueur de petits paniers de marée aux halles de Paris, qui avait frappé Jean Dessous-le-Bois, sergent à verge du Châtelet, de plusieurs coups de poing au visage. La querelle était née d'une contravention dressée par le sergent du Châtelet contre Guillaume de Tuilières, dont le valet avait jeté des ordures sur la voie publique : Guillaume avait alors réclamé le paiement d'une flèche de lard que Dessous-le-Bois lui devait ; mais celui-ci ayant nié la dette et plusieurs autres méfaits que lui reprochait son interlocuteur, Tuilières avait cru nécessaire de faire intervenir ses poings dans le débat.

(JJ. 171, n° 454.)

Charles, par la grace de Dieu roy de France, savoir faisons à tous presens et avenir, à nous avoir esté humblement exposé de la partie des amis charnelz de Guillaume de Tuilieres, marqueur de petiz paniers de marée es hales de Paris, comme le vendredi v° jour de ce present mois de septembre Dessoubz-le-Bois, sergent à verge de notre Chastellet de Paris, eust gaigié en l'ostel dudit Guillaume en l'absence d'icellui, pour ce qu'il disoit que le varlet dudit Guillaume avoit getté des nettoieures de l'ostel en la rue. Et ce mesme jour, ainsi que ledit Guillaume estoit soubz la garde desdictes hales avec plusieurs autres, ledit Jehan Dessoubz-le-Bois estant aussi en ladite garde, ledit Guillaume eust demandé à ycellui Jehan s'il l'avoit gaigié, lequel lui eust respondu bien arrogaument que oyl, et ledit Guillaume lui eust demandé pour quoy il l'avoyt gagié, lequel lui eust dit moult haultainement que c'estoit pour la boe, et lors ledit Guillaume lui dist que faire le povoit. Et assez tost après ledit Guillaume demanda audit Jehan Dessoubz-le-Bois qu'il lui paiast une fliche de lart qu'il lui devoit, lequel Jehan lui respondi plus orgueilleusement que devant qu'il ne lui devoit riens. Et lors ledit Guillaume courrocié de ce que ledit Jehan lui nyoit ce qu'il lui devoit, lui demanda s'il vouloit mettre ladicte fliche de lart avec le sel qu'il avoit emblé à Colin de Neuville le jour de ses noces, et une fillette de harenc qu'il avoit emblé à Jaquet Vivien, si comme l'en disoit, lequel Jehan lui dist qu'il mantoit mauvaisement et faussement par sa gorge. Et adonc ledit Guillaume pour eschever noise s'en ala seoir emprès ledit Jaques Vivien et Jehan Pasqual, mais ledit Jehan le poursuy en le desmantant par plusieurs foiz et ledit Guillaume lui dist qu'il le laissast en paix ; mais ce non obstant, il le desmantoit comme paravant et tant que ledit Guillaume, meu de chaleur, frappa ledit Jehan deux ou trois coups de poing sur le visage dont il jailly sang sans mort ne mehaing. Et, ce jour mesmes, ledit Guillaume se rendi prisonnier ou Chastellet de Paris pour obeïr à justice et depuis notre prevost de Paris a fait certain appoinctement sur ce, dont notre procureur a appellé à notre court de parlement. Et par ce pourroit ledit Guillaume demoürer longuement prisonnier, se sur ce ne lui estoit impartie notre grace si comme sesdiz amis dient, en nous humblement suppliant que attendu que ledit Guillaume a tousjours esté homme de bonne vie, renommée et honneste conversation sans avoir esté reprins d'aucun vilain blasme ou reproche et que oudit fait, qui est advenu par chaleur et d'avanture sans fait precogité, n'a eu mort ne mehaing et si avoit ledit Jehan demanti plusieurs foiz ledit Guillaume avant qu'il le frappast, et si ne l'a frappé que du poing sans coustel ne autre harnois, nous sur ce vueillons audit Guillaume impartir notre dicte grace. Pourquoi nous....

Si donnons en mandement par ces presentes à noz amez et feaulx les presidens de notre Parlement et à tous nos autres justiciers et officiers.....

Donné à Paris, ou mois de septembre l'an de grace mil cccc xxi et de notre regne le xlI^e.

Ainsi signé par le roy à la relacion du grant Conseil.

Calot.

XIII.

1421. 13-31 octobre. Paris.

Rémission accordée par Charles VI à Jean Foison et à Gillette, sa femme, boulangers, lesquels, ayant quitté, vers 1417, Paris où ils ne pouvaient vivre à cause des dettes qu'ils y avaient contractées, étaient allés travailler dans les pays qui soutenaient alors la cause du Dauphin, notamment à Meaux. Les deux émigrés se décidèrent enfin à rentrer dans Paris le 12 octobre 1421 et à implorer leur grâce.

(JJ. 171, n° 459.)

Charles, par la grace de Dieu roy de France, savoir faisons à tous presens et avenir, nous avoir receu l'umble supplicacion de Jehan Foison et de Gilette sa femme, à present prisonniers en notre Chastellet de Paris, povres jeunes gens boulangiers, contenant que comme quatre ans a ou environ yceulx povres suppliants qui lors demouroient en notre bonne ville de Paris, pour ce qu'ilz estoient obligez et tenuz envers plusieurs personnes en grans sommes de deniers qu'ilz ne povoient paier pour doubte de estre emprisonnez ou executez à cause desdictes debtes et par povreté, se feussent departiz de notre dicte bonne ville de Paris et s'en feussent alez à Meaulx et ailleurs en païs tenant le parti contraire à nous, et qui est occuppé par noz ennemis, où ilz ont ouvré de leur mestier et se sont entremis de fait de marchandise et ont gaingnié leur vie le mieulx qu'il ont peu, et derrenierement environ le iiiie jour de ce present mois d'octobre ladicte Gilette a amené ou fait amener deux sextiers de blé de la Ferté-Milon en ladicte ville de Meaulx, qu'elle a venduz cinquante six sous. Et il soit ainsi que ladicte Gilette, qui depuis son dit departement de notre dicte bonne ville de Paris a tousjours desiré et tendu de tout son pouvoir de y retourner, se soit n'a gueres departie de ladicte ville de Meaulx et s'en soit retournée et venue en notre dicte ville de Paris où elle arriva dimanche xiie jour de ce present mois d'octobre pour savoir si l'en lui recevroit et laisseroit demourer et en esperance qu'elle et son dit mary y peussent demourer seurement et comme paravant. Neantmoins iceulx povres suppliants se doubtent que obstant ce que dit est et que ilz ont demouré et habité oudit païs et avec nos diz ennemis, et les cris, publications, defenses et procès de par nous faiz en ceste partie contre noz diz ennemis et ceulx qui ont demouré es païs rebelles et non obeïssans à nous, ladicte Gilette ne soit durement traictiée en notre dit Chastellet et que l'en ne vueille rigoreusement proceder contre elle, si comme lesdiz supplians dient. Si nous ont humblement requis yceulx supplians que eue consideracion aux choses dessus dictes et qu'ilz ne se sont point armez ne fait guerre contre nous ou nos bons et loyaulx subgiez, ne pillié, ne robé nosdiz subgiez, ne fait aucun desplaisir ou empeschement à ceulx tenant notre dit parti en quelque maniere que ce soit, et que en autres cas ilz ont tousjours esté gens de bonne vie, renommée et honneste conversation, sans oncques mais avoir esté reprins ou convaincuz d'aucun autre vilain cas, blasme ou reproche nous leur vueillons pourveoir de notre grace. Pour quoy nous, ces choses considerées, voulans.....

Si donnons en mandement au prevost de Paris et à tous noz autres justiciers.....

Donné à Paris, ou mois d'octobre l'an de grace mil cccc xxi et de notre regne le xlie.

Ainsi signé : par le roy, à la relacion du Conseil,

BORDES.

XIV.

1421. Décembre. Paris.

Rémission accordée par Charles VI à Jeannin Garet, sergent à verge au Châtelet de Paris, qui, chargé par le procureur du roi à ce même tribunal de lui amener un épicier nommé Guillaume Doucet, qui vendait l'huile à six deniers de plus par pinte que ne le permettait la taxe édictée par le prévôt de Paris, avait ensuite accepté de ce marchand, après règlement convenable de son affaire, deux écus d'or à partager entre lui et deux autres sergents qui avaient été mêlés à la poursuite. C'est en suite d'une plainte portée par l'épicier et sa femme eux-mêmes que des poursuites avaient été ordonnées contre les trois sergents [1].

(JJ. 171, n° 477.)

Charles, par la grace de Dieu roy de France, savoir faisons à tous presens et avenir, nous avoir esté humblement exposé de la partie des parens et amis charnelz de Jehannin Garet, povre jeunes homs de l'aage de xxii ans ou environ, sergent à verge en nostre Chastellet de Paris, disant que le xiiie jour du mois de novembre derrenierement passé au commandement de notre procureur oudit Chastellet, ycellui Jehannin Garet se transporta à la porte Baudoyer [2] à Paris pour enquerir et savoir commant et à quel pris Guillaume Doulcet, chandelier et vendeur de menues denrées demourant à ladicte porte Baudoyer, vendoit la pinte ou chopine de huile qu'il avoit en sa maison. Et en y alant trouva et encontra en son chemin, pres de ladicte porte Baudoyer, Pierre de Mireville et Guillaume le Gouteur, sergens à verge en notre dit Chastellet, lesquelz il appella et leur dist et recita le cas pour lequel il estoit là envoyez par notre dit procureur ; aussi fist-il à un appellé le Grenetier, voisin dudit Guillaume Doulcet, pour leur aidier à adverer et ataindre le cas. Et après ce qu'ilz furent duement informez par le moyen dudit Grenetier que ledit Guillaume Doulcet, au moins sa femme et varlet, avoient vendu de ladicte huile au pris de iii sous vi deniers parisis la pinte, ja soit ce que aux huilliers de ceste ville de Paris eust esté par notre prevost de Paris permis de vendre la pinte iii sous parisis et non plus, prindrent ledit Guillaume Doulcet et son varlet et les mene

---

1. Cette pièce a été publiée une première fois par notre confrère, M. L. Douët d'Arcq, dans son *Choix de pièces inédites relatives au règne de Charles VI*, t. II, p. 149-152.

2. C'est aujourd'hui la place Baudoyer.

rent par devers notre dit procureur ainsi que chargié avoit audit Jehannin Garet, et ja soit ce que par ledit Guillaume et sa femme en leur dit hostel, et depuis par ycellui Guillaume en le menant oudit Chastellet et aussi par un sien voisin appellé le Vigneron qui lui tint compaignie, feust offert par plusieurs et diverses fois par belles et doulces paroles audit Jehannin Garet et à un des autres sergens dessus nommez qu'ilz voussissent prendre de l'or et de l'argent qu'ilz leur presenterent manuelment, et partant taire ledit cas advenu sans les mener devers notre dit procureur; toutevoyes n'en vouldrent ilz riens recevoir ne eulx cesser qu'ilz ne les menassent devers nostre dit procureur ou dit Chastellet, mais bien leur dire[nt] en les menant qu'ilz leur feroient le mieux qu'ilz pourroient et que, qui leur feroit plaisir, qu'ilz ne retenissent pas la peine des compaignons. A quoy ledit Guillaume Doulcet repondi que s'ilz povoient tant faire que ledit notre procureur les delivrast, il leur donroit tres bien à disner et une bonne paire de chausses à chacun, et atant fut mené ledit Guillaume Doulcet seul par devers notre dit procureur en sa chambre oudit Chastellet, au quel notre procureur le dit Jehannin Garet fist son rapport véritablement de ce qu'il avoit trouvé, lequel notre procureur demanda à ycellui Doulcet pour quoy il n'avoit tenu et fait ce dont il avoit esté d'acord avec lui, c'est assavoir de non vendre son huille plus de II sous VI deniers la pinte. Lequel Doulcet lui repondi que justice avoit ordonné et permis vendre la pinte III sous parisis et pour ce l'avoit fait, non adverti de ce, quant il avoit esté d'acord avec ycellui notre procureur, de vendre son huille II sous VI deniers la pinte, en disant à notre dit procureur qu'il estoit d'acord de la vendre ledit pris de II sous VI deniers, puis que promis lui avoit et qu'il lui plaisoit non obstant que justice eust ordené et permis la vendre III sous parisis la pinte et, pour ce, lui ordonna notre dit procureur de son consentement de la vendre II sous VI deniers parisis la pinte tant que celle qu'il avoit dureroit et atant l'en envoya. Et après ce qu'ilz furent hors dudit Chastellet ledit Guillaume remercia lesdiz sergens et leur dist qu'il leur donroit à disner et feroit ce qu'il leur avoit promis, et de fait ledit Guillaume bailla de l'argent à son dit voisin pour acheter à disner et disnerent ensemble, et ledit Grenetier avec eulx, en une taverne où fut despendu VIII sous p. de forte monnoie que ledit Guillaume voult paier et paia de fait, ja soit ce que ledit Jehannin Garet et autres dessus nommez se offrissent paier leur escot et avec ce fut baillié par ledit Vigneron, de par ledit Guillaume, ii escuz d'or audit Jehannin Garet en disant que ledit Guillaume les leur donnoit pour la peine qu'ilz avoient prinse pour lui, et les receut ledit Jehannin Garet en entencion de les distribuer entre lui et lesdiz sergenz. Mais il est advenu que, ainçois que il l'ait fait, ledit Guillaume et sa femme se complaignirent le lundi ensuivant à nostre dit procureur de ce que dit est, lesdiz Pierre de Mireville, et Guillaume le Gouteur furent emprisonnés en notre Chastellet de Paris, et ledit Jehannin Garet doubtant rigueur de justice s'est absenté et mucié, et dit-on qu'il a esté pour ce appellé à ban et adjorné à comparoir oudit Chastellet à trois briefz jours qui ja sont passez sans ce que ledit Jehannin Garet y soit aucunement comparu, dont toutevoyes ne s'est encore ensuy aucun ban, et pour doubte de rigueur de justice ne y oseroit ledit Jehannin comparoir par quoy pourroit encourir en ycellui ban et par ce perdre son office et chevance, et ainsi lui et sa dicte femme qu'il a prinse et espousée pucelle, puis six sepmaines en çà seroient du tout destruiz et desers, qui seroit pitié attendu leur jeune aage, requerans lesdiz supplians que ces choses considerées et mesmement ce que ledit Jehannin Garet fist à notre dit procureur vray et bon rapport sans riens celer de la vérité, et que ce que ledit Guillaume a fait et paié en ceste partie a esté pour recompensacion de la peine et traveil que lui et les autres sergens dessuz nommez avoient eu en faisant les choses dessus dictes, et que ledit Jehannin Garet a esté tousjours homme de bonne vie, renommée et honneste conversation sans ce que oncques mais il feust reprins ataint ne convaincu d'aucun autre vilain cas, blasme ou reproche, et que ledit Guillaume Doulcet a esté restitué et est content dudit Jehannin Garet ainsi qu'ilz dient nous sur ce vueillons audit Jehannin Garet impartir notre grace et misericorde. Pour quoy, nous eue consideracion aux choses dessusdites.....

Si donnons en mandement à notre amé et feal conseiller et premier president en notre Parlement maistre Philippe de Morviller, commis sur la police de notre bonne ville de Paris, au prevost de Paris et à tous nos autres justiciers.....

Donné à Paris, ou mois de decembre, l'an de grace mil cccc xxi et de notre regne le xlie.

Ainsi signé : par le roy, à la relation du Conseil,

MONTFORT.

XV.

1422. Janvier. Saint-Faron-lès-Meaux.

Rémission accordée par Charles VI à Guillaume Hurtevent qui, banni durant cinq ans de Paris au temps de la domination des Armagnacs, avait été réintégré en 1418, à l'âge de 66 ans environ, dans son ancien office de garde de la tapisserie du roi. Les gages du vieux serviteur ne lui étant pas payés, bien qu'il dût entretenir un valet à ses dépens, sa femme étant gravement malade depuis cinq mois au plus, Hurtevent se laissa entraîner à vendre un vieux tapis qui arrivait de Melun et n'était pas marqué sur son inventaire. Les lettres du roi rappellent à l'éloge du garde de la tapisserie quelques-unes des rentrées faites pendant son administration.

(JJ. 171, n° 485.)

Charles, par la grace de Dieu roy de France, savoir faisons à tous presens et avenir nous avoir receu l'umble supplicacion de Guillaume Hurtevent, ancien homme de l'aage de LXX ans ou environ, chargié de femme et d'enfans, contenant que comme depuis quatre ans en ça il ait été commis ainsi que autresfois avoit esté de par nous à la garde de notre tapisserie, laquele il a bien et proffitablement gouvernée, essorée et rappareillée et pour ce a eu et soustenu continuelment un varlet à ses despens, sans estre aucunement satisfait ou paié de ses gaiges ordinaires dont on lui doit la somme de III^c frans et plus, et pour ce a despendu grant partie de sa chevance, et aussi depuis n'a gueres a esté sa femme en chartre de maladie par l'espace de cinq mois ou environ, par quoy a esté contraint par necessité de vendre un tapiz lequel il receut derrenierement au retour de Meleun, tout touillié et dessiré[1], et, non recors que oncques mais eust veu ycellui tapiz ne qu'il feust en son inventaire, le fist laver et refaire et pour ce paia la somme de six frans. Et lequel tapiz ait fait exposer en vente et de fait a esté vendu la somme de XXIIII ou XXV escuz en or, et aussi a receu ledit suppliant deux autres tapiz de petite valeur que lui bailla Colin le Sainctor, notre tondeur, lesquelz ne sont point venduz, ja soit ce que l'en les ait exposé en vente, et lesquelz ne sont compris ne contenuz en l'inventaire dudit suppliant. Lequel pour ocasion de sesdiz tapiz a esté ja longuement et encores est detenu prisonnier en la consiergerie de notre Palais royal à Paris, griefment malade et en peril de finer miserablement ses jours se sur ce ne lui est par nous pourveu de

---

1. Sali et déchiré.

gracieux remede, requerant humblement ycellui....... Pour quoy nous ces choses considerées et que lesdiz tapiz sont arrestez de par nous et mis en notre main, et aussi que ledit suppliant n'a aucun adversaire en ceste partie fors noz amez et feaulx conseillers et gouverneurs de noz finances et les commissaires par nous ordonnés sur le fait des confiscacions, aians pitié et compassion dudit suppliant, ancien homme et malade comme dit est, et de sesdiz femme et enfans, et que par long temps nous a bien et loyaument servi, et pour tenir et favoriser notre parti et de feu notre cousin le duc de Bourgogne, cui Dieux pardoint, ycellui suppliant a esté banny de Paris, perdu tous ses biens, et demouré hors en grant misere et povreté en la compaignie de notre dit cousin par l'espace de cinq ans et plus, voulans misericorde preferer à rigueur de justice, attendu que ledit suppliant a esté tout le temps de sa vie de honneste conversation et bonne renommée et que oncques mais ne fut n'eté acusé, ataint ou convaincu d'aucun vilain crime, et que si tost qu'il a esté interrogué sur le fait de sesdiz tapiz, sans question, force ou violence quelconque, a dit recogneu et confessé la pure verité, veu aussi que ledit suppliant à ses granz frais et despens a poursuy et recouvré plusieurs tapiz et biens, c'est assavoir une chambre de broderie vermeille belle et riche, et une autre chambre de riche tapisserie et autres tapiz que jadis avoit prins Jaquet l'Empereur[1], une riche coutepointe de satin brodée laquele detenoit un charpentier et un tapiz à fleurs de liz d'or et plusieurs autres, et aussi à tres grant peine et difficulté a recouvré les chambres et tapisserie que avoient les executeurs de feu notre chancellier derrenierement trespassé[2] sans en avoir aucune recompensacion, lesquelz chambres et tapiz ledit suppliant a devers lui pour consideracion aussi de ses gaiges non paiez, à ycellui suppliant avons quittié, remis......

---

1. Ce personnage ne doit pas sans doute être distingué de « Jaques l'Empereur », échanson et conseiller du roi, qui suivait le parti armagnac, et dont les biens avaient été donnés, dès le 29 mai 1418, au bourguignon Jean de Puligny, dit Chapelain (Douët d'Arcq, *Choix de pièces inédites*, t. II, p. 125-126). Le 6 août suivant, le même Jean de Puligny fut préposé à la garde des joyaux du roi qui, antérieurement à l'entrée des Bourguignons à Paris, était confiée à Jacques l'Empereur (*Ibid.*, t. II, p. 280).

2. Eustache de l'Aistre, seigneur d'Ecuiry, avait été une première fois chancelier de France du 14 juin 1413 au 8 août de la même année. Rétabli dans cet office le 4 juin 1418, après le triomphe définitif du parti bourguignon à Paris, il mourut le 18 juin 1420.

Si donnons en mandement à noz diz conseillers et à notre procureur illec.....

Donné à Saint-Pharon emprès Meaulx, ou mois de janvier, l'an de grace mil CCCC XXI et de notre regne le XLII.

Ainsi signé : Par le roy, à la relation du roy d'Angleterre, héritier et regent de France,

YSAMBART.

XVI.

1422. 25 février. Saint-Faron, près Meaux.

Charles VI donne à Jean de Luxembourg, seigneur de Beaurevoir, une maison confisquée sur Jacquet de Lailler et située rue de la Cave de Ponthieu.

(JJ. 172, n° 41.)

Charles, par la grace de Dieu roy de France, savoir faisons à tous presens et avenir que pour consideration des grans et notables services que nostre amé et feal cousin, Jehan de Lucembourc [1], seigneur de Beaurevoir [2], nous a faiz le temps passé tant ou fait de noz guerres comme autrement, et des grans pertes et dommages qu'il a euz et soustenuz depuis longtemps à l'ocasion de nostre service, et pour certaines autres causes et considerations à ce nous mouvans, à nostre dit cousin, par l'advis et deliberation de nostre tres chier et tres amé fils, le roy d'Angleterre, heritier et regent de nostre royaume, de nostre pleine puissance, auctorité royal et grace especial, avons donné, cedé, transporté et delaissié, et par ces presentes donnons, cedons, transportons et delaissons la maison ensemble ses appartenances et appendences, la quele appartient à Jaquet de Laillier [3], assise à Paris en la rue de la Cave

---

1. Jean de Luxembourg, seigneur de Beaurevoir et de Choques, était frère de Louis de Luxembourg, évêque de Thérouenne, chancelier de France pour le roi d'Angleterre. Il épousa Jeanne de Béthune, veuve de Robert de Bar, laquelle en qualité de tutrice de sa fille Jeanne gouvernait les comtés de Marle et de Soissons. Grâce à un don du roi Charles VI, daté de février 1422, Jean put unir au beau fief de Marle le comté voisin de Guise confisqué sur René d'Anjou et qu'il conserva jusqu'à sa mort arrivée en 1440 (Longnon, *Les limites de la France*, p. 63 et 76). Il n'est pas hors de propos de rappeler ici que Jean de Luxembourg fut le geôlier de Jeanne d'Arc qu'il tint enfermée, durant trois mois, dans son château de Beaurevoir.

2. Beaurevoir (Aisne, arr. de Saint-Quentin, cant. du Câtelet).

3. Jacquet de Lailler possédait aussi à Dugny l'hôtel de la Pointe, mentionnée dans les comptes de confiscations (Sauval, p. 324).

du Pontiz[1], assez pres de l'ostel de la Monnoye, et laquelle maison, ainsi comme elle se comporte et estend de toutes pars, nous appartient comme à nous acquise, confisquée et forfaicte, parce que ledit Jaquet de Laillier a commis envers nous crime de rebellion et desobeissance, et comme crimineulx a esté et est banniz à tous jours de nostre dit royaume, pour joir et user de ladicte maison et appartenances d'icelle par nostre dit cousin, ses hoirs, successeurs et aians cause perpetuelment, hereditablement et à tousjours et en faire et disposer comme de sa propre chose en paiant les droiz, charges et devoirs deuz et accoustumez selon raison.....

Si donnons en mandement par ces mesmes presentes à noz amez et feaulx gens de noz comptes à Paris, les tresoriers de France, generaulx gouverneurs de toutes noz finances, les commissaires deputez ou à deputer sur le faict desdictes confiscations.....

Donné à Saint-Pharon emprès Meaulx, le xve jour de fevrier, l'an de grace mil cccc xxi et de nostre regne le xliie.

Ainsi signé : Par le roy, à la relation du roy d'Angleterre, heritier et regent de France,

J. MILET[2].

---

1. Ce document est, croyons-nous, le seul, jusqu'ici, où l'on trouve le nom de « rue de la Cave de Ponthieu » appliqué à la partie de la rue des Fossés-Saint-Germain-l'Auxerrois comprise entre la rue de la Monnaie et celle de l'Arbre-Sec, c'est-à-dire à la partie de cette voie que l'ouverture de la rue de Rivoli a fait disparaître et que les titres du xive et du xve siècle confondent fréquemment avec la rue de Béthisy, à laquelle elle faisait suite. *Cave de Ponthieu* était le nom qu'on donnait alors à l'hôtel des comtes de Ponthieu situé dans cette rue même désignée, en conséquence, le plus ordinairement par le vocable de rue au Comte (*au quens*) de Ponthieu (Jaillot, *Quartier de Sainte-Opportune*, p. 11). Les comptes de confiscation, en constatant que la « grande maison » de Jacquet de Lailler donnée à Jean de Luxembourg était située rue de Béthisy et aboutissait par derrière à la rue Gloriette (Sauval, p. 312), nous font connaître que c'était un des immeubles placés sur le rang méridional de cette rue, puisque la rue Gloriette n'est autre que notre rue Baillet.

2. Une seconde copie de cette pièce se trouve au même registre, JJ. 172, sous le n° 92. Dans cette version, les lettres sont datées « ou moys de fevrier », sans mention de quantième, et il est question à deux reprises des meubles qui peuvent se trouver dans la maison de Jacquet de Laillier et qui sont compris dans la donation. Ainsi, ligne 13, après le mot *appendances*, on lit : « ensemble les biens meubles, s'aucuns en y a en ycelle maison », et ligne 21, à la suite des mots *appartenances d'ycelle* : « avecques desdiz (sic) biens meublez. »

XVII.

1422. 30 mars. Meaux.

Charles VI donne 200 livres parisis de revenu annuel, qui seront assises sur les biens provenant de confiscations, à chacun des auteurs de la conjuration qui avait livré Paris aux Bourguignons en mai 1418 (Jean de l'Isle, Michel le Maçon, Grégoire Ferrebouc, Perrinet le Clerc, Guillaume de Foletemps, Jean Dieupart, Guillaume Bourdin, Jean Gilles et Mathieu Holant).

(JJ. 172, n° 64.)

Charles, par la grace de Dieu roy de France, savoir faisons à tous presens et avenir que nous, aians consideration à ce que Jehan de l'Isle et Michel le Maçon, prestres; nostre amé et feal clerc, notaire et secretaire maistre Gregoire Ferrebouc; Perrinet le Clerc[1], Guillaume de Foletemps Jehan Dieupart, Guillaume Bourdin, Jehan Gile, nostre varlet de chambre, et Mathieu Holant, habitans de nostre ville de Paris, furent cause de faire ouverture et baillier entrée en nostre dicte ville, aus gens de feu nostre tres chier et tres amé cousin Jehan, en son vivant duc de Bourgongne, en l'an mil IIII^c XVIII, ouquel temps nous estions detenus es mains de plusieurs rebelles et desobeïssans à nous, et que pour ce faire et acomplir et nous mectre à nostre franche liberté les dessusnommez et chascun d'eulx firent une tres grant diligence, et mirent en ce faisant leurs personnes en tres grant peril et dangier, et à ceste cause eurent ou temps de lors et depuis ont eu et soustenu de tres grans peines et travaulx, et fait de grans mises et despenses, et se sont depuis tousjours employez le plus qu'ilz ont peu à nous bien et loyaument servir, en employant

---

1. Ce personnage était le fils du quartenier Pierre le Clerc, marchand de fer demeurant sur le Petit Pont, auquel il avait dérobé les clefs de la porte Saint-Germain-des-Prés pour livrer Paris aux partisans du duc de Bourgogne en mai 1418. M. Louisy a écrit en 1862 dans la Biographie Didot (t. XXX, col. 193) que Perrinet « ne jouit pas longtemps des fruits de sa trahison » et qu' « il fut trouvé mort à quelques jours de là, frappé, à ce qu'on prétend, de la propre main de son père. » Nous ne savons sur quoi repose cette assertion récemment reproduite dans le *Dictionnaire historique de la France* de M. Ludovic Lalanne, assertion que la pièce publiée ici réduit à néant, et qui pourrait bien n'être seulement qu'un vague écho du drame représenté pour la première fois le 3 novembre 1832 sur le théâtre de la Porte-Saint-Martin (*Perrinet Leclerc ou Paris en 1418, drame historique en cinq actes*, par MM. Anicet Bourgeois et Lockroy). — On trouvera plus loin, sous le n° XXXIV, un acte daté de décembre 1422, par lequel Henri VI donne à Perrinet et à sa descendance directe l'office de monnayer de France.

leurs personnes de leur povair à la seurté de nostre dicte ville de Paris, et à la repulse desdiz rebelles et desobeïssans à nous, comme nous avons attendu, sans que de nous ilz aient eu pour ce aucune recompensation ou bien fait à celle fin qu'ilz seront plus tenuz et astrains de perseverer de bien en mieulx, et pour plusieurs autres causes et consideracions à ce nous mouvans, à chascun des dessus nomméz par l'adviz et deliberation de nostre tres chier et tres amé filz le roy d'Engleterre, heritier et regent de nostre royaume, de nostre plaine puissance, auctorité royal et grace especial, avons donné, cedé, transporté et delaissié, et par la teneur de ces presentes, donnons, cedons, transportons et delaissons jusques à deux cens livres parisis de revenue par an, à ycelle revenue asseoir bien et convenablement par noz officiers qui à ce seront commis et deputez, en et sur les terres, rentes et revenues, possessions et heritages à nous venuz et escheuz par droit, confiscation et forfaicture de plusieurs noz subgez qui se sont renduz et constituez nos adversaires, rebelles et desobeïssans à nous, situées et assises tant en la prevosté et viconté de Paris comme aillieurs en nostre royaume[1],

---

1. Grâce aux extraits faits par Sauval dans le compte des confiscations pour les années 1423 à 1427, nous savons, en partie du moins, sur quels biens furent assises les 200 livres parisis de rente données à chacun des heureux conjurés de 1418 : JEAN DE L'ISLE reçut les biens de la dame de Giac et l'hôtel de Poitronville, sis à la Courneuve, lequel appartenait précédemment à Pierre et Bureau Boucher, émigrés (Sauval, p. 301 et 324) ; MICHEL LE MAÇON, les propriétés d'Alexandre le Boursier à Vaires, Thorigny et Dampmart aux environs de Lagny (Ibid., p. 327) ; GRÉGOIRE FERREBOUC, un hôtel et ses dépendances à la Varenne-Saint-Maur, confisqués sur Pierre Poulart (Ibid., p. 344) ; PERRINET LE CLERC, les biens de Jean Gencien et une maison de Mitry saisie sur M° Jean de Vesly, auxquels on joignit ultérieurement, peut-être en suite du décès du donataire primitif, l'hôtel de Poitronville (situé à la Courneuve), qui provenait de la dépouille des frères Boucher et dont on avait d'abord gratifié Jean de l'Isle ci-dessus nommé (Ibid., p. 301, 324, 325) ; GUILLAUME DE FOLETEMPS, les héritages confisqués sur Thierry le Comte, chevalier, à Vitry-sur-Seine, et sur Guillaume de Montenay, également chevalier, à Athis-sur-Orge (Ibid., p. 327 et 586) ; JEAN DIEUPART, la terre et seigneurie de Villemomble avec l'Hôtel-Rouge à Fontenay-sous-Bois qui en était tenu en fief, et la partie d'une maison de la rue de la Parcheminerie appartenant à Macé Héron (Ibid., p. 314 et 324) ; GUILLAUME BOURDIN, trois hôtels, l'un, l'hôtel de la Tour de Mesly sis à Mesly (comm. de Créteil) provenant de Henri et Catherine du Vivier ; l'autre situé à Bonneuil et appartenant jadis à Jacques le Renvoisié ; le troisième enfin séant à Marly-la-Ville et confisqué sur Jean de Vitry (Ibid., p. 324, 325 et 326); JEAN GILLES, qui n'existait plus en 1427, une maison

eu regart au pris et valeur que lesdictes terres, rentes, revenues, possessions et heritages valoient maintenant quinze ans a, sans avoir regart au temps present, pour joir de la dicte revenue de II^c livres parisis selon ladicte assiette, icelle prendre, cueillir, lever, et percevoir, tenir, avoir et posseder les terres, possessions et heritages sur lesquelz sera faicte ladicte assiette, et pour ce leur faire bailler et delivrer par chascun des dessuznommez Jehan de l'Isle, le Macon, Ferrebouc, le Clerc, Foletemps, Dieupart, Bourdin, Jehan Gile et Holant, leurs hoirs et successeurs legitimes venans d'eulx en directe ligne perpetuelment, hereditablement et à tousjours, pourveu toutesvoies que ilz paieront les charges et feront les devoirs deuz et accoustumez, selon raison d'icelles terres, possessions et heritages qui pour ce leur seront bailliez et à chascun d'eulx, et, que s'il advenoit ou temps advenir que les hoirs d'eulx ou d'aucun d'eulx en directe ligne failleissent, que en ce cas ladicte revenue et toutes choses qui pour ce seroient bailliées en assiette à cellui de qui la lignée seroit ainsi faillie, comme dit est, retourneront et revendront plainement en nostre demaine, pourveu ainsi que s'il plaist à nous ou à noz officiers pour nous reprendre des dessusnommez, ou d'aucuns d'eulx en tant que chacun touche, ladite rente de deux cens livres parisis qui lui sera baillée, comme dit est, faire le pourrons dedens six ans prochain vendus en paiant pour une foiz la somme de deux mil livres parisis.

Si donnons en mandement à noz amez et feaulx conseillers les commissaires ordonnez sur le faict desdictes confiscations et forfaictures, les gens de noz comptes à Paris, les tresoriers de France, generaulx gouverneurs de toutes noz finances, et à tous autres officiers et justiciers ou à leurs lieutenants.....

---

de Pierrefite, un hôtel de la Villette et le moulin à eau de Bonneuil, dont le propriétaire légitime était Mᵉ Regnauld Fréron, et divers héritages sis à Romainville, lesquels avaient appartenu à Jeanne, veuve de Mᵉ Raoul Brésoul (*Ibid.*, p. 324, 325 et 326); enfin MATHIEU HOLANT ou HOLA, les biens que feu Jean de la Croix avait à Bonneuil et à Gentilly; l'hôtel au bois de la Presse sis à Marly, avec plusieurs héritages séant à Roissy, provenant de Jean Jouvenel, chevalier; les propriétés confisquées sur Simon de Bucy, chevalier, à Vaugirard, lesquelles furent bientôt après restituées par les Anglais eux-mêmes à leur premier possesseur; enfin les héritages qui avaient été saisis sur Charles Cul-d'Oue à Châtillon-sous-Bagneux (*Ibid.*, p. 324, 326, 327 et 585).

Donné à Meaulx, le xxx₍e₎ jour de mars, l'an de grace mil iiii^c xxi et avant Pasques, et de nostre regne le xliie.

Ainsi signé : Par le roy, à la relation du conseil tenu par le roy [d'Angleterre], heritier et regent de France,

J. Milet.

XVIII.

1422 (n. s.). 7 avril. Meaulx.

Charles VI donne à Jean de Beloy 200 livres de revenu annuel qui seront assises sur les biens provenant de confiscations dans la prévôté de Paris et ailleurs.

(JJ. 172, n° 42.)

Charles, par la grace de Dieu roy de France, savoir faisons à tous presens et avenir que nous, considerans les grans et notables services que nostre amé Jehan de Beloy[1] nous a faiz en plusieurs noz afaires et autrement et esperons que face au temps à venir, et pour le relever aucunement de plusieurs grans pertes et dommages que il a souffers et soustenuz, tant à l'ocasion de noz guerres comme des services qu'il nous a faiz, en quoy il a bien et grandement employé sa personne comme nous avons entendu, et à celle fin qu'il soit plus tenu et astraint de perseverer de bien en mieulx, et pour plusieurs autres causes et consideracions à ce nous mouvans, audit Jehan de Beloy par l'advis et deliberacion de nostre tres chier et tres amé filz le roy d'Angleterre, heritier et regent de nostre royaume, de nostre plaine puissance, auctorité royal et grace especial, avons donné, cedé, transporté et delaissié, et par la teneur de ces presentes donnons, cedons, transportons et delaissons jusques à deux cens livres parisis de revenue par an, à ycelle asseoir bien et convenablement par noz officiers qui à ce seront commis et deputez, en et sur les terres, rentes, revenues, possessions et heritages à nous venuz et escheuz par droit de confiscation et forfaiture de plusieurs noz subgiez qui se sont renduz et constituez noz adversaires rebelles et desobeissans à nous, situées et assises tant en la prevosté et viconté de Paris comme ailleurs en nostre royaume, eu regart au pris et valeur que les-

---

1. Jean de Beloy, écuyer, qui avait fait partie de la faction cabochienne, était en 1413 et en 1423 l'un des pannetiers du duc de Bourgogne (Labarre, *Mémoires pour servir à l'histoire de France et de Bourgogne*, t. II, p. 170 et 228). Une première fois échevin en 1422, il fut nommé de nouveau à cette fonction en 1436 après la reddition de Paris à Charles VII.

dites terres, rentes, revenues et possessions valoient maintenant quinze ans a, sans avoir regart au temps present, pour joir de ladite revenue de deux cens livres parisis selon ladite assiete, ycelle prendre, cueillir, lever et percevoir, avoir, tenir et possider les terres, possessions et heritages sur lesquelz sera faite ladite assiete et qui pour ce lui seront baillées et delivrez, par ledit Jehan de Beloy, ses hoirs et successeurs légitimes venans de lui en directe ligne, perpetuellement, hereditablement et à tousjours, pourveu toutes voyes qu'il paiera les charges et fera les devoirs deuz et acoustuméz selon raison d'icelles terres, rentes, possessions et heritages qui pour ce lui seront baillez, comme dit est, et que s'il advenoit ou temps à venir que les hoirs dudit Jehan de Beloy en directe ligne faillissent, que en ce cas ladite revenue et toutes choses qui pour ce lui seroient baillées retourneroient et revendroient plainement à nostre demaine.

Si donnons en mandement à noz amez et feaulz conseilliers les commissaires ordonnés sur le fait desdites confiscations et forfaitures, les genz de noz comptes à Paris, les tresoriers de France, generaulx gouverneurs de toutes noz finances, et à tous nos autres justiciers et officiers ou à leurs lieutenans et à chascun d'eulx, si comme à lui appartendra, que ilz facent ou facent faire, bien et convenablement, ladite assiete jusques à l'estimacion de ladite somme de deux cens livres parisis de revenue par an, eu regart à la valeur que les terres, possessions, rentes, revenues et heritages valoient maintenant quinze ans a, comme dit est, et ladite assiete faite et les solennitez gardées qu'il appartient, mettent ou facent mettre ledit Jehan de Beloy, ou son procureur pour lui, en possession et saisine des terres, lieux et possessions qui lui seront baillées et ordonnées pour ladite assiete et pour l'estimacion et value à quoy ilz seront raisonnablement, comme dit est, estimez, et d'iceulx facent, sueffrent et laissent joir et user hereditablement et à tous jours plainement et paisiblement ledit de Beloy, ses hoirs et successeurs, comme dessus est dit, sans leur faire ou donner, ne souffrir estre fait ou donné aucun empeschement ou destourbier au contraire.

Et à fin que ce soit ferme chose et estable à tous jours, nous avons fait mettre nostre scel à ces presentes, sauf en autres choses nostre droit et l'autruy en toutes.

Donné à Meaulx, le viie jour d'avril, l'an de grace mil cccc et xxi avant Pasques, et de nostre regne le xliie.

Ainsi signé : Par le roy [d'Angleterre] à la relacion du roy, heritier et regent de France,

J. Milet.

XIX.

1422 (n. s.). 7 avril. Meaulx.

Charles VI donne à Jean de Saint-Yon, maître des bouchers de Paris [1], 300 livres parisis de revenu annuel, qui seront assises sur les biens provenant de confiscations dans la prévôté de Paris et ailleurs.

(JJ. 172, n° 43.)

[Ces lettres sont semblables, le nom du donataire et le chiffre exceptés, aux lettres précédentes.]

XX.

1422 (n. s.). 7 avril. Meaulx.

Charles VI donne à Jean le Gois [2] 300 livres parisis de revenu annuel, qui seront assises sur les biens provenant de confiscations dans la prévôté de Paris et ailleurs.

(JJ. 172, n° 44.)

[Lettres semblables aux précédentes.]

XXI.

1422 (n. s.). 7 avril. Meaulx.

Charles VI donne à Garnier de Saint-Yon [3] 200 livres parisis de revenu annuel, qui seront assises sur les biens provenant de confiscations dans la prévôté de Paris et ailleurs.

(JJ. 172, n° 45.)

[Lettres identiques aux précédentes.]

---

1. Jean de Saint-Yon, l'un des principaux des Cabochiens, remplit l'office d'échevin en 1412 au temps où sa faction dominait Paris. Banni de la capitale en 1413, il retourna auprès du duc de Bourgogne dont il devint l'un des pannetiers (Labarre, *Mémoires*, t. II, p. 140), rentra en 1418 dans la capitale avec les Bourguignons et fut nommé de nouveau à l'échevinage en 1419.

2. La famille Le Gois, l'une des quatre familles des bouchers de Paris, bannie de Paris en 1413, reparut toute puissante en 1418. En 1420, Jean le Gois, celui qui fait l'objet du document que nous analysons, commandait, avec l'échevin Jean de Saint-Yon, les troupes que les Parisiens avaient levées pour participer au siége de Melun (Vallet de Viriville, *Histoire de Charles VII*, t. Ier, p. 232), et au mois de décembre 1422 le roi d'Angleterre créait pour lui une maîtrise de boucher en la grande boucherie de Paris (voyez plus loin pièce XXXV).

3. Après la défaite de la faction cabochienne à Paris, Garnier ou Garnot

XXII.

1422. Avril. Meaux.

Charles VI donne à son notaire et secrétaire, Mᵉ Guillaume le Cesne, docteur en théologie, mais pour sa vie seulement, une maison située rue de la Parcheminerie, laquelle avait été confisquée sur Milet de Breuil, et ce en quittance de 514 francs que Guillaume le Cesne prétendait lui être dus par le roi pour frais de voyage à Rome.

(JJ. 172, n° 121.)

Charles, par la grace de Dieu roy de France, savoir faisons à tous presens et advenir que nous, ayans consideracion aux grans et notables services que nous a faiz par long temps et fait de jour en jour nostre amé et feal clerc, notaire et secretaire maistre Guillaume le Cesne, docteur en theologie, et les grans perilz et dangers où il a exposé sa personne par plusieurs et diverses foys pour noz propres besongnes et affaires, et pour certaines autres causes et consideracions à ce nous mouvans, à nostre dit secretaire par l'advis de nostre tres chier et tres amé filz le roy d'Angleterre, heritier et regent de nostre royaume, de nostre grace especial, pleine puissance et auctorité royal, avons donné, cedé, transporté et delaissié, et par la teneur de ces presentes donnons, cedons, transportons et delaissons une maison et appartenances d'icelle qui souloit appartenir à Milet de Bruiel et qui par confiscation nous compette et appartient, à present assise en la rue de

---

de Saint-Yon, écuyer, figure en qualité de pannetier dans les comptes de la maison du duc de Bourgogne. Il fut, en 1418, l'un des ambassadeurs que Jean Sans-Peur envoya à la Tombe, près Bray-sur-Seine, pour traiter de la paix; enfin le duc Philippe le Bon, par lettres du 20 février 1424 (n. s.), en fit son échanson aux gages de 100 frans par an (Labarre, *Mémoires*, p. 140 et 230). Il fut nommé deux fois, au moins, échevin de Paris, en 1422 et 1433; nous le retrouvons deux mois après (avril 1424) en possession de l'office de garde de la librairie royale du Louvre qui, bientôt acquise par le duc de Bedford, fut laissée à ses soins jusqu'au 15 octobre 1429 (L. Delisle, *Le Cabinet des manuscrits de la Bibliothèque impériale*, t. Iᵉʳ, p. 52). — La maison que Jean Taranne possédait rue Saint-Jacques-de-la-Boucherie et qui, par derrière, aboutissait à l'hôtel du Porche-Saint-Jacques, était revendiquée par Garnier de Saint-Yon dès le commencement de l'année 1421 comme lui ayant été donnée par le roi (Sauval, p. 590); peut-être ce don, contesté semble-t-il par le compte des confiscations de 1420-1421, fut-il régularisé par les commissaires chargés d'asseoir les 200 livres de revenu données à Garnier qui fut aussi gratifié des biens que Guillaume le Bouteiller possédait à Louvres (*ibid.*, p. 590).

la Parcheminerie en la paroisse de Saint-Severin, à laquelle pend l'enseigne des Cinges, tenant d'une part à l'ostel qui fu feu maistre Jehan de Crespy[1] et d'autre par à l'ostel Raulet Gestin, aboutissant par devant à ladite rue et par derriere à l'ostel du Chappeau Rouge, pour joir et user de ladite maison et de ses appartenances par nostre dit secretaire, sa vie durant, seulement en payant les charges et devoirs deuz et acoustumez selon raison. Et, parmy ce, nous demourrons quictes envers nostre dit secretaire de la somme de III^c xx frans, d'une part, et de IX^{xx} xIIII frans, d'autre part, monnoie courant pour lors, qu'il pretend par nous lui estre deuz, tant à cause de ses gages de six sols parisis par jour, comme pour certain voyage par lui fait en court de Rome par nostre ordonnance, en la compaignie des evesques de Langres et de Bayeulx et du conte de la Roche, et de ce rendra en nostre tresor toutes lettres, cedulles et quictances qu'il appartendra. Et après son trespas ladite maison avecques les appartenances d'icelles retournera à nostre demaine.

Si donnons en mandement à noz amez et feaulx les gens de noz comptes à Paris, les tresoriers de France.....

Donné à Meaulx, ou moys d'avril, l'an de grace mil IIII^c xxII après Pasques, et de nostre regne le XLIIe.

Ainsi signé : Par le roy, à la relacion du roy d'Angleterre, heritier et regent de France,

J. MILET.

XXIII.

1422. Mai. Meaux.

Charles VI donne à Mᵉ Philippe de Morvilliers, premier président du Parlement, 150 livres de revenu annuel assis sur une maison de la rue de la Mortellerie et sur les biens confisqués de Pierre Féron et sa femme à Charenton, Roissy et Val-le-Grand.

(JJ. 172, n° 95.)

Charles, par la grace de Dieu roy de France, savoir faisons à tous presens et advenir que nous, ayans consideracion aux grans

---

1. La maison de la rue de la Parcheminerie qui avait appartenu à Jean de Crespy est mentionnée au compte de confiscation pour les années 1423 à 1427; une partie en appartenait alors à Macé Héron, comme mari de la nièce de Crespy, et avait été donnée à Jean Dieupart, l'un des auteurs de la conjuration bourguignonne de 1418 (voy. page 35, note 1), l'autre était la propriété de Jean de Serisy (Sauval, p. 314).

pertes et dommages que a euz et soustenuz pour cause de noz affaires nostre amé et feal conseiller maistre Phillipe de Morvillier[1], premier president en nostre Parlement, les grans perilz et dangers esquieulx il a diversement et par plusieurs foys exposé sa personne pour les faiz et besongnes de nous et de la chose publique de nostre royaume, les grans notables services qu'il nous a faiz ja par longtemps, fait chascun jour et esperons que face ou temps advenir, et pour certaines autres causes et consideracions à ce nous mouvans, à nostre dit conseiller pour lui et ses hoirs venans de lui en directe ligne, par l'advis de nostre tres chier et tres amé filz le roy d'Angleterre, heritier et regent de nostre royaume, avons donné, cedé, transporté et delaissié, et par la teneur de ces presentes donnons, cedons, transportons et delaissons ung hostel seant à Paris en la rue de la Mortellerie ensemble ses appartenances, avecques les justice, maisons, terres, cens, rentes, revenues et possessions qui souloient appartenir à maistre Pierre Ferron[2] et à sa femme et qui, par confiscation, nous compettent

---

1. Philippe de Morvilliers naquit en Picardie et appartenait à une ancienne famille de cette province. Le duc de Bourgogne le nomma dès l'année 1414 premier président du Parlement qu'il avait établi en Picardie dans les villes de son obéissance et dont les arrêts se rendaient au nom de la reine Isabeau. A la suite de l'entrée des Bourguignons dans la capitale et de la déposition de Guillaume Mauger, qui remplissait alors l'office de premier président au Parlement, Morvilliers fut promu par son puissant protecteur à cette haute dignité qu'il conserva jusqu'au 15 avril 1436, époque à laquelle il dut quitter Paris délivré de la domination anglaise. Son épitaphe, qu'on vit jusqu'à la Révolution dans l'église de Saint-Martin-des-Champs, le qualifie « seigneur de Morvilliers, Clary et Charenton » et donne le 25 juillet 1438 comme date de sa mort (L'Hermite et Blanchard, *Les éloges de tous les premiers présidents du Parlement de Paris*, p. 27-28). Il fut inhumé auprès de sa femme, Jeanne de Drac, décédée le 15 décembre 1436 (Lebeuf, édition Cocheris, t. II, p. 331) et l'on peut lire plus loin (pièce CXIV) un curieux accord conclu entre les deux époux, d'une part, et les religieux du prieuré de Saint-Martin, d'autre part, au sujet des fondations que Philippe et Jeanne avait faites en ladite église.

2. Les comptes de confiscations nous apprennent que Pierre Féron possédait bon nombre de maisons dans la rue de la Mortellerie, aujourd'hui rue de l'Hôtel-de-Ville (Sauval, p. 305), et mentionnent aussi ses trois hôtels, dont l'un nommé l'hôtel Saint-Fiacre, avec justice haute, moyenne et basse, et trois gords sis entre Saint-Maur et Charenton, qui avaient été donnés à Philippe de Morvilliers (*ibid.*, p. 324). Les biens que Pierre Féron possédait à Arcueil, bien qu'ils ne soient pas désignés dans la pièce que nous publions, avaient été également donnés au premier président (*ibid.*, p. 328), ainsi qu'une maison de la rue Frogier-l'Anier (ou Geoffroy-l'Anier), tenant d'une

et appartiennent à present, assiz et situez à Charenton, à Royssy en Parisi et à Val-le-Grand entre Corbeul et Montlehery, pour, de ycelle justice, maisons et hostel, terres, cens, rentes, revenues et possessions jusques à la vallue et estimacion de cent et cinquante livres parisis de revenue par chascun an, eu regart à ce qu'elles valloient quinze ans a et depuis, avant les divisions qui ont esté en nostre royaume, sanz avoir regard au temps present, joir et user par nostre dit conseiller, ses hoirs et successeurs legitismes venans de lui en directe ligne perpetuellement, hereditablement et à tousjours, en payant les charges et faisant les devoirs des choses dessus dites et de chascune d'icelles deuz et acoustumez selon raison, pourveu que s'il avenoit ou temps advenir que les hoirs et successeurs de nostre dit conseiller en directe ligne faillissent, nous voulons et declarons que en ces cas les justice, maisons, terres, cens, rentes, revenues et possessions dessusdiz retournent, et aussi s'il estoit trouvé que les choses dessus dites feussent de plus grant valeur par an de revenue que lesdites cent et cinquante livres parisis, eu regard ou temps dessus dit, que l'outreplus soit et demeure à nostre demaine.

Si donnons en mandement à noz amez et feaulx les gens de noz comptes, les tresoriers de France, ...

Donné à Meaulx, ou moys de may, l'an de grace mil IIII^c XXII et de notre regne le XLIIe.

Ainsi signé : Par le roy, à la relacion du roy [d'Angleterre], heritier et regent de France,

J. Milet.

XXIV.

1422. 18 juin. Senlis.

Charles VI donne au duc de Bedford, frère du roi d'Angleterre, les hôtels de la Grande et de la Petite Rivière, situés dans la rue de Paradis (aujourd. rue des Francs-Bourgeois), près la porte du Chaume, et confisqués sur Charles de la Rivière.

(JJ. 174, n° 330.)

Charles, par la grace de Dieu roy de France, savoir faisons à

---

part au collége de « Chavesnil » et de l'autre à Henri de Montreuil (*ibid.*, p. 239 et 306) ; il est vrai que cette dernière maison, connue sous le nom d'hôtel de Preuilly et occupée dès le commencement de l'année 1421 par Philippe de Morvilliers, est contestée à Pierre Féron par le compte de 1423 à 1427; suivant lequel elle aurait appartenu en réalité aux religieux de Preuilly qui l'avaient donnée à Morvilliers (*ibid.*, p. 306).

tous presens et avenir que, pour consideracion de la singuliere
dileccion que nous avons à nostre tres chier et tres amé cousin
Jehan, duc de Bedford, et des notables et aggreables services qu'il
nous a faiz en maintes manieres, à icelui nostre cousin, par l'advis et deliberacion de nostre tres chier et tres amé filz le roy d'Angleterre, heritier et regent de France, avons donné, cedé, transporté et delaissié, donnons, cedons, transportons et delaissons par
ces presentes certains hostelz appellez la Grande Riviere et la Petite
Riviere, situez et assis à Paris emprés la porte du Chaume en la
rue de Paradis[1], avec toutes leurs appartenances et appendances
quelzconques, tenant d'une part à l'ostel de Clisson[2] et d'autre
à l'ostel des Bordes, qui jadiz furent et appartindrent à Bureau,
seigneur de la Riviere[3] et derrenierement à Charles son filz[4],
lesquelz de present nous appartiennent et sont à nous confisquez,
forfaiz et acquis par la rebellion et desobeïssance et autres crimes
de lese-magesté commis à l'encontre de nous et de nostre seigneurie par ledit Charles, pour d'iceux hostelz avec leurs dictes appartenances et appendances joir et user plainement et paisiblement
par nostre dit cousin de Bedford et ses hoirs, successeurs et ayans
cause, à tousjours mais perpetuelment et hereditablement comme
de leur propre chose, pourveu.....

Si donnons en mandement à noz amez et feaulx conseillers les
gens de noz comptes et tresoriers à Paris, au prevost de Paris.....

---

1. Les comptes de confiscations complètent les renseignements qu'on
trouve ici sur la situation des deux hôtels donnés au duc de Bédford et ne
permettent pas de douter que leur emplacement ne soit occupé aujourd'hui par
les Archives Nationales : l'hôtel de la Petite Rivière tenait immédiatement à
l'hôtel Clisson, et il était comme celui-ci en façade sur la rue des Bouchers
(depuis rue du Chaume et auj. rue des Archives); l'hôtel de la Grande
Rivière, attenant sans doute au précédent, avait façade sur la rue de Paradis et était contigu à l'hôtel des Bordes, tandis que par derrière il tenait
à l'hôtel de Novion. Le duc de Bedford occupait déjà cette dernière demeure
avant le 24 juin 1421 (Sauval, p. 287, 302, 572).

2. L'hôtel de Clisson fut également donné en juin 1424 au duc de Bedford ; voyez plus loin, pièce LVII.

3. Bureau de la Rivière, successivement ministre des rois Charles V et
Charles VI, disgracié en 1392 et emprisonné alors à la Bastille.

4. Charles de la Rivière avait été comte de Dammartin, du chef de sa
femme Blanche de Trie, qu'il avait épousée en 1392. Après la mort de
celle-ci, il se remaria avec Isabelle de la Trémouille, veuve de Pierre de
Tourzel, seigneur d'Allègre.

Donné à Senlis, le xviiie jour de juing, l'an de grace mil cccc xxii et de nostre regne le xliie.

Scellée du scel de nous, Henry, par la grace de Dieu roy de France et d'Angleterre, le premier jour de mars, l'an de grace mil quatre cens vint huit et de nostre regne le septiesme [1].

Ainsi signé : Par le roy, à la relacion du roy d'Angleterre, heritier et regent du royaume de France,

J. DE RINEL.

XXV.

1422. Juillet. Paris.

Rémission accordée par Charles VI à Pierre de Compans, jeune parisien âgé de vingt ans environ, lequel avait quitté Paris en 1418 pour suivre le parti des Armagnacs, à Meaux d'abord en la compagnie de Molinet de Compans son oncle, à Choisy-sur-Oise ensuite au service du seigneur de Boqueaux. Moins d'un an auparavant, Pierre de Compans se rendant en Hainaut, où il devait acheter des chevaux pour le seigneur de Boqueaux, avait été pris par la garnison de Beaurevoir et n'avait recouvré sa liberté contre rançon qu'après cinq mois de captivité.

(JJ. 172, n° 131.)

Charles, par la grace de Dieu roy de France, savoir faisons à tous presens et avenir, nous avoir receu l'umble supplication de Pierre de Compans, natif de nostre bonne ville de Paris, aagié de xx ans ou environ, que comme puis quatre ou cinq ans en ça, ledit suppliant par sa folie et jeunesse et par l'ennortement de feu Molinet de Compans, oncle dudit suppliant, se feust party et absenté de nostre dicte ville de Paris, et depuis ce ait frequanté et conversé avec et en la compaignie de noz adversaires tenant le parti contraire à nous en plusieurs et divers lieux, comme à Meaulx en la compaignie de son dit oncle, et depuis au Pont-à-Choisy [2], ou service du seigneur de Boqueaux [3], et ait esté en au-

---

1. Cette phrase indiquant confirmation, par le roi Henri VI, de la donation du 18 juillet 1422, explique pourquoi cette pièce, malgré sa date réelle, se trouve perdue, dans le registre JJ. 174, au milieu d'actes de l'année 1429.

2. Le Pont-à-Choisy était le nom qu'on donnait à la forteresse de Choisy-sur-Oise, auj. Choisy-au-Bac (Oise, arr. et cant. de Compiègne).

3. Le seigneur de Boqueaux, chambellan de Charles VI, gouverneur du Valois en 1415, s'était emparé de Compiègne en 1418 sur les Bourguignons. Lui-même fut pris dans la forteresse de Choisy-sur-Oise ou du Pont-à-Choisy, et décapité à Paris le 5 septembre 1422 (voir la note que Mlle Dupont lui a consacrée dans son édition de Pierre de Fenin, p. 98).

cunes courses faictes par les diz adversaires, esquelles courses n'ait esté aucun tué ne occis qu'il ait veu ne sceu, n'ait aussi personne pillé ne robé. Et depuis ce demy an a ou environ, que il aloit ou païs de Henault acheter des chevaulx pour son dit maistre, ait esté prins et detenu prisonnier par l'espace de cinq mois ou environ par noz gens de la garnison de Beaurevoir[1], mis à finance et ycelle paiée. Neanmoins ycellui suppliant, considerant qu'il avoit mal fait d'avoir suy nos diz adversaires et esté es courses dessus dictes, s'est retrait et absenté de leur compaignie pour soy vouloir retraire et venir en nostre dicte ville de Paris et en nostre obeissance, à laquelle pour rigueur de justice ne oseroit venir ne converser, ne ailleurs en nostre royaume, se sur ce nostre grace ne lui estoit impartie, requerant humblement ycelle. Pour ce est-il que......

Si donnons en mandement à nostre prevost de Paris.....

Donné à Paris, ou mois de juillet l'an de grace mil cccc vint et deux et de nostre regne le XLIIe.

Ainsi signé : Par le roy à la relacion du Conseil,

ADAM.

XXVI.

1422. Septembre. Paris.

Charles VI, sur la demande des maîtres et maîtresses du métier de tissus de soie, autorise l'établissement d'une confrérie en l'honneur de la Vierge dans l'église Saint-Julien-des-Ménétriers, à Paris.

(JJ. 172, n° 146.)

Charles, par la grace de Dieu roy de France, savoir faisons à tous presens et advenir à nous avoir esté humblement exposé pour la partie des maistres et maistresses jurez et autres du mestier de tissus de soye en nostre ville de Paris et d'aucuns autres bourgois et bourgoises de nostre dite ville de Paris, noz bons et vraiz subgiez, que, comme iceulx exposans meuz de devocion et pour l'augmentacion du service divin et autres œuvres misericordieuses, et aussi pour le singulier reffuge et affection qu'ilz ont à la benoite Vierge Marie à Paris, voulenté, propos et entencion de creer, ordonner, constituer et establir en l'eglise Saint-Julien en la rue Saint-Martin à Paris, une confrarie et fraternité de ladite benoiste et glorieuse Vierge Marie, et pour icelle confrarie augmenter, et

---

1. Beaurevoir (Aisne, arr. de Saint-Quentin, cant. du Câtelet).

continuer les messes et autre service divin qu'ilz pourront, pour ce ordonner, pour le salut et remedde des ames d'eulx, de leurs predecesseurs et bienfaicteurs et des autres qui, à ladicte confrarie se vouldront adherer, ordonner en ladite eglise de Saint-Julien une boeste ou troncq où seront mis les bienfaiz de ladite confrarie, lesquelles choses ilz n'oseroient faire sanz nostre congié et licence, si comme ilz dient, implorant icellui. Pour quoy nous ayans le propos, entencion et devocion desdiz exposans agreables et en bonne recommandacion, desirans l'augmentacion et continuacion dudit service divin, et affin que soyons participans es messes, oroisons et autres bienfaiz de ladite confrarie, et autres causes et consideracions à ce nous mouvans, ausdiz exposans pour eulx, leurs successeurs et aultres qui adjoindre se vouldront à ladite confrarie, avons donné et octroyé, donnons et octroyons de nostre certaine science, grace especial et pleine puissance par ces presentes congié et licence de creer, ordonner, constituer et establir, en ladite eglise de Saint-Jullien à Paris, ladite confrarie en l'onneur et reverance de ladite benoiste et glorieuse Vierge Marie, de avoir et tenir en ycelle eglise ladite boeste ou troncq et y mettre et recevoir tout ce que ung chascun, selon sa devocion et sans aucune contraincte, y vouldra liberalment donner et aumosner, pour le prouffit et emolument qui de ce ystra estre tourné, converty et employé audit service divin qu'ilz feront faire et celebrer en icelle eglise pour lesdits confreres et confrarie, comme dit est, et non ailleurs, et ce par la main et à la discrecion de deux desdiz confreres, preudommes notables et bien renommez, lesquelz, par iceulx confreres ou la plus grant et seine partie des plus notables d'eulx, nous voulons à ce estre esleuz et nommez par ung commun accord et consentement, et que, avant leur creacion et afin d'eviter toute matiere et presumpcion de monopole ou autre mauvaise conspiracion, ilz jurent aux sains Euvangiles de Dieu ou autrement, bien et solempnelment, de tourner et convertir tout le prouffit et emolument de ladite boeste, et qu'ilz recevront à cause de ladite confrarie, en messes, oroisons et service divin et autres necessitez d'icelle confrarie et non ailleurs, et en rendre bon compte et reliqua chascun an à la fin de leur administracion ausdiz confreres ou à certain nombre des plus notables d'eulx, tant et telz que bon leur semblera, par devant et en la presence de deux ou trois de noz officiers, et que, ce fait, ilz puissent chascun an nommer et eslire autres desdiz confreres, se bon leur semble, pour faire et administrer les choses dessus dites, et à ce les avons commis et ordonné, commettons et ordonnons, se mestier est, par ces mesmes presentes, sanz ce que lesdiz exposans ne leurs successeurs, confreres de ladite confrarie, puissent en ce estre empeschez, ores ne ou temps advenir, en aucune maniere, ne que nosdiz officiers ne autres à ce commis ou à commettre puissent ou doient pretendre reclamer, requerir ne demander, pour ce faire oïr, aucune pencion, droit de salaire, gaige à cause d'office ne autrement en quelque maniere que ce soit.

Si donnons en mandement par ces presentes au prevost de Paris....

Donné à Paris, ou moys de septembre, l'an de grace mil cccc xxII et de nostre regne le XLIIe.

Ainsi signé : Par le roy à la relation du conseil,

OGER.

XXVII.

1422. Septembre. Paris.

Rémission accordée par Charles VI à Jean Pestivien, sergent à verge au Châtelet de Paris. Pestivien, enfermé à la Conciergerie du Palais, à la suite d'une rixe avec Me Pierre de Sergy, procureur, à qui il avait donné assurement deux mois auparavant, s'est échappé de sa prison, le 29 août dernier. La mésintelligence qui existait alors entre Pestivien et Sergy avait sa source dans la jalousie de celui-ci à qui on avait persuadé, avec quelque raison, semble-t-il, que Pestivien courtisait sa femme.

(JJ. 172, n° 158.)

Charles, par la grace de Dieu roy de France, savoir faisons à tous presens et advenir nous avoir receu l'umble supplicacion des parens et amis charnelx de Jehan Pestivien [1], povre jeune homme, nostre sergent à verge en nostre Chastellet de Paris, contenant que dès environ Pasques derrenierement passées, ledit Pestivien et Jehannete, femme de maistre Pierre de Sergy, procureur en Parlement, eurent accointance ensembles en bien et sans villanie par le moyen des amis l'un de l'autre et tellement que icellui Pestivien qui pluseurs foiz avoit bu et mengé en l'ostel desdiz mariez, au veu et sceu et du consentement dudit Sergy, presta à icelle Jehanete à pluseurs foiz grant sommes de deniers, cuidant que ce feust au

---

1. Le surnom de ce personnage indique une origine bretonne, Pestivien étant le nom d'une paroisse de l'ancien diocèse de Quimper.

sceu dudit maistre Pierre de Sergy son mary, et conversa oudit hostel ledit Pestivien jusques à ce que par le faulx donné à entendre d'aucuns hayneulx dudit Pestivien qui donnerent à entendre audit maistre Pierre de Sergy que icellui Pestivien n'aloit pour aucun bien en son hostel, et que ce n'estoit que pour decevoir ladicte Jehannete sa femme, ou autres parolles semblables. Pour quoy icellui maistre Pierre alors conceut hayne contre ledit Pestivien, tellement que ledit maistre Pierre fist tant que Guillaume de Buymont, huissier de Parlement, à la requeste dudit maistre defendi de par la court dudit Parlement audit Pestivien, que plus ne se veist en l'ostel dudit maistre Pierre en quelque maniere que ce feust, sinom en faisant son office. Et depuis, icellui maistre Pierre, non content de ce, par l'ennortement des hayneulx dudit Pestivien, fist icellui Pestivien adjourner en ladicte court de Parlement à certain jour, pour lui donner asseurement et aux siens; lequel Pestivien lui donna asseurement aux us et coustumes de France, et aussi semblablement fist ledit maistre Pierre audit Pestivien et aux siens. Et demourerent en cest estat, bien et paisiblement, l'espace de deux mois ou environ, et jusques à ce que icellui Pestivien passoit par devant l'ostel dudit maistre Pierre en venant de sa besongne, une hache dessoubz son bras comme il appartient à noz sergens pour la garde de la justice à Paris; et, ainsy qu'il vouloit passer oultre ledit hostel, advisa l'uys d'icellui hostel ouvert, ou quel hostel se bouta, demandant la femme dudit maistre Pierre, laquelle vint à luy. Et ce fait, lui demanda et pria qu'elle lui voulsist rendre et baillier l'argent qu'il lui avoit presté de bonne foy et qu'il ne vouloit plus aler, venir ne converser oudit hostel ne en la compaignie d'elle à la desplaisance dudit maistre Pierre. Laquelle femme, en lui disant ces parolles ou semblables, advisa venir de la ville ledit maistre Pierre, son mary, qui, tantost, pour eschever son courroux et eviter noise et debat, envoia musser ledit Pestivien en une chambre dudit hostel, et prist la hache qu'il tenoit et là mussa en ung coffre qui n'estoit point fermant. Lequel maistre Pierre en entrant en son dit hostel fist grant noise, querant et feullant, et criant à haulte voix par son dit hostel : « Il y a ceans ribaus, sanglante putain ! » Et tellement que, en querant et serchant par son dit hostel, il ouvry ledit coffre où il trouva ladicte hache, laquelle tantost il prist, disant à sadicte femme : « S'est la hache d'un ribaut. » Et tantost issy hors de sondit hostel, portant la dicte

hache aval la rue, après lequel icellui Pestivien ala, et l'a consui
pres l'eglise de la Magdelene[1] en la Cité de Paris, auquel maistre
Pierre icellui Pestivien pria par pluseurs fois et doulcement qu'il
lui voulsist bailler sa hache et qu'elle estoit sienne, ce que ledit
maistre Pierre ne volt pas faire. Et, pour ce, lui dist icellui Pestivien qu'il ne la porteroit plus avant, et mist la main à ladicte
hache, et fist tant qu'il l'eut sans ferir ne batre ledit maistre Pierre
en quelque maniere, ne n'avoit voulenté du faire; mais, en tirant
et sachant ladicte hache par ledit Pestivien, du bout d'icelle fut
fait ung petit trou de dessiruze en la robe dudit maistre Pierre à
l'endroit de sa poictrine, et à tant se party d'ilec ledit Pestivien, à
tout ladicte hache sans autre chose faire. Et depuis a esté en l'ostel
dudit maistre Pierre à cause de son dit office, mesmement pour
le adjourner à la requeste de Jehan Turpin, demourant à Paris,
si comme il puet apparoir par les explois sur ce fais. Pour lesquelz
cas, icellui Pestivien par l'ordonnance de ladicte court a esté mis
prisonnier en la conciergerie de nostre Palais à Paris, où il a esté
en la fosse de la grosse tour d'icellui Palais, l'espace de xi jours,
en grant povreté et misere, et jusques au samedy xxix° jour du
mois d'aoust derrain passé que, par force de maladie, il fut ordonné par icelle cour estre veu et viseté par nostre amé et feal
clerc, notaire et secretaire maistre Jehan de l'Espine, greffier criminel de ladicte court, qui de ladicte court le fist amener en ung
petit jardinet lez icelle tour, ou quel jardinet le vit icellui maistre
Jehan de l'Espine, et quant il le eut veu, ordonna que on lui
alast querir ung barbier pour le viseter et appareiller en une
jambe dont il estoit malade. Et à tant se party ledit maistre Jehan
de l'Espine, et demoura ilec seul ledit Pestivien lequel soy veant
en grand danger de justice par le moyen de ses diz hayneulz,
pour la paour et doubte qu'il avoit d'estre là longuement et de
finer ses jours miserablement es dictes prisons et que, à peine, il
estoit mort en ladicte fosse, et n'y avoit de quoy vivre qui lui eust
detenu longuement, advisa ung petit appentiz couvert d'ardoise
lès ladicte tour, sur lequel, à l'aide d'un tresteau qu'il trouva en la
question de ladicte conciergerie, il monta. Et, ce fait, entra par

---

1. Cette église fut vendue le 21 août 1793 et l'on ouvrit sur son emplace-
ment, l'année suivante, un passage qui porta le nom de passage de la
Madeleine et qui fut détruit lors du percement de la rue de Constantine
(Lebeuf, édition Cocheris, t. II, p. 529).

une fenestre dedens ung hostel repondant devant la Saincte-Chapelle, et descendi par ungs grans degrez du costé de l'ostel où demeure maistre Jehan de Bury en la court du Palais et, de là, par la porte dessoubz la chambre de nostre tresor audit Palais, s'en ala hors d'icellui Palais. Pour occasion desquels cas, ledit Pestivien doubtant rigueur de justice s'est absenté et n'oseroit retourner seurement en son demeure se nostre grace et misericorde.....

Si donnons en mandement par ces presentes à noz amez et feaulx conseillers les gens tenant nostre dit parlement.....

Donné à Paris, ou mois de septembre, l'an de grace mil cccc et vint deuz, et de nostre regne le XLIIIe.

Ainsi signé : Par le roy à la relation du Conseil,

OGER.

XXVIII.

1422. Septembre. Paris.

Charles VI, débiteur envers Augustin Ysbarre de 3000 livres tournois que celui-ci lui avait prêtées, le rembourse au moyen des biens confisqués sur Barthélemy Spifame. Ces biens étaient situés à Paris, rue des Lombards et de la Vieille-Monnaie, ainsi qu'à Chaillot, Montjay, Noisiel, Saint-Thibault et Charenton.

(JJ. 171, n° 162.)

Charles, par la grace de Dieu roy de France, à noz amez et feaulx conseilliers les commissaires ordonnez, de par nous, à l'augmentacion et descharge de nostre demaine et autres noz affaires sur le fait des confiscacions à nous escheues et à escheoir, salut et dilection. Comme Augustin Ysbarre [1] nous ait liberalment presté la somme de trois mil livres tournois en deniers comptans, pour emploier en certains noz affaires touchans nous et le bien et utilité de nostre royaume, nous voulans icellui estre contenté et restitué de ladicte somme, comme raison est, et par l'advis et deliberacion de nostre tres chier et tres amé filz le roy d'Angleterre, heritier et regent de France, vous mandons et enjoingnons

---

1. Augustin Ysbarre, banquier italien, natif de Lucques, mourut en août 1425 et fut enseveli à Paris dans l'église des Augustins (Lebeuf, édit. Cocheris, t. III, p. 286). Un des comptes des confiscations consultés par Sauval (p. 573) nous apprend que ce financier possédait une rente de 12 l. par. sur une maison de la rue Vieille-du-Temple.

que, des heritaiges et biens immeubles qui furent à Berthelemi Spifame[1], lequel a tenu le party contraire à nous, et pour ce a esté banny de nostre royaume, lesquels heritaiges et biens immeubles nous appartiennent par confiscacion, vous baillez et delivrez ou faites bailler et delivrer audit Augustin jusques à la valeur desdiz trois mil livres tournois, et, pour autel pris que par bonne et juste estimacion qui sera faicte par gens à ce congnoissans sera par vous advisé et ordonné, pour en joir, par ledit Augustin Ysbarre et ses hoirs ou aians cause à tousjours mais perpetuelment, se lesdiz heritaiges et biens immeubles pevent à ce souffire, et, si non, lui fournissiez et faites fournir et parfaire sur autres heritaiges et biens immeubles estans en la ville et prevosté et viconté de Paris à nous venus par confiscacion ou autrement, et de ce lui baillez ou faictes bailler lettres bonnes et souffisantes, teles que au cas appartendra. Et ou cas que au temps avenir aucun empeschement seroit mis audit Augustin esdiz heritaiges et biens immeubles qui, par vous, lui seront baillez par aucuns qui y voulsissent aucun droit réclamer, soit en propriété, en rentes, par ypotheque ou autrement, nous promettons audit Augustin de les lui garentir ou de lui rendre et restituer ladicte somme de trois mil livres tournois avec les reperacions necessaires, s'aucunes en y avoit faictes, en delaissant lesdiz heritaiges et biens immeubles qui par vous lui seront baillez, non obstant

---

1. La famille Spifame, également originaire de Lucques, en Italie, et établie à Paris dès 1350 (Moréri, édit. de 1759, t. IX, p. 537), avait sa sépulture dans l'église des Augustins de cette ville, en une chapelle dite des Spifame qui fut réparée en 1620 par Samuel Spifame, conseiller du roi. Un Barthélemy Spifame, sans doute le père de celui que mentionne notre pièce, est le plus ancien membre de cette famille dont l'épitaphe nous ait été conservée ; il y est qualifié « lucquois » et le 15 septembre 1385 est donné comme date de son décès (Lebeuf, édition Cocheris, t. III, p. 286). Les propriétés parisiennes de notre Barthélemy étaient, on le voit par la pièce que nous publions, exclusivement situées dans le quartier de Paris habité par les Lombards ou Italiens. Outre les héritages ruraux énumérés plus loin, on sait que Barthélemy avait à Issy des biens qui furent donnés à Thomas Longueil et à Thomas Gargate, anglais. (Compte de 1427-1434, apud Sauval, p. 535.) Le compte de 1427-1434 mentionne encore une maison de la rue de la Vieille-Monnaie comme ayant appartenu à Barthélemy Spifame, ce qui permet de supposer que ce personnage possédait en ce lieu d'autres hôtels que ceux mentionnés dans la donation faite à Ysbarre ou que les héritiers de ce dernier n'auraient pas joui jusqu'à la fin de la domination anglaise des biens qui lui avaient été concédés.

quelxconques ordonnances, mandemens ou deffenses faictes ou à faire ad ce contraires.

Donné à Compiengne, le xxvıı̇ᵉ jour de juing, l'an de grace mil cccc xxıı, et de nostre regne le xlııᵉ.

Ainsi signé : Par le roy, à la relacion du roy heritier et regent de France : J. DE RINEL.

Iceulx noz conseilliers aient fait veoir et visiter par gens expers et congnoissans en ce les heritaiges cy après declairiés qui n'a gaires furent et appartindrent audit Berthelemi Spifame, à nous venus et escheus par ladicte confiscacion, c'est assavoir trois corps d'ostel à trois pignons entretenans ensemble, faisans front de rue en la rue des Lombars, à Paris, l'un faisant le coing de la rue de la Vielz-Monnoie[1] d'une part, et d'autre part en ladicte rue des Lombars tenant à ung hostel appartenant à Jehan Spifame[2], où demeure à present un pelletier, et y souloit pendre l'enseingne de l'Aigle. *Item*, un hostel à deux pignons, assiz en ladicte rue de la Vieilz-Monnoie, où est ladicte enseingne de l'Ymaige Nostre-Dame, ou quel demeure à present Guillaume Cenasme[3], ou quel hostel a deux cours, l'une à l'entrée de la seconde huisserie qui tient par derriere aus trois corps d'ostel devant diz, et à un corps de maison que on dit appartenir audit Jehan Spifame; et l'autre court tient à une sale basse dudit hostel, et au long d'un bout de maison et jardin où demeure Michel Marquat, qui appartient à Jacques Rasponde[4], et d'un

---

1. La rue de la Vieille-Monnaie, perpendiculaire à la rue des Lombards au sud de laquelle elle est située, a complètement disparu lors du percement du boulevard Sébastopol.

2. Jean Spifame, frère sans doute de Barthélemy, est nommé plusieurs fois dans les comptes de confiscation où il est qualifié écuyer (Sauval, p. 304 et 588). Outre ses biens de la rue des Lombards, il avait des propriétés dans la rue du Grand-Chantier (*ibid.*, p. 303) et du chef de sa femme Catherine Col, veuve d'Albert et mère d'Antoine du Molin, il prétendait à la possession de la maison que Gontier Col, père de Catherine et l'une des victimes des dissensions parisiennes, possédait dans la rue Vieille-du-Temple (*ibid.*, p. 304 et 588).

3. Guillaume Cenasme appartenait, comme Ysbarre et Spifame, à une famille italienne établie en France.

4. Jacques Raponde était fils de Guido Rapondi de Lucques et frère de Dino Rapondi, conseiller et maître d'hôtel de Philippe le Hardi, duc de Bourgogne, l'un des plus riches marchands lombards du règne de Charles VI. MM. Leroux de Lincy et Tisserand ont publié les lettres de sauvegarde et de priviléges accordées en 1383 par le roi de France à Dino, Jacques et

costé tient au long d'un jardin, lequel jardin se tient audit corps d'ostel dudit Jehan Spifame et de l'autre costé au derriere des estuves Nicolas Belon et aboutist au derriere des deux hostelx assiz en la rue de Marivaux[1], dont l'un desdiz hostelz où pend l'enseigne du Molinet appartint à Regnault Bretel, et l'autre hostel à Robin Jolis, et a en ladicte court un puis. *Item*, un autre corps d'ostel à deux pignons assiz en ladicte rue de la Vielz-Monnoye, tenant d'un costé et aboutissant audit corps d'ostel où demeure ledit Cenasme, et de l'autre tenant au long de l'ostel dudit Jacques Rasponde où demeure ledit Michel Marquat. *Item*, tel droit que peut nous appartenir à ladicte cause esdiz corps d'ostel et jardin enclavez et joingnans esdictes cours, se aucun droit y avons et non autrement; iceulx hostelz, court et jardins chargiez de teles charges anciennes qu'ilz pevent avoir. *Item*, en la ville de Challiau[2] un hostel, court et jardin petiz, foulerie et un petit pressouer faisant front de rue de deux pars. *Item*, deux arpens de vigne ou terrouer dudit Challiau, tenant d'une part aux vignes qui furent à feu Jehan Tarenne[3], et d'autre part aux vignes maistre Guillaume du Val. *Item*, cinq quartiers de vigne seans oudit terrouer, tenant à Jehan le Gendre et à Pierre du Pleys. *Item*, cinq autres quartiers de vigne assiz ou dit terrouer, tenant aux vignes Guillaume de Savoye et aux vignes de l'eglise de Challiau. *Item*, l'ostel appellé de Forest[4], seant dessoubz Montjay[5] avec la court, granche, pressouer, estables,

---

André Raponde, frères, et à leur neveu Jean Raponde, ainsi que d'autres lettres royales de mai 1421 par lesquelles Jacques et Philippe Raponde, héritiers de leur frère Dino, sont également placés sous la sauvegarde royale (*Paris et ses historiens*, p. 337 et 339). Jacques Raponde témoigna depuis sa reconnaissance envers Charles VI en donnant place dans son testament au petit-fils et successeur de ce prince, le roi Henri VI qui, par lettres du 22 novembre 1432, abandonna à Jacques Bernardini tout ce qui pouvait lui revenir, grâce à ce legs (voy. plus loin, pièce CLXVI).

1. Cette rue porte depuis 1861 le nom de rue Nicolas-Flamel.
2. Chaillot, localité comprise en 1786 dans le mur d'enceinte élevé par les fermiers généraux.
3. Les biens que Jean Taranne possédait à Chaillot furent donnés au comte de Salisbury (voy. la pièce CXX).
4. La carte de l'Etat-Major indique encore sur le finage de Brou (Seine-et-Marne, arr. de Meaux, cant. de Lagny) au milieu des bois, et à deux kil. au sud-ouest de Montjay, la « maison du Forest ruinée. »
5. Montjay, h. comm. de Villevaudé (Seine-et-Marne, arr. de Meaux, cant. de Lagny).

bergeries, coulombier, jardins et tout le pourpris d'icellui hostel clos à fossez et pont leveiz. *Item*, appendent audit hostel environ LXXII arpens de bois, joingnant dudit hostel, lesquelx bois sont en coppe de XII ans en XII ans. *Item*, trois arpens de saulsoyez seans assez pres de la porte dudit hostel. *Item*, deux jardins l'un clos à murs, et l'autre clos à fossez. *Item*, esdiz jardins deux fossez à mettre poisson. *Item*, ung estang assez pres dudit hostel enclavé es terres d'icellui hostel, contenant environ sept arpens d'eaue quant il est plain. *Item*, huit arpens de prez environ ledict hostel. *Item*, prez d'icelluy hostel, environ deux cens arpens de terres labourables. *Item*, dix arpens de prez au port de Noisiel[1] tenant aux prez du seigneur de Montjay et aux prez que l'en dit de la vuitaine la Bossue, aboutissant d'un bout sur les noes et sur la vuitaine qui fut à maistre Loys Blanchet. *Item*, un arpent et demi de vigne en friche ou vignou de Montjay. *Item*, trois arpens de vigne et une masure ou vignou de Saint-Thibault[2] pres de Laigny. *Item*, un molin à tan et à blé assis en la riviere de Marne au dessoubz du pont de Charenton[3], et ses appartenances et un pou d'isle plantée de saulsoiez, et l'extimacion ou valeur ait esté rapportée devers noz diz conseilliers avec la charge de cent livres tournois de rente à vie dues à Anthoine Spifame, chevalier de l'ordre Saint-Jehan de Jerusalem, frere dudit Berthelemi. Nous par l'advis et deliberacion de nozdiz conseilliers.....

Si donnons en mandement à noz amez et feaulx gens de noz comptes et tresoriers à Paris, au prevost de Paris......

Donné à Paris, ou mois de septembre, l'an de grace mil IIII^c et vint deux et de nostre regne le XLIIIe.

Ainsi signé : Par le roy, à la relation des commissaires ordonnés sur l'augmentacion et descharge du demaine,

P. DE LA ROSE.

---

1. Noisiel (Seine-et-Marne, arr. de Meaux, cant. de Lagny) est situé sur la rive gauche de la Marne, à sept kilom. s. s. e. de Montjay.

2. Saint-Thibault-des-Vignes (Seine-et-Marne, arr. de Meaux, cant. de Lagny), village de la rive gauche de la Marne, est déjà désigné au XVe siècle par le surnom qu'il porte encore aujourd'hui (Lebeuf, *Histoire du diocèse de Paris*, t. XV, p. 79) et qu'il doit à ces vignobles dont Barthélemy Spifame possédait une partie. Un autre membre de la famille Spifame, Martin, devint en 1579 prieur de Saint-Thibault-des-Vignes (*ibid.*, p. 79).

3. Charenton-le-Pont (Seine, arr. de Sceaux, chef-lieu de cant.).

XXIX.

1422. 3 octobre. Paris.

Rémission accordée par Charles VI, soûs certaines conditions, à Philippot Gilles, coupable de blasphème.

(JJ. 172, n° 166.)

Charles, par la grace de Dieu roy de France, à tous ceulx qui ces lettres verront, salut. Receue avons l'umble supplicacion de Phelippot Gilles, povre homme laboureur, chargié de femme et trois petiz enfans, contenant comme il, et autres de sa compaignie, ou mois de juillet derenier passé, feussent alez esbatre ou jeu de la Paulme en l'ostel de Guillaume Soret, demourant en la rue de la Plaistrière[1], pres de la porte Saint-Honoré[2], et là eust icellui suppliant demandé des estuefs[3] à la femme d'icellui Soret, laquelle lui en eust baillé certaine quantité, et pour seurté de ce lui eust baillé icellui suppliant sa saincture et une dague pendent à icelle, garnye d'argent. Et perdirent, icellui suppliant et ceulx de sa dicte compaignie, leur partie, et furent tenus de paier les estuefs[2], lesquelx comme disoit la femme d'icelui Soret, montoient xvii blans et i t., desquelx xvii blans i t. icellui suppliant en bailla les xvi, disant non en avoir plus eu, la femme d'icellui Soret disant en avoir baillé pour xvii blans et i t. et lui restant à paier vi t., pour lesquelx vi t. paier la femme d'icellui Soret osta à icellui suppliant son chapperon de dessus sa teste, et en icellui ostant lui osta et aracha une poignée de cheveux d'icelui suppliant. Le quel suppliant, soi veant ainsi estre injurié par la dicte femme et combien qu'elle eust par devers elle et en sa possession les gaiges dessus diz, se retourna vers ladicte femme et print le chapperon d'icelle par la cornette, tellement que les pendens de sa coiffe lui cheurent sur les espaules, et son chapperon fu un pou avallé, et convint que il paiast les diz vi t. que ladicte femme

---

1. La rue de la Plâtrière, plus tard rue Plâtrière, était comprise entre la rue Montmartre et la rue Coquillière. La municipalité parisienne lui donna en 1791 le nom de Jean-Jacques Rousseau, en l'honneur de ce grand écrivain qui y demeurait en 1776 ; de nos jours, ce nouveau nom a été étendu à l'ancienne rue de Grenelle-Saint-Honoré.

2. Depuis le règne de Charles V, la porte Saint-Honoré était située vers la place actuelle du Théâtre-Français.

3. Les *estuefs* (prononcez *éteufs*) étaient de petites balles pour jouer à la longue paume.

disoit estre restans à paier, et après aucunes parolles eues entre eulx, si comme l'en dit, icellui suppliant deust regnier ou malgroyer Dieu nostre createur, de et sur lequel cas nostre procureur en l'audictoire du Four-l'Evesque[1], le temporel de l'eveschié de Paris estant en nostre main, comme regalle[2], fu informé si comme l'en dit. Et après ladicte informacion à la requeste de lui par le commandement et ordonnance du commis lors de par nous au gouvernement du bailliaige dudit eveschié, fu icellui suppliant pour ledit cas emprisonné es prisons dudit Four-l'Evesque par certaine et longue espace de temps où il fut en grant povreté et misere, où il fraya et despendy grant partie du scien. Et, sur icellui cas examiné et interrogué, lequel nya le fait et cas dessus dit, non recors ou memoratif en sa conscience icellui cas avoir fait ou dit. Et depuis fu eslargy à certain jour et fu ordonné, en la presence d'icellui suppliant et de nostre dit procureur ou dit auditoire, que icellui nostre procureur publieroit ou feroit examiner, par certains commissaires sur ce ordonnez par icellui bailli, les tesmoings dont il se vouloit aidier pour prouver le fait et cas dessusdit nyé par icellui suppliant, sauf ses contrediz et reprouches, et pour ce faire leur fu certain temps donné, lesquelx tesmoings ont sur ce esté oyz et examinez, et par la depposicion d'aucuns, si comme l'en dit, est prouvé en partie ledit cas. Depuis laquelle chose ainsi faicte, ait esté pourveu oudit eveschié de nostre amé et feal conseiller le patriarche de Constantinoble[3], et lui ait esté ou à ses vicaires et deputez pour lui le temporel dudit eveschié par nous ou noz officiers baillé et delivré, et le procureur commis de par lui oudit audictoire ait reprins le procès que avoit nostre dit procureur par nous oudit audictoire, à l'encontre d'icellui suppliant, pour cause de ce que dit est ; et doubte icellui suppliant estre encouru es peines contenues es ordonnances par nous ou nostre court de Parlement sur ce faictes, et par ce seroit en aventure de perdre tout le scien et d'estre deshonnoré à tousjours. ..... Savoir faisons que nous, ces choses consideréees, voulans misericorde preferer à rigueur de justice, ... et nous..... avons à

---

1. Le For-l'Evêque, tribunal de l'évêque de Paris.
2. A la suite de la promotion de Jean Courtecuisse, évêque de Paris, à l'évêché de Genève, le 12 juin 1422.
3. Jean de la Rochetaillée qui, depuis, fut successivement archevêque de Rouen et de Besançon et mourut le 24 mars 1436.

icellui suppliant ou cas dessusdit quitté et pardonné, quittons et pardonnons par ces presentes le fait et cas dessusdit... pourveu qu'il yra en l'eglise de Nostre-Dame de Paris, et devant l'image Nostre-Dame en ladite eglise, à l'entrée du cuer d'icelle eglise, [et] offerra une torche de deux livres de cire.

Si donnons en mandement par ces mesmes presentes au prevost de Paris.....

Donné à Paris, le IIIe jour d'octobre, l'an de grace mil IIII^c XXII et de nostre regne le XLIIIe.

Ainsi signé : Par le roy, à la relacion du conseil.

SEGUINAT.

XXX.

1422. 16 octobre. Paris.

Charles VI donne à Augustin Ysbarre l'hôtel que feu Henri de Marle, chancelier de France, et Mahaut, sa femme, possédaient rue du Comte de Dammartin, ainsi que les dépendances de cet hôtel, en paiement d'une somme de 1958 l. 10 s. tournois, dont Henri de Marle était redevable audit Ysbarre.

(JJ. 172, n° 172.)

Charles, par la grace de Dieu roy de France, savoir faisons à tous presens et avenir comme entre les autres biens et heritages à nous appartenans à cause et par le moien des forfaictures et confiscacions de plusieurs banniz et absens de nostre bonne ville de Paris, tenans le parti à nous contraire et par nous defendu, un hostel qui n'a gaires appartint à feu Henry de Marle, en son vivant chancellier de France, et à Mahault sa femme, seant ledit hostel à Paris en la rue du Conte Dampmartin [1], ayant issue d'un bout

---

1. L'hôtel d'Henri de Marle appartenait à la fin du XIIIe siècle au comte de Dammartin. De là la dénomination primitive de la rue où il était situé et qui doit au même hôtel le nom de rue Salle-au-Comte qu'elle portait déjà au temps de Louis XIII et qui n'a disparu que de nos jours avec la rue elle-même, lors du percement du boulevard Sébastopol; c'est alors aussi que fut supprimée la « fontaine de Marle », construite par le chancelier (Jaillot, *Quartier Saint-Jacques de la Boucherie*, p. 70). La maison d'Henri de Marle est mentionnée à plusieurs reprises dans les comptes de confiscations qui la nomment la « Salle-au-Compte » et qui nous font savoir que la rue où elle était située était alors une impasse (Sauval, p. 292, 308, 554). Le premier de ces documents, se rapportant à 1420-1421, la dit située « en la rue aux Oues » et tenant d'un « côté à Perrin Gaultier et Andriet Dampont » (*ibid.*, p. 654).

en la rue aux Oes, lequel hostel tient tout au long à l'abbaye de Saint-Magloire d'une part, et d'autre part à Jehan Helias, espicier, et aux hoirs de feu Pierre Gaultier, et du mesmes costé tient ledit hostel à deux petites maisons aboutissans audit hostel, qui sont des appartenances d'icelui hostel, et servent à present à louages, et font front en la dicte rue aux Oes[1] devant le Bourg-l'Abbé[2]; et devers la dicte rue aux Oes tient ledit hostel aux maisons de Andriet de Dampont, de Gerard de Maalines, et de maistre Jehan Chouart[3], et par derriere devers la rue de Quinquenpoit, aboutist aux maisons de Bonne-Aventure de la Ferté, orbateur, de Jehanne la Grace et de sa suer, de Jehan Sablonnier, sergent à cheval, de Anthoine le Roy, peletier, et de Jaques Baillant, bourgois de Paris, en la censive des religieus, abbé et couvent dudit Saint-Magloire, nous soit venu et escheu par la forfaicture dudit Henry de Marle qui, en son vivant, fu moult affecté à tenir ledit parti contraire et en icele obstinacion trespassa, et de la dite Mahault, sa femme, absent et tenant ledit parti contraire. Et lequel Henry de Marle avec aucuns autres aient esté et soient obligiez en leurs propres et privez noms, et chascun pour le tout envers nostre amé Augustin Ysbarre, bourgois de Paris, en la somme de dix neuf

---

1. La rue aux Oues (ou aux Oies, *vicus ubi coquuntur anseres, la rue où l'on cuit les oes, vicus Anserum*), ainsi nommée à cause des rôtisseurs qui y étaient établis. On dit aujourd'hui la rue aux Ours, et cette corruption remonte au moins au temps de Henri II, puisque le plan de Truschet la nomme déjà ainsi.

2. Cette désignation *devant le Bourg-l'Abbé*, et non « devant la rue du Bourg-l'Abbé », semble être un souvenir de l'époque à laquelle le quartier dont cette rue était une des voies les plus importantes formait encore une localité distincte de Paris, et elle paraît donner raison à Delamare et à Jaillot qui soutiennent l'existence d'un bourg de ce nom contre Sauval, d'après lequel le vocable de la rue serait dû à Simon du Bourg l'Abbé (Delamare, t. Ier, p. 139; Jaillot, *Quartier Saint-Denys*, p. 9; Sauval, t. Ier, p. 115).

3. Ce Me Jean Chouart n'est sans doute pas différent d'un personnage de ce nom mentionné dans les comptes de confiscations comme possesseur d'une maison située « outre l'ancienne porte Saint-Denis au coin de la rue de Lion » (Sauval, p. 300 et 570; cf. plus loin, pièce XXXV), c'est-à-dire au coin de la rue Saint-Denis et de celle du Petit-Lion, à peu de distance par conséquent de l'hôtel d'Henri de Marle. Mais on connaissait sans doute alors à Paris plusieurs individus de ce nom, d'ailleurs assez répandu, et nous ne savons si le voisin du chancelier doit être identifié avec le bailli de Meaux (Sauval, p. 304 et 574), ou avec le notaire au Châtelet (*ibid.*, p. 590), ou encore avec le procureur du roi à la même cour (*ibid.*, p 588), nommés les uns et les autres au compte de 1427 à 1434.

cens cinquante huit livres dix solz tournois, pour les causes contenues en certaines lettres faictes soubz le seel de la prevosté de Paris, l'an mil cccc xv ou mois de mars, lequel hostel après le trespas dudit Henry fut wit et inhabité, et devint en grant ruine et estoit en adventure de venir à totale desolacion, se ne feussent les reparacions neccessaires que ledit Augustin y a fait faire par auctorité de justice, montans iceles reparacions à la somme de neuf cens soixante neuf livres tournois, forte monnoie courant à present, si comme l'en dit. Et soit ainsi que, à la supplication de noz bien amez les prevost des marchans, eschevins, bourgois et habitans de nostre dicte ville de Paris, nous ayons voulu et leur aions octroié que avant toute confiscacion ilz soient paiéz de leurs debtes et obligacions, actions et ypotheques que ilz avoient et leur appartenoient contre lesdiz banniz et absens, et sur leurs biens immeubles à nous escheuz et avenuz par leur forfaicture et confiscacion, et sur ce eussent obtenu noz lettres qui depuis furent verifiées et expediées par noz amez et feaulx les gens de noz comptes à Paris et les generaulx conseillers et commissaires sur le fait de toutes noz finances, et aussi par les commissaires lors ordonnez sur le fait des dictes confiscacions. Et afin d'avoir congnoissance des debtes, obligacions, actions et ypotheques devant dictes et pour eviter tous inconveniens, le prevost de Paris par mandement de nous le xviiie jour d'avril derrenier passé eust fait publier et crier publiquement tant ou Chastelet comme es carrefours et lieux acoustumez à faire criz de la ville de Paris, que les bourgois, manans et habitans d'icele ville à qui l'octroy devant dit avoit esté fait, baillassent par declaracion devers noz amez et feaulx conseillers les commissaires par nous ordonnez à l'augmentacion et descharge de nostre demaine et autres noz affaires sur lesdictes confiscacions, leurs debtes, obligacions, actions et ypotheques dedans le derrenier jour de may lors prouchain venant et derrenier passé, en leur prefigant ledit terme pour tous delaiz et sur peine de estre descheuz et forcloz de l'effect de nostre dit octroy. En ensuivant lequel cry et injunction et en obtemperant à icelui, ledit Augustin, dedans ledit temps prefix eust baillié en escript par declaracion devers noz diz conseilliers plusieurs debtes à lui deues, et entre les autres leur ait exhibé et monstré les lettres obligatoires dont dessus est faicte mention, pour approuver et verifier icele debte, requerant que de et sur l'ostel dessus dit qui fu audit Henry de Marle son obligié, et qui par la forfaicture de lui et de sa femme nous est escheu et avenu, nous le feissions paier de ladicte somme de xix^c lviii livres, x s. t. non obstant ladicte confiscacion ou forfaicture, ou que pour icele nous lui baillissions ledit hostel en paiement d'icele et disoit que ainsi lui devoit estre fait, attendu nostre octroy devant dit par nous fait aux bourgois, manans et habitans de nostre dicte ville de Paris, desquelz il estoit et est un, et que ledit Henry estoit comprins esdictes lettres obligatoires, et s'estoit obligié avec tous ses biens et heritages quelzconques pour toute ladicte somme contenue en iceles. Nous par l'advis et deliberacion de noz diz conseillers et d'aucuns des gens de noz comptes et pour faire paier et contenter ledit Augustin de la somme de xix^c lviii l. x s. t. à lui deue, à icelui Augustin pour lui, ses hoirs et ceulx qui de lui auront cause ou temps avenir, avons baillié ..... par la teneur de ces presentes l'ostel ..... pourveu toutesvoies s'il advenoit que ou temps avenir l'ostel devant dit et ses appartenances feussent evincez et mis hors des mains dudit Augustin ou de ses aians cause par abolicion, traictiez ou accorz faiz ou à faire par nous noz successeurs ou par autres precedans creanciers ou autrement en quelque maniere que ce soit, sans le fait, coulpe ou cause dudit Augustin, ses hoirs ou aians cause, et sans estre satisfait et contentez de ladicte somme de xix^c lviii livres x s. t., en ce cas ledit Augustin, ses hoirs ou aians cause se pourront pourveoir par vertu desdictes lettres obligatoires à l'encontre desdiz obligiez, nommez en iceles et chascun d'eulx.....

Si donnons en mandement par ces mesmes lettres à noz amez et feaulx gens de noz comptes à Paris, aux tresoriers et gouverneurs de nos finances, au prevost de Paris.....

Donné à Paris, le xvie jour d'octobre l'an de grace mil cccc vint et deux, et de nostre regne le xliiie.

Ainsi signé : Par le roy, à la relation des commissaires ordonnez à l'augmentacion et descharge du demaine,

P. DE LA ROZE.

XXXI.

1422. 16 octobre. Paris.

Charles VI donne à Jean Sac, son conseiller, la maison que feu maître Pierre de l'Esclat possédait dans la rue Jean-Painmollet et les biens confisqués sur Alexandre le Boursier à Antony et Berny, en paiement de la somme de 3210 livres 15.s. t. qui restaient dus audit Jean Sac par les héritiers de Pierre de l'Esclat et par Alexandre le Boursier.

(JJ. 172, n° 188.)

Charles, par la grace de Dieu roy de France, savoir faisons à tous presens et avenir comme entre les autres biens et heritaiges à nous appartenant à cause et par le moyen des confiscacions de plusieurs bannis et absens de nostre bonne ville de Pariz, tenans le party à nous contraire et par nous defendu, nous soient eschèuz et advenuz une maison laquelle a une court devant et puis, et derriere une court pavée, qui n'a gaires appartint à feu maistre Pierre de l'Esclat[1], sa femme et ses ayans cause, assise icelle maison à Paris en la rue Jehan Painmolet[2], tenant d'une part à l'ostel qui fut à feu maistre Guillaume de Victry et d'autre part à l'ostel Jehan Cul-d'Oe, et d'icelle part à louaiges aboutissant par derriere d'un costé à une autre maison qui fu audit maistre Pierre de l'Esclat, aiant yssue en la rue de la Vielz-Poterie et d'autre costé à l'ostel qui fut Jehan Mainfroy, aiant yssue en la rue de la Voirrerie, laquelle maison a une yssue en la rue Saint-Bon avec ung louaige joignant de l'eglise de Saint-Bon ou quel a une fenestre par laquelle on a veue en ladicte eglise Saint-Bon, et y puet-on oyr messe, et tient ledit louaige d'autre costé à une maison appartenant à Gilete la Couraude, et aussi nous soient avenuz et escheuz la cour d'Antoigny[3], Bernies[4] et le Molin, ensemble les jardins, vingnes, prez, saulsoyez, terres, bois et generalment tout ce qui fut et appartint à Alixandre le Bourssier[5]

---

1. Mᵉ Pierre de l'Esclat était au nombre des 1518 prisonniers du parti armagnac massacrés en juin 1418 par les Bourguignons (Journal parisien). La maison de la rue Jean-Painmollet était occupée au commencement de l'année 1421 par Jean Chapelain, écuyer, valet de chambre du roi, qui prétendait l'avoir reçue en don de son seigneur (Sauval, p. 289).

2. La rue Jean-Painmollet a été détruite lors du percement de la rue de Rivoli.

3. Antony (Seine, arr. et cant. de Sceaux).

4. Berny, h., comm. de Fresnes-lès-Rungis (Seine, arr. de Sceaux, cant. de Villejuif). Le scribe a écrit ici *Bernières*, croyant sans doute voir dans l'original, portant *Bernies*, le signe d'abréviation pour *er*; mais la forme *Bernies* qu'on trouve trois lignes plus loin et la topographie ne laissent aucun doute sur la localité dont il est question ici.

5. Sire Alexandre le Boursier, conseiller et maître des comptes du roi Charles VI. C'est grâce aux avis qu'il put donner qu'on prit des mesures en octobre 1415 pour empêcher l'entrée imminente du duc de Bourgogne dans Paris (Juvénal des Ursins). Il achetait, vers ce même temps, de Cathe-

et à sa femme en la ville [et] terrouer d'Anthoigny, Bernies et environ icelles, parce que la vesve et enfans dudit maistre Pierre de l'Esclat, et semblablement lesdiz Alixandre le Boursier et sa femme, sont absens de nostre bonne ville de Paris, tenans le parti contraire à nous, et pour ce cas les aucuns d'eulx bannis de nostre royaume, et lesquelx maistre Pierre de l'Esclat et Alixandre le[1] Bourssier, avecques aucuns autres aient esté et sont obligiez envers nostre amé et feal consillier Jehan Sac, bourgois de Paris es noms et qualités qui s'ensuivent. C'est assavoir par unes lettres faictes ou nom dudit Jehan Sac seul, soubz le seel de la prevosté de Paris, l'an mil cccc xvii, es mois de juing et juillet, en la somme de quatre cents quatre vins cinq livres tournois, et par unes autres lettres faictes ou nom dudit Jehan Sac et de Berthelemin Rust, et de chascun d'eulx pour le tout, soubz le seel de ladicte prevosté l'an mil iiii^c xvii esdiz moys de juing et de juillet, en la somme de quatre mil six cens quinze livres, quinze solz tournois, de laquelle somme reste encores à paier deux mil cinq cens livres, quinze solz tournois, et par unes autres lettres faictes ou nom de Pierre Fatmant et Berthelemi Sac et de chascun d'eulx, desquelles ledit Jehan Sac est porteur, faictes soubz le seel de la prevosté de Paris l'an mil iiii^c xiii ou mois de mars, en la somme de trois mil livres tournois, de laquelle somme reste encores à paier deux cens vint cinq livres tournois. Desquelles sommes contenues en

---

rine d'Alençon, veuve et exécutrice de Pierre de Navarre, comte de Mortain, un spacieux hôtel de la rue de la Vieille-Tixeranderie, connu sous le nom d'hôtel de la Reine Blanche (compte de 1415-1416, apud Sauval, p. 271), qu'il devait vraisemblablement à la reine Blanche de Navarre, troisième femme de Philippe de Valois et tante de Pierre de Navarre; cette maison fut attribuée plus tard, par lettres du 4 juin 1430, au maréchal de l'Isle-Adam (voyez plus loin, p. CXLIX). La prise de Paris par les Bourguignons, en 1418, le força à quitter la capitale et ses biens confisqués furent donnés, pour la plus grande partie, en mars 1423 (voyez plus loin, pièce XLIV), à Hugues de Saubertier, écuyer ; parmi ceux-ci, on remarque l'hôtel de la Reine Blanche, dont il vient d'être question, la maison du Plat d'Etain, rue Saint-Jean-en-Grève, en face de l'église de Saint-Jean, quelques biens situés dans la rue des Jardins (aujourd'hui rue des Billettes), et enfin 120 arpents de bois à Chevry (Sauval, p. 320, 328 et 654). D'autres propriétés d'Alexandre, situées à Vaires, à Thorigny et à Dampmart, c'est-à-dire aux environs de Lagny-sur-Marne, devinrent la proie de Michel le Masson, l'un des complices de la trahison qui avait livré Paris en 1418 aux ennemis du Dauphin (*ibid.*, p. 327).

1. Ms. : *les*.

troiz lettres devant dictes reste encores à paier audit Jehan Sac, tant en son nom comme porteur des lettres et aiant le droit et la cause de ceulx ou nom desquelz elles ont été faictes, la somme de troiz mil deux cens diz livres, quinze solz tournois, et soit ainsi que, à la supplicacion de noz bien amez le prevost des marchans, eschevins, bourgois et habitans de nostre dicte ville de Paris, nous avons voulu et leur aions octroyé que avant toute confiscacion ilz soient paiez de leurs debtes et obligacions, actions et ypotheques que ilz avoient et leur appartenoient contre lesdiz bannis et absens et sur leurs biens immeubles à nous escheuz et avenus par leur forfaicture et confiscacion, et sur ce eussent obtenu noz lettres qui depuis furent veriffiées et expediées par noz amez et feaulx gens de noz comptes à Paris et les generaulx conseillers et commissaires sur le fait de toutes noz finances, et aussi par les commissaires lors ordonnez sur le fait des confiscacions. Et afin de avoir congnoissance des debtes, obligacions, actions, ypothequez devantdictes, et pour eviter tous inconveniens, le prevost de Paris par mandement de nous, le xvIII^e jour d'avril derrenier passé, eust fait publier et crier publiquement, tant ou Chastellet comme par les carrefours et lieux acoustumez de la ville de Paris, que les bourgois manans et habitans de nostre dicte ville, à qui l'octroy devant dit avoit esté fait, baillassent par declaracion devers noz amez et feaulx conseillers, les commissaires par nous ordonnez à l'augmentacion et descharge de nostre demaine et autres nos affaires sur le fait des confiscacions à nous escheuz et à escheoir, leurs debtes, obligacions, actions et ypothequez dedens le derrenier jour de may lors prouchain ensuivant et derrenier passé, en leur prefigant ledit terme pour tous delaiz et sur peine d'estre descheuz et forcloz de l'effect de nostre dit octroy. En ensuivant lequel cry et injunction, et en obtemperant à icellui, ledit Jehan Sac dedens ledit temps prefix ait baillé en escript par declaracion plusieurs debtes devers noz diz conseillers, et entre les autres leur ait exhibé et monstré les trois lettres obligatoires dont dessus est faicte mencion pour approuver et justiffier icelles, requerant que de et sur les biens et heritaiges qui[1] furent audit maistre Pierre de l'Esclat, Alixandre le Bourssier, leurs femme et enfans, et qui par leur forfaicture nous sont escheuz et avenuz, nous le feissions paier de la somme de trois mil deux cens dix

---

1. Ms. : *qu'ilz*.

livres quinze solz tournois dessus diz, à lui deue de reste, des trois lettres obligatoires dessus declairées, ou que d'iceulx biens et heritaiges nous lui baillissions en paiement jusques à la valeur de la somme devant ditte, et disoit que ainsi lui devroit estre fait, attendu nostre octroy devant dit par nous fait aux bourgois et habitans de nostre dicte ville de Paris, desquelx il estoit et est ung, et que ledit maistre Pierre de l'Esclat et Alixandre le Bourssier estoient nommez et comprins esdites lettres obligatoires, et s'estoient obligiez avec tous leurs biens et heritaiges et de chascun d'eulx pour le paiement desdites sommes, veu aussi que nous par nous autres lettres patentes avons promis acquittier, delivrer et deschargier les nommez es lettres obligatoires d'icelles obligacions, lesquelles ilz firent pour nous et pour nostre fait. Nous par l'advis et deliberacion tant de noz diz conseillers, comme d'aucuns de nostre chambre des comptes.....

Si donnons en mandement par ces mesmes lettres à nos amez et feaulx gens de nostre chambre de noz comptes à Paris, aux tresoriers et gouverneurs de ñoz finances, au prevost de Paris.....

Donné à Paris, le seiziesme jour d'octobre, l'an de grace mil cccc vint et deux, et de nostre regne le XLIIIe.

Seellée du seel de nous Henry, par la grace de Dieu roy de France et d'Angleterre, le XXIe jour de décembre ensuivant.

Ainsi signée : Par le roy, à la relacion des commissaires ordonnés à l'augmentacion et descharge du demaine.

DE LA ROSE.

XXXII.

1422. 1er décembre. Paris.

Rémission accordée par Henri VI à Isabeau de Marcoignet dont les biens, tant parisiens qu'autres, avaient été confisqués à la suite de la reddition de Meaux où Isabeau était allée vivre en 1419 après le décès de ses père et mère, auprès de son frère Louis de Marcoignet.

(JJ. 172, n° 178.)

Henry, par la grace de Dieu roy de France et d'Angleterre, à tous ceulx qui ces presentes lettres verront, salut. De la partie de Ysabel de Marcoignet[1], jeune damoiselle à marier, nous a esté

---

1. Isabeau de Marcognet était sans doute la fille d'Enguerrand de Marcognet, premier chambellan du roi Charles VI, qui fut, avec l'un de ses fils,

exposé que, après le decès de ses feuz pere et mere, elle demoura bien jeune d'aage, et durant l'abstinence de guerre prise de la partie de feu nostre tres-chier ayeul, le roy de France, derrenier trespassé d'une part, et aucuns ses subgiez et de son royaume à lui desobeïssans d'autre part, l'an cccc xix ou environ, elle ala demourer en la ville et marchié de Meaulx, en la compaignie de Loys de Marcoignet, son frere, lors estant oudit marchié de Meaulx, où elle [a] depuis esté et demouré jusques à ce que par le moien du siege mis et tenu devant ladicte ville et marchié par feu nostre tres-chier seigneur et pere le roy d'Angleterre, heritier et regent de France, cui Dieu pardoint, iceulx ville et marchié ont esté renduz et mis en l'obeïssance[1]. Et soubz umbre de ce et aussi que ledit Loys, son frere, a esté prins à la reddition dudit marchié et detenu prisonnier du nombre des prisonniers d'icellui, les heritaiges qui par avant appartenoient à ladicte exposante, tant en nostre ville de Paris comme ailleurs, ont esté prins, saisiz et arrestez et mis en nostre main comme confisquez et acquis à nostre dict feu ayeul et à nous pour le present, et n'en puet joir ladicte exposant, par quoy elle n'a de quoy vivre et soustenir son estat et pourroit cheoir en tres grant povreté et necessité, se sur ce ne lui estoit pourveu de nostre grace, si comme elle dit, requerant humblement icelle. Savoir faisons que nous, considerées les choses dessusdictes.....

Si donnons en mandement à noz amez et feaulx conseillers les gens de noz comptes, aux tresoriers et gouverneurs generaulx de toutes noz finances de France, aux commissaires ordonnez sur le fait des confiscacions à nous escheues ou à escheoir, au prevost de Paris.....

Donné à Paris, le premier jour de decembre, l'an de grace mil cccc xxii et de nostre regne le premier.

Ainsi signé : Par le roy, à la relacion de monseigneur le regent le royaume de France, duc de Bedford,

J. Milet.

---

au nombre des prisonniers de la Bastille massacrés le 21 août 1418 par les émeutiers bourguignons (Journal parisien). Enguerrand est nommé plusieurs fois dans les comptes de confiscations du temps des Anglais et l'on sait, par les extraits qu'en a faits Sauval, que ses enfants avaient droit de prendre 49 sous de rente sur une maison de la rue de la Mortellerie (Sauval, p. 290).

1. Le 1ᵉʳ mai 1422.

XXXIII.

1422. Décembre. Paris.

Rémission accordée par Henri VI à Jeannin Jodoin, clerc non marié, monnayer du serment de l'Empire, accusé de fraude dans le monnayage de gros, que Guillemin du Sauchoy, ouvrier de la monnaie dudit serment, l'avait chargé de frapper pour lui. Jodoin, empêché par un voyage en Flandre, n'ayant pu répondre à l'accusation portée contre lui devant le Châtelet de Paris, avait été banni ; mais, à la première nouvelle de cet arrêt, il s'était constitué prisonnier, en qualité de clerc, dans les prisons de l'évêque de Paris.

(JJ. 172, n° 189.)

Henry, par la grace de Dieu roy de France et d'Angleterre, savoir faisons à tous presens et avenir nous avoir receu humble supplicacion de Jehannin Jodoin, clerc non marié de l'aage de vint ans ou environ, monnoier du serement de l'Empire[1], contenant comme, deux ans a ou environ, Guillelmin du Sauchoy, ouvrier de ladicte monnoie du serement de l'Empire, lui eust baillé à trois ou quatre foiz jusques à la somme de vint deux à xxiiii frans de gros à monnoier[2], et lui eust prié qu'il les monnoiast, en lui affermant que c'estoit de brieves[3] que le maistre particulier

---

1. Dans ses *Lettres à M: Lecointre-Dupont sur les magistrats et les corporations préposées à la fabrication des monnaies* (Blois, 1848), M. Anatole de Barthélemy a traité des divers *serments*, ou corporations de monnayers, qui exercèrent en France à partir du xii° siècle. Ces serments étaient au nombre de trois, le serment de France, le serment de Toulouse, et celui de l'Empire : le dernier s'étendait sur le Lyonnais, le Daüphiné, la Savoie, la Provence et leurs annexes, c'est-à-dire sur l'ancien royaume d'Arles, et, au sentiment de M. de Barthélemy, il devrait son nom au fait que ces différentes contrées relevaient alors de l'Empereur (p. 69). Notre savant confrère constate aussi que, lorsque les ouvriers manquaient aux ateliers monétaires du roi de France, on en faisait venir du serment de l'Empire, et il pense que c'est l'un des motifs qui expliquent les confirmations perpétuelles ou temporaires, données par nos souverains. On en vint plus tard à créer des monnayers du serment de l'Empire dans des provinces qui de toute antiquité relevaient du royaume de France ; ainsi en 1385 à Rouen, en 1395 à Rennes, et en 1420 à Saint-Lô. Enfin, sous le règne de François I°', alors que la plupart des provinces situées entre le Rhône et les Alpes étaient réunies à la couronne des rois de la maison de Valois, le serment de France et celui de l'Empire n'en firent plus qu'un (p. 70-71).

2. C'est-à-dire plus de 400 gros.

3. Une lettre de rémission en date de 1474 et citée par dom Carpentier (Du Cange, *Glossarium*, édition Henschel, t. I, p. 770, verbo *breva*) donne la définition suivante du mot *brieve* ou *breve* : « Breve est le nombre et quan-

de la monnoie lui avoit baillé à ouvrer et qu'ilz estoient de poix et loy telz qu'ilz devoient estre, mais il avoit à faire d'argent presentement, et pour ce lui eust prié qu'il les lui monoiast et il lui donroit ıı solz pour franc. Lequel suppliant, qui en ce ne cuidoit riens mesprendre, lui eust baillé pareille somme toute monnoiée, et eust monnoié en la monnoie de Paris ce que ledit Guillemin lui avoit baillié, et les eust depuis baillez audit maistre particulier; et assez tost après, c'est assavoir environ le jour de l'an aura deux ans [1], Robert de Saint-Yon [2] qui a espousé la cousine dudit suppliant, eust envoié icellui suppliant ou pays de Flandres pour achetter des blés et autres vivres et marchandises, et pour les faire venir en nostre ville de Paris, ou quel pays de Flandres ledit suppliant demoura par six mois ou environ en faisant ce que dit est. Pendant lequel temps ledit suppliant fut appellé à noz drois ou Chastellet de Paris, soubz umbre de ce que l'en vouloit dire que lesdiz gros que ledit suppliant avoit monnoiez à la requeste dudit Guillemin n'estoient pas de tel poix et de tel aloy comme ilz devoient estre, et que ledit maistre de ladicte monnoie ne les avoit point baillez audit Guillemin, desquelx appeaulx ledit suppliant ne sceut oncques riens, et pour ce n'y comparut point. Et par ce fu banny de nostre royaume, si comme il a depuis oy dire, et sitost qu'il l'a sceu, il s'est rendu prisonnier es prisons ecclesiastiques de l'evesque de Paris son juge ordinaire pour sur ce ester à droit, et sont sur ce en procès en ladicte court ecclesiastique ledit suppliant d'une part et nostre procureur d'autre part; mais ce non obstant, ledit suppliant doubte que noz officiers lui veullent mettre empeschement en son corps ou en ses biens, sur ce ne lui estoit par nous impartie nostre grace et misericorde, si comme il dit, en nous sup-

---

« tité de deniers non monnoyez qui est baillé par poix et nombre certain à
« chacun monnoier pour chacun jour qu'il monnoye. » On peut voir aussi
un certain nombre d'autres exemples allégués par le laborieux bénédictin.

1. Le 1er janvier 1421.

2. Robert ou Robin de Saint-Yon appartenait à la célèbre famille de bouchers parisiens dont plusieurs membres se compromirent sérieusement dans la faction cabochienne. Aussi les Saint-Yon furent-ils l'objet des faveurs royales après le triomphe des Bourguignons en 1418. Robin eut sa part des dépouilles du parti armagnac, car le compte des confiscations de 1420-1421 nous apprend qu'il occupait alors une maison située rue du Porche-Saint-Jacques (depuis rue du Crucifix), laquelle avait été confisquée sur Simon Taranne (Sauval, p. 290).

pliant humblement que, attendu ce que dit est, et qu'il creoit que lesdiz gros feussent de bon poix et loy, et si ne sceut oncques riens desdiz appeaulx, par ce qu'il n'estoit pas à Pariz, où ils furent faiz, et si tost qu'il en a eu congnoissance s'est rendu prisonnier es prisons de son ordinaire pour ester à droit sur ce que dit est, comme dessus est dit, nous sur ce lui vueillions pourveoir, de nostre dicté grace. Pour quoy nous.....

Si donnons en mandement par ces presentes à nostre prevost de Paris.....

Donné à Paris, ou mois de decembre, l'an de grace mil cccc et vint deux et de nostre regne le premier.

Ainsi signé : Par le roy, à la relation du conseil tenu par monseigneur le regent de France, duc de Bedfort,

Ysambart.

XXXIV.

1422. Décembre. Paris.

Henri VI donne à Perrinet le Clerc et à la descendance directe de celui-ci l'office de monnayeur du serment de France.

(JJ. 172, n° 217.)

Henry, par la grace de Dieu roi de France et d'Angleterre, savoir faisons à tous presens et avenir que, comme à nostre joyeulx advenement à la tres noble couronne de France, à nous de nostre droit royal compete et appartiengne entre autres choses creer, mettre et instituer de nostre droit un monnoier en nostre monnoie de Paris, pour ce est-il que nous, considerans les bons, grans, notables et aggreables services que nostre amé Pierre le Clerc[1] a fais ou temps passé à feu de bonne memoire nostre tres chier seigneur et ayeul le roy Charles derrenier trespassé, que Dieu absoille, fait à nous de present tant à la garde de nostre bonne ville de Paris comme autrement en maintes et diverses manieres, et esperons que encores face ou temps avenir icellui Pierre le Clerc, par l'advis et deliberacion de nostre tres chier et tres amé oncle Jehan, regent nostre royaume de France, duc de Bedford, avons en usant de nostre droit, fait, creé et ordonné,

---

1. Ce personnage n'est autre que le fameux Perrinet le Clerc dont la trahison de 1418 avait déjà été payée au mois de mars précédent par un don de 200 livres parisis de rente annuelle (voyez plus haut, pièce XVII).

et par ces presentes de nostre grace especial et auctorité royal faisons, creons et ordonnons monnoier du serement de France en nostre dicte monnoie de Paris, pour en icelle nostre monnoie monnoier d'ores en avant perpetuelment par ledit Pierre et sa posterité en directe ligne, et joir et user des privileges, franchises, libertez et autres droiz quelxconques qui y competent et appartiengnent, ainsi comme les autres monnoiers de nostre dicte monnoie en usent et joyssent, et ont acoustumé d'en user et joir.

Si donnons en mandement par ces mesmes presentes aux generaulx maistres de nos monnoies, et au prevost des ouvriers et monnoiers dudit serement de France en nostre dicte monnoie de Paris, et à chascun d'eulx, si comme à luy appartendra, que, prins et receu dudit Pierre le Clerc le serement en tel cas acoustumé, icellui facent, seuffrent et laissent monnoier en icelle nostre monnoie.

Donné à Paris, ou mois de decembre, l'an de grace mil CCCC XXII et de nostre regne le premier.

Ainsi signé : Par le roy, à la relacion de monseigneur le regent le royaume de France, duc de Bedford,

GRESLÉ.

XXXV.

1422. Décembre. Paris.

Henri VI, usant du droit de joyeux avénement qui lui permet d'instituer un boucher en la grande boucherie de Paris, désigne Jean le Gois comme tel.

(JJ. 172; n° 219.)

Henry, par la grace de Dieu roy de France et d'Angleterre, savoir faisons à tous presens et avenir que comme à nostre joyeux advenement au gouvernement de nostre dit royaume de France, à nous de nostre droit royal compete et appartiengne creer, mectre et instituer un bouchier en la grant boucherie de nostre ville de Paris. Pour ce est-il que nous, considerans les bons, grans, notables et aggreables services que nostre amé Jehan le Gois[1] a fais ou temps passé à feu de noble memoire nostre tres-chier seigneur et ayeul le roy Charles derrenierement trespassé, que Dieu absoille, fait à nous de present, tant ou fait de noz guerres

---

1. Voir sur Jean le Gois la note 2 de la p. 39.

comme autrement en maintes et diverses manieres, et esperons que encores face ou temps advenir icellui Jehan le Goix, par l'advis et deliberation de nostre tres chier et tres amé oncle, Jehan, duc de Bedford, regent nostredit royaume de France, avons fait, creé et institué et par la teneur de ces presentes de nostre grace especial et auctorité royal, faisons, creons et instituons bouchier de ladicte grant boucherie de nostre dicte ville de Paris, pour icellui mestier de bouchier avoir, tenir et posseder perpetuellement à tousjours par ledit Jehan le Gois et sa posterité en directe ligne, et joir et user des privilleges, franchises, libertez et autres droiz quelxconques audict mestier de bouchier compettans et appartenans.....

Si donnons en mandement par ces mesmes presentes en commettant, se mestier est, au maistre des bouchiers de ladicte grant boucherie.....

Donné à Paris, ou mois de decembre, l'an de grace mil IIII^c XXII et de notre regne le premier.

Ainsi signé : Par le roy, à la relation de monseigneur le regent le royaume de France, duc de Bedford,

GRESLÉ.

XXXVI.

1423. 9 janvier. Paris.

Henri VI donne à Guy Guillebault, trésorier du duc de Bourgogne, une maison à l'image de Notre-Dame, confisquée sur Alain Dyonis et située à Paris en la rue Saint-Sauveur.

(JJ. 172, n° 200.)

Henry, par la grace de Dieu roy de France et d'Angleterre, savoir faisons à tous presens et avenir que nous, considerans les grans et notables services que a faiz le temps passé à feu nostre trèschier ayeul le roy de France derrenierement trespassé, cuy Dieu pardoint, à nostre tres-chier et tres-amé oncle le duc de Bourgongne, fait chascun jour et esperons que encores face ou temps avenir à nous et à nostre dit oncle Guy Guillebaut[1], tresorier et receveur general des finances de nostre dit oncle, et pour certaines

---

1. Guy Guillebault, « conseiller, gouverneur-général de toutes les finances de M. le duc » [de Bourgogne], devint plus tard trésorier de l'Ordre de la Toison d'Or, créé par Philippe le Bon en 1430 (*Mém. pour servir à l'hist. de France et de Bourgogne*, p. 187).

autres causes et consideracions à ce nous mouvans, à icellui et à ses hoirs et successeurs venant de lui en directe ligne, par l'advis de nostre tres-chier et tres-amé oncle, Jehan regent nostre royaume de France, duc de Bedfort, avons donné, cédé, transporté et delaissié, et par la teneur de ces presentes de nostre grace especial, plaine puissance et auctorité royal donnons, cedons, transportons et delaissons une maison, court, puis, jardin et les appartenances quelxconques [1], ainsi comme tout se comporte et extent de toutes parts, assise à Paris en la rue Saint-Sauveur où est pour enseigne l'Imaige Nostre-Dame [2], tenant d'une part à Guillaume Sanguin et d'autre part aux hoirs feu Thomas Simon [3], aboutissant par devant sur ladicte rue Saint-Sauveur, et par derrière à Adam Brunel et à Jaquet de Kalais, ensemble tous les biens, heritaiges, appartenances et appendances d'icelle, qui jadiz furent et appartindrent à Allain Dyonis [4], à nous venus et escheuz par confiscation, par le moien de la rebellion et desobeïssance commise par ledit Dyonis envers nostre dit feu ayeul et envers nous, pour icelle maison, court, puis, jardin, ainsi comme elle se comporte, ensemble lesdictes appartenances, appendances et heritaiges et biens dessus diz, avoir, tenir et en joir et user par ledit Guy Guillebaut, ses hoirs et successeurs venant de lui en directe ligne, comme dit est, perpetuelment, hereditablement et à tousjours, en paiant les chargez, droiz et devoirs anciens pour ce deuz et acoustumez.

Si donnons en mandement par ces mesmes presentes à noz amez et feaulx gens de noz comptes et tresoriers à Paris, aux

---

1. Suivant le compte de confiscations de 1423-1427, la maison donnée à Guillebault était chargée envers l'évêque de Paris « en une serise de fonds de terre » (Sauval, p. 309). En 1420 ou 1421, cette propriété était habitée par Thomassin de Herley, écuyer, en qualité de concierge et lieutenant de Philippe de Bourgogne, comte de Saint-Pol, qui disait l'avoir reçue en don du roi (*ibid.* p. 291).

2. Cette maison fit partie dans la seconde moitié du xvie siècle de l'hôtel d'Alluyes, successivement connu depuis sous les noms d'hôtel de Cipières, d'Argenson, de Conti, de Tresmes et d'Angivilliers (Berty, *Topographie historique du vieux Paris, région du Louvre et des Tuileries*, t. I, p. 94, et app., p. vii).

3. C'est-à-dire à « Agnesot, veuve de feu Thomassin Simon », suivant le compte de 1420-1421 (Sauval, p. 291).

4. Alain Dyonis possédait en outre une maison, à l'enseigne de l'Écu de Guyenne, dans la rue de la Heaumerie, au quartier de Saint-Jacques-de-la-Boucherie.

commissaires ordonnez sur le fait des confiscacions et forfaictures à nous venues et escheuez en nostre royaume de France, au prevost de Paris.....

Donné à Ponthoise, le rx° jour de janvier, l'an de grace mil cccc vint et deux, et de nostre regne le premier.

Ainsi signé : Par le roy, à la relation de monseigneur le regent de France, duc de Bedfort,

J. MILET.

XXXVII.

1423. Janvier. Paris.

Rémission accordée par Henri VI à Jean la Fille, dit Vignette, habitant à Saint-Germain-des-Prés, lequel, voulant venger les insultes faites à sa femme, avait blessé mortellement Philippot Laurens. Vignette devra tenir prison au pain et à l'eau durant quinze jours.

(JJ. 172, n° 186.)

Henry, par la grace de Dieu roy de France et d'Angleterre, savoir faisons à tous presens et avenir nous avoir receu l'umble supplication des parens et amis charnelz de Jehan la Fille, dit Vignette, laboureur demourant à Saint Germain-des-Prez, chargié de jeune femme et de deux petits enfans, à present prisonnier es prisons dudit lieu de Saint Germain-des-Prez. Comme depuis deux mois en ça ou environ ledit Jehan la Fille venoit de Paris en sondit hostel de Saint Germain et en apporta de la menuyse, et quant il fut en sondit hostel se advisa qu'il avoit oublié à apporter de la chandelle, et pour ce se parti de sondit hostel pour en aler emprunter, et en retournant en icellui son hostel, rencontra un nommé Philipot Laurens, aussi demourant audit Saint Germain-des-Prez qui portoit une demie lance, lequel Jehan la Fille, meu et courroussié contre lui pour ce que sa femme lui avoit par avant dit qu'il [l']avoit appelé « putain », « moynesse », tout bas en l'oreille dist audit Philipot Laurens qu'il estoit mauvaiz homme d'avoir mis sus icelle villeynie à sa femme, et qu'il mentoit, et lors prinst une pierre en sa main, et la lui gecta et l'en frappa parmi la teste, tant qu'il chey à terre. Et apres ce, prist et lui osta sadicte demie lance, et l'en frappa par les jambes seulement deux ou trois coups. De laquelle bateure icellui Philipot a esté malade par l'espace de trois sepmaines ou environ, tant à l'Ostel-Dieu où il fu porté comme en son hostel, et depuis, par son mauvais gouvernement, est alé de vie à trespassement, pour occasion duquel cas Jehan la Fille, dit Vignette, est detenu prisonnier es prisons dudit Saint-Germain-des-Prez, en grant povreté et misere et tous ses biens prins, saisiz, arrestez et empeschiez, et par ce est en aventure de bien brief miserablement finer ses jours, se nostre grace et misericorde ne lui est sur ce impartie..... Pourquoy nous... ayans pitié et compassion de lui, sadicte femme et enfans, et pour honneur et reverance de la benoiste Nativité de nostre seigneur Jhesu Crist et de ce premier jour de l'an, audict Jehan la Fille, dit Vignette, ... quittons, remettons et pardonnons le fait et cas dessusdit... et sera xv jours prisonnier au pain et à l'eau.

Si donnons en mandement par ces presentes au prevost de Paris, à tous nos autres justiciers.....

Donné à Paris, ou mois de janvier, l'an de grace mil cccc vint et deux et de nostre regne le premier.

Ainsi signé : Par le roy, à la relacion du Conseil,

OGER.

XXXVIII.

1423. Janvier. Paris.

Henri VI donne à Jean, seigneur de Courcelles et de Saint-Liébault, une maison située rue des Poulies et confisquée sur Jean Congnet.

(JJ. 172, n° 193.)

Henry, par la grace de Dieu roy de France et d'Angleterre, savoir faisons à tous presens et avenir que nous, considerans les bons et aggreables services que a faiz par long temps à feux noz tres chiers ayeulx et pere les roys de France et d'Angleterre derrenierement trespassez, et que fait chascun jour à nous et esperons que encores face ou temps avenir nostre amé et feal conseiller Jehan seigneur de Courcelles[1] [et] de Saint Liebaut[2], chevalier,

---

1. Jean de Courcelles était en 1418 chambellan du roi et du duc de Bourgogne ; il touchait alors une pension de 1000 livres comme conseiller du roi (*Mém. pour servir à l'hist. de France et de Bourgogne*, t. II, p. 111 et 131). — Le roi d'Angleterre lui donna en outre, deux mois plus tard, par lettres datées de Mantes, le château de Blandy, confisqué sur le comte de Tancarville ; la Chapelle-Gautier, Mormant, Roissy et la Forêt qui appartenaient à Jean Jouvenel ; une terre à Marly provenant de Jean de Broy ; Nantouillet, la Borde et Lumigny enlevés à Philippe de Melun et à sa femme (JJ. 172, n° 212) ; toutes ces seigneuries étaient situées en Brie.

2. La seigneurie de Saint-Liébault fut érigée en duché en 1758, sous le

et pour pluseurs autres causes et consideracions à ce nous mouvans, à icellui par l'advis et deliberacion de nostre tres chier et tres amé oncle Jehan regent nostre royaume de France, duc de Bedfort, avons donné, cédé, transporté et delaissié, et par la teneur de ces presentes, de nostre grace especial, pleine puissance et auctorité royal, donnons, cedons, transportons et delaissons l'ostel ou maison assiz à Paris en la rue des Poulies[1], avecques ses appartenances et appendances ainsi comme il se comporte, tenant d'un costé à un hostel appartenant à nostre amé et feal chevalier Giles, seigneur de Clamecy[2], et aboutissant par devant à ladicte rue des Poulies, qui, n'a pas long temps, fut et appartint à Jehan Congnet, à nous venue et escheue comme confisquée par le moien de la rébellion et desobeissance commise par ledit Congnet envers nostre dit feu ayeul et nous, pour icelle maison ainsi comme elle se comporte, ensemble sesdictes appartenances et appendances, avoir, tenir et en joir et user perpetuelment, hereditablement et à tousjours, par ledit de Courcelles, ses hoirs et successeurs venant de lui en directe ligne, en paiant par lui les chargies, droiz, devoirs pour ce deuz et acoustumez.

Si donnons en mandement par ces mesmes presentes à noz amez et feaulx gens de noz comptes et tresoriers à Paris, aux commissaires ordonnez sur le fait des confiscacions et forfaictures à nous venuz et escheuz en nostre dit royaume de France, au prevost de Paris.....

Donné à Paris, ou mois de janvier l'an de grace mil cccc vint et deux et de nostre regne le premier.

Ainsi signé : Par le roy, à la relacion de monseigneur le regent du royaume de France, duc de Bedfort,

J. MILET.

---

nom d'Estissac. Estissac est aujourd'hui une commune du département de l'Aube (arr. de Troyes, chef-lieu de canton).

1. La rue des Poulies qui conduisait de la rue des Fossés-Saint-Germain-l'Auxerrois à la rue Saint-Honoré a fait place, sous le second Empire, à la rue du Louvre.

2. Gilles de Clamecy, maître des comptes, avait été un moment en possession de l'office de prévôt de Paris, auquel il fut nommé par le Parlement le 3 février 1419, au mépris de la coutume qui était de ne jamais confier la prévôté de Paris à un parisien (Journal parisien).

XXXIX.

1423. Janvier. Paris.

Henri VI crée un nouvel office de chauffecire en la chancellerie de France, en faveur de Jean Burgault[1].

(JJ. 172, n° 194.)

Henry, par la grace de Dieu roy de France et d'Angleterre, savoir faisons à tous presens et avenir que comme entre les droiz et prerogatives appartenant à la magesté royal de la noble couronne de France, à laquelle par la grace Nostre Seigneur sommes venus par le decès et trespassement de feu nostre tres chier seigneur et ayeul le roy Charles derrenierement trespassé, que Dieux absoille, nous appartiengne de plain droict et auctorité royal, mettre, creer et ordonner un nouvel chauffecire en nostre chancellerie de France, oultre et par dessus le nombre que nous y avons trouvé, nous ce consideré, et pour la bonne relacion que faicte nous a esté des sens, souffisance, loyaulté et bonne diligence de nostre bien amé Jehan Burgault[2], icellui par l'advis et deliberacion de nostre très-chier et tres-amé oncle Jehan, regent nostre royaume de France, duc de Bedfort, avons de nostre grace especial, plaine puissance et auctorité royal aujourd'uy creé, ordonné et establly, creons, ordonnons et establissons par ces presentes nostre chauffecire en nostre dicte chancellerie oultre et par dessus ledit nombre, pour icellui office de chauffecire avoir, tenir et exercer d'ores en avant par lui et ses successeurs ainsi et par la maniere que ont acoustumé ou temps passé les chauffecires de nostre dicte chancellerie aux gaiges, bourses, honneurs, preroga-

---

1. « L'original de ceste chartre, par sentence de laquele ne fu et n'a esté « appellé ne reclamé, cy apres registrée, a esté cassé et declairé de nul effect « à l'instance des chauffecires du roy nostre sire. » Cette note, écrite en marge du registre de la chancellerie, est justifiée par les lettres de Henri VI relatant les démarches auxquelles se livrèrent les quatre chauffecires en exercice, et la renonciation de Jean Burgault qui n'eut lieu que le 25 octobre 1425 (voyez ces lettres plus loin, sous le n° XCI).

2. On doit certainement distinguer ce Jean Burgault d'un personnage homonyme que les comptes de confiscations nous montrent « persecuté es prisons « du Chastelet de Paris » dès le début de la domination anglaise (compte de 1420 à 1421, apud Sauval, p. 293), et qui, dans le dernier de ces documents (1427-1434), est indiqué « comme absent », c'est-à-dire émigré (Sauval, p. 571).

tives, libertez, franchises et autres droiz, prouffiz et emolumens à ce appartenans d'ancienneté.

Si donnons en mandement par ces presentes à nostre amé et feal chancellier, que, receu dudit Jehan Burgault le serement en tel cas acoustumé, il le mette et institue... en possession et saisine dudit office.....

Mandons aussi à nos amez et feaulx conseilliers les tresoriers et generaulx gouverneurs de toutes les finances de nostre dit royaume de France que, par le changeur de nostre tresor à Paris... lui facent lesdiz gaiges paier d'ores en avant, aux termes et en la maniere acoustumée.....

Donné à Paris, ou mois de janvier, l'an de grace mil CCCC XXII, et de nostre regne le premier.

Ainsi signé : Par le roy à la relation de monseigneur le regent du royaume de France, duc de Bedfort,

GENTE.

XL.

1423. Janvier. Paris.

Henri VI confirme les priviléges des bouchers de la grande boucherie de Paris[1].

(JJ. 172, n° 198.)

Henry, par la grace de Dieu roy de France et d'Angleterre, savoir faisons à tous presens et avenir nous avoir receu l'umble supplicacion de noz biens amez les maistres jurés et communaulté des bouchiers de la grant boucherie de Paris, contenant comme ilz aient pluseurs privilleges à eulx donnez et confermez par noz predecesseurs roys de France, lesquelz ilz nous ont supplié et requis estre par nous confermez, nous adecertes, considerans les bons et aggreables services faiz par lesdiz supplians à noz diz predecesseurs roys de France, et esperons que nous facent ou temps avenir, et par la deliberacion de nostre tres chier et tres amé oncle Jehan, regent nostre royaume de France, duc de Bedford, et de nostre grant conseil estant à Paris, tous leurs diz privilleges à eux donnez et confermez par noz diz predecesseurs roys de France et chascun d'eulx dont ilz ont usé deuement, voulons estre tenuz

---

1. Cette pièce a déjà été publiée dans le recueil des *Ordonnances des rois de France*, t. XIII, p. 16.

et gardez fermement sans enfreindre, et yceulx loons, greons, ratiffions, approuvons, ...

Si donnons en mandement par ces mesmes presentes à noz amez et feaulx conseilliers les gens tenant nostre present parlement et qui tendront noz parlemens avenir, les gens de noz comptes et tresoriers à Paris, au prevost de Paris......

Donné à Paris, ou mois de janvier, l'an de grace mil cccc vint et deux et de nostre regne le premier.

Ainsi signé : Par le roy, à la relation du conseil tenu par nostre seigneur le regent de France, duc de Bedfort.

GENTE.

XLI.

1423. Janvier. Pontoise.

Henri VI donne à Jean de Puligny, seigneur de la Motte-Tilly, 600 livres tournois de rente annuelle à asseoir sur les biens de feu maître Pierre de l'Esclat et Jacques l'Empereur.

(JJ. 172, n° 201.)

Henry, par la grace de Dieu roy de France et d'Angleterre, savoir faisons à tous presens et avenir que nous, aians consideracion aux grans et notables services que nostre amé et feal conseiller Jehan de Pulligny[1], seigneur de la Mote-de-Tilly[2], a faiz à feux noz tres chiers seigneurs et ayeul et pere les roys de France et d'Angleterre, cui Dieux pardoint, tant ou fait de la guerre comme autrement en mainctes manieres, qu'il nous fait chascun jour et esperons que face ou temps avenir, les peines, pertes, dommaiges et les perilz de sa personne qu'il a pour ce passez, souffers

---

1. Jean de Puligny, dit Chapelain, chevalier, figure à plusieurs reprises dans le compte de confiscations pour les années 1423 à 1427, qui complètent la pièce que nous publions ici en nous faisant connaître une partie au moins des biens sur lesquels fut assise la rente concédée par le roi d'Angleterre ; c'étaient les héritages que Pierre de l'Esclat avait à Choisy[-le-Roi] et une maison sise à Bussy-Saint-Martin, près Lagny (Sauval, p. 327; voyez aussi p. 305 et 584). — Puligny était conseiller et chambellan du duc de Bourgogne (*Mém. pour servir à l'hist. de France et de Bourgogne*, t. II, p. 186).

2. La Motte-Tilly (Aube, arr. et cant. de Nogent-sur-Seine). Cette seigneurie, appartenant jadis à Pierre des Essarts et à Marie de Reuilly, sa femme, et confisquée sur eux, avait été donnée le 27 décembre 1420 par le roi Charles VI à Jean de Puligny, écuyer, alors garde des coffres et joyaux de ce prince (JJ. 172, n° 53).

et soustenuz, et autres causes et consideracions ad ce nous mouvans, audit de Pulligny pour lui et ses hoirs venant et descendans de son corps en loyal mariage, par l'advis de nostre tres-chier et tres amé oncle Jehan, regent nostre royaume, duc de Bedfort, avons donné, cédé, transporté et delaissé, et par la teneur de ces presentes de grace especial et plaine puissance royal donnons, cedons, transportons et delaissons six cens livres tournoiz de rente annuelle et perpetuelle à la prendre, avoir, recevoir et percevoir chascun an d'ores en avant par egal porcion aus quatre termes en l'an à Paris acoustumez, en et sur toutes les terres, justices, seigneuries, manoirs, maisons, cens, rentes, revenues, heritaiges, possessions et biens immeubles quelxconques que feux maistre Pierre de l'Esclat[1] et Jacques l'Empereur[2] souloient avoir, tenir et possider, tant en la ville, viconté et prevosté de Paris comme ailleurs en nostre royaume, quelque part qu'ilz soient scituéz ou assiz, eu regard à la valeur que ilz valoient quinze ans a, sur les mieulx apparans et sur chascune partie et porcion d'iceulx à nous avenuz et escheuz et qui par confiscacion nous competent et appartiengnent de present, pour d'icelles vi^c livres t. joir et user d'ores en avant par ledit Jehan de Pulligny.....

Si donnons en mandement par ces mesmes presentes à noz amez et feaulx les gens de noz comptes, tresoriers de France et generaulx gouverneurs de toutes finances, aux comissaires ordonnez sur le fait des confiscacions et forfaictures..... au prevost de Paris.....

Donné à Pontoise, ou mois de janvier, l'an de grace mil iiii^c xxii et le premier de notre regne.

Ainsi signé : Par le roy, à la relation de monseigneur le regent le royaume de France, duc de Bedffort.

R. Veret.

---

1. Voyez, sur Pierre de l'Esclat, plus haut, p. 62, note 1.
2. Il a déjà été question plus haut, p. 31, de Jacques l'Empereur, et nous avons rappelé à cette occasion que, garde des joyaux du roi, il avait été remplacé dans cet office après la révolution de 1418 par le même Jean de Puligny qui, ici, est gratifié des biens de son prédécesseur. Néanmoins les propriétés confisquées sur Jacques l'Empereur ne consistaient pas seulement dans les héritages situés à Bussy-Saint-Martin, que le roi d'Angleterre donna à Jean de Puligny ; il possédait aussi à Torcy, tout auprès de Bussy-Saint-Martin, d'autres biens qui furent donnés à Jean le Clerc, jadis chancelier de France (Sauval, p. 327).

XLII.

1423. Février. Devant Meulant.

Henri VI donne à Guillaume de Châtillon, capitaine de Reims, une maison située à Paris rue Sainte-Croix-de-la-Bretonnerie au coin de la rue Pernelle-Saint-Pol et confisquée sur Guillaume Cousinot.

(JJ. 172, n° 361.)

Henry, par la grace de Dieu roy de France et d'Angleterre, savoir faisons à tous presens et avenir que nous, considerans les grans, notables et aggreables services que a faiz par long temps ou temps passé à feu noz tres chiers seigneurs ayeul et pere les roys de France et d'Angleterre derrenierement trespassez, ausquelz Dieu pardoint, fait par chacun jour à nous et esperons que nous face ou temps advenir à la garde, seurté et bon entretenement en nostre obeissance de noz villes et chastel de Reims et Chasteau-Thierry et des pays alentour nostre amé et feal Guillaume, seigneur de Chastillon [1], et pour plusieurs autres causes et consideracions à ce nous mouvans, à icellui de Chastillon, par l'advis de nostre dit oncle donnons, cedons, transportons et delaissons [2] l'ostel assis à Paris en la rue de Saincte-Croix en la Bretonnerie, faisant le coing de la rue Perrenelle de Saint-Pol [3], avecques ses appartenances et appendances, ainsi come il se comporte, lequel fut et appartint à maistre Guillaume Cousinot [4] et de present nous appartient par confiscacion, pour d'icellui hostel, appartenances

---

1. Guillaume de Châtillon, seigneur de Châtillon et de la Ferté-en-Ponthieu, fut pourvu du gouvernement de la ville de Reims et du pays voisin ainsi que de l'office de grand-queux de France en 1418. Il rentra dans l'obéissance du souverain légitime de la France après le traité conclu à Arras en 1435, auquel il contribua de tout son pouvoir. (Anselme, *Hist. gén. de la maison de France*, t. VIII, p. 839).

2. La donation faite ici est rappelée dans les extraits du compte de confiscations de 1427 à 1434, publiés par Sauval (p. 572).

3. Cette rue est appelée aujourd'hui rue de l'Homme-Armé ; voir à ce sujet la note que nous venons de publier dans le *Bulletin de la Société de l'Histoire de Paris*, t. IV.

4. Guillaume Cousinot, conseiller au Parlement et chancelier du duc d'Orléans, mourut après 1442 dans un âge avancé. Il est l'auteur d'une chronique intitulée *les Gestes des François*, et doit être distingué de son neveu et homonyme qui a écrit la *Chronique de la Pucelle*. M. Vallet de Viriville a consacré à chacun de ces personnages une double notice biographique publiée l'une dans la Biographie Didot (t. XII, p. 263-264), l'autre en tête de l'édition de la *Chronique de la Pucelle ou Chronique de Cousinot* qu'il publia en 1859 (un volume in-12).

et appendances quelzconques joir et user par ledit de Chastillon et ses hoirs masles legitimes, venans de lui en directe ligne et procreez en loyal mariage, plainement, paisiblement, perpetuelment, hereditablement et à tousjours, en faisant et paiant par ledit de Chastillon les droiz devoirs et services pour ce deuz et acoustumez, pourveu toutesvoies.....

Si donnons en mandement par ces presentes à noz amez et feaulx gens de noz comptes à Paris..... au prevost de Paris.....

Donné au siege devant Meullent, ou mois de fevrier, l'an de grace mil CCCC et XXII et de nostre regne le premier.

Ainsi signé : Par le roy, à la relacion de monseigneur le regent de France, duc de Bedford,

J. MILET.

XLIII.

1423. Mars. Paris.

Rémission accordée par le roi d'Angleterre à Jeannette Bonfils, bannie du royaume de France pour avoir entretenu une correspondance avec Jean Rontier, maître des monnaies du Puy-en-Velay, lequel reconnaissait par conséquent l'autorité du roi légitime ; cette correspondance n'était, paraît-il, qu'une correspondance amoureuse.

(JJ. 172, n° 236.)

Henry, par la grace de Dieu roy de France et d'Angleterre, savoir faisons à tous presens et advenir nous avoir receu l'umble supplicacion des parens et amis charnelz de Jehannete la Bonne-Fille, povre jeune femme ensainte d'enfant, n'a gaires prisonniere en nostre Chastellet de Paris, contenant que comme puis trois mois en ça ou environ une nommée Katherine la Fevresse, prisonniere en nostre dit Chastellet, la manda en sa maison qu'elle vousist parler à elle, auquel mandement icelle Jehannete ala, laquelle arrivée oudit hostel trouva un nommé Jehan de Lyons qui lui dist que un appelé Jehan Rontier se recommandoit à elle et qu'il estoit au Puy en Auvergne[1] maistre des monnoyes d'icelle ville, avecques et en la compaignie de un appellé Arnoullet Ba-

---

1. Cette ville n'est pas différente du Puy-en-Velay. Aux yeux des gens du moyen-âge et même encore à ceux de certains de nos contemporains, le Velay et le Gévaudan font partie de l'Auvergne : il en était déjà ainsi au temps de César : « Parem numerum Arvernis, adjunctis Eleutheris Cadurcis, « Gabalis, Velaunis, qui sub imperio Arvernorum esse consueverunt » (*Comm. de bello gallico*, l. VII, c. 75).

taille et autres qui avoient prins icelle monnoye, en lui disant que ledit Rontier lui avoit dit qu'il vouldroit qu'elle feust audit lieu, et que s'elle y estoit il la feroit dame et maistresse du sien, et que jamais il n'auroit autre femme qu'elle, en lui baillant unes lettres closes à elle envoiés par ledit Rontier, qu'elle mist en son saing, sans ouvrir ne savoir qu'il avoit dedans escript, si non par ce qu'ele les a depuis oyes lire par nos gens et officiers de nostre dit Chastellet, qui faisoient mencion des choses dessus dictes ; et [à] tant se parti ledit de Lyons dudit hostel et ala où bon lui sembla. Et la relevée dudit jour, environ heure de deux ou trois heures après midi, ladicte Jehennete retourna en l'ostel de ladicte Katherine pour aller veoir noz lyons[1] en la compaignie d'icelle Katherine. Et tantost après ledit de Lyons arriva oudit hostel, ouquel ilz beurent sans parler d'autre chose que dessus est dit, et adonc ledit de Lyons mist la main à son saing et d'icellui tira unes lettres closes que lors il bailla en garde et commande à ladicte Katherine, en lui priant qu'elle les lui gardast et qu'il avoit paour de les perdre, et qu'elles se adreçoient au maistre des bouchiers de nostre dicte ville de Paris, laquelle Katherine, en obtemperant à ladicte requeste, les prinst et icelles mist en un dressouer, et partant se departi ledit de Lyons, et ala ou bon lui sembla. Et lors ladicte Jehannete et Katherine alerent d'un commun accord ensemble, et se misdrent en chemin pour aller veoir lesdis lions. Elles alans au quel lieu, icelle Jehennete fut prinse et menée prisonniere es prisons de nostre dit Chastellet où elle a esté à grant povreté et misere l'espace de cinq sepmaines et plus, laquelle interroguée sur le cas de son emprisonnement et principalment s'elle avoit receues aucunes lettres de par Jehan Rontier, la quelle en alant au juge et ainsi que les sergens la menoient et estoit devers le vespre et tart, dessira le plus coyement qu'elle peut icelles lettres, et getta les pieces en son chemin ou devant le buffet où le clerc juré dudit Chastellet escript devant le prevost de Paris en la question ; et, après ce que elle ot juré dire verité sur ce, dist que non, et partant fut renvoyée en sa prison. Et le landemain, pour ce que les pieces desdictes lettres furent trouvées ou dit chemin ou devant le dit buffet et portées à nostre dit prevost de Paris ou son lieuxtenant, fut remandée par devant lui et, de rechief, interroguée par serement pareillement s'elle avoit receues

---

1. Les lions du roi étaient logés à l'hôtel Saint-Paul.

aucunes lettres d'icellui Rontier, dist que oyl. Et lors nostre dit prevost lui demanda où elles estoient ; laquelle respondi qu'elle les avoit dessirées en pieces à la premiere fois qu'elle fut amenée en jugement devant le buffect du parquet du juge. Et ce fait, lui demanda s'elle les congnoistroit, dist que non ; et s'elle les vouloit oïr lire, laquelle dist oïl pour savoir qu'il y avoit, car elle ne les avoit onques oyes ne fait lire. Et par ce lui furent lustes contenant en effect ce que dessus est dit, et que depuis deux ans en ça ou environ un nommé Girard de Bouqev[r]ard lui avoit apporté unes lettres à elle envoyées par ledit Rontier, contenant comme elle se gardast bien et qu'il se recommandoit à elle, et que elle ne feist point chose par quoy on se deust moquer d'elle, en lui disant de bouche par icellui de Boucquevrard que qui en vouldroit oïr nouvelles que on le trouveroit au Puy en Auvergne, et, avecques ce, que icelle Jehannete s'estoit recommandée audit Rontier par un nommé Jehan le Maire, son compere, qu'il disoit aler oudit pays, et lui envoya un petit tixu de deux ou trois couleurs ferré de ferrures de Saint-Marcel, en lui priant qu'il sceust dudit Rontier se il vouldroit espouser icelle Jehannete, et que s'il la vouloit espouser, qu'elle iroit vers lui, mais qu'il pleust à la justice de ceste nostre dicte ville de Paris. Pour occasion desquelz cas ladicte Jehannette a esté bannye de nostre royaume de France, qui lui est moult dure chose à supporter, attendu qu'elle est ensainte d'enfant, et le jeune aage d'elle, et qu'elle ne sauroit où aler demourer ne gangner sa vie ailleurs que en icelle nostre dicte ville de Paris, et aussi que onques elle ne fut coulpable ne consentent d'aucun mal, desplaisir ne trahyson estre faicte en nostre dicte ville de Paris ne ailleurs, et que les recommandacions à elle faictes par ledit Rontier estre pour ce qu'elle a esté et demouré ou temps passé avec et en la compaignie d'icellui Rontier. Par quoy elle seroit en advanture de perdre le fruit qui est entour elle, et par ce moyen finer miserablement ses jours se nostre grace et misericorde ne lui estoit sur ce impartie.....

Si donnons en mandement par ces presentes au prevost de Paris.....

Donné à Paris, ou mois de mars, l'an de grace mil IIII^c XXII et de nostre regne le premier.

Ainsi signé : Par le Roy, à la relation du conseil tenu par l'ordonnance de monseigneur le regent de France, duc de Bedford[1].

---

1. Le scribe de la chancellerie a omis de transcrire le nom du secrétaire.

XLIV.

1423. Mars. Devant Meulant.

Henri VI donne à Hugues de Saubertier, écuyer, un revenu annuel et viager de 1500 livres tournois, à prendre sur les biens confisqués d'Alexandre le Boursier [1].

(JJ. 172, n° 266.)

Henry, par la grace de Dieu roy de France et d'Angleterre, savoir faisons à tous presens et avenir que, pour les bons et aggreables services que a faiz par longtemps à feu nostre tres chier seigneur le roy de France, derrenierement trespassé, cui Dieu pardoint, fait à nous et à nostre tres chier et tres amé oncle, Jehan, regent nostre royaume de France et duc de Bedford, et esperons que face ou temps avenir, nostre bien amé Hugues de Saubertier, escuier, à icellui par l'advis de nostre dit oncle avons donné, cedé, transporté et delaissié, et par ces presentes, donnons, cedons, transportons et delaissons de nostre grace especial, plaine puissance et auctorité royal, la somme de quinze cens livres tournois de revenue par an à icelle prendre et avoir sur toutes les terres, seigneuries, rentes, revenues, heritages, et possessions quelxconques situez en nostre royaume de France, qui furent et appartindrent à Alixandre le Boursier, à nous appartenans par droit de confiscacion, à nous venuz et escheuz par le moien de la rebellion et desobeissance commise par ledit Alixandre envers nostredit feu ayeul et envers nous pour joir par ledit de Saubertier de ladite revenue de quinze cens livres tournois par an, et sur les terres, seigneuries, rentes, revenues, heritages et possessions dessus specifiées, sa vie durant seulement, et eu regard au temps qu'elles valoient maintenant xv ans a, en faisant et payant par lui les charges, droiz, devoirs et services pour ce deubz et accoustumez......

Si donnons en mandement à noz amez et feaulx gens de noz comptes et tresoriers à Paris, aux commissaires ordonnez sur le faict des forfaictures et confiscacions ....., au prevost de Paris.....

Donné au siege devant Meulent, ou mois de mars, l'an de grace mil IIII^c XXII, et de nostre regne le premier.

Ainsi signé : Par le roy, à la relacion de monseigneur le regent de France, duc de Bedford,

J. MILET.

---

[1]. Sur Alexandre le Boursier et ses biens, voyez plus haut la note 5 de la p. 62.

XLV.

1423. Du 20 au 30 avril. Paris.

Henri VI donne à la reine Isabeau de Bavière, son aïeule, les biens que Hémon Raguier, rebelle, possédait en France, et ce en paiement de ce que ledit Raguier, jadis trésorier et receveur général des finances de cette princesse, lui est redevable.

(JJ. 172, n° 264.)

Henry, par la grace de Dieu roy de France et d'Angleterre, savoir faisons à tous presens et advenir nous avoir esté exposé de la partie de tres haulte et tres excellente princesse nostre tres chiere et tres amee ayeule, Ysabel, par la grace de Dieu royne de France, que un appellé Hemon Raguier[1], lequel est rebelle et desobeïssant à nous, par quoy tous ses biens, possessions et heritages sont à nous confisquez et acquis, a esté par long temps tresorier et receveur general de toutes ses finances et tant que, par la fin de certains comptes par lui renduz en la chambre de noz comptes à Paris, il doit et est tenuz à nostre dicte aieule en la somme de cinq mil III^c IIII^{xx} xv livres, x sols, II deniers ob. tournois, et si a encores à compter des deniers de nostre dicte ayeule de la somme de sept vins quatre mil cinq cens livres tournois, et oultre a encores à compter ledit Hemon du fait dudit office de tresorier et receveur general depuis le derrenier jour de janvier l'an mil IIII^c et xvi jusques au derrenier jour d'octobre l'an mil IIII^c xvii, dont ledit Hemon puet estre tenuz envers nostre dicte ayeule en grant somme de deniers, lesquelz elle ne puet recouvrer sur icellui Hemon Raguier si comme elle dit, en requerant, pour paiement et recompensacion de ce, que tous les heritages, seigneuries, maisons, cens, rentes, revenues et possessions que ledit Hemon Raguier tenoit et possedoit en nostre royaume de France lui feussent octroyez et delaissicz[2]. Pour ce est-il que nous, voulans

---

1. La famille Raguier, qui jouit d'une grande notoriété au xve et au xvie siècle, était, paraît-il, originaire d'Allemagne, d'où elle vint en France en 1383 avec Isabeau de Bavière, femme de Charles VI (La Chenaye-Desbois, *Dictionnaire de la noblesse*, t. XI, p. 671).

2. Les extraits de comptes de confiscations que donne Sauval nous font connaître quelques-unes de ces propriétés : ce sont d'abord une maison de la rue des Blancs-Manteaux, tenant à l'église du même nom ; trois maisons de la rue de Paradis, situées non loin de là ; une maison de la rue Vieille-du-Temple aboutissant par derrière aux Poulies, et, enfin, des héritages sis à Arcueil (Sauval, p. 302, 320, 328, 573).

complaire à nostre dicte ayeule, et icelle estre contentée, et satisfaicte de sondit deu, considerans les choses dessus dictes, à icelle nostre ayeule par l'advis de nostre tres chier et tres amé oncle Jehan, regent nostre royaume de France, duc de Bedford, avons ..... donné, cédé, transporté.....

Si donnons en mandement par ces mesmes presentes à noz amez et feaulx gens de noz comptes, et aux tresoriers et gouverneurs generaulx de toutes noz finances de France, aux commissaires ordonnez et à ordonner sur le faict des forfaictures à nous venues et escheues...., au prevost de Paris.....

Donné à Amiens, ou mois d'avril, l'an de grace mil IIII^c XXIII apres Pasques et de nostre regne le premier.

Ainsi signé : Par le roy, à la relacion de monseigneur le regent le royaume de France, duc de Bedford,

J. MILET.

XLVI.

1423. Du 20 au 30 avril. Amiens.

Henri VI donne à Roland de Dunkerque, grand-pannetier de France, une maison sise à Paris, rue Saint-Martin près l'ancienne porte de la ville; cette maison avait été confisquée sur feu Guillaume le Bouteiller, chevalier.

(JJ. 172, n° 347.)

Henry, par la grace de Dieu roy de France et d'Angleterre, savoir faisons à tous presens et avenir que nous considerans les grans, notables et aggreables services que a faiz par long temps à feuz noz tres chiers seigneurs ayeul et pere les roys de France et d'Angleterre derrenierement trespassez, ausquelz Dieu pardoint, fait chacun jour à nous en plusieurs et diverses manieres et esperons que nous face ou temps advenir nostre amé et feal chevalier Roland Dunkerke[1], nostre grant pannetier de France, à icellui par l'advis et deliberacion de nostre tres chier et tres amé oncle Jehan, regent nostre royaume de France, avons donné ... un hostel avecques ses appartenances et appendances, assis en nostre

---

1. Roland de Dunkerque, dont le nom indique l'origine flamande, faisait partie de la maison du duc de Bourgogne, auprès duquel on le trouve de 1416 à 1419, remplissant les fonctions de conseiller et de chambellan (*Mém. pour servir à l'hist. de France et de Bourgogne*, t. II, p. 124, 179, 208). Il ne figure pas, chez le Père Anselme, au nombre des grands pannetiers de France.

bonne ville de Paris en la grant rue Saint-Martin lez la porte des Vielz-Murs[1], qui fut et appartint à Guillaume le Bouteillier en son vivant chevalier, à nous venu et escheu par confiscacion[2], par le moien de la rebellion et desobeïssance commise par ledit feu chevalier envers nostre dit feu seigneur et ayeul et envers nous, pour dudit hostel, appartenances et appendances d'icellui, joir et user par ledit Dunkerke et ses hoirs masles legitimes venans de lui en droicte ligne et procreez en loyal mariage plainement perpetuelment, hereditablement et à tousjours, et tout par la forme et maniere que les tenoit ou possidoit ledit le Bouteillier durant sa vie, pourveu toutesvoies que ledit Dunkerke et ses hoirs masles, comme dit est, maintendront icellui hostel de tous edifices en bon et competant estat, et qu'ils feront payer et payeront les charges.....

Si donnons en mandement par ces presentes à noz amez et feaulx gens de noz comptes à Paris, aux tresoriers et gouverneurs generaulx de toutes noz finances de France, aux commissaires ordonnez sur le fait des forfaictures ......, au prevost de Paris.....

Donné à Amiëns, ou mois d'avril, l'an de grace mil CCCC XXIII et de nostre regne le premier.

Ainsi signé : Par le roy, à la relacion de monseigneur le regent le royaume de France, duc de Bedford,

J. MILET.

---

1. Déjà, dans le compte allant du 24 juin 1420 au 24 juin 1421, on trouve cette maison, située dans la rue Saint-Martin et aboutissant par derrière à la rue Bourg-l'Abbé, indiquée sous le nom de « hostel Gaucher »; confisquée sur Guillaume le Bouteiller, ainsi qu'il est dit ici, on rapporte qu'elle était alors occupée par « messire Robert de Dunkerque », qui prétendait la tenir par don du roi (Sauval, p. 291). Il nous paraît probable que Sauval, ou peut-être son éditeur, a fait en cette occasion une faute de copie et que ce Robert de Dunkerque ne doit pas être distingué du Roland de notre pièce : l'acte daté d'avril 1423 n'aura fait que régulariser une situation contestée. Quoi qu'il en soit, le compte de confiscations pour les années 1423 à 1427 nous fait connaître que Roland de Dunkerque, — qualifié alors de « conseiller et chambellan de M[r] le duc de Bourgogne », tandis qu'on tait son titre de grand-pannetier de France, — occupait aussi une autre grande propriété, située comme l'hôtel de G. le Bouteiller dans la rue de Saint-Martin et tenant également aux anciens murs de la ville ; celle-ci avait été confisquée sur le comte de Dammartin (Sauval, p. 307).

2. Les dépouilles de Guillaume le Bouteiller furent partagées entre plusieurs des partisans du roi anglais ; Jean Bezille, par exemple, eut ses biens de Guyancourt, Galie et Villeroy (voyez, plus bas, pièce XLIX), et Garnier de Saint-Yon reçut les héritages situés à Louvres (Sauval, p. 585).

XLVII.

1423. 29 avril. Le Grand-Andely.

Henri VI donne à Guy le Bouteiller, seigneur de la Roche-Guyon, l'hôtel de Besançon confisqué sur Martin Gouge, évêque de Clermont, et ce en paiement de 240 livres qui étaient dues audit Guy pour la garnison qu'il avait tenue pendant trois mois et demi à Paris, en l'année 1422.

(JJ. 172, n° 443.)

Henry, par la grace de Dieu roy de France et d'Angleterre, savoir faisons à tous presens et avenir que nous considerans les bons, grans, notables et prouffitables services que nostre amé et feal conseiller, Guy le Bouteiller, chevalier, seigneur de la Roche-Guion[1], a faiz le temps passé à feu noz tres chiers seigneurs ayeul et pere les roys de France et d'Angleterre derrenierement trespassez, que Dieu pardoint, à nous et à nostre tres chier et tres amé oncle Jehan, regent nostre royaume de France, duc de Bedford, tant ou fait de noz guerres et en la garde de nostre bonne ville de Paris come autrement en maintes manieres, fait chacun jour et esperons que face ou temps advenir, et pour et en recompensacion et remuneracion de la some de deux cens quarente[2] livres tournois qui deues lui sont de reste pour les gaiges et souldes de lui et des gens d'armes qui, par l'ordonnance et commandement de nostre dit seigneur et pere, il tint l'an mil IIII^c XXII à la garde de nostre bonne ville de Paris par l'espace de trois mois et demi ou environ, et aussi en l'ostel qui pieça fut à l'arcevesque de Besançon[3] et depuis à Martin Gouge, evesque de Cleremont[4], situé à Paris en la rue d'Aron-

---

1. Guy le Bouteiller, capitaine de Rouen, suivit le parti anglais dès 1418. Il concourut activement à la prise du château de la Roche-Guyon, dont le roi Henri V lui donna alors la seigneurie en lui permettant d'épouser la dame du lieu ; mais celle-ci préféra l'exil. (Religieux de Saint-Denis, t. VI, p. 313).

2. Le ms. porte ici *deux cens quatre*, mais le bon chiffre est certainement 240 qu'on trouve plus loin.

3. Gérard d'Athies, archevêque de Besançon, acheta cette maison, le 27 septembre 1397, de Louis de Sancerre, connétable de France (Godefroy, *Les œuvres de Me Alain Chartier*, p. 812). Il mourut le 22 novembre 1404.

4. Martin Gouge de Charpaigne, originaire de Bourges, appartenait originairement à la maison du duc de Berry, oncle de Charles VI, dont il devint le chancelier. Nommé évêque de Chartres en 1408, il quitta ce siége épiscopal en 1415 pour celui de Clermont qu'il occupa jusqu'à sa mort, survenue le 8 octobre 1444. Il remplit l'office de chancelier de France pour le Dauphin

delle[1], tenant d'une part à l'ostel où pend l'enseigne du Mouton, et d'autre part au long de la rue des Noyers[2], et aboutissant par derriere sur la riviere de Saine en la rue des Augustins[3], par où l'en va du Pont Neuf[4] à l'ostel de Neelle[5], ouquel hostel ledit chevalier fut logié durant le temps qu'il eut la garde de nostre dicte ville, et y fist faire plusieurs et grans reparacions, et pour certaines autres causes et consideracions qui à ce nous ont meu et meuvent, audit nostre conseiller et à ses hoirs masles legitimes descendans de lui en droicte ligne, avons par l'advis de nostre dit oncle, donné, octroyé, cedé, transporté, et delaissié, donnons, octroyons, cedons, transportons et delaissons du tout, de nostre grace especial et plaine puissance, par ces presentes, ledit hostel avec ses louages, appartenances et appendances quelzconques, ainsi que tout se comporte et extant en quelque valeur ou extimacion qu'il ait esté ou temps passé, soit de present ou puist estre ou temps avenir, à nous advenu, escheu et appartenant come forfait, confisqué et acquis par ce que ledit Martin Gouge, en soy rendant envers nous rebelle et desobeïssant, s'est retrait avecques noz ennemiz et adversaires et a tenu et tient leur parti, et icelle maison, louages, appartenances et appendances avoir, tenir et posseder d'ores en avant par ledit nostre conseiller et ses hoirs masles legitimes, descendans de lui en droicte ligne, et en joir, user et exploictier plainement et paisiblement, hereditablement et à tousjours

---

du 3 février 1422 au 6 avril 1425, puis du 6 août 1425 au 8 novembre 1426 (Anselme, *Hist. généal.*, t. VI, p. 396-397). On avait aussi confisqué sur Gouge deux maisons avec jardins, situées dans la rue de la Harpe, entre les Cordeliers et le collége de Justice (Sauval, p. 315 et 578), c'est-à-dire dans la partie supérieure de cette voie.

1. On écrit aujourd'hui rue de l'Hirondelle.
2. C'est la rue Gilles Cœur (improprement nommée aujourd'hui Gît-le-Cœur), comme le prouvent la topographie et les pièces relatives à l'hôtel de Besançon ; nous ne pensons pas que ce nom ait encore été signalé.
3. La portion de la rue, aujourd'hui quai des Augustins, comprise entre la place du pont Saint-Michel et la rue Gilles Cœur a été désignée, durant le dernier siècle, sous le nom de « rue de Hurepoix », parce qu'il y avait là, dit-on, un hôtel où venaient loger des habitants ou marchands du Hurepoix (Jaillot, *Quartier de Saint-André-des-Arts*, p. 94).
4. Au commencement du xve siècle, ce nom désignait le pont Saint-Michel qui date, on le sait, des premières années du règne de Charles VI (Jaillot, *Quartier de S.-André*, p. 177).
5. Il est presque inutile de rappeler que le fameux hôtel de Nesle doit être cherché sur l'emplacement du palais de l'Institut.

come de leur propre chose, et parmi ce nous demourrons quittes à tousjours envers lui et les siens de ladicte somme de deux cens quarente livres à lui deue de reste pour ses diz gaiges desdiz gens d'armes, comme dit est, pourveu toutesvoies ..... que ledit conseiller ne ses diz hoirs ne le pourront transporter en autres mains, qu'ilz seront tenuz de le tenir et soustenir en aussi bon estat et souffisant qu'il est à present, et de faire paier les droiz, charges et devoirs pour ce deuz et acoustumez, et pourveu aussi que s'il advenoit que lesdiz hoirs masles legitimes dudit nostre conseiller defaillissent ou temps avenir, que ledit hostel, louages et appartenances retournent... à nostre dit demaine.

Si donnons en mandement à noz amez et feaulx conseillers les gens de noz comptes, tresoriers et generaulx gouverneurs de noz finances à Paris, aux commissaires ordonnez et à ordonner sur le fait des confiscacions ..... au prevost et au receveur de Paris.....

Donné à Endely sur Seine, le xxixe jour du mois d'avril, l'an de grace mil cccc xxiii et le premier de nostre regne.

Ainsi signé : Par le roy, à la relacion de monseigneur le regent le royaume de France, duc de Bedford.

R. VERET.

XLVIII.

1423. Mai. Paris.

Rémission accordée à Jacquette du Bois, veuve de Jean Sireau, dit de Montgermon, qui venait d'être exécuté comme faux monnayeur. Jacquette, qui, paraît-il, s'était bornée à mettre en circulation par quatre ou cinq fois de faux blancs de 10 deniers fabriqués par son mari, avait subi des mauvais traitements de la part de celui-ci qui voulait la contraindre à tenir son moule à monnayer.

(JJ. 172, n° 224.)

Henry, par la grace de Dieu roy de France et d'Angleterre, savoir faisons à tous presens et avenir nous avoir receue l'umble supplicacion de Jaquete, fille de feu Jehan du Bois et de Perrette sa femme, icelle suppliante aagée de xxiiii ans ou environ, contenant que comme le jour de la feste Saint-Remy derrenierement passé icelle suppliante eust esté conjoincte par mariage avec feu Jehan Sireau, dit de Montgermon, et que tout son temps ait esté femme de bonne renommée qui s'est tousjours simplement maintenue et gouvernée avant sondit mariage et depuis, et de present soit grosse d'enfant, preste à gesir dedans six sepmaines ou environ. Et il soit ainsi que le mercredi des feries de Pasques derrenierement passées, ledit feu Jehan Sireau, estant en l'ostel où il demouroit lors en la rue Simon le Franc, appella ladicte Jaquette, sa femme, et lui monstra deux pieces de monnoye blanche qui de prime face sembloient estre semblables aus blans de x deniers tourn. piece qui de present ont cours, et lui demanda qu'il lui en sembloit et se ilz estoient beaulx. Laquelle Jaquette repondi que ilz estoient beaulx, et cuidoit de vray que ilz feussent du coing et aloy du roy nostre sire. Et adonc sondit mary lui en monstra un autre qui estoit du coing et aloy du roy nostre dit seigneur comme il disoit, en lui demandant en oultre se lesdiz deux blans qui lui avoit monstrez estoient aussi beaulx comme icellui qui lui monstroit, laquelle lui respondi qu'il lui sembloit que ouil. Et adonc icellui Jehan lui dist qu'il avoit faiz iceulx deux grans blans, et les lui bailla à ladicte heure en lui disant qu'elle alast à la boucherie et les emploiast, laquelle lui dist : « Et se on ne les vouloit prendre, « comme en feray je ? » Et il lui dist qu'elle les rapportast. Et sur ce se parti pour obeïr au commandement de son dit mary, et ala à la boucherie non sachant ou ignorant la bonté de ladicte monnoye, ne quelle faulte il y avoit, car aussi elle n'en savoit riens, mais seulement que sondit mary lui avoit dit qu'il les avoit faiz ; et laquelle Jaquette emploia et mist iceulx deux grans blans et en apporta de la char. Et depuis, sondit mary lui bailla d'icelle monnoie par quatre ou cinq fois, à chascune fois un ou deux pour avoir du pain et du vin, lesquels aucunes fois elle mettoit et aucunes fois non, pour ce que on les refusoit, et les rapportoit à sondit mary, lequel les mettoit apres le reffus, ou faisoit mettre par une jeune fille qui le servoit, et autrement n'en a mis ou employé aucuns. Et oultre lui dist son dit mary une fois qu'elle portast du charbon en un petit teict de terre ou cellier de leur dit hostel, en lui disant qu'elle prenist sa quenoille et s'en alast filler avec sa mere et menast sa jeune fille avec elle, comme si fist elle, non pensant aucunement audit fait, mesmement qu'il se enfermoit ou celier. Et, avecques ce elle lui avoit dit, ii ou iii jours après ce que on lui avoit refusez iceulx doubles blans, que plus elle n'en porteroit ne mettroit, ne oncques ne vit faire ledit ouvrage à son dit mary ne aida à le faire, sinon une fois que son dit feu mary par force lui fist tenir le moulle et la baty tres villainnement avant qu'elle le voulsist, et si n'en pot son dit mary point fere à celle foiz qu'elle tint ledit moolle. Dont pour ce son dit mary se courrouça grandement à elle, et lui gecta ledit moulle par despit à la teste et la blessa bien fort, pour ce qu'elle ne le tenoit pas bien à son gré ne de bon cuer, et si lui donna pluseurs buffes et cops ou visaige et ailleurs, en lui disant que jamais n'en feroit plus nulz, doubtant qu'elle ou contempt de ladicte batteure ne le accusast et denonçast à justice ou ailleurs. Et tantost après, lesdis Jehan et sa femme pour ledit cas furent prins et emprisonnez es prisons du Chastellet de Paris, et est advenu que ledit Jehan pour le cas dessus dit a esté executé par justice et depuis n'a gaires ladicte Jaquette ait esté menée et transportée es prisons du Petit Chastellet, es quelles prisons elle est de present en grant douleur, povreté et misere, et doubte que elle ne soit en voye que le fruit qui est en tour elle ne perisse et elle aussi, se piteablement ne lui est par nous impartie nostre grace, si comme ladicte suppliante dit, en nous humblement requerant que consideré l'estat de sa grossesse et la fragilité de sa personne, qu'elle demeure pour vesve desnuée de tous biens mondains, et que du cas dessus dit ne s'est entremise si non à force et par la contrainte de son dit feu mary, et mesmement que oncques mais ne fut reprinse ne attainte d'aucun villain cas ou reprouche, que pour l'onneur de Dieu et de la saincte solemnité de la feste de Penthecouste lui vueillions impartir nostre dicte grace. Pour quoy, nous ces choses considerées, voulans misericorde preferer à rigueur de justice.....

Si donnons en mandement à nostre prevost de Paris ou à son lieutenant.....

Donné à Paris, ou mois de may, l'an de grace mil IIII^c xxiii, et de notre regne le premier.

XLIX.

1423. 16 juin. Paris.

Henri VI, voulant dédommager Jean Bezille, chevalier, seigneur de Maye et de Buffières, chambellan du feu roi Charles VI, des dommages que la guerre lui a fait subir et notamment de la perte de la seigneurie de Maye, lui concède des héritages confisqués sur Nicolas Porteclef, Jehan Ami la Mache, Jean de Louveciennes, Guillaume le Bouteiller, le seigneur de la Tour en Auvergne, Cordelier de Girêmes, le seigneur de Torigny, Jean de Camely et Pierre Happart. Ces diverses propriétés étaient sises à Saint-Cloud, Villeneuve-l'Etang, Sèvres, Louveciennes, Guyancourt, Galie, Paris (rue Saint-Jacques, rue Barbette et en Grève), Sucy-en-Brie et Compiègne.

(JJ. 172, n° 288.)

Henry, par la grace de Dieu roy de France et d'Angleterre,

savoir faisons à tous presens et avenir comme nous soyons deuement acertenez que Nicolas Porteclef, Jehan Ami Lamache prestre, Jehan de Louveciennes escuier, Guillaume le Bouteillier chevalier, le seigneur de la Tour demourant en Auvergne, Cordelier de Giresme, le seigneur de Thourigné, Jehan de Camely et Pierre Happart se soient renduz et constituez nos ennemis et adversaires en tenant le dampnable parti des rebelles et desobeïssans envers nous, et par ainsi tous leurs biens meubles, immeubles et heritages nous soient forfaiz, acquiz et confisquez en telle maniere qu'il nous est licite d'en disposer et ordonner plainement à nostre voulenté et bon plaisir comme de nostre propre chose ; entre lesquelz biens et heritages aient les dessus nommez :

C'est assavoir ledit Nicolas Porteclef : A Saint-Cloud un hostel ou quel a un petit jardin, estables et pressoir. *Item*, vii arpens de vigne. *Item*, un grant jardin portant fruit appellé le jardin d'Amoy contenant deux arpens. *Item*, une saulsoie appellée la Saulsoie Bourdon. *Item*, environ xxxiiii livres parisis de rente sur pluseurs personnes. *Item*, un autre hostel appellé l'hostel de Villeneufve [1] où il y a court, coulombier et jardin. *Item*, quatre ou cinq arpens de prez. *Item*, environ vint arpens de terres labourables. *Item*, quatre arpens de buissons.

Ledit Jehan Ami Lamache [2], prestre : A Sevre [3], deux maisons es quelles a court, jardin et arbres portans fruit, fermez de murs. *Item*, un autre jardin cloes de hayes et arbres portans fruit, contenant arpent et demi. *Item*, cinq arpens de vignes. *Item*, dix arpens d'aulnois.

Ledit Jehan de Louveciennes, escuier : A Louveciennes [4], une maison, court, jardin et pressoir qui paravant furent à Morelet, chauffecire, contenant deux arpens ou environ. *Item*, une autre maison qui fut au pere dudit Jehan, assise dessoubz le moustier.

---

1. Villeneuve-l'Etang, château situé sur le finage de Marnes (Seine-et-Oise, arr. de Versailles, cant. de Sèvres), à l'extrémité occidentale du parc de Saint-Cloud.

2. Le compte de confiscations de 1423 à 1427 mentionne à plusieurs reprises « messire Amy la Mache, prestre », notamment pour les « heritages qu'il possedoit jadis à Sevres » (Sauval, p. 301 et 326).

3. Sèvres (Seine-et-Oise, arr. de Versailles, chef-lieu de cant.).

4. Louveciennes (Seine-et-Oise, arr. de Versailles, cant. de Marly-le-Roi).

Item, seigneurie en ladicte ville. *Item*, viii arpens de vignes. *Item*, environ xviii arpens de prez. *Item*, deux charues de terres labourables. *Item*, deux molins à vent. *Item*, une petite piece de saulsoie.

Ledit Guillaume le Bouteiller, chevalier[1] : A Guiencourt[2], une maison fermée à eaue, où il y a coulombier et jardin fermez à murs, contenant six arpens ou environ. *Item*, huit vins arpens de terres labourables audit hostel appartenant. *Item*, un autre hostel audit lieu, appellé Galie[3]. *Item*, un molin. *Item*, deux estans à poisson. *Item*, xviii^{xx} arpens de bois en une piece. *Item*, en ladicte parroisse, ou lieu dit Ville-Roy[4], une autre maison, coulombier et jardin, une charue de terres et plusieurs autres possessions appartenant audit hostel.

L'ostel de Langres[5], prés des Jacobins, qui est audit seigneur de la Tour demourant en Auvergne[6].

Ledit Cordelier de Giresme[7] ou ses hoirs : A Sussy en Brie[8], un hostel, court, coulombier, pressoir, jardin, vignes, terres labou-

---

1. Ce personnage n'est certainement pas différent de celui que la pièce XLVI (voyez p. 87) indique comme décédé et dont la mort remontait à l'année 1420, comme il est dit dans la note que Godefroy lui a consacrée (*Histoire de Charles VI*, p. 742).

2. Guyancourt (Seine-et-Oise, arr. et cant. ouest de Versailles).

3. Galie, f. (*idem*, comm. de Saint-Cyr).

4. Villaroy, h., compris dans le finage de Guyancourt.

5. La copie d'après laquelle nous publions cette pièce porte à tort *Bougies*. L'hôtel de Langres devait son nom à l'un de ses derniers possesseurs, Bernard de la Tour, évêque de Langres de 1374 à 1395, sur les héritiers duquel il était déjà confisqué en 1420-1421 (Sauval, p. 294); Bezille n'en jouit pas longtemps, car Henri VI le donna à Charles de Poitiers, le second des successeurs de Bernard de la Tour sur le siége épiscopal de Langres, par lettres du 4 novembre 1424 (voyez plus loin, pièce LXXII; cf. Sauval, p. 314) où l'on voit que cet hôtel était situé dans la rue Saint-Jacques. C'est dans cette antique demeure que s'établit en 1564 le collége de Clermont, qui prit en 1682 le nom de collége de Louis le Grand (Jaillot, *Quartier de Saint-Benoit*, p. 120).

6. Bertrand V, seigneur de la Tour, et neveu de Bernard de la Tour, évêque de Langres, mourut à la fin de l'année 1423 (Baluze, *Histoire généal. de la maison d'Auvergne*, t. I, p. 384).

7. Philippe de Girêmes, dit Cordelier, appartenait à une famille noble qui portait le nom d'un fief du Valois, situé sur le finage de Crépy (Oise). Il avait été écuyer du roi Charles VI (Godefroy, *Histoire de Charles VI*, p. 791).

8. Sucy-en-Brie (Seine-et-Oise, arr. de Corbeil, cant. de Boissy-Saint-Léger).

rables, prez, bois et autres revenues ou terrouer d'environ avec une maison assise à Paris et un autre hostel assez pres de Greve[1].

Ledit seigneur de Thourigné[2] a un hostel assis à Paris en la rue Barbette[3].

Lesdiz Jehan de Camely et Pierre Happart plusieurs heritages, terres, cens, rentes et revenues assises à Compiegne et en plusieurs autres places et territoires.

Pour quoy nous considerans les grans, notables et aggreables services que bien et loyaulment a fais nostre amé et feal chevalier Jehan Bezille[4], seigneur de Maye et de Buffieres, jadis

---

1. Le quartier de Grève, à Paris, dont le centre ecclésiastique était l'église paroissiale de Saint-Jean-en-Grève.

2. Hervé de Mauny, II° du nom, seigneur de Thorigny-sur-Vire, chambellan de Louis, duc d'Orléans, frère du roi Charles VI (La Chenaye-Desbois, *Dictionnaire de la noblesse*, t. IX, p. 630). La seigneurie de Thorigny (Manche), confisquée par le roi d'Angleterre, était dès 1419 dans les mains de Jean Pophain, bailli de Caen (Ch. Vautier, *Extrait du registre des dons, confiscations....*, p. 24), auquel l'hôtel de Thorigny mentionné ici fut également donné en 1428.

3. La rue qui porte actuellement le nom de rue Barbette n'a été percée qu'en 1563 ou 1564, sur l'emplacement de l'hôtel Barbette (Jaillot, *Quartier Saint-Antoine*, p. 47). Antérieurement la dénomination « rue Barbette » ou « rue de la Porte Barbette » s'appliquait à la rue Vieille-du-Temple. L'hôtel de Thorigny, autant qu'on peut en juger d'après les comptes dont Sauval nous a conservé des extraits, était situé au coin de la rue de la Porte-Barbette et de la ruelle conduisant à la couture Sainte-Catherine (Sauval, p. 288 et 203), ruelle qui, depuis, reçut le nom de rue de Thorigny qu'elle échangea, au XVI° siècle, contre celui de rue de la Perle, emprunté à un tripot fameux. Il tenait à gauche à l'hôtel de la Reine Blanche dont le propriétaire était alors le duc de Bretagne, et par derrière, grâce à « un grand jardin », à la couture Sainte-Catherine (*Ibid.*, p. 288, 303, 653). Antérieurement au don qui en fut fait à Jean Bezille, l'hôtel de Thorigny avait été vendu à l'apothicaire Philippe Boussac et à sa femme (*Ibid.*, p. 303); après le départ de Bezille le roi d'Angleterre le donna à Jean Pophain, (voyez plus loin les lettres de don en date du 3 mai 1429. — Le nom de rue de Thorigny, dont aucun des historiens de Paris ne paraît avoir connu l'étymologie, reste encore de nos jours à une rue formant angle droit avec la rue de la Perle.

4. Jean Bezille (ou Brezille), chevalier, chambellan du roi Charles VI et du duc Jean de Bourgogne, reçut de son souverain en 1418 le revenu des seigneuries tourangelles de Semblançay, Montbazon, Coulombers et autres étant en la main du roi, en raison de 3000 francs qui lui étaient dus depuis l'année 1411 (*Mém. pour servir à l'histoire de France et de Bourgogne*, t. II, p. 131, note *k*). Bezille ayant quitté quelques années plus tard les pays soumis à la domination de Henri VI pour se retirer auprès du duc de Bre-

chambellain de feu nostre tres chier seigneur et ayeul le roy Charles derrenierement trespassé, cui Dieu pardoint, tant à nostre dit ayeul comme à feu nostre tres chier et tres amé cousin le duc de Bourgongne, cui Dieu pardoint, oudit office de chambellan et autrement en maintes manieres, et mesmement ou fait de noz guerres, en quoy et pour avoir tenu le parti de nostre dit feu seigneur et ayeul et de nostre dit feu cousin de Bourgongne il a eu et soustenu pluseurs pertes et dommaiges par nos diz ennemis et adversaires, et a perdue sa terre de Maye où il a toute justice, haulte moyenne et basse, seigneurie et quatre villes champestres avec quatre cens hommes de foy tenant de lui fief et arriere fief, et pluseurs autres tres grandes revenues, ou contempt de nous et d'avoir assisté à nostre parti et à cellui de nostre tres chier et tres amé oncle le duc de Bourgongne, si comme il dit. En recompensacion de ce, et pour certaines autres causes et consideracions à ce nous mouvans, à icellui Jehan Bezille, avons par l'advis et deliberacion de nostre tres chier et tres amé oncle Jehan, regent nostre royaume de France, duc de Bedford, de nostre grace especial, auctorité et puissance royal donné et octroyé, donnons octroyons par ces presentes desdictes maisons, terres, heritages, cens, rentes, revenues, prez, vignes, seigneuries et possessions dessusdictes et declairées jusques à la somme de six cens livres parisis par chacun an, lesquelles nous voulons estre extimées selon le temps qui couroit seze ans a, jusques à ce qu'il puist estre retourné à ses dictes terres et seigneuries, pour joir et user par ledit Jehan Bezille[1] de nostre dict octroy par la maniere dessus dicte, plainement et paisiblement.....

Si donnons en mandement par la teneur de ces presentes à noz amez et feaulx les gens de noz comptes à Paris, tresoriers et generaulx gouverneurs de toutes noz finances, les commissaires par nous ordonnez et à ordonner sur le fait des confiscacions..... au prevost de Paris.....

Donné à Paris, le xvie jour de juing l'an de grace mil cccc xxiii et de notre regne le premier.

Ainsi signé : Par le roy, à la relacion de monseigneur le regent duc de Bedford,

J. DE RINEL.

---

tagne qui favorisait alors le parti du roi légitime, les biens que lui avait concédés le prince anglais furent confisqués (voyez pièce CXLII).

1. Ms. *Baʒille*.

L.

1423. 16 Juin. Paris.

Henri VI, voulant récompenser les services de Jacques de Montberon et le dédommager de la perte de sa seigneurie de Montberon occupée par les ennemis, lui donne les terres et seigneuries de Lévis, Marly, Magny et Amblainvilliers, confisquées sur Philippe de Lévis.

(JJ. 172, n° 311.)

Henry, par la grace de Dieu roy de France et d'Angleterre, savoir faisons à tous presens et avenir que nous, considerans les grans, notables et aggreables services que nostre amé et feal chevalier Jaques, seigneur de Montberon[1], a faiz longuement et loyaument es temps passez à feu nostre tres-chier seigneur et ayeul, le roy Charles, derrenierement trespassé, que Dieu absoille, ou fait de ses guerres ou autrement en plusieurs et maintes manieres, et aussi les pertes et dommaiges qu'il a souffers et soustenuz pour cause et occasion des debas et divisions qui ont esté et sont en nostre royaume de France par le fait et coulpe dampnable des rebelles et desobeïssans à nous qui detiennent et occupent ses ville et chastel de Montberon[2], et autres ses terres, possessions et seigneuries, comme de ce sommes souffisamment informez, à icellui Jaques, seigneur de Montberon, par l'advis et deliberation de nostre tres chier et tres amé oncle Jehan, regent nostre royaume de France, duc de Bedford, avons donné et octroié, donnons et octroyons de nostre grace especial, plaine puissance et auctorité royal, par ces presentes les chasteaux, forteresses, maisons, manoirs, villaiges, fours, molins, justices, seigneuries, juridicions, terres, prez, vignes, bois, cens, rentes, revenues, fiefz, arriere-

---

1. Jacques, second fils de Jacques de Montberon, maréchal de France, mort en 1422, lequel avait reçu en 1408 la seigneurie de Montberon, fut en outre seigneur d'Azay-le-Rideau (Anselme, *Hist. gén. de la maison de France*, t. VII, p. 17). Le roi lui avait fait don antérieurement à 1421 de l'hôtel de Besançon, au coin de la rue de l'Hirondelle et de la rue Gilles-Cœur (Sauval, p. 295) ; mais cette demeure fut concédée depuis, par lettres du 29 avril 1423, à Guy le Bouteiller, seigneur de la Roche-Guyon (voyez plus haut, p. 88). Le compte des confiscations pour les années 1423 à 1427 nous apprend que Montberon occupait alors l'hôtel de Bar, confisqué sur le cardinal de Bar, lequel hôtel était situé rue des Bernardins, sur la rivière de Seine, au coin de la rue de Bièvre (Sauval, p. 315).

2. Aujourd'hui Montbron (Charente, arrond. d'Angoulême, chef-lieu de cant.).

fiefz, et autres heritages, possessions, et biens immeubles du lieu de Levis [1], et des lieux de Marly [2] et de Maigny [3], qui souloient appartenir à Philippe de Levis [4], ensemble la terre et seigneurie et appartenances d'Emblevillier [5] en la parroisse de Verrieres [6], qui anciennement partit et fut des appartenances desdictes seigneuries de Levis et de Marly, et laquelle terre d'Emblevillier souloit appartenir à Philippe de Levis, soy-disant seigneur de Roches [7] et de la Vote [8] en Auvergne, nepveu du dessus dict de Levis, avecques des autres appartenances et appendances quelzconques des seigneuries et lieux dessus dicts, et aussi de tous les autres biens immeubles que les dessus nommez de Levis et chascun d'eulx povoient et devoient avoir et qui leur competoient et appartenoient, et qu'ilz soient assis et situez es villes, prevosté et viconté de Paris, et es bailliages de Chartres, Galardon et Nogent le Retro, estans en nostre main et à nous escheuz, forfaiz et confisquez parce qu'ilz sont aidans, favorisans et confortans le parti de cellui qui se dit Dalphin, nostre ennemi et adversaire, jusques à la somme de six cens livres parisis par chascun an, eu regart à l'extimacion du temps qui couroit quinze ans a, par maniere de provision et jusques à ce qu'il puist estre retourné à ses dictes terres et seigneuries, pour joir et user.....

---

1. Lévis-Saint-Nom (Seine-et-Oise, arr. de Rambouillet, cant. de Chevreuse). Peut-être la donation de la terre de Lévis n'aura-t-elle pas eu un effet de longue durée, car il paraît qu'en 1426 Guillaume Sanguin rendit hommage de la terre de Meudon à un certain Jean de Haufride, qualifié seigneur de Marly (Lebeuf, *Histoire du diocèse de Paris*, t. VII, p. 195).

2. Marly-le-Roi (Seine-et-Oise, arr. de Versailles, chef-lieu de cant.).

3. Magny-les-Hameaux (Seine-et-Oise, arr. de Rambouillet, cant. de Chevreuse).

4. Philippe de Lévis, IVᵉ du nom, vicomte de Lautrec, seigneur de la Roche, d'Annonay et Pradelles, avait succédé en 1387 à son frère aîné, Guigues II; il mourut en 1440, à l'âge de 60 ans, et fut enterré dans l'église d'Annonay (Anselme, *Hist. gén. de la maison de France*, t. IV, p. 27-28).

5. Amblainvilliers (Seine-et-Oise, arr. de Versailles, cant. de Palaiseau, commune de Verrières-le-Buisson).

6. Ms. : *Bernieres*.

7. Ou plus exactement « de la Roche », car il s'agit de la Roche-en-Regnier (Haute-Loire, arr. du Puy, cant. de Vorey).

8. La Voulte-sur-Rhône (Ardèche, arr. de Privas, chef-lieu de cant.). Philippe possédait cette seigneurie du chef de sa femme, Antoinette d'Anduze, fille et héritière de Louis d'Anduze, seigneur de la Voulte (Anselme, t. IV, p. 28).

Si donnons en mandement par la teneur de ces presentes à noz amez et feaulx conseillers les gens de noz comptes à Paris, tresoriers et generaulx gouverneurs de toutes noz finances, les commissaires par nous ordonnez ou à ordonner sur le fait des confiscacions et forfaictures escheues et à escheoir en nostre royaume de France, aux prevost de Paris et bailli de Chartres.....

Donné à Paris, le xvie jour de juing, l'an de grace mil iiii^c xxiii et de nostre regne le premier.

Ainsi signé : Par le roy, à la relacion de monseigneur le regent duc de Bedford,

J. DE RINEL.

LI.

1423. 26 Juin. Paris.

Henri VI donne à Jean Milet, son secrétaire, pour le dédommager des pertes qu'il a subies dans ses biens assis au comté de Champagne, les propriétés confisquées sur Louis Gast (à la Bergeresse-en-Brie), Pierre de Jagny (aux Hastes, près Troyes), Lorin de Saint-Marc (Taissy, près Reims), Henri Mile (en Brie et Champagne), Pierre de Grassay (à Villeflix), Jean de Rosay (à Reims) et les héritiers de Michel du Sablon (à Paris, rue Vieille-du-Temple), le tout jusqu'à concurrence d'un revenu annuel de 250 livres parisis.

(JJ. 172, n° 308.)

Henry, par la grace de Dieu roy de France et d'Angleterre, savoir faisons à tous presens et avenir nous avoir esté deuement acertenez des bons, loyaulx et continuelz services que nostre amé et feal clerc, notaire et secretaire, maistre Jehan Milet[1], a fais à feu nostre tres chier seigneur et pere le roy d'Angleterre, à son vivant heritier et regent de nostre royaume de France, depuis qu'il vint à la regence de nostre dit royaume, et que paravant il avoit et a depuis faiz à feu nostre tres chier ayeul Charles, roy de France derrenierement trespassé, ausquelz Dieu pardoint, tant ou fait de son office de secretaire comme autrement, et qu'il nous fait incessamment, esquelz services faisans, nostre dit secretaire

---

1. Les comptes de Philippe le Bon, duc de Bourgogne, mentionnent, parmi les secrétaires de ce prince, Jean et Pierre Milet, frères; mais Labarre (*Mém. pour servir à l'histoire de France et de Bourgogne*, t. II, p. 198) n'a pas jugé à propos de nous informer à quelle époque du long règne du duc Philippe se rapportent les services de ces deux secrétaires, de sorte que nous n'osons identifier le premier d'entre eux avec le Jean Milet qui, le 26 juin 1423, fut favorisé des largesses du roi d'Angleterre.

a eu, souffert et soustenu tres grans peines, travaulx, labeurs et despenses ; considerans avecques ce que plusieurs maisons et heritaiges appartenant à nostre dit secretaire, tant à cause de lui comme à cause de Marguerite, sa femme, assis en nostre pays et conté de Champagne, sont ars, desers, destruiz et venuz à non valoir, si comme il dit, par le fait de la guerre qui longtemps a esté et encores est en nostre dit royaume de France, voulans et desirans nostre dit secretaire aucunement remunerer desdiz services et labeurs, et recompenser de ses pertes, dommaiges et despens, et pour lui aidier à avoir et soustenir son estat plus honnorablement à celle fin que lui et autres, par bon exemple, doient estre et soient plus enclins de perseverer es bons services de nous et es affaires de nostre dit royaume de France, et pour certaines autres causes et consideracions ad ce nous mouvans, audit maistre Jehan Milet pour lui et pour ses hoirs masles legitimes venans et descendans de lui en loyal mariage, et à ladicte Marguerite sa femme, de grace especial, plaine puissance et auctorité royal, et par l'advis et deliberacion de nostre tres chier et tres amé oncle Jehan, regent nostre dit royaume de France, duc de Bedford, avons donné, octroyé, cédé, transporté et delaissié, et, par la teneur de ces presentes, donnons, octroions, cedons, transportons et delaissons la maison, terres, rentes, revenues, possessions et heritaiges de la Bergeresse en Brie, qui fut à feu Loys Gast [1], à son vivant chevalier, de Poully et des Hastez [2] emprès Troyes qui furent à Pierre de Jaigny, de la ville de Tassy emprès Reims [3] qui fut à Lorin de Saint-Marc, et autres maisons, terres, possessions et revenues et leurs appartenances qui furent aux dessus dis et à maistre Henry Mile, assis en Brie et en Champagne, ensemble la maison, terres, prez, vignes et autres revenues de Villeflix [4] et ses appartenances, assis emprès Noisy le Grant sur la riviere de Marne, qui furent à Pierre de Grassay, chevalier, jusques à la

---

1. Louis Gast, bailli de Meaux, fut décapité à Paris le 25 mai 1422 (Journal parisien) ; son seul crime était d'avoir contribué à la brillante défense de la ville de Meaux assiégée par Henri V, roi d'Angleterre.

2. Cette localité n'est plus connue aujourd'hui et a même échappé aux recherches de MM. Boutiot et E. Socard, les auteurs du *Dictionnaire topographique du département de l'Aube*.

3. Taissy (Marne, arr. et cant. de Reims).

4. Villeflix, h. de la comm. de Noisy-le-Grand (Seine-et-Oise, arr. de Pontoise, cant. de Gonnesse).

valeur de deux cens cinquante livres parisis de revenue par an, eu regart au temps que les choses dessus dictes valoient en revenue maintenant quinze ans a, avecques une petite maison assise à Reims qui fut à Jehan de Rosay, chevalier, et la moictié pour indivis de la maison et appartenances d'icelle qui fut aux hoirs et ayans cause de feu Michiel du Sablon, assise à Paris en la vielz rue du Temple, aboutissant par devant en icelle rue et par derriere en la rue des Cinges[1], et dont l'autre moictié d'icelle maison et appartenances pour indivis est et appartient ausdis maistre Jehan Milet, et nous plaist par l'advis que dessus que bail et delivrance soit faicte audit maistre Jehan Milet nostre secretaire, à sa femme et à ses hoirs masles par la maniere que dit est des choses dessus dictes et declairées, qui furent ausdits feu Loys Gast, Pierre de Jaigny, Lorin de Saint-Marc, maistre Henry Mile et Pierre de Grassay, et leurs appartenances jusques à la dicte value de deux cens cinquante livres parisis de revenue par an, en regart au temps de xv ans comme dessus est dit, et avec ce de la petite maison assise à Reims, et de la dicte moictié de maison pour indivis, assise à Paris en ladite vielz rue du Temple, en laquelle nostre dit secretaire demeure à present.....

Si donnons en mandement par ces presentes à noz amez et feaulx les gens de noz comptes à Paris, tresoriers et generaulx gouverneurs de toutes noz finances, aux commissaires de par nous ordonnez... sur le fait des confiscations et forfaictures, ... au prevost de Paris, aux bailliz de Vermandoiz, de Troyes, de Meaulx et de Victry...

Donné à Paris, le xxvie jour de juing, l'an de grace mil cccc xxiii et de nostre regne le premier.

Ainsi signé : Par le roy, à la relacion de monseigneur le regent le royaume de France, duc de Bedford,

R. VERET.

---

1. On voit par ce texte que déjà au xve siècle, comme aujourd'hui, la rue des Singes était adossée à la rue Vieille-du-Temple. C'est bien aussi la position que lui attribuent tous les plans de Paris du xvie et du xviie siècle et on ne doit voir sans doute qu'une assertion erronée dans ce que dit Jaillot (*Quartier Sainte-Avoie*, p. 38) plaçant la rue des Singes où les anciens plans, d'accord avec la topographie actuelle, indiquent la rue du Puits, parallèle à la rue des Singes, mais située plus à l'ouest ; il faut dire que le savant topographe marque, par contre, la rue du Puits au lieu de la rue des Singes.

LII.

1423. 26 Juin. Paris.

Henri VI donne à Hugues le Coq, prévôt des marchands de la ville de Paris, les biens confisqués pour cause de rébellion sur Pierre le Coq et Jehannin Anchier, frère et neveu de Hugues, pour le récompenser des services que celui-ci a rendus au roi Charles VI, tant en son office de prévôt des marchands qu'en celui de conseiller au Parlement.

(JJ. 172, n° 377.)

Henry, par la grace de Dieu roy de France et d'Angleterre, savoir faisons à tous presens et avenir que nous, considerans les bons et aggreables services que a faiz le temps passé à feux noz tres-chiers seigneurs ayeul et pere les roys de France et d'Angleterre, derrenierement trespassez, ausquelz Dieu pardoint, nostre amé maistre Hugues le Coq[1], prevost des marchans de nostre bonne ville de Paris, tant en l'office de conseiller de Parlement qu'il a exercé long temps et dudit office de prevosté, pour lequel exercer lui a convenu jour et nuit prendre très-grans labeurs, paines et travaulx, tant en guetz et gardes d'icelle nostre ville comme autrement en plusieurs et diverses manieres et esperons que encores nous face ou temps avenir, considerans aussi les grans pertes et domaiges qu'il a eues et soustenues à cause des guerres de nostre dit royaume de France, à

---

1. Hugues le Coq, conseiller au parlement de Paris, élu prévôt des marchands le 26 décembre 1419, était petit-neveu, par son père Jean le Coq, de Robert le Coq, le fameux évêque de Laon qui joua un rôle si important dans les événements si graves des années 1357 et 1358; son grand-père maternel était Jean Maillard, qui alors tua Etienne Marcel. Le Père Anselme rapporte qu'il mourut après l'an 1433 sans enfants de Jacquette Gudin sa femme (*Hist. généal. de la maison de France*, t. II, p. 105) et paraît ignorer qu'il avait d'abord été marié avec Jeanne de Langres, morte avant l'année 1427, laissant des enfants dont la garde fut confiée à Hugues (Sauval, p. 301, 321, 327, 582; cf. p. 585); ajoutons aussi que Hugues vivait encore en janvier 1436, c'est-à-dire quelques mois avant la reddition de Paris à Charles VII, et qu'il exerçait alors, et pour la seconde fois, l'office de prévôt des marchands comme le prouvent les registres du Parlement (Félibien, *Histoire de la ville de Paris*, p. 822). Jean le Coq, père de Hugues, possédait entre autres propriétés le château et fief de la Maison Riche des Porcherons, près Paris, que ses descendants possédèrent jusqu'à la Révolution et qui leur dut son nom populaire de « château du Coq », dont dérive celui d' « avenue du Coq » que porte une voie percée sur son emplacement, dans les environs de l'église actuelle de la Trinité.

icellui par l'advis et deliberacion de nostre tres chier et tres amé oncle Jehan, regent nostre dit royaume de France, duc de Bedford, avons donné, cedé, transporté et delaissié... tous les heritages, cens, rentes, revenues, appartenances et appendances que souloient tenir et posseder un sien frere nommé Pierre le Coq [1] et un sien nepveu nommé Jehannin Anchier, filz de la suer dudit maistre Hugues [2], à nous venuz et escheuz par confiscacion par le moien de la rebellion et desobeissance commise par les dessusdiz Pierre le Coq et Jehannin Anchier envers nostre dit feu seigneur et ayeul et envers nous, pour d'iceulx heritages, cens, rentes, revenues, appartenances et appendances dessusdites joir et user par ledit maistre Hugues le Coq, ses hoirs, successeurs et ayans cause, venans de lui en directe ligne et procreez en loyal mariage, lesquelz heritages, cens, rentes, revenues povoient valoir en bon temps de trois à quatre cens livres parisis de revenue par an, ...

Si donnons en mandement par ces presentes à noz amez et feaulx gens de noz comptes et tresoriers à Paris, aux commissaires ordonnez et à ordonner sur le fait des forfaictures et confiscacions à nous venues et escheues ... au prevost de Paris......

Donné à Paris, le xxvie jour de juing, l'an de grace mil cccc xxiii et de nostre regne le premier.

Ainsi signé : Par le roy, à la relacion de monseigneur le regent duc de Bedford,

BORDES.

LIII.

1423. Juin. Paris.

Rémission accordée par Henri VI à Etienne Hervy, en suite de la supplique de Jeanne, sa femme. Hervy, ruiné par la guerre et forcé, vers 1417, de quitter Montrouge où il habitait, pour venir demeurer à Paris, avait été depuis lors pris et rançonné jusqu'à quatre fois par les partisans du Dau-

---

1. Ce personnage n'est pas même mentionné dans la généalogie de la famille le Coq publiée par le Père Anselme (*Hist. gén.*, t. II, p. 104-109). On verra plus loin (pièce CXXXVII) que Pierre le Coq obtint des lettres de rémission cinq ans plus tard, prétextant qu'il était parti uniquement dans l'intention d'échapper à ses créanciers.

2. Gillette le Coq, sœur de Hugues le Coq, avait été mariée à Raoul Anchier, lieutenant de la prévôté de l'hôtel, d'où, suivant le P. Anselme, « un « fils mort en 1433, laissant pour heritier(s) Hugues et Gerard le Cocq, ses « oncles maternels. » (*Hist. gén.*, t. II, p. 105.)

phin. Réduit ainsi à la plus grande misère, il était allé le 23 mai 1423 vers Noisy-le-Sec et s'était emparé, chemin faisant, des ferrements qu'il avait trouvés dans le moulin à vent de Mourlans, abandonné depuis six années. Ce larcin avait alors motivé son arrestation à Montreuil-sous-Bois et son incarcération dans les prisons de l'abbaye de Tiron, à Paris.

(JJ. 172, n° 307.)

Henry, par la grace de Dieu roy de France et d'Angleterre, savoir faisons à tous presens et avenir nous avoir receue l'umble supplicacion de Jehanne, femme de Estienne Hervy[1], povre femme nouvelement relevée d'enfant, demourant à Paris, contenant comme pour le fait des guerres ledit Estienne, son mary, ait perdu toute sa chevance, mesmement qu'il lui a convenu soy partir de Montrouge[2] où il demouroit et venir demourer à Paris dex six ans a ou environ, durant lequel temps il a esté prins et raençonné par IIII fois de noz ennemis et adversaires, et perdu sa voicture dont il gaignoit sa vie. Et lui estant en grant nécessité se parti de Paris le lundi des foiriers de Penthecouste derrenierement passé[3] après disner, et prist son chemin à aler à Noisy le Sec[4], et en passant apperceut un molin appellé le molin à vent de Mourlans[5], ou quel n'avoit et n'a huis, fenestre ne autre fermeture, et ne moulu ne fut en estat, passé à VI ans ou environ, ou quel molin ledit Estienne entra et vit qu'il y avoit sur l'aire ou planchier plusieurs gros ferremens vielz qui, ou temps passé, avoient servy oudit molin, et qui povoient peser environ cent cinquante livres, et valoit à argent chacune livre dudit fer deux deniers tournois; lesquelz ferremens avec quarante livres de vielz fer enroillié qu'il trouva en vieilles masures il prist, et vendi les dites XL livres de vielz fer trois solz tournois, et lesdis ferremens charga pour apporter à Paris en entencion de les vendre pour avoir argent pour sa necessité. Et, pour ce qu'il ne les povoit bon-

---

1. En marge du registre, le scribe a écrit : « Jehenne, femme de Estienne *Henry* », mais c'est évidemment là une erreur.

2. Montrouge (Seine, arr. et cant. de Sceaux). Une partie du territoire de ce village, le Petit-Montrouge, a été englobée par les fortifications de Paris en 1841.

3. Le lundi de la Pentecôte, c'est-à-dire le 24 mai 1423.

4. Noisy-le-Sec (Seine, arr. de Saint-Denis, cant. de Pantin).

5. Le moulin à vent de Mourlans, alors abandonné depuis 1417, ne paraît pas autrement connu ; il s'élevait sans doute sur une des buttes qui avoisinent Belleville et Bagnolet et l'on trouverait peut-être la trace de son nom dans les lieux dits du cadastre.

nement apporter, il les mist en garde à Monstereul lès le Bois[1], et là fut prins, arresté et emprisonné, et le mardi ensuivant amené prisonnier es prisons de Thiron[2], à Paris, par le sergent dudit lieu de Monstreul, es quelles prisons il a confessé ledit cas, et doubte ladicte Jehanne que ledit Estienne, son mary, soit en dangier de sa personne, se nostre grace et misericorde ne lui est sur ce impartie, en nous humblement requerant que, attendu que ledit Estienne a esté et est homme de bonne vie, renommée et honneste conversacion, sans avoir esté attainct ou convaincu d'aucun vilain cas ou reprouche, et que ledit fer ne puet valoir que deux ou trois frans, nous lui vueillons sur ce impartir nostre grace et misericorde. Pour ce est il.....

Si donnons en mandement par ces presentes au prevost de Paris.....

Donné à Paris, ou mois de juing, l'an de grace mil IIII^c XXIII et de nostre regne le premier.

Ainsi signé : Par le roy à la relacion du conseil.

LE BEGUE.

LIV.

1423. Juin. Paris.

Henri VI donne à Richard Wideville, écuyer, chambellan du duc de Bedford, l'hôtel des Préaux, confisqué sur le seigneur de Préaux et voisin de l'hôtel Saint-Paul.

(JJ. 172, n° 284.)

Henry, par la grace de Dieu roy de France et d'Angleterre, savoir faisons à tous presens et avenir que nous, considerans les grans notables et aggreables services que a faiz par long temps à feu nostre tres chier seigneur et pere, cui Dieu pardoint, fait par chacun jour à nous et à nostre tres chier et tres amé oncle Jehan regent nostre royaume de France, duc de Bedford, et esperons que face plus en plus ou temps advenir et en pluseurs et diverses manieres nostre chier et bien amé Richart Wideville, escuier,

---

1. Montreuil-sous-Bois (Seine, arr. de Sceaux, cant. de Vincennes).
2. L'abbaye de Thiron (Eure-et-Loir, arr. de Nogent-le-Rotrou, chef-lieu de cant.), au diocèse de Chartres, possédait à Paris une grande maison qui fit donner, dès le XIIIe siècle, le nom de rue Tiron à une voie qui conduit de la rue Saint-Antoine à celle du roi de Sicile (Jaillot, *Quartier de Saint-Antoine*, p. 131); c'est évidemment près de cette maison et de cette rue qu'on doit chercher les prisons où fut enfermé Hervy.

chambellan de nostre dit oncle[1], à icellui par l'advis d'icellui nostre oncle avons donné, cedé, transporté et delaissié, et par la teneur de ces presentes, de nostre grace especial plaine puissance et auctorité royal... un hostel assis emprès Saint Pol nommé l'ostel des Preaus[2], avecques les louages, appartenances et appendances d'icellui, qui fut et appartint au sire de Preaulx[3] et de present nous appartient par confiscacion, pour d'icellui hostel, louages, appartenances et appendances joir et user d'ores en avant par ledit Richard Wideville et ses hoirs masles legitimes plainement, perpetuelment, hereditablement et à tousjours, pourveu toutes fois qu'il maintendra ledit hostel, louages et appartenances à icellui en bon et competant estat, ...

Si donnons en mandement par ces presentes à noz amez et feaulx gens de noz comptes et aux tresoriers, gouverneurs generaulx de toutes noz finances de France, aux commissaires ordonnez et à ordonner sur le faict des forfaictures ..... au prevost de Paris.....

Donné à Paris ou mois de juin, l'an de grace mil IIII^c XXIII et de nostre regne le premier.

Ainsi signé : Par le roy à la relation de monseigneur le regent le royaume de France, duc de Bedford,

J. Milet.

---

1. Richard Wideville avait reçu, dès l'an 1418, du roi Henri VI, une partie de la dépouille du seigneur dont on lui donne aujourd'hui l'hôtel à Paris ; c'étaient les seigneuries de Préaux et Dangu, en Normandie (Ch. Vautier, *Extraits du registre des dons,* ... p. 63). Par autres lettres en date du 2 mai 1423, Henri VI gratifia ce même personnage, qu'il qualifie « conseiller » du duc de Bedford, des biens confisqués sur la dame des Bordes, Louis de la Plâtrière, Jean de la Porte, Charles de Saint-Clair et Louis Denis, aux bailliages de Gisors et de Senlis et ailleurs (JJ. 172, n° 278) ; ce don fut confirmé le 4 juin 1424 (*ibid.*, n° 421). — Wideville, capitaine de Caen vers 1423, remplissait une vingtaine d'années plus tard les mêmes fonctions à Fresnay-le-Vicomte et à Alençon (Tardif, *Monuments historiques ; cartons des rois,* n°° 1985, 2256 et 2270).

2. Le compte des confiscations pour 1423-1427 nous apprend que cet hôtel était situé rue des Barrés et tenait à l'hôtel Saint-Paul (Sauval, p. 306).

3. Pierre de Bourbon, seigneur de Préaux depuis le mois de septembre 1417, mourut le 11 octobre 1422 à la Rochelle, auprès de Charles VII, dont il suivait le parti (Anselme, *Hist. généal.*, t. I, p. 366).

LV.

1423. 22 juillet. Paris.

Henri VI, voulant récompenser les services que Jean de Rinel, son secrétaire, a rendus en cette même qualité au feu roi Henri V, régent du royaume de France, qu'il a accompagné dans toutes ses expéditions de 1420 à 1422, lui donne 200 livres parisis de revenu annuel à prendre sur les biens appartenant jadis à feu Jean de Rouvres, avocat meldois, à Thomas Nervot, ex-grenetier de Provins, et à Jean le Picard, ancien secrétaire de la reine Isabeau ; ces biens étaient situés à Meaux, à Provins et à Paris (rue Sainte-Croix-de-la-Bretonnerie). Rinel devra, par contre, donner quittance au roi de 1500 livres qui sont dues à ses enfants, comme héritiers de feu Jehan le Boutier, secrétaire de Charles VI.

(JJ. 172, n° 310.)

Henry, par la grace de Dieu roy de France et d'Angleterre, savoir faisons à tous presens et avenir nous avoir deuement esté par pluseurs des gens de nostre grant conseil de France acertenez que feu nostre très-chier seigneur et pere Henry, par icelle mesme grace roy d'Angleterre, heritier et regent de France, considerans les grans et aggreables services que lui avoit fait, depuis qu'il vint à regence nostre amé et feal notaire et secretaire, maistre Jehan de Rinel, tant ou fait de son office de secretaire comme autrement et les grans peines, travaulx, labeurs et despences qu'il avoit euz et soustenuz en tous les sieges, armées et chevauchées que fist nostre dit seigneur et pere depuis sadicte regence jusques à son trespas ; eu regard aussi à ce que par son ordonnance, plaisir et moien nostre dit secretaire se meist en ordre de mariage, le voulans recompenser et remunerer de sesdiz services, ordonna à nostre amé et feal chancelier et au premier president de nostre Parlement que se estoit son plaisir et voulenté, que bonne et notable provision lui feust faicte d'aucunes terres et revenues pour lui aidier à soustenir son estat plus honnorablement, et de ce les chargea pou de jours avant sa maladie de laquelle il ala de vie à trespassement, obstant laquelle nostre dit secretaire ne pot avoir ladicte provision si comme nous ont relaté lesdits chancellier et premier president. Pour quoy, nous qui considerons les choses dessus dictes, les bons et grans services que nous a faiz nostre dit secretaire depuis que sommes venuz à la couronne de France, et les grans peines et travaulx qu'il a euz mesmement pour venir par devers nous en nostre royaume d'Angleterre pour grans affaires et besoingnes touchans le bien et honneur de nous et de noz seigneurie et royaume de France, et en memoire especialment et reverence de nostre dit seigneur et pere, et pour acomplir sa voulenté et bon plaisir, audit maistre Jehan de Rinel, nostre secretaire, de nostre plaine puissance, auctorité royal et grace especial, et par l'advis et deliberacion de nostre tres chier et tres amé oncle Jehan regent nostre dit royaume de France, duc de Bedford et des gens de nostre grant conseil, avons donné, octroyé, cédé et transporté, donnons, octroyons, cedons et transportons par ces presentes les maisons, heritaiges, terres, rentes et possessions quelxconques qui furent à maistre Jehan de Rouvres, jadis advocat et demourant à Meaulx, à Thomas Nervot, jadis grenetier de Provins, et à maistre Jehan Picart[1], jadis secretaire de nostre tres chiere et tres amée mere la royne de France, jusques à la some de deux cens livres parisis par an à tousjours mais, perpetuelment et hereditablement, lesquelles maisons, heritaiges, terres, rentes et possessions sont à nous forfaictes, confisquées et acquises par ce que ledit maistre Jehan de Rouvres, et aussi ledit Thomas Nervot ont commis envers feu nostre tres chier seigneur et ayeul et nostre dit seigneur et pere, que Dieu absoille, crime de leze magesté, pour lequel crime icellui maistre Jehan de Rouvres fut executé et decapité par justice en nostre ville de Paris[2], et le dit Thomas mené prisonnier en nostre royaume d'Angleterre avec autres prisonniers de la prinse et reddicion de noz ville et marchié de Meaulx[3], et avec ce que ledit Thomas à cause de son

---

1. Jean le Picard, d'abord simple clerc dans la chancellerie, devint bientôt premier secrétaire de la reine Isabeau dont il vendait les secrets en 1416 au connétable d'Armagnac ; aussi cette princesse, après qu'elle eut été enlevée à Tours par le duc de Bourgogne, le chassa-t-elle après lui avoir payé une rançon. C'est alors qu'il entra en qualité de secrétaire au service du Dauphin, auprès duquel il parvint aux postes les plus élevés de l'administration des finances, car il était en 1445 et en 1450 l'un des trois ou quatre trésoriers généraux du royaume (Vallet de Viriville, *Histoire de Charles VII*, t. I, p. 41, 72, 75 et 81 ; t. III, p. 61 et 206. Cf. *Charles VII, roi de France, et ses conseillers*, du même auteur, p. 8, 25 et 51).

2. L'exécution de Jean de Rouvres fut faite à Paris le 25 mai 1422, le même jour que celle de Louis Gast, bailli de Meaux (Journal parisien).

3. La reddition de Meaux avait eu lieu le 3 mai 1422. Un premier convoi comprenant une centaine de prisonniers, liés quatre par quatre, était arrivé par eau le 7 mai suivant : les malheureux firent une halte de deux jours au château du Louvre, d'où ils furent transportés par la voie de Seine en Nor-

office de grenetier qu'il tenoit, est obligié et tenu envers nous en grans sommes de deniers, et que ledit maistre Jehan Picart a de longtemps esté et est encores avec cellui qui se dit Dalphin nostre ennemi[1] et adversaire et en son service, et lui a donné et donne conseil, confort et aide, et pour ceste cause et autres crimes de leze magesté qu'il a commis, est banni de nostre dit royaume de France ; lesquelles maisons, heritaiges, terres, rentes et possessions sont situées et assises tant à Meaulx comme à Provins et à Paris et à l'environ. Et voulons que d'icelles maisons, heritaiges, terres, rentes, revenues et possessions, qui souloient appartenir oudit maistre Jehan de Rouvres, bail et delivrance en soit faicte à nostre dit secretaire jusques à la somme et value de cent livres parisis par an[2] et de celles qui furent audit Thomas Nervot jusques à la somme de IIII^{xx} livres parisis par an, et vint livres parisis par an sur la maison qui fut audit maistre Jehan Picart, assise à Paris en la rue de la Bretonnerie[3] devant l'eglise de

---

mandie, puis de là en Angleterre. Cent à cent cinquante autres captifs débarquèrent à Paris le 12 mai, d'où ils repartirent le 15 ; ceux-là étaient liés deux à deux par la jambe à l'aide d'une chaîne de fer, à l'exception toutefois de l'évêque de Meaux, Robert de Girêmes, et d'un chevalier qui l'accompagnait (Journal parisien).

1. Le registre de la chancellerie porte par erreur « nostre ami ».

2. Simon de Marion l'Uillier, frère et sœur de la femme de Jean de Rouvres, démontrèrent que la plupart des biens de ce praticien provenaient d'acquêts faits au temps de son mariage, et que, par conséquent, la moitié de ceux-ci devait leur faire retour en qualité d'héritiers légitimes de leur sœur défunte. C'est pourquoi le roi d'Angleterre accorda le 11 octobre 1424 à Jean de Rinel de nouvelles lettres qui asseyaient les 50 livres de revenu, faisant ainsi défaut, sur les biens confisqués des héritiers de M° Thomas d'Aunoy à Ville-Evrard, au territoire de Neuilly-sur-Marne (Arch. Nat.; JJ. 172, n° 662). Un autre acte de la chancellerie royale, en date du 31 décembre 1429, constate que malgré les diverses assiettes sur les biens de Rouvres, de Thomas d'Aunoy, de Nervot et de Jean le Picard, Jean de Rinel n'est pas encore en possession des 200 livres de revenu que le roi lui avait données, et Henri VI comble cette fois le déficit au moyen des propriétés que Jean Goulard, receveur de Vitry-en-Perthois, Domanchin Menessier, grenetier de Sézanne, et la femme de Thomas Nervot, possédaient jadis à Provins et aux environs de cette ville (Ibid., JJ. 173, n° 195). Les termes de cet acte ne permettent pas de croire que le don fait quelques mois auparavant (28 août 1429) par le roi d'Angleterre à Jean de Rinel, don consistant dans les biens de feu Jean du Bust, de Louviers, assis aux bailliages de Rouen et d'Evreux, ait eu pour but de parachever la dotation du 22 juillet 1423 (Ibid., JJ. 174, n° 33).

3. Aujourd'hui rue Sainte-Croix-de-la-Bretonnerie. Cette maison est citée

Saincte-Croiz, en laquelle demeure à present nostre dit secretaire, tenant d'une part à la maison qui fut maistre Pierre l'Orfevre[1] et d'autre part à l'ostel Colin de Neufville[2], aboutissant par derriere à la rue du Plastre[3] et au jardin de l'ostel qui fut maistre Mathurin Waroust, en la censive des religieux du Temple, et laquelle maison nostre dit secretaire a prinze de nous, a tousjours mais, à xxiiii livres parisis de rente pour toutes charges dont il en puet racheter xiiii livres parisis, moyennant certaine some d'argent contenue en noz lettres sur ce faictes; et voulons que d'icelles maisons, terres, rentes, revenues et possessions et vint livres parisis de rente deduictes desdictes xxiiii livres parisis, nostre dit secretaire pour lui et ses hoirs masles, legitimes, descendans de lui en droicte ligne, joysse et use à tousjours mais, perpetuelment et hereditablement, plainement et paisiblement, jusques à la valeur desdictes deux cens livres parisis par an, eu regart et consideracion au temps de xv ans a; pourveu toutesvoies....; parmi ce aussi que nostre dit secretaire acquitera nostre dit feu seigneur et ayeul de la somme de mil et v^c livres parisis, en laquelle il est tenu envers les enfans de nostre dit secretaire, si comme il dit, à cause de feu maistre Jehan le Boutier, ayeul maternel desdiz enfans, jadis notaire et secretaire de nostredit seigneur et ayeul, et desdiz mil et v^c livres parisis baillera en nostre chambre des comptes ou en nostre tresor, ou ailleurs où il appartendra, les cedules tant du maistre de la chambre aux deniers de feu nostredit seigneur et ayeul, comme de son tresor à Paris, par lesquelles il appert que nostredit seigneur et ayeul est tenu audit feu maistre Jehan Boutier, son notaire et secretaire en icelle somme de m et v^c livres parisis.

Si donnons en mandement par ces presentes à noz amez et

---

au compte de confiscations de 1423-1427 où son ancien propriétaire est nommé « Me Jean le Picard » (Sauval, p. 582). Jean le Picard possédait en outre, non loin de là, au moins deux autres maisons, l'une dans la rue des Rosiers, l'autre dans la rue Vieille-du-Temple; toutes deux furent données en 1427 au plus tard à Thomas de Thiboutot, chevalier (*Ibid.*, p. 304; cf. p. 582).

1. Voyez sur ce personnage les lettres de rémission qui lui furent accordées en décembre 1424; nous les publions plus loin.

2. Ce personnage doit-il être reconnu dans Nicolas de Neufville que nous trouvons revêtu de l'office de receveur des aides de la ville de Paris sous l'obéissance du roi légitime, après 1436 (Sauval, p. 335)?

3. Rue du Plâtre-au-Marais.

feaulx conseillers les gens de noz comptes à Paris, tresoriers et generaulx gouverneurs de toutes noz finances, les commissaires par nous ordonnez... sur le fait des confiscacions..., aux prevost de Paris et bailli de Meaulx et tous nos aultres justiciers.....

Donné à Paris, le xxiie jour de juing, l'an de grace mil IIII^c xxIII, et de nostre regne le premier.

Ainsi signé : Par le roy à la relacion de monseigneur le regent le royaume de France, duc de Bedford, nous et le premier president de Parlement presens.

R. Veret.

LVI.

1423. Du 3 au 31 juillet. Paris.

Rémission accordée par Henri VI à Opportune, veuve de Michelet le Cavelier, brodeur. Dans un accès de frénésie, Michelet, profitant de l'absence de sa femme et de sa garde-malade, avait mis fin à ses jours en se précipitant par la fenêtre de sa chambre, de sorte que les biens communs entre lui et sa femme étaient menacés de confiscation.

(JJ 172, n° 313.)

Henry, par la grace de Dieu roy de France et d'Angleterre, savoir faisons à tous presens et avenir nous avoir receue l'umble supplicacion de Portune [1], vesve de feu Michelet le Cavelier, en son vivant brodeur, grosse d'enfant et chargée de cinq petiz enfans, contenant que come icellui deffunct et sadicte femme aient durant le temps de leur mariage tousjours esté gens de bien et d'onneur, de bonne vie, renommée et honneste conversation, gaignans leurs povres vies à la peine de leurs corps, sans avoir esté reprins, attains ne convaincuz d'aucun villain cas, blasme ou reprouche. Et il soit ainsi que ledit deffunct, par le plaisir de Nostre Seigneur, ait esté seurprins de certaine maladie qui l'a tenu par l'espace de deux mois ou environ, et tant, que par le fait d'icelle maladie, il feust et soit entré en grant frenesie qui pareillement l'a tenu par longtemps à tres grant paine et doulour, et, qui plus est, icellui deffunct, tant traveillié et oppressé d'icelles maladies en telle maniere qu'il ne savoit qu'il faisoit, environ le point du jour, trois jours de ce present mois de juillet, sachant sadicte femme et sa garde estre endormis, qui l'avoient gardé et veillié

---

1. Portune est l'abréviation par aphérèse d'Opportune, nom d'une sainte honorée à Paris dès le ixe siècle.

toute la nuit, se feust levé tout nu de son lit, et feust alé ouvrir une fenestre aiant veue sur les halles des Chauderonniers[1] de nostre ville de Paris, par laquelle fenestre il se feust laissié cheoir sur lesdictes halles, en telle maniere que par ce il est alé de vie à trespassement, si comme l'en dit. Pour occasion duquel cas la dicte suppliante sa femme doubte que tous les biens meubles et heritages qui estoient communs entre elle et sondit feu mary au jour de sondit trespas, ne soient à nous forfais, confisquez et acquis, qui seroit chose moult piteable, et pourroit estre la destruction d'icelle suppliante et de sesdiz enfans si come elle dit, en nous humblement requerant que sur ce lui vueillions extendre nostre grace et misericorde. Pourquoy nous, ce consideré..... et, en ampliant nostre dite grace, nous plaist et voulons que le corps dudit deffunct soit baillié et delivré à ladicte suppliante pour le faire mettre en terre sainte, ainsi qu'il appartient, pourveu que à ce n'ait aucune solempnité.....

Si donnons en mandement, par ces mesmes presentes, au prevost de Paris.....

Donné à Paris, ou mois de juillet, l'an de grace mil IIII^c XXIII et de nostre règne le premier.

Ainsi signé : Par le roy, à la relacion du Conseil,

G. FERREBOUC.

LVII.

1423. Août. Paris.

Rémission accordée par Henri VI à Jacquet Bouchier, clerc non marié et boucher de la grande Boucherie de Paris. Au mois de novembre 1422, Bouchier avait blessé grièvement sur le pont Notre-Dame à Paris, dans une rixe nocturne, un clerc du prévôt de Paris, Colinet, qui, huit jours plus tard, était mort de ses blessures; condamné par contumace au bannissement, le meurtrier s'était depuis constitué prisonnier aux prisons de l'évêque de Paris, d'où il avait été délivré après avoir fait satisfaction à partie.

(JJ. 172, n° 329.)

Henry, par la grace de Dieu roy de France et d'Angleterre, savoir faisons à tous presens et advenir nous avoir receu l'umble supplicacion de Jaquet Bouchier, clerc non marié, bouchier de la

---

1. La halle des Chaudronniers longeait la rue de la Ferronnerie jusqu'à un passage conduisant à la halle de Beauvais (L. Biollay, *Les anciennes halles de Paris* au t. III des *Mém. de la Soc. de l'hist. de Paris*, p. 322).

grant boucherie de Paris, povre jeune homme aagié de xx ans ou environ, contenant comme ou mois de novembre derrenier passé, ainsi que ledit suppliant, feu Michelet Bouchier son frere, un nommé le Carrelier, varlet changeur et un autre jeune homme picart dont on ne scet le nom, passoient environ dix heures de nuyt par dessus le pont Nostre-Dame à Paris, en leur compaignie une jeune femme et une petite jeune fille, sa chamberiere, qu'ilz avoient trouvées près de l'eglise de la Magdelaine, et s'en aloient oultre ledit pont vers Saint-Jaques de la Boucherie, paisiblement sans faire aucune noise ne debat, et sans ce que aucun d'eulx eust aucun baston, hache, espée ne autre armeure, fors ledit suppliant qui avoit en sa main une petite hachette, eussent encontré sur la fin dudit pont un nommé Colinet, pour lors clerc et serviteur de nostre amé et feal conseillier maistre Simon de Champluisant, lors prevost de Paris [1] et à present president en nostre court de parlement, lequel Colinet ilz ne congnoissoient adonc. Et tantost, icellui Colinet et un autre homme en sa compaignie, eulx deux garniz de deux grans haches, dirent audit suppliant et à ceulx de sa compaignie qu'ilz se demenassent courtoisement, ou autrement ilz les pourroient bien mener en prison en nostre Chastellet, auquel Colinet icellui feu Michelet, frere dudit suppliant, eust repondu que ce ne seroit-il pas, et lors se meurent parolles entre lesdiz Michelet et Colinet, tellement que ledit Colinet se print au corps dudit Michelet, et de fait et par force le mist et gecta par terre soubz lui à tout sa hache. Et lors ledit suppliant qui estoit de l'autre part dudit pont, veant sondit frere ainsi par terre qui ne disoit ne ne respondit mot, combien que ledit suppliant le huchast ou appellast, fut moult effrayé et courroucié, cuidant que sondit frere feust mort ou que ledit Colinet ne le tuast soubz lui, et pour ce, lui, meu d'amour fraternelle et pour revanchier sondit frere, se approucha d'eulx et soudainement frappa ledit Colinet un seul coup de ladicte petite hachete qu'il avoit en sa main, dont ledit Colinet fut navré à sang. Et tantost après, icellui Colinet laissa aler ledit Michelet son frere qui se releva, et s'en alerent tous ensemble, et ledit Colinet fut mené en l'ostel

---

[1]. Simon de Champluisant avait été reçu le 3 février 1422 en l'office de prévôt de Paris où il fut remplacé le 1ᵉʳ décembre suivant par Simon Morhier ; le 2 décembre, Champluisant prêtait serment comme « quart président » au Parlement (Félibien, *Histoire de la ville de Paris*, preuves, p. 586 et 589).

d'une jeune femme dont il venoit comme l'en dit, où il a esté par l'espace de viii jours ou environ, et après à l'occasion dudit coup et navreure, et par son mauvais gouvernement si comme l'en dit, est alé de vie à trespassement. Pour lequel fait, tantost après ledit suppliant doubtant rigueur de justice se absenta, et durant son absence a esté appellé à noz droiz pour ledit cas, et par contumaces banni de nostre royaume de France. Et combien que pour icellui cas principal, ledit suppliant qui est clerc non marié, comme dit est, se soit depuis rendu et constitué prisonnier es prisons ecclesiastiques de nostre amé et feal conseillier le patriarche de Constantinople[1], administrateur perpetuel de l'eveschié de Paris, son juge competent et ordinaire en ceste partie, et que, après ce qu'il a fait satisfacion à partie, il a esté delivrés et mis hors desdictes prisons, neantmoins tant pour occasion dudit ban en quoy il est encouru, comme dit est, pour doubte d'estre emprisonné et durement traictié par noz gens et officiers à cause dudit fait principal, il n'oseroit jamais demourer ne converser seurement en nostre bonne ville de Paris, ne ailleurs en nostre dit royaume, se nostre grace et misericorde ne lui est sur ce impartie, en nous humblement requerant que, ces choses considerées que ledit suppliant en tous ses autres faiz a esté et est homme de bonne vie, renommée et honneste conversacion, qu'il a toujours esté et est bon et loyal envers nous et tenu le parti de nous et de nostre tres chier et tres amé oncle et cousin le duc de Bourgongne, que il a fait satisfacion à partie et que pour ledit cas principal il s'est rendu prisonnier es prisons de son ordinaire, desquelles il a esté delivrés come dit est, nous lui vueillions sur ce impartir nostre dicte grace. Pour ce est-il que nous.....

Si donnons en mandement au prevost de Paris.....

Donné à Paris, ou mois d'aoust, l'an de grace mil iiii^c xxiii, et de nostre regne le premier.

Ainsi signé : Par le roy, à la relation du Conseil,

G. DU VAL.

---

1. Jean de la Rochetaillée (voyez page 57).

LVIII.

1423. 5 septembre. Paris.

Henri VI donne à Guy, bâtard de Bourgogne, une maison confisquée sur Guy Coustel, en son vivant official de Meaux, et située rue Saint-Denis, au-delà de l'ancienne porte.

(JJ. 172, n° 351.)

Henry, par la grace de Dieu roy de France et d'Angleterre, savoir faisons à tous presens et advenir que pour certaines causes et consideracions à ce nous mouvans et pour contemplacion de nostre tres chier et tres amé oncle le duc de Bourgogne, nous par l'advis et deliberacion de nostre tres chier et tres amé oncle Jehan regent nostre royaume de France, duc de Bedford, avons donné, cedé et transporté, donnons, cedons et transportons par ces presentes de nostre grace especial, plaine puissance et auctorité royal à nostre amé Guy, bastard de Bourgogne[1], un hostel assis à Paris en la grand rue Saint-Denis, oultre l'ancienne porte[2], tenant d'une part à un hostel appartenant à Colin Marc, où pend l'enseigne du Pourcelet Noir, et d'autre part à un hostel appartenant à maistre Jehan Choart ouquel pend l'enseigne du Lyon d'Or[3], aboutissant

---

1. Fils naturel de Jean Sans-Peur, duc de Bourgogne, il fut seigneur de Cruybeke en Flandre et se signala par sa valeur dans les guerres du duc Philippe le Bon; sa descendance s'éteignit dans la personne de son fils Philippe, seigneur de Cruybeke (Anselme, *Hist. gén. de la maison de France* t. Ier, p. 240).

2. L'emplacement de cette porte de l'enceinte de Philippe-Auguste est encore indiqué aujourd'hui, par l'impasse des Peintres, appelé jadis cul de sac de la Porte-aux-Peintres, situé dans la rue Saint-Denis, entre la rue aux Ours et la rue de Turbigo.

3. Nous avons parlé plus haut (p. 59, note 3), d'après les extraits des comptes de confiscations faits par Sauval, d'une maison que Jean Chouart possédait « outre l'ancienne porte Saint-Denis au coin de la rue au Lion », et il semble, de prime abord, que cet immeuble doit être d'autant mieux cherché au coin de la rue Saint-Denis et de celle du Petit-Lion, que cette dernière, au dire de Jaillot (*Quartier Saint-Denys*, p. 67), serait désignée dans un acte de 1360 sous le nom de « rue du Lion d'Or, outre la porte Saint-Denys », qu'elle devrait sans doute à l'enseigne, mentionnée ici, de la maison de Jean Chouart, voisine de l'hôtel concédé à Guy de Bourgogne. Malheureusement, notre pièce nous apprend aussi que la nouvelle maison du bâtard de Bourgogne donnait par derrière sur la rue Palée, ce qui nous force à voir dans le Lion d'Or de Jean Chouart l'enseigne d'un hôtel construit sur le côté de la rue Saint-Denis qui fait face à la rue du Petit-Lion.

par derriere en la rue Palée[1], avec les appartenances et appendances d'icellui qui souloient appartenir à feu maistre Guy Coustel, en son vivant official de Meaulx, lesquelz hostel, appartenances et appendances sont à nous forfais, escheuz et confisquez, par ce que icellui maistre Guy, en son vivant favorisoit, conseilloit, portoit et aidoit le feu conte d'Armignac et ceulx de sa partie, pour d'icelle maison et de ses appartenances et appendences, joir et user par ledit Guy et ses hoirs masles descendans de lui en directe ligne, plainement et paisiblement à tousjours mais, perpetuelment et hereditablement, pourveu toutesvoies.....

Si donnons en mandement à noz amez et feaulx les gens de noz comptes à Paris, ... au prevost de Paris.....

Donné à Paris, le ve jour de septembre, l'an de grace mil cccc xxiii et de nostre regne le premier.

Ainsi signé : Par le roy, à la relation de monseigneur le regent, duc de Bedford,

J. DE RINEL.

LIX.

1423. Décembre. Paris.

Rémission accordée par Henri VI à Jean Briffaut qui, après avoir quitté Paris après l'entrée des Bourguignons dans cette ville, en 1418, pour suivre le parti du Dauphin, a pris part à plusieurs « courses » contre les partisans de l'étranger. Jean Briffaut reconnaît sa faute et annonce l'intention de s'établir avec sa femme dans le Laonnois où il possède quelque bien.

(JJ. 172, n° 628.)

Henry, par la grace de Dieu roy de France et d'Angleterre,

Comment admettre, dans ces circonstances, que le nom de « rue du Lion d'Or », incontestablement dérivé d'une enseigne, servît en 1360 à désigner la rue du Petit-Lion. Ne serait-il pas préférable d'y voir la dénomination d'une rue différente et, en admettant ainsi l'identité de la maison de Chouart située au coin de la « rue au Lion » avec l'hôtel du Lion d'Or, supposer que les noms de « rue du Lion d'Or » ou « rue au Lion » étaient employés au xve siècle, concurremment avec celui de rue Palée, à désigner la rue que nous avons tous connue jadis sous le nom de « rue du Petit-Hurleur ».

1. Connue dès 1242 sous le nom de « rue Jean Palée », cette rue porte, au xvie siècle, le nom de « rue du Petit-Huleu », défiguré depuis sous la forme de rue du Petit-Hurleur (Jaillot, *Quartier de Saint-Denis*, p. 45-46). Elle a peut-être ausssi été désignée dans la première moitié du xve siècle par les noms de « rue au Lion » ou « rue du Lion d'Or » (voyez la note précédente).

savoir faisons à tous presens et avenir nous avoir receu l'umble supplicacion des parens et amis charnelz de Jehan Briffaut, chargié de femme, contenant que come, puis l'entrée faicte en nostre ville de Paris par les gens de feu nostre tres chier et tres amé cousin Jehan, duc de Bourgogne, cui Dieu pardoint, ledit Jehan Briffault, par jeunesse et mauvais conseil, se soit absenté de nostre dicte ville et s'en [soit] alé avec et en la compaignie d'aucuns noz ennemis et adversaires à nous rebelles et desobeissans, avec lesquelz il a esté à plusieurs et diverses courses sur noz bons et loyaux subgiez, et des biens sur eulx prins par iceulx noz ennemis a eu souventes fois sa part et butin, sans ce toutesvoies qu'il ait aucunement tué, murdry, efforcé femmes ne violé eglises, et pour ce que il congnoist la faulte par lui faicte, ait entencion de soy partir de la compaignie d'iceulx noz ennemis et retraire lui et sadicte femme ou païs de Laonnois ou quel il est herité, ou en autre lieu à nous obeïssant, ce que fere n'oseroit se nostre grace et misericorde ne lui estoit impartie, laquelle lesdits suppliants nous ont humblement requise. Pour ce est-il que nous, desirans de tout nostre povoir retraire et reduire à nostre obeïssance noz subgiez par toutes les plus doulces voyes et manieres que povons, voulans preferer misericorde à rigueur de justice.....

Si donnons en mandement par ces mesmes presentes au prevost de Paris....

Donné à Paris, ou mois de decembre, l'an de grace mil CCCC XXIII et de nostre regne le second.

Ainsi signé : Par le roy, à la relacion du grant conseil tenu par l'ordonnance de monseigneur le regent le royaume de France, duc de Bedford,

L. CALOT.

LX.

1424. Janvier. Paris.

Rémission accordée par Henri VI à Jacquet Guillaume et à Jeannette, sa femme, coupables d'avoir produit deux faux témoins, un prêtre et une chambrière, pour attester que lors de la vente faite par eux à Alexandre de Mares, changeur, de la maison de la Huchette, rue Saint-Antoine, ils avaient déclaré à l'acquéreur que cette maison était chargée envers Jean Fleury, secrétaire du roi, en 18 livres de rente annuelle; cette somme, il est vrai, avait été depuis remboursée par les deux époux à Jean Fleury. La rémission est surtout accordée en souvenir de Jean Roche, sergent d'armes du roi Charles VI et propriétaire de la maison de l'Ours, de la porte Baudoyer, qui avait été décapité à Paris par les Armagnacs : Jean Roche était le beau-père de Jeannette, que la confiscation des biens de celui-ci, à la suite de sa fin si tragique, avait presque réduite à la misère.

(JJ. 172, n° 398.)

Henry, par la grace de Dieu roy de France et d'Angleterre, savoir faisons à tous presens et avenir, nous avoir receu l'umble supplication des parens et amis charnelz de Jaquet Guillaume et de Jehannete sa femme, povres gens prisonniers en nostre Chastellet de Paris, contenant que, come à cause des guerres et divisions qui ont esté et encores sont en ce royaume, ilz ont perdue toute ou la greigneur partie de leur chevance et par avant ilz, leurs parens et amis estoient riches gens et grandement aisiez, et fut l'encommancement de leur perte parce que les Armignaz, lors occupans la ville de Paris, firent decapiter feu Jehan Roche, lors demourant à l'Ours[1] à l'apport Baudoyer[2], mary de la mere de la dicte Jehannete et sergent d'armes en ordonnance de feu nostre tres chier seigneur et ayeul le roy Charles, pour avoir tenu son party et de feu nostre tres chier et tres amé cousin le duc de Bourgogne derrenier trespassez, dont Dieu ait les ames, renommé estre un grans riches homs avant sa mort, laquelle richesse yceulx Armignaz eurent toute, et si l'avoit rachetée d'eulx mesmes, et depuis la mort dudit feu Jehan Roche, feu Bernard le Breton jadis et premier mary de ladicte Jehannette, par quoy la mere de la dicte Jehannette et aussi ladicte Jehannette ont depuis vesqu à grant dangier et povreté, mesmement que, à l'occasion dudit Jehan Roche, on leur osta tous leurs biens meubles, dont icellui Jaquet et Jehannette deussent estre riches gens, et en furent comme destruiz, et ne savoient de quoy eulx chevir et gouverner. Et pour

---

1. Jean Roche, que l'auteur du Journal parisien appelle « le seigneur de l'Ours, de la porte Baudet », fut décapité le 2 mai 1416 pour avoir pris part à une conspiration ourdie contre la domination du parti armagnac à Paris par Nicolas d'Orgemont, chanoine de Paris et maître en la chambre des comptes, l'échevin Robert de Belloy, drapier, et autres. Son corps, pendu au gibet après le supplice, y resta pendant plus de deux ans, jusque vers le milieu de juillet 1418 que les Bourguignons, victorieux depuis six semaines, le détachèrent et l'ensevelirent en terre sainte (Journal parisien; Religieux de Saint-Denis, et Juvénal des Ursins).

2. Ces mots « l'apport Baudoyer » pour « la porte Baudoyer » sont à rapprocher de l'expression « l'apport Paris » qu'on a souvent employé pour désigner le lieu que les chartes du xiiie et du xive siècle nomment *porta Parisiensis*, c'est-à-dire « la porte de Paris » (Sauval, t. I, p. 104).

ce adviserent entre eulx qu'il leur estoit necessité d'avoir argent pour eulx mettre sus, et veans qu'ilz n'en povoient avoir bonnement sans vendre rente sur leurs heritaiges qui leur estoient demourez, firent tant envers nostre amé et feal clerc notaire et secretaire maistre Jehan Fleury[1], lequel par avant avoit ja presté de l'argent audit Jaquet avant qu'il feust marié à ladicte Jehannette, [que] icellui maistre Jehan Fleury leur en bailla, et ilz lui delaisserent XVIII livres de rente sur tous leurs biens et heritaiges à certaines années de rachat. Et depuis ce fait, certain temps après, iceulx Jaquet et Jehannette, veans que tous leurs biens et heritages estoient ypothequez à ladicte rente de XVIII livres envers le dit maistre Jehan Fleury, adviserent entre eulx un moien comment ilz pourroient avoir ou racheter ladicte rente ou partie d'icelle. Et, entre leurs autres heritages qu'ilz avoient, eurent advis que ilz vendroient une maison qu'ilz avoient du propre heritage de la dicte Jehannette, assise à Paris en la grant rue Saint-Anthoine, où pend l'enseigne de la Huchette, laquelle ilz exposerent en vente à Alexandre des Mares, changeur demourant à Paris, laquelle icellui Alexandre acheta certaine somme de deniers. En faisant laquelle vente et au traictié d'icelle, lesdiz Jaquet et Jehannette teurent lesdiz XVIII livres de rente deuz par an audit maistre Jehan Fleury, laquelle chose un mois après ladicte vendicion et lettres sur ce faictes, vint à la congnoissance d'icellui Alexandre des Mares que lesdiz Jaquet et Jehannete l'avoient par ce deceu. Et pour ce se tira par devers eulx et leur dist ce que dit est; lesquelz Jaquet et Jehannette lui confesserent de bonne foy qu'ilz n'avoient pas entencion de laissier ladicte maison ypothequée à ladicte rente, mais avoient entencion de tout racheter, et ne cuidoient point avoir mesprins, car ilz avoient voulenté et entencion d'emploier les deniers qui leur avoit bailliez, à la descharge de ladicte maison et heritages, et que ce ne lui despleust. Et tantost après firent tant, que par traictié fait entre lesdiz maistre Jehan Fleury, Alexandre des Mares, et lesdiz Jaquet et Jehannette, que iceulx Jaquet et Jehannette, mariez dessus nommez, s'obligerent audit maistre Jehan Fleury en la somme de cent frans, en rachetant et rabatant partie d'icelle rente à icelle somme,

---

1. Le même vraisemblablement qu'on verra plus loin, dans une pièce du 13 août 1428, sous le nom de « Jean de Fleury », désigné comme contrôleur de l'audience de la chancellerie de France.

paier dedans certain temps ensuivant, en deschargant et ostant l'ypotheque qui povoit estre à cause de ladicte rente sur ladicte maison et l'obligacion sur ce faicte audit maistre Jehan Fleury, icellui Alexandre par ledit traictié devoit avoir en sa garde, laquelle il eut et a encores, et par vertu d'icelle a receu desdiz Jaquet et Jehannette pour ledit maistre Jehan Fleury la some de LXXVIII frans d'une part, et ledit maistre Jehan Fleury XXXV frans d'autre part. Et par ainsi estoit ladicte somme toute paiée, et plus receu que ladicte somme de cens frans ne monte, dont ledit maistre Jehan Fleury est ou doit estre content, si come l'en dit, et par ce ladicte maison mise hors dudit ypotheque, si come l'en dit, par ledit accort sur ce fait plus à plain apparoir. Et neanmoins, depuis ces choses ainsi faictes, ledit Alexandre des Marez de sa voulenté, sans autre cause, voulans la destruccion desdiz Jaquet et Jehannette, se tira devers nostre procureur en nostre Chastellet de Paris, et lui donna à entendre que iceulx mariez estoient faulx vendeurs pour avoir teu les choses devant dictes, par quoy nostre dit procureur fist emprisonner iceulx mariez, lesquelz eulx estant prisonniers furent mandez par devant nostre prevost de Paris ou son lieutenant, et par lui interroguez sur ce que dit est, qu'ilz nyerent que ainsi feust, et que à ladicte vendicion ilz avoient dit et declairé audit Alexandre la charge de la dicte rente, et que ilz le prouveroient bien ; et pour ce eurent jour à amener leurs tesmoings. Pendant lequel jour, icellui Jaquet, pour crainte de deshonneur, ayant regart à ce qu'il avoit afranchy ladicte maison dudit ypotheque, comme dessus est dit, non cuidant pas tant mesprendre, et qu'il et sa femme estoient et sont extraiz de bonne lignée, qui onques ne furent reprins, se tira par devers un nommé Hervy Miz, prestre curé d'Ierre-les-Nonnains[1], qu'il trouva à Saint-Jehan-en-Greve, auquel il avoit congnoissance, et lui exposa comment il avoit vendu ladicte maison audit Alexandre, et avoit teu la rente desdictes XVIII livres dessusdictes, et que de ce il estoit approuché par devant justice oudit Chastellet, et qu'il estoit en necessité de prouver comment il dist et declaira audit Alexandre en faisant ladicte vendicion lesdictes XVIII livres de rente que prenoit ledit maistre Jehan Fleury, par la maniere dessus dicte ; et que par ce il estoit en avanture, se il ne lui aidoit à ce besoing, d'avoir une grant ville-

---

1. Yerres (Seine-et-Oise, arr. de Corbeil, cant. de Boissy-Saint-Léger).

nie et dommaige, et qu'il voulsist affermer que lui et sadicte femme dirent et declarerent audit Alexandre, en faisant la vendicion de ladicte maison, que il[s] estoient obligiez audit maistre Jehan Fleury en xviii livres de rente ou environ à rachat, et se ainsi le vouloit deposer, il lui feroit un tres-grant plaisir et il lui desserviroit; et si yroit querir une femme qui estoit bien leur amie, qui le deposeroit comme luy, et que en ce n'avoit aucun dommaige qui tournast à autruy, et que ilz avoient chevy dudit ypotheque audit Alexandre ou tant qu'il devoit souffire. A quoy lui respondi ledit prebstre qu'il le feroit bien et voulentiers. Et ce jour, après lesdites parolles, ala icellui prestre disner avec iceulx mariez en leur hostel, auquel prebstre ladicte Jehannette, femme dudit Jaquet, lui dist telz parolles ou semblables : « Messire « Hervy, je vous mercie de ce que Jaquet mon mary m'a dit que « vous tesmoingnerez voulentiers ce que mon mary vous a huy « dit »; c'est assavoir ce que dessus est dit. Laquelle chose icellui Hervy Miz, prestre, deposa par devant maistre Jaques Viart[1], commissaire député sur ce par nostre dit prevost de Paris ou son lieutenant, contre verité et dont il n'estoit riens, sans en avoir eu aucun prouffit. Et semblablement prierent à une nommée Jehannette la Buronne, demourant à Ville-Evrart[2] en l'ostel de Pierre Fouet, que ainsi le voulsist deposer, et laquelle icellui Jaquet ala querir audit Ville-Evrart, et en venant leur chemin, icellui Jaquet lui dist et declaira ladicte vendicion et la maniere comment elle devoit deposer pareillement que audit Hervy Miz; laquelle lui respondi que ce seroit grant pitié que un tel mesnage feust destruit, et qu'elle le feroit voulentiers. Et le landemain du jour qu'elle fut arrivée à Paris, vint au lever de la femme dudit Jaquet, laquelle lui dist après plusieurs parolles que il failloit qu'elle alast par devers maistre Jacques Viart, et qu'elle affermast qu'elle eust oy dire audit Jaquet et sa femme que ilz dirent en faisant la vendicion d'icelle maison, par la maniere que dessus est dit, que maistre Jehan Fleury prenoit rente sur tous leurs biens ; laquelle lui respondi qu'elle le feroit voulentiers come elle avoit fait audit

---

1. Jacques Viart était examinateur au Châtelet de Paris (Sauval, p. 515) et occupait, vers le temps auquel appartient cette pièce, une maison « sise rue Saint-Martin, devant le chasteau », laquelle avait été confisquée sur Bureau de Dammartin (*Ibid.*, p. 322).

2. Ville-Evrard, château compris dans le finage de Neuilly-sur-Marne (Seine-et-Oise, arr. de Pontoise, cant. de Gonesse).

Jaquet son mary. Et en alant en l'ostel dudit commissaire, icelle Jehannette, femme dudit Jaquet, ala avecques elle en lui recitant ce que autres foiz et par avant lui avoit dit. Et oultre, la mena par Saint-Jehan-en-Greve pour parler audit Hervy Miz, prestre, lequel prestre lui dist comment il avoit deposé et qu'il convenoit que ainsi le deposast. Et lors, ladicte Jehannette, femme dudit Jaquet, dist de rechief à icelle chamberiere que elle ne obliast pas à ainsi deposer, et elle lui donroit une houppellande qu'elle avoit vestue, quant elle la laisseroit, à vestir; et ainsi le deposa ladicte chamberiere par devant ledit commissaire contre verité et dont il n'estoit riens sans en avoir aucun prouffit. Pour occasion desquelz cas et faiz dessus diz, lesdiz mariez sont detenuz prisonniers en nostredit Chastellet de Paris où ilz sont en voye d'estre honteusement puniz, se par nous ne leur est sur ce impartie nostre grace et misericorde, si comme dient leurs diz parents et amis, en nous humblement requerant que attendu que feu Jehan Roche, mary de la mere d'icelle Jehannete, femme dudit Jaquet, fut pour avoir tenu le bon parti de feu nostre tres chier seigneur et ayeul le roy Charles, soubz feu nostre tres chier et tres amé cousin le duc de Bourgogne, derrenierement trespassez, dont Dieu ait les ames, decapité publiquement par noz ennemis et adversaires qui lors occupoient nostre bonne ville de Paris, et tous ses biens perduz; eu regart à la peine de prison que lesdiz mariez ont soufferte longuement, et aussi à la povreté qu'ilz ont eue à l'occasion des choses dessus dictes, et qu'ilz se sont demonstrez tousjours bons, vrays et loyaulx subgiez envers nostre dit feu seigneur et aieul et nous, et que partie estoit ou devoit estre contente dudit ypotheque, et que de ce lesdiz Alexandre et Fleury furent d'accord ensemble avec lesdiz mariez et lettres passées sur ce avant l'accusation dudit Alexandre, et par ce de raison deust avoir esté content, et que ce que ont fait en ceste partie lesdiz mariez a esté par povreté, comme dit est, et pour cuider eschever leur deshonneur, et que ce ne portoit nul dommaige à aucun, et que en tous autres cas ilz ont tousjours esté gens de bonne vie, renommée, et de conversacion honneste, sans onques maiz avoir esté reprins, attains ne convaincuz d'aucun autre villain cas, blasme ou reprouche, nous leur vueillions sur ce impartir nostre grace et misericorde. Pour quoy nous.....

Si donnons en mandement par ces presentes à nostre dit prevost de Paris.....

Donné à Paris, ou mois de janvier, l'an de grace mil cccc xxiii et de nostre regne le second.

Ainsi signé : Par le roy, à la relacion du grant Conseil tenu par l'ordonnance de monseigneur le regent de France, duc de Bedfort.

CALOT.

LXI.

1424. Janvier. Paris.

Ordonnance par laquelle Henri VI réduit à vingt-quatre le nombre des courtiers (ou marchands) de chevaux qui, auparavant, était illimité [1].

(JJ. 172, n° 413.)

Henry, par la grace de Dieu roy de France et d'Angleterre, savoir faisons à tous presens et avenir que, comme sur le fait des courretiers de chevaulx de nostre bonne ville de Paris ait certaines ordonnances faictes dès le xviii° jour de juillet, l'an mil iii° soixante quinze [2], pour le bien de la policie et du bien commun d'icelle ville, qui sont enregistrées en nostre Chastellet de Paris ; toutes foiz pour ce que, par lesdictes ordonnances, n'y a nombre limité combien il y doit avoir desdiz courretiers, plusieurs personnes, tant tixerrans, cordouenniers, laboureurs, vignerons, come autres de divers estaz et mestiers, povres gens et non congnoissans en ce, se sont entremis et entremettent chacun jour dudit fait de courretage de chevaulx, en quoy pluseurs personnes, tant gens d'eglise, nobles, comme bourgeois et laboureurs, en ont esté et sont souvent trompez, deceuz et abusez par la faulte et coulpe d'iceulx courretiers à qui avoir recours de leurs dommaiges et interestz, tant pour le grant et excessif nombre qu'il y a de present d'iceulx courretiers, comme pour leur povreté, qui est ou grant prejudice du bien commun et de la bonne policie de nostre dicte ville de Paris. Et pour ce eussions et ayons fait veoir et adviser lesdictes ordonnances par aucuns de nostre grant conseil et autres noz offi-

---

1. Cette pièce a déjà été publiée dans le recueil des *Ordonnances des rois de France*, t. XIII, p. 41.

2. « Il ne s'agit pas ici d'ordonnances du roi, mais d'un règlement fait « par Hugues Aubriot, prévost de Paris, imprimé dans les notes de la page « 380 du deuxième volume de ce recueil, d'après Fontanon, t. I, p. 370 ; on « le trouve aussi imprimé dans Rebuffe, *Edits et ordonnances*, p. 1133. » (*Ordonnances des rois de France*, t. XIII, p. 41, note).

ciers enquerir, et savoir s'il estoit expedient qu'il y eust nombre d'iceulx courretiers pour servir en nostre dicte ville de Paris et ou marchié d'icelle, lesquelz noz officiers ont veues et diligemment advisées icelles ordonnances par gens en ce congnoissans, tant marchans courretiers de chevaulx et mareschaulx de nostre dicte ville de Paris comme autres, sur ce que dit est, et nous en ont fait leur rapport. Nous qui desirons de tout nostre cuer pourveoir au bien commun et bonne policie estre en nostre dicte ville de Paris; qui est la ville cappital de tout nostre royaume de France, remedier aux inconveniens dessusdiz, avons voulu et ordonné, voulons et ordonnons par ces presentes que, d'ores en avant, ait en nostre ville de Paris et puist avoir jusques au nombre de xxiiii courretiers de chevaulx et non plus, lesquelz seront faiz et creez, et bailleront caucion par la maniere contenue es dictes ordonnances de nostre dit Chastellet, lesquelles ilz jureront tenir et garder, chacun d'eulx à leur nouvelle creacion ou institucion, selon leur forme et teneur, et seront enregistrées es registres de nostre dit Chastellet avec les caucions qu'ilz bailleront, afin que se ilz ou aucun d'eulx font ou commettent aucunes faultes sur ce, que l'en puisse plus legierement savoir ce que aura fait pour en faire bonne raison et justice ; et deffendons à tous que, d'ores en avant, aucun autre que lesdiz xxiiii courretiers ne s'entremette du dit fait de courretage de chevaulx en ladicte ville de Paris, sur paine d'estre mis en prison et d'amende voluntaire.

Si donnons en mandement, par ces mesmes presentes, au prevost de Paris present et avenir.....

Donné à Paris, ou mois de janvier, l'an de grace mil cccc xxiii et le second de nostre règne.

Ainsi signé : Par le roy, à la relacion du Conseil,

Fontenoy.

LXII.

1424. 30 mars. Paris.

Henri VI donne à Jean de Haveford, chevalier, et à la descendance masculine et directe de celui-ci un hôtel sis à Paris, rue des Bourdonnais, lequel avait été confisqué sur Regnaud Pidoue.

(JJ. 172, n° 447.)

Henry, par la grace de Dieu roy de France et d'Angleterre, savoir faisons à tous presens et avenir que nous, considerans les bons et aggreables services que nostre tres chier et bien amé

Jehan de Haveford, chevalier, a faiz à nous et à nostre tres chier et tres amé oncle Jehan, regent nostre royaume de France, duc de Bedford, ou fait de noz guerres et autrement, fait chacun jour et esperons que face ou temps avenir, et autres causes et consideracions à ce nous mouvans, audit chevalier pour lui et ses hoirs masles legitimes, descendans de lui en droicte ligne, avons par l'advis de nostre dit oncle donné, cedé, transporté et delaissié..... un hostel qui fut à Regnault Pidoue avec les louages et autres appartenances et appendances ainsi que tout se comporte et extend, assis à Paris en la rue des Bourdonnois[1], à nous appartenant et come forfait confisqué et acquis par les rebellion et desobeïssance contre nous commises par ledit Regnault, comme l'en dit, à icellui hostel, louages et appartenances avoir, tenir et possider et en joir, user et exploictier d'ores en avant par ledit Haveforde et ses diz hoirs masles legitimes, descendans de lui en droicte ligne, perpetuelment, hereditablement et à tousjours comme de sa propre chose et heritage, parmi ce qu'il fera et paiera, où il appartendra, les droiz, services et autres charges et devoirs pour ce deuz et d'ancienneté acoustumez, et qu'il fera retenir et soustenir ledit hostel et les ediffices d'icellui et des dictes appartenances en aussi bon et souffisant estat qui lui seront bailliez, pourveu toutes voies.....

Si donnons en mandement, par ces presentes, à noz amez et feaulx les gens de noz comptes, ... au prevost et receveur de Paris.....

Donné à Paris, le penultiesme jour de mars, l'an de grace mil CCCC XXIII et le second de nostre regne.

Ainsi signé : Par le roy, à la relation de monseigneur le regent le royaume de France, duc de Bedford,

R. VERET.

---

1. Regnaud Pidoue, ou plus correctement Pis-d'Oue, appartenait à une vieille famille parisienne dont le nom figure dans les actes latins du XIII° siècle sous la forme *Pectus Anseris*; il exerçait la profession de changeur et fut nommé aux fonctions d'échevin, à Paris, le 10 octobre 1415 (Journal parisien). Chassé sans doute de la capitale, en 1418, par le triomphe du parti bourguignon, Regnaud Pidoue fut dépouillé de ses biens par les vainqueurs et son nom paraît plusieurs fois dans les comptes de confiscations. Sa maison de la rue des Bourdonnais, dont il est question ici, tenait d'une part à la veuve de Jean Maillard, d'autre part à Guillaume Sanguin, et par derrière aux hoirs de Denis de Paillard (Sauval, p. 312). Une autre maison confisquée sur lui était sise rue Montorgueil; elle était accompagnée d'un jardin (*Ibid.*, p. 309).

LXIII.

1424. 30 mars. Paris.

Henri VI donne à Bérard de Montferrand, chevalier, et à sa descendance masculine, une maison située sur la place Baudoyer, en face de l'hôtel de l'Ours; cette maison avait été confisquée sur les héritiers de feu M⁰ Guy de Dammartin.

(JJ. 172, n° 464.)

Henry, par la grace de Dieu roy de France et d'Angleterre, savoir faisons à tous presens et avenir que nous, considerans les grans et notables services faiz à feu nostre tres chier seigneur et pere, cui Dieu pardoint, par nostre amé et feal Berard de Montferrand, chevalier, et que il fait à chascun jour à nous et à nostre tres chier et tres amé oncle Jehan, regent nostre royaume de France duc de Bedford, et pour certaines causes à ce nous mouvans, à icellui de Montferrant par l'advis de nostredit oncle avons donné, cedé, transporté et delaissié, et par ces presentes de grace especial, plaine puissance et auctorité royal donnons, cedons, transportons et delaissons l'ostel ou maison, ensemble ses appartenances assise à Paris en la rue de la Porte-Baudet [1] à l'opposite de l'ostel où pend l'enseigne de l'Ours, lequel hostel ou maison fut et appartint aux heritiers de feu maistre Guy de Dampmartin [2], et nous est venu et escheu par forfaicture et confiscacion, pour d'icellui hostel et maison, ensemble ses appartenances, ainsi come il se comporte, joir et user par ledit de Montferrant et ses hoirs masles legitimes venans de lui en loyal mariage, perpetuelment, hereditablement et à tousjours, pourveu que icellui hostel ou maison

---

1. Cette rue a été plus communément désignée depuis sous le nom de « place Baudoyer » qu'elle porte encore aujourd'hui.

2. Cette maison avait été concédée, antérieurement, paraît-il, à un nommé Richard de l'Epine, moyennant une redevance annuelle de 27 livres parisis ; aussi le roi Henri VI, pour rendre effectif le don qu'il en fait ici à Bérard de Montferrand, transporta-t-il la redevance à ce personnage par lettres du 16 novembre 1425 qu'on lira plus loin. Suivant les extraits de comptes de confiscations publiées par Sauval (p. 323 et 583), Bérard aurait reçu du roi d'Angleterre, à cette même date du 16 novembre 1425, une maison également confisquée sur les hoirs de Guy de Dammartin et qui était située rue Saint-Antoine; mais cette allusion se rapporte peut-être à la pièce dont nous venons de parler, la « rue de la Porte-Baudet » pouvant être considérée comme une prolongation de la rue Saint-Antoine.

ne soit de nostre ancien demaine... et que icellui de Montferrant et ses hoirs come dit est, soustendront et maintendront ledit hostel en aussi bon estat qu'il est de present.

Si donnons en mandement à noz amez et feaulx les gens de noz comptes à Paris... au prevost de Paris.....

Donné à Paris, le xxxe jour de mars, l'an de grace mil cccc et vint trois et de nostre regne le second.

Ainsi signé : Par le roy, à la relacion de monseigneur le regent le royaume de France, duc de Bedford,

J. MILET.

LXIV.

1424. Mars. Paris.

Rémission accordée par Henri VI à Pierre l'Escuier qui, au mépris de l'assurement donné en 1421 à Robin Briant, clerc et serviteur de l'abbaye de Sainte-Geneviève, avait blessé celui-ci à la jambe d'un coup d'épée. La mésintelligence entre Pierre et Robin remontait à deux ans environ et son origine était assez grave : à la suite d'une absence qu'il avait faite, Pierre l'Escuier avait trouvé Catherine, veuve de Guillaume le Gois et sa fiancée, mariée à Robin Briant, et était parvenu à faire annuler ce mariage. Il avait ensuite épousé Catherine, mais l'accord entre les deux rivaux n'avait pu être rétabli en raison du réglement des dommages et intérêts, que Robin avait été condamné à payer à Pierre, et de certains autres frais de procès. — Un délai de trois semaines est accordé à Pierre l'Escuier pour se rendre au Châtelet de Paris où il sera détenu durant un mois au pain et à l'eau, puis puni civilement selon ses moyens.

(JJ. 172, n° 429.)

Henry, par la grace de Dieu roy de France et d'Angleterre, savoir faisons à tous presens et avenir nous avoir receu humble supplication de Pierre l'Escuier, jeune homme, contenant comme dès deux ans a, ou environ, ledit suppliant qui lors avoit esté par aucun temps hors de nostre ville de Paris, feust retourné en nostre dicte ville, et lui arrivé, feust venu à sa congnoissance que un nommé Robin Briant avoit nouvellement espousé Katherine, jadis femme de feu Guillaume le Goys [1], pour laquelle cause ledit suppliant sachant que, par avant ledit mariage, il avoit fiancé la dicte Katherine, et par consequant devoit estre sa femme et espouse,

---

1. Guillaume le Gois, de la famille des le Gois, bouchers de Paris, était l'un des principaux adhérents de la faction cabochienne. Banni pour ce fait en 1413, il fut excepté de l'abolition accordée par le roi le 30 août 1415 (Juvénal des Ursins).

eust fait citer et convoquer icelle Katherine en cas de mariage à la court de l'Eglise de Paris, et ledit Robin pour veoir adnuller sondit mariage. Sur quoy procès feust meu entre lesdictes parties et ladicte court d'esglise, pendant lequel procès icellui Robin fist convenir et adjourner ledit suppliant en nostre Chastellet de Paris en cas d'asseurement, et dit l'en que il obtint deux desfaulx en nostre dit Chastellet ou cas d'asseurement contre icellui suppliant. Et, avec ce, icellui suppliant lui donna asseurement en la dicte court de l'Esglise. Et depuis, fut oudit procès tant procedé que par sentence de l'official de Paris ledit mariage fait desdiz Robin et Katherine fut declaré nul, et fut tauxé par ledit official audit Robin pour ses dommaiges et interests la somme de xii escus, pour lesquelz xii escuz et pour certaine autre somme d'argent que il disoit avoir presté ou baillé pour le demené dudit procès contre ledit suppliant, il print et emporta des biens d'icelle Katherine environ viii marcs d'argent en vaisselle; c'est assavoir en trois tasses, une aiguiere, et xii cuillers bien fortes tout d'argent, — lequel argent valoit trop plus que ne montoit lesdiz pres05 et tauxacion dudit Robin, — et il soit advenu que par pluseurs foiz depuis les choses dessus dictes, ledit suppliant qui a espousé icelle Katherine ait requis ou fait requerir à icellui Robin que ladicte vaisselle feust vendue et qu'il se restituast des prest et adjudicacion ou tauxacion dessus dictes, et le surplus voulsist rendre et restituer à icellui suppliant. Mais ledit Robin n'y a voulu entendre, et pour ces causes, un an a ou environ, ledit suppliant et Robin s'entre-trouverent en une rue, près de la place Maubert à Paris, assez pres des Carmes, et après aucunes parolles qui furent entre eulx, lui requist ledit suppliant qui voulsist entendre à la vendicion de ladicte vaisselle et à soy recompenser, et que le surplus que vauldroit icelle vaisselle, lui paié, il voulsist rendre et restituer à icellui suppliant, mais encores ledit Robin n'en voult riens faire, et pour ce se meurent parolles entre eulx, et tellement que ledit suppliant fery un cop du poing sur la teste dudit Robin, et lui gecta sa dague après lui, dont il ne fut aucunement attaint ne blecié, et aussi icellui Robin ne s'en plaingny aucunement. Et depuis ce, c'est assavoir un mois a ou environ, ledit suppliant considerant qu'il ne povoit avoir raison dudit Robin, après ce qu'il apperceut que icellui Robin, estans lors en nostre dit Chastellet de Paris avec aucuns des clercs frequentans en icellui Chastellet, monstroit icellui suppliant par maniere de derision au doy, il en fut moult esmeu et courroucié. Et incontinant s'en ala en son hostel où il print une espée et, ce fait, ala au mont Saint-Hilaire[1], par lequel mont ledit Robin, qui est clerc et serviteur de noz bien amez les religieux abbé et couvent de Sainte Geneviefve à Paris, avoit acoustumé d'aler et soy retraire en ladicte abbaye, et illecques l'attendi par aucun temps et jusques environ six heures au soir que ledit Robin passa par là, auquel Robin icellui suppliant s'apparu et lui donna un cop de sadicte espée sur la jambe senestre, à sang et playe, duquel cop il est de present guery sans mutilacion ou mehaing. Pour occasion duquel cas et que l'en veult dire que, en ceste matiere, a infraction d'asseurement et de nostre sauvegarde, il, doubtant rigueur de justice, s'est parti et absenté de nostre ville de Paris, delaissié sadicte femme et son mesnage, et depuis a esté appellé à ban de par nostre prevost de Paris et mis en aucuns deffaulx, en laquelle nostre ville de Paris il n'oseroit jamais retourner, ainçoys est en voye d'estre banni à tousjours de nostre royaume, se par nous ne lui est sur ce eslargie nostre grace et misericorde, si comme il dit, requerant humblement que, consideré ce que dit est, et qu'il a servy longuement en armes et tenu tout son temps le parti de feux nostre tres chier seigneur et ayeul le roy de France et nostre tres chier et tres amé cousin le duc de Bourgogne, derreniers trespassez, desquelz Dieu ait les ames, et encores nous a servy derrenierement ou pays de Champaigne avec nostre amé et feal chevalier le sire de l'Isle, cappitaine de par nous en ceste partie, ouquel pays il fut prins par noz ennemis et y perdy tous ses biens, harnoiz et chevaulx, et durement traictié et telement qu'il en est desert de chevance, que en ladicte bateure n'a mort ne chevance, et que torçonnierement ledit Robin lui a retenu et retient ladicte vaisselle, consideré aussi que ledit suppliant en ses autres faiz a esté homme de bonne vie, renommée,... nous lui vueillions impartir nostre dicte grace. Pour quoy nous audict suppliant... quittons, remettons et pardonnons le cas et fait dessusdiz.... pourveu que dedans trois sepmaines prouchainement venans, ledit suppliant se rendra prisonnier en nostredit Chastellet où il sera un mois au pain et à l'eaue, et sera pugni civillement selon sa faculté.

---

1. La rue du Mont-Saint-Hilaire devait son nom à sa situation, qui la faisait aussi désigner en 1263 sous celui de *vicus superior Sancti Hilarii* (Jaillot, *Quartier Saint-Benoît*, p. 103). L'église de Saint-Hilaire était située au coin de cette rue et de la rue des Sept-Voies.

Si donnons en mandement par ces presentes à nostre dit prevost de Paris.....

Donné à Paris, ou mois de mars, l'an de grace mil CCCC XXIII et de nostre regne le second,

Ainsi signé : Par le roy, à la relacion du Conseil,

CHEMBANT.

LXV.

1424. Mars. Paris.

Rémission accordée par Henri VI à Jeannette Voidié, femme de Jean Lambert, orfèvre, coupable d'avoir jeté dans un puits, dans la maison de son père habitant près Saint-Merry, son jeune fils âgé de trois mois, qu'on avait fait revenir de Crosnes, près Villeneuve-Saint-Georges, où il était en nourrice, à cause de son état maladif, afin de le porter en pèlerinage à l'église de Saint-Germain-des-Prés, puis à l'église de Saint-Merry. C'est en sortant de ce dernier sanctuaire, le 27 février, que Jeannette, visiblement atteinte depuis plusieurs mois d'hypocondrie, ou même d'aliénation mentale, noya son enfant. La malheureuse mère devra tenir prison au pain et à l'eau pendant quinze jours et faire chanter cinquante messes.

(JJ. 172, n° 430.)

Henry, par la grace de Dieu roy de France et d'Angleterre, savoir faisons à tous presens et avenir nous avoir receu l'umble supplicacion des parens et amis charnelz de Jehannette Voidié, aagiée de XXVIII ans ou environ, femme de Jehan Lambert, orfevre demourant à Paris, chaargié de deux petiz enfans, fille et filz, au dessoubz de sept ans ou environ, contenant comme ledit Jehan Lambert et ladicte Jehannete sa femme, lesquelz dès neuf ans a et plus sont ensemble conjoins par mariage, aient tousjours bien et honnestement vesqu en leur dit mariage, si non puis pou de temps en ça es choses advenues cy après declairées, et mesmement du cas de meschief advenu par le fait de ladicte femme dont cy après sera parlé. C'est assavoir que icelle femme acouscha d'un filz de sondit mary et d'elle, huit jours ou environ avant Noel derrenierement passé, laquelle estant grosse dudit enfant, considerant la petite gangne de son dit mary, leurs cherges et chierté du temps, se souffroit et chagrinoit moult souvent, tres impaciemment ; et entreprist icelle femme de norrir de ses mamelles sondit enfant, ainsi qu'elle avoit fait autres ses enfans, après ce qu'il ot esté batisié en sains fons en leur eglise parrochial. En la gesine de laquelle femme, elle, à cause de certain linge ot debat à la chamberiere qui la servoit en ladicte gesine, duquel debat elle prist tel courroux que, pour raison de ce ou autrement, son lait se defouy et le perdy sans ce que l'en lui peust faire revenir, combien que pluseurs remedes y feussent mis, dont elle fut forment et plus que devant troublée. Et pour ce, huit jours ou environ après les relevailles de ladicte femme, voyant sondit mary qu'elle ne povoit leur dit enfant norrir par faulte de lait, et qu'il estoit dès lors en petit estat, et le baillerent à norrir de mamelle à la femme d'un nommé Thomas Mahiart, charretier demourant à Crosne[1] près de Paris, laquelle femme dudit Thomas emporta audit Crosne ledit enfant et se charga de le norrir bien et convenablement jusques à un an prouchain ensuivant, moiennant certain pris que lui en fu promis paier par ycellui Jehan Lambert, pere dudit enfant. Après lequel bail à norrir ainsi fait dudit enfant, sadicte mere se continua forment à troubler et melencolier, et delaissa d'aler à l'eglise où elle aloit bien au devant; dont quant son dit mary l'en reprenoit, elle disoit qu'elle n'y sauroit que faire, et y vauldroit autant une beste comme elle. Et aussi quant aucunes fo[i]z elle voyoit sesdiz enfans, ou l'un d'iceulx, jouer à sondit mary, leur pere, elle leur disoit qu'ilz avoient en elle une mauvaise mere. Dont pour ce que sondit mary l'en blasmoit, en lui remonstrant pour l'apaisier qu'il gangnoit assez bien et qu'il ne pourroit vivre avec elle à la maniere qu'elle tenoit, en la, aucunes foiz, menaçant de batre se elle ne se gouvernoit autrement, elle disoit qu'elle vouldroit qui l'eust mise en tel estat que l'en la portast en terre. Et aucunes foiz faisoit regrez par nuyt, elle estant couchée ou lit avecques sondit mary, disant ces motz ou semblables en effect : « A! faux ennemi, tu m'as bien deceue, « je estoie en bonne voye, dont tu m'as ostée et tirée à ta cor- « delle! » et de fait se efforça aucunes foiz de se pendre et, à diverses foiz, se leva par deux foiz de nuyt d'emprès sondit mary, et s'efforça de se gecter en la riviere par une fenestre de leur maison estant sur le pont Nostre-Dame de Paris, et de fait se y feust gectée et noyée, se son dit mary ne l'en eust rescousse. Lequel mary fist pour ce venir en sa maison Robert Voidié, pere, et Robert Voidié, frere de sadicte femme, devers elle pour sur ces choses, qui leur exposa repaisier et reduire en bon propos, lesquelz n'y peurent prouffiter, et se desconforta come devant,

---

1. Crosnes (Seine-et-Oise, arr. de Corbeil, cant. de Boissy-Saint-Léger).

disant en plourant qu'elle vouldroit estre morte, et pour ce distrent lesdiz pere et frere d'icelle femme à sondit mary, qui la gardast et traictast le plus doulcement qu'il pourroit, ce qu'il a tousjours fait. Lequel mary, pour savoir l'estat de leurdit enfant ainsi baillié à norrice, envoia le dymanche avant le jour de feste Saint Mathias derrenierement passé, un sien apprentiz audit lieu de Crosne qui rapporta avoir veu et trouvé ledit enfant en grant maladie et langueur; et pour ce envoya icellui pere devers ladicte norrice querir ledit enfant, leqüelle l'apporta le landemain dudit jour de feste Saint Mathias[1] en la maison de lui et de sadicte femme, lesquelz trouverent et virent leurdit enfant en si povre point et langueur que c'estoit piteuse chose à veoir. Et pour ce, le prouchain jour après qui fut jour de dimenche[2], fist porter ledit pere en sa compaignie par ladicte norrice sondit enfant en pelerinage en l'eglise de Saint-Germain-des-Prez lez Paris, où ilz firent offrandes pour ledit enfant, et y laisserent l'une des bandes de quoy l'en envelopoit à mailloter. Et, ce fait, retourna ledit père, ensemble ladicte norrice et sondit enfant en sa maison où estoit sadicte femme, laquelle dist qu'elle vouloit porter son enfant en l'eglise Saint-Merry à Paris, faire ses offrandes à saint Sir, ce qu'elle toute seule fist, et après ala en l'ostel de son pere dessus nommé, demourant pres de ladicte eglise Saint-Merry, lequel son pere elle ne trouva pas, et trouva oudit hostel une sienne seur ou serorge à laquelle elle parla. Et lui dist icelle serorge que, de la court dudit hostel où elle estoit, elle montast en hault où il avoit bon feu, pour chauffer sondit enfant, ce qu'elle ne voult faire, et dist en effect à sadicte serorge, se elle n'avoit oy messe, qu'elle alast oïr, car tout estoit presque chanté audit Saint-Merry dont elle venoit; et tantost après que ladicte serorge se vestoit de sa robe à aler à l'eglise, ladicte mere passionée pour le courroux qu'elle avoit du povre point et langueur où estoit son dit enfant, entra en sesdictes melancolies et fureur ou non sens, comme il est à croire et presumer, et par temptacion de l'ennemi gecta icellui son enfant ou puys dudit hostel estant pres d'elle en ladicte court, dont ladicte serorge oy le fait sur l'eaue; et supposant la furiosité qu'elle savoit estre souvent en ladicte mere, descendit tantost embas et en regardant oudit puys y vit ledit enfant,

---

1. Le 26 février, par conséquent.
2. Le 27 février était effectivement un dimanche.

dont elle fut forment troublé. Et en alant pour ce querre de ses voisines, apperceut ladicte mere qui se estoit ou bouge sur la rue dudit hostel catie, à laquelle mere ladicte serorge dist que c'estoit une mauvaise femme, et qu'elle avoit noyé sondit enfant, laquelle mere dist ou paroles en effect[1], car elle se teust, car il estoit bien et le rameneroient (?) bien, et la print par les mains pour la cuider retenir, dont elle n'ot pas la force. Et fist ylec venir ladicte serorge une de sesdictes voisines, et commencerent à peschier en icellui puys ledit enfant, à seaulx à traire et mettre eaue, et mesmes ladicte mere y commença avec elles et, come aucuns dient, toute la premiere; mais pour ce qu'elle aperceut ylec appliquer pluseurs personnes, elle se demuça et absenta. Et, après ce, fut par le pere, qui là vint, traict hors du puys ledit enfant mort. Pour quoy ladicte mere n'oseroit jamais retourner avec sesdiz mary et enfans, dont elle seroit en avanture de perir sa personne par deffault de la compaignie d'iceulx, se par nous ne lui estoit sur ce impartie nostre grace et misericorde, si come sesdiz parens et amiz dient, suppliant que sur ce lui vueillions estre piteables et misericors. Pour ce est il que nous, ces choses considerées et pour ce saint temps de Karesme où nous sommes de present....., à ladicte Jehannette Voidié, femme dudit Jehan Lambert, ... quittons, remettons et pardonnons ledit cas et mesfait avec toute punicion, peine, amende et offense corporelle, criminelle ou civile... parmi ce qu'elle sera en prison xv jours au pain et à l'eaue et fera dire et chanter cinquante messes.

Si donnons en mandement au prevost de Paris.....

Donné à Paris, ou mois de mars, l'an de grace mil cccc xxiii et de nostre regne le second.

Ainsi signé : Par le roy, à la relacion du Conseil,

CHEMBAUT.

LXVI.

1424. 6 juin. Paris.

Henri VI donne à Jean de Saint-Yon, trésorier et gouverneur général des finances de France, un hôtel situé rue de la Verrerie et confisqué sur les héritiers de Miles Baillet; M° Germain Rapine, à qui cet hôtel avait été

---

1. Il y a probablement un bourdon vers cet endroit du manuscrit, car le sens n'est pas clair.

baillé à raison de 32 livres parisis payables chaque année au domaine, est déchargé de cette obligation, en faveur de Jean de Saint-Yon.

(JJ. 172, n° 484.)

Henry, par la grace de Dieu roy de France et d'Angleterre, savoir faisons à tous presens et avenir que pour consideracion des bons et aggreables services que nous a faiz et fait de jour en jour nostre amé et feal, Jehan de Saint-Yon, tresorier et gouverneur general de noz finances de France[1] et aussi des pertes et dommaiges qu'il a euz et soustenuz le temps passé pour causes des guerres de nostre royaume de France et autres causes et consideracions à ce nous mouvans, à icellui par l'advis de nostre tres cher et tres amé oncle Jehan, regent nostre royaume de France, duc de Bedford, avons de nostre grace especial, plaine puissance et auctorité royal, donné, cedé, transporté et délaissé, cédons, delaissons et transportons par ces presentes un hostel ou maison avec ses appartenances seant à Paris en la rue de la Voirr[er]ie qui souloit appartenir à feu Miles Baillet[2], et lequel nous est venu et escheu par forfaicture et confiscacion pour d'icellui hostel ou maison, ensemble de ses appartenances, joir et user par ledit Jehan de Saint-Yon et ses hoirs masles venans de lui en loyal mariage, perpetuellement, hereditablement et à tousjours, en

---

1. Ce personnage n'est pas différent du « maistre des bouchiers de Paris » qui, le 7 avril 1422, reçut du roi Charles VI 300 livres de revenu annuel (voyez plus haut, p. 39), lesquelles furent assises le 26 juin 1423 sur la seigneurie de Clichy-la-Garenne, dont Pierre de Giac avait été dépouillé (Arch. nat., JJ. 172, n° 320) ; Saint-Yon est déjà qualifié, à cette dernière date « tresorier et general gouverneur de toutes les finances de France. On trouvera, plus loin, sous les n°° XC et CXXVI d'autres actes de don en sa faveur.

2. Cette maison, célébrée par Guillebert de Metz, tenait d'une part « à la Gencienne », d'autre part à « M° Pierre Gencien » et par derrière à l'hôtel de Tanneguy du Châtel ; elle passa, après la mort de Miles Baillet, à ses héritiers, les enfants de sire Arnoul Boucher sur lesquels on la confisqua. La concession à M° Germain Rapine dont il est question plus bas remonte au moins à l'année 1421 (Sauval, p. 289, 298 et 592). Miles Baillet avait laissé une veuve, nommée Denise, dont les terres de Mitry, également confisquées, furent données à James Houtar, anglais, en même temps que la seigneurie du Tremblay qui avait appartenu à Baillet (*ibid.*, p. 325 et 329). On peut consulter sur Miles Baillet qui, en 1404, était gouverneur des finances de Langue d'Oïl, la notice que lui ont consacrée MM. Leroux de Lincy et Tisserand (*Paris et ses historiens aux XIV° et XV° siècles*, p. 349-353).

payant les charges et devoirs pour ce acoustumez, pourveu qu'il n'ait esté donné à aucun par nous ou nostre dit oncle paravant la date de ces presentes, et qu'il ne soit de nostre ancien demaine. Et pour ce que ledit hostel ou maison, ensemble ses appartenances, avoit esté baillé à maistre Germain Rapine, advocat en nostre Chastellet à Paris¹, à la charge de xxxii livres parisis de rente chacun an pour toutes charges, si comme rapporté a esté à nostre dit oncle, nous, en ampliant nostre dite grace, par l'advis et deliberacion que dessus, en faveur dudit de Saint-Yon et pour consideracion des choses dessus dites, avons ledit maistre Germain deschargé et deschargeons de tout le droit qui nous compete et appartient sur lesdites xxxii livres parisis pour le temps advenir, et l'en avons quittié et quittons par ces presentes, voulans le receveur ou commis sur le fait des confiscacions estre deschargié dudit droit à nous appartenant en rapportant vidimus de ces presentes, fait sous scel royal, ensemble certifficacion dudit maistre Germain Rapine d'avoir esté tenu quitte et paisible de nostre droit dessusdit.

Si donnons en mandement par ces mesmes presentes à noz amez et feaulx les géns de noz comptes à Paris, les tresoriers et generaulx gouverneurs de nosdites finances de France, aux commissaires sur le fait desdites confiscacions à nous escheues et à escheoir en nostredit royaume de France, au prevost de Paris et à tous noz autres justiciers et officiers.....

Donné à Paris, le vi^e jour de juing, l'an de grace mil iiii^c xxiiii et de nostre regne le second.

Ainsi signé : Par le roy, à la relacion de monseigneur le regent de France, duc de Bedford,

J. Milet.

LXVII.

1424. Juin. Paris.

Henri VI donne l'hôtel de Clisson à son oncle Jean, duc de Bedford, régent du royaume de France.

(JJ. 172, n° 487.)

Henry, par la grace de Dieu roy de France et d'Angleterre, savoir faisons à tous presens et avenir que pour la singuliere

---

1. En 1421, Germain Rapine était lieutenant civil du prévôt de Paris (Sauval, p. 269).

amour et affection que nous avons à nostre tres chier et tres amé oncle Jehan, regent nostre royaume de France, duc de Bedford, à icellui par l'advis de nostre grant conseil de France, de nostre grace especial, plaine puissance et auctorité royal avons donné, cedé, transporté et delaissié, donnons, cedons, transportons et delaissons par ces presentes un hostel à nous appartenant assis à Paris, appellé l'ostel de Cliczon[1], ensemble ses appartenances et appendances, ainsi come il se comporte, pour d'icellui hostel et appartenances joir et user par nostre dit oncle et ses hoirs legitimes descendans de lui en loyal mariage, perpetuelment, hereditablement et à tousjours, en payant les droiz et devoirs anciens et acoustumez; pourveu qu'il ne soit de nostre ancien demaine et que par nous il n'ait esté donné à autre, par avant la date de ces presentes.

Si donnons en mandement par ces mesmes presentes à noz

---

1. L'hôtel Clisson, assez connu alors, paraît-il, pour qu'on pût ne pas indiquer son emplacement, était situé dans la rue du Chaume, presqu'en face la rue de Braque. Il avait été construit par Olivier de Clisson, et appartenait alors au petit-fils de ce redoutable guerrier, Olivier de Blois, comte de Penthièvre, grand partisan du Dauphin dont il compromit malheureusement la cause en Bretagne, au cours de l'année 1420, par une indigne trahison envers le duc Jean VI. Le roi d'Angleterre Henri V avait d'abord disposé de cet hôtel en faveur de son frère, le duc de Clarence (Sauval, p. 288 et 653); mais ce prince ayant péri à Baugé le 23 mars 1421, sans laisser de fils légitime, l'hôtel Clisson fit retour au domaine. Les comptes de confiscations nous apprennent qu'il fut occupé par un breton nommé Thomas Carnavalet, puis par Raoul le Saige, chevalier normand (Sauval, p. 302), qui fut successivement conseiller du roi Henri V et du duc de Bedford et auquel un ancien élève de l'Ecole des chartes a consacré une importante notice dans un travail anonyme publié en 1874, sous le titre *Note pour servir à l'histoire de la famille* SAIGE *ou* SAGE, *dénommée suivant les branches Le Saige, Le Sage, du Saige, du Sage, de Saige*. Les mêmes documents mentionnent aussi, parmi les hôtes de cette demeure, Jean Poupan, chevalier anglais, chancelier du régent, et ce prince lui-même (Sauval, p. 302). Il est à peine besoin de rappeler qu'il reste de l'hôtel Clisson une porte ogivale, flanquée de deux tourelles, et que ce curieux vestige, le seul qui subsiste à Paris, de l'architecture civile du XIVe siècle fait partie des bâtiments des Archives nationales.

M. Jules Quicherat a publié en 1847, dans la *Revue archéologique* (t. IV, p. 760-769), un mémoire sur *la porte de l'hôtel Clisson*. On lira aussi avec intérêt les *Pièces sur l'hôtel de Clisson*, documents du XVe et du XVIe siècle, extraits des Archives départementales des Basses-Pyrénées et insérés dans la *Bibliothèque de l'École des chartes*, par M. Paul Raymond (t. XX, p. 446 à 454; t. XXI, p. 516-518).

amez et feaulx les gens de noz comptes à Paris, les tresoriers generaulx gouverneurs de toutes noz finances de France, aux commissaires sur le fait des confiscacions ..... au prevost de Paris.....
Donné à Paris, ou mois de juing, l'an de grace mil IIII^c XXIII et de nostre regne le second.

Ainsi signé : Par le roy, à la relation du grant Conseil,

J. MILET.

LXVIII.

1424. Septembre. Paris.

Rémission accordée par Henri VI à Sander Russell, anglais, détenu au Châtelet pour avoir donné trois coups de dague à Robin Morillon, sergent à verge au Châtelet de Paris, qui le voulait arrêter. Le pardon, accordé sous la condition, pour Russell, de rester prisonnier au pain et à l'eau, est fondé sur l'ignorance dans laquelle Russell se trouve en fait d'usages français et sur ce fait que Morillon, ne portant pas pour lors la verge fleurdelisée des sergents au Châtelet, son adversaire pouvait ne pas savoir à qui il avait affaire. — La tentative d'arrestation de Russell par Robin Morillon était motivée par le tapage que Russell et deux de ses compatriotes, appartenant à la garnison de Melun et alors de passage à Paris, faisaient à la taverne de l'Ecu-de-Bretagne, de la place Baudoyer, à la suite d'un différend qui s'était élevé entre eux et la maîtresse de la taverne pour le paiement de leur écot.

(JJ. 172, n° 640.)

Henry, par la grace de Dieu roy de France et d'Angleterre, savoir faisons à tous presens et avenir à nous avoir esté exposé de la partie de Cendre[1] Roussel, angloiz, povre jeune homme aagié de XXIIII ans ou environ, à present prisonnier en nostre Chastellet de Paris, que, comme puis trois mois en ça ou environ, à un jour de mardi, ledit exposant, Thomas Tournoul et un nomé Guillaume le Mareschal, angloiz de la garnison de Meleun, feussent venuz dès le dimenche devant en ceste ville de Paris par eaue en la compaignie de nostre tres chiere et amée cousine la dame de Salisbury[2], pour icelle conduire, amener et faire compaignie dudit lieu de Meleun en ceste nostre bonne ville de Paris. Et il soit ainsi que ledit jour de mardi, ledit exposant, acompaignié desdiz Thomas Tournoul et Guillaume le Mareschal feussent assembléement et d'un commun accord et assentement alez boire en l'ostel

---

1. Forme francisée de *Sander*, diminutif anglais d'*Alexander* (Alexandre).
2. Femme de Thomas de Montagu, comte de Salisbury, l'un des plus valeureux capitaines du roi anglais.

et taverne de l'Escu-de-Bretaigne, assis à Paris à la porte Baudoyer[1], ou quel hostel lesdiz iii compaignons eussent despendu en despense de bouche la some de iii ou iiii sols parisis ou environ. Et, après ce, lesdis iii compaignons veant qu'ilz n'avoient point de menu argent ou monnoie pour paier leur dit escot, ledit Thomas Tournoul sacha et tray hors de sa bourse un escu en or, lequel il bailla à la dame dudit hostel, en lui priant et requerant qu'elle leur voulsist baillier la menue monnoie dudit escu pour paier et contenter leur dit escot, c'est assavoir d'icellui escu la somme de vint six solz parisis, en disant par ledit Thomas à la dicte dame d'icellui hostel de l'Escu-de-Bretaigne que tant valoit pour lors un escu en or. A quoy fut respondu par ladicte dame audit Thomas que dudit escu elle ne bailleroit que la some de xxiiii solz parisis. Et ce fait, ledit exposant dist à icelle dame dudit Escu-de-Bretaigne : « Dame, bailliez moi l'escu que Thomas « Tournoul vous a baillé. Tenez, veez cy un fleurin de Rin que « je vous baille en lieu pour seurté de vostre escot, et, entendis, « je yray en la ville changier l'escu que vous a baillé ledit Thomas « Tournoul. » De laquelle chose faire ladicte dame fut refusant, delayant et en demeure. Et pour ce, ledit exposant veant que icelle dame et hostesse ne se vouloit autrement, ne plus gracieusement, paier de sondit escot, ne que sesdis compaignons et lui, en bien voulans paier icellui leur dit escot, ne povoient issir hors la dicte taverne, fut de ce grandement courroucié, animé et indigné en disant ces mos : « De par le dyable, ne pourrons-nous autre« ment saillir ou yssir hors de ceans, et si voulons bien paier « nostre escot ? » Et en ce disant, gecta ledit exposant deux woires wiz l'un après l'autre contre le mur, qui furent rompuz et despeciez. Et incontinent vint et s'apparut sur lesdis exposans et ses deux compaignons un nommé Robin Morillon, que on dit estre nostre sergent à verge en nostre Chastelet à Paris, lequel Morillon dist alors audit exposant et à ces diz deux compaignons ces parolles : « Que faictes-vous cy, comment vous demenez, ne à qui « estes vous ? » Lequel exposant respond audit Morillon : « Vous « povez assez veoir et entendre à nostre langue quelles gens et à « qui nous sommes. » Lequel Morillon leur respondi en general : « Vous roberiez bien les gens hors de ceans ou aux champs, se les « y teniez, quant ceans vous les robez ! » Lequel exposant, à ce,

---

1. C'est la place Baudoyer.

respondi pour lui et sesdis compaignons audit Morillon que il mentoit de ce dire ou avoir dit, et qu'ilz n'estoient point larrons et ne roboient point leans ne ailleurs. Et non content de ce, ledit Morillon respondi audit exposant : « Tais-toy, ne te doubte que « je te feray bien obeïr au roy nostre sire ! » Et tantost ledit exposant dist audit Morillon : « Il ne semble que je te feray aussi « bien obeïr au roy nostre sire, comme tu feras moy ! » Et tant que ces parolles dictes, ledit Morillon s'approucha dudit exposant et mist la main à sa dague, et tira icelle si fort que il rompy sa sainture ferrée d'argent à un tissu de soye, ensemble une bourse en laquelle avoit de la menue monnoie en doublez, ne scet ledit exposant combien, et aussi un peu de menu fretin d'argent, tant en aneaux comme en signez; toutes lesquelles choses ledit Morillon trahy et tira lors à soy. Et lors, ledit exposant, soy veant ainsi dessaint et despourveu, tira sadicte dague que tenoit ledit Morillon hors de la gaine, et demoura audit Morillon ladicte gaynne wide, la sainture et la bourse dudit exposant; lesqueles choses ledit Morillon a et doit encores avoir par devers lui, obstans les queles cause[s] ledit exposant se mist pour lors en peine de fraper ledit Morillon. Mais lesdis Thomas Tournoul et Guillaume le Mareschal, compaignons dudit exposant, l'empescherent et se mistrent entre eulx deux; et adonc ledit Morillon se descendi de la chambre haulte dudit hostel où buvoient et estoient tous lesdis compaignons, et s'en ala jusques au bout ou emmy la vis descendant de ladicte chambre. Et, lui ainsi parti, fut dit et conseillé par lesdis Thomas Tournoul et Guillaume le Mareschal audit exposant qu'il estoit bon que, pour eviter la noise et plus grant inconveniant, ledit exposant se partist pour lors dudit hostel de l'Escu-de-Bretaigne, et s'en alast en son hostellerie à la Souche en la rue Frogier-l'Asnier, et que iceulx ses compaignons feroient tant ceans, c'est assavoir audit Escu de Bretaigne, que l'oste et l'ostesse seroient contentez. Lequel exposant, pour lors, creut le conseil de sesdis deux compaignons, et en entencion d'aler en sadicte hostellerie et en descendant les degrez de ladicte chambre où estoit ledit exposant, icellui Morillon, qui attendoit ou espioit de certain propos ledit exposant sur la viz des degrez devant diz, lui sailli sur le col et les espaulles en lui disant : « Ha, traistre, ribault, tu yras maintenant en prison ! » Et pou de temps après en respondant ausdictes parolles par ledit exposant audit Morillon et disant par lui : « Tu mens, tu scez bien que je ne suis pas traistre ! » Et en ce disant, print ledit exposant ledit Morillon par la poictrine ou forcelle, aux corps et draps, le frappa et lui donna trois cops de dague d'estoc, c'est assavoir l'un dedans le col et les deux autres sur les espaules ou ilec environ. Pour lequel cas ledit exposant a esté pris et mis prisonnier en nostre dit Chastellet de Paris, ou quel il a esté et encores est de present detenu prisonnier par l'espace de trois mois ou environ à grant peine, povreté et misere, par quoy il est en adventure d'ilec longuement demourer et finer ses jours miserablement, se par nous ne lui est sur ce impartie nostre grace et misericorde si come il dit, suppliant humblement que come ledit exposant soit jeune homme de bonne vie et renomée, non suspect, convaincu ne attaint d'aucun autre villain cas, blasme ou reproche, considerée la peine de prison qu'il a longuement eue, tenue et soufferte par trois mois ou environ come dit est, consideré aussi qu'il ne scet les us et coustumes de nostre royaume de France, et aussi que, en tout ledit conflict, ne lui apparut onques ledit Morillon estre nostre sergent en nostre Chastellet à Paris, lequel aussi ne lui en fist ou dist aucune parolle ou mention, et ne pourtoit pour lors ledit Morillon aucune verge à fleurs de liz ne autre, mais seulement une espée sans dague, et que oudit cas n'a mort ne meshaing aucuns, si come dit ledit exposant, nous lui vueillions sur ce impartir nostre dite grace et misericorde. Nous, ade certes..... audit Cendre Roussel ou cas dessusdit avons quitté, remis et pardonnons, et par ces presentes quittons... parmi ce qu'il tendra prison fermée en pain et en eaue[1].

Si donnons en mandement au prevost de Paris.....

Donné à Paris, ou mois de septembre, l'an de grace mil cccc xxiiii et de nostre regne le second.

Ainsi signé : Par le roy, à la relation du conseil,

G. DE MARC.

LXIX.

1424. 30 septembre. Paris.

Rémission accordée par Henri VI à Colin de Roulot, sergent à verge au Châtelet de Paris, qui, le 10 août, avait tué d'un coup d'épée à la foire de

---

1. Il ne peut s'agir ici de prison perpétuelle ; mais il n'en est pas moins vrai que le regisire de la chancellerie ne mentionne pas la durée de l'emprisonnement de Russell.

Saint-Laurent, près Paris, où il était de service, un breton nommé Jean de Retrou, qui venait de voler un pâté dans une taverne et qui, pour lui échapper, avait tenté de le frapper d'une pique.

(JJ. 172, n° 658.)

Henry, par la grace de Dieu roy de France et d'Angleterre, savoir faisons à tous presens et avenir nous avoir receu humble supplicacion de Colin de Roulot nostre sergent à verge en nostre Chastellet de Paris, contenant que comme le jour de Saint Laurens derrenier passé, ainsi que ledit suppliant, qui estoit commis avec plusieurs autres noz officiers à garder la foire que chacun an est acoustumée estre tenue à Saint-Laurens pres Pariz, estoit en une taverne audit lieu de Saint-Laurens, eust oy et entendu un nommé Andrieu de Maisieres, nostre sergent aussi oudit Chastellet, crier plusieurs foiz : « Aide au Roy », feust sailly dudit hostel et eust congneu que ledit cry se faisoit par ledit sergent sur un appellé Jehan de Retrou, natif du païs de Bretaigne, qui estoit accusé et poursuy pour un pasté que l'en disoit lui avoir emblé en une taverne, lequel suppliant ce voyant et la desobeïssance que ledit Retrou faisoit à nous et audit Andrieu nostre sergent, qui representoit en ce cas nous et nostre justice, meu de bonne voulenté come nostre officier, et desirant aider à son compaignon d'office afin que la force nous en demourast, et que ledit Retrou feust prins et baillé à justice pour le punir se il l'avoit desservy, vint en la place où estoient lesdis sergent et Retrou, et s'approucha de lui en lui disant : « Ribault, obeys et te rens au roy nostre « sire et à ses officiers ou ministres de justice ! » Mais icellui Retrou n'en voult riens fere, ainçois dist et respondi audit suppliant, en renyant Dieu, que s'il approuchoit de lui qu'il le tueroit. Et de fait s'efforça et le cuida ferir d'une picque qu'il tenoit en son poing. Et lors ledit suppliant, veant sa fureur, tira son espée pour son corps garder, et en soy reculant pour evader et fouir à la fureur dudit Retrou, fut en peril de cheoir, et lors doubtant que ledit Retrou ne le ferist de sadicte picque, doubtant la mort de laquelle il se veoit en peril, lui gecta sadicte espée et, d'aventure, l'en assena dessoubz la mamelle et blessa telement qu'il en chey incontinent à terre, et que, promptement ou assez tost après, il ala de vie à trespassement si comme l'en dit. Pour occasion duquel cas ledit suppliant doubtant rigueur de justice s'est absenté..... Pour ce est il que nous.....

Si donnons en mandement par ces presentes au prevost de Paris...

Donné à Paris, le derrenier jour du mois de septembre, l'an de grace mil cccc xxiiii et le second de nostre regne.

Ainsi signé : Par le roy, à la relation de monseigneur le regent le royaume de France, duc de Bedford,

PARKER.

LXX.

1424. Octobre. Paris.

Rémission accordée par Henri VI à Jeannette Bardin, « femme amoureuse », demeurant près du pont Saint-Michel. Jeanne, pour se défendre contre deux Anglais qui voulaient entrer chez elle après minuit, bien qu'elle ne le voulût point, leur avait jeté des pierres par la fenêtre ; l'un de ces projectiles frappa l'un d'eux assez malheureusement pour qu'il en mourût huit jours plus tard.

(JJ. 172, n° 651.)

Henry, par la grace de Dieu roy de France et d'Angleterre, savoir faisons à tous presens et avenir nous avoir receu humble supplicacion de Jehannette la Bardine, dicte la Noire, contenant que le vendredi viie jour de ce present mois d'octobre un nommé Richard Quatre, anglois, acompaignié d'un autre anglois avec lui, que ladicte suppliante n'avoit onques veuz, ne ne les congnoissoit, vindrent entre xii heures et une heure de nuyt, hurter en l'uys de l'ostel où ladicte suppliante demouroit assez près du pont Neuf[1] en alant aux Augustins[2], ou quel elle estoit seule couchée. Et avant qu'elle, qui est femme amoureuse, leur voulsist dire ne respondre aucune chose, lesdiz Anglois à grant effort, et cuidans rompre ledit huys hurterent par plusieurs foiz oudit hostel. Et lors, ladicte suppliante leur demanda qu'ilz vouloient, en disant que ce n'estoit pas fait de gens d'onneur de venir hurter à l'uys des gens si tart qu'il estoit ; et pour ce qu'elle ne les congnoissoit et ne savoit s'ilz la vouloient desrober ou lui fere desplaisir, leur dist qu'ilz ne entreroient ja en son hostel ; à quoy lesdis Anglois respondirent que s'ilz feroient, en hurtant de rechief audit huys et usant de menaces contre elle. Et quant ladicte sup-

---

1. Nous avons dit plus haut (p. 89, note 4) qu'à l'époque qui nous occupe, ce nom servait à désigner le pont Saint-Michel.
2. C'est-à-dire dans la rue, aujourd'hui quai des Augustins.

pliant vit qu'ilz ne cessoient point, elle leur dist que, s'ilz ne se reculoient, elle leur envoieroit des biens dudit hostel, dont lesdis Anglois ne tindrent compte, mais hurterent plus fort que paravant; par quoy icelle suppliant, en soy deffendant, gecta par une fenestre plusieurs pierres pour obvier ausdictes menaces et la seurté de sa personne et de ses biens, et fist tant qu'ilz n'entrerent point en sondit hostel, desquelles pierres il en cheut une sur la teste dudit Richart, lequel après que il a esté malade au lit par l'espace de VIII jours ou environ, est alé de vie à trespassement comme l'en dit. Pour lequel fait ladicte suppliant qui riens ne savoit de la dicte navreure, a esté et est depuis trois jours en ça prise et detenue prisonniere en nostre Chastellet de Paris, en adventure d'estre rigoureusement executée par justice et finer ses jours, se par nous ne lui est sur ce impartie nostre grace et misericorde, en nous humblement requerant que, attendu que elle ne congnoissoit point lesdiz Angloiz ne avoit oncques veuz, congneuz ne parlé à eulx de jour ou autrement, et qu'ilz vindrent de nuyt hurter à son huys, cuidant qu'ilz la voulsissent desrober, les menaces par eulx faictes à l'encontre de ladicte suppliante qui leur signifia le get desdictes pierres, come dit est, et que en tous ses faiz et affaires elle s'est tousjours gouvernée et maintenue paisiblement avec ses voisins, sans avoir fait ne estre consentant ou cause de faire aucuns debas, noises ou assemblées de jour ne de nuyt es rues et es lieux où elle a demouré, ne aussi sans avoir esté attainte ou convaincue d'aucun autre villain cas, blasme ou reproche, nous lui vueillions sur ce impartir nostre grace. Pour ce est-il que nous.....

Si donnons en mandement au prevost de Paris.....

Donné à Paris, ou mois d'octobre, l'an de grace mil CCCC XIIII et de nostre regne le second.

Ainsi signé : Par le roy, à la relacion du Conseil,

FONTENOY.

LXXI.

1424. 26 octobre. Paris.

Henri VI donne à Jean de Thoisy, évêque de Tournay, une maison située rue des Prouvaires, et qui, ayant appartenu successivement à Jacques de Tessy et à Guillaume le Tur, a été confisquée sur ce dernier.

(JJ. 173, n° 696.)

Henry, par la grace de Dieu roy de France et d'Angleterre,

savoir faisons à tous presens et avenir que nous, considerans les grans et notables services faiz à feu nostre tres chier seigneur et ayeul Charles, roy de France, derrenierement trespassé, cui Dieu pardoint, par nostre amé et feal conseiller Jehan de Thoisy, evesque de Tournay[1] et que il fait chascun jour à nous et à noz tres chiers et tres amez oncles Jehan, regent nostre royaume de France, duc de Bedford, et le duc de Bourgogne, et pour certaines autres causes nous mouvans, à icellui evesque de Tournay, par l'advis de nostredit oncle regent, avons donné, cédé, transporté et delaissé par ces presentes ..... l'ostel ou maison ensemble ses appartenances assis à Paris, en la rue des Provoires[2], aboutissant par devant à icelle rue et par derriere à la rue du Four, et tenant d'une part à Colin Marc, bourgois de Paris, lequel hostel ou maison appartenoit n'agaires à maistre Guillaume le Tur et par avant à maistre Jaques d'Ussy, et lequel nous est venu et escheu par la forfaicture et confiscacion commise par ledit maistre Guillaume le Tur, pour d'icellui hostel ou maison, ensemble de ses appartenances, ainsi comme il se comporte, joir et user pour ledit de Thoisy, evesque de Tournay, ses hoirs et ayans cause perpetuelment, hereditablement et à tousjours en paiant les charges.....

Si donnons en mandement par ces mesmes presentes a noz amez et feaulx les gens de noz comptes à Paris...., au prevost de Paris.

Donné à Paris, le xxvie jour d'octobre, l'an de grace mil quatre cens et vingt-quatre, et le iiie de nostre regne.

Ainsi signé : Par le roy, à la relacion de monseigneur le regent du royaume de France, duc de Bedford,

J. MILET.

---

1. Peu de temps auparavant, et par lettres du 27 février 1424 (n. st.), ce prélat avait déjà reçu du roi, en paiement de 1000 francs constituant une année de ses gages de conseiller du roi, un hôtel situé à Garges et certains revenus confisqués sur Jean Dupuis. C'est du moins ce qu'on lit dans le compte des confiscations de 1423-1427 (Sauval, p. 325 et 328), tandis qu'il semblerait d'après les extraits qu'on nous a conservés du compte suivant, 1427-1434, qu'il aurait acheté cette maison de Jacques (et non Jean) Dupuis (ibid., p. 584).

2. La rue des Prouvaires (*vicus presbyterorum*) qui allait autrefois de l'église Saint-Eustache à la rue Saint-Honoré, et dont, depuis la reconstruction des Halles, il ne subsiste plus que la partie inférieure.

LXXII.

1424. 4 novembre. Paris.

Henri VI donne à Charles de Poitiers, évêque et duc de Langres, l'hôtel de Langres situé dans la rue Saint-Jacques et qui, ayant successivement appartenu à Bernard de la Tour, évêque de Langres, et au seigneur de la Tour en Auvergne, avait été confisqué sur ce dernier personnage pour cause de rébellion; cet hôtel sera transmissible aux hoirs mâles du donataire.

(JJ. 173, n° 7.)

Henry, par la grace de Dieu roy de France et d'Angleterre, savoir faisons à tous presens et avenir que nous, ayans en memoire les grans et notables services que nostre amé et feal conseillier Charles de Poitiers, evesque et duc de Lengres, per de France, nous a faiz et fait un chascun jour pour l'entretenement et conduite de nostre seigneurie de France, pour laquelle il s'est emploié et encores s'emploie continuelment et loyaulment, et considerans qu'il n'a en nostre ville de Paris aucun hostel pour soy logier quant nous le mandons venir ilec pour nous conseillier, ainsi que ont plusieurs et la plus grant partie de noz prelaz de France, nous eu regard aux services et causes dessus dictes, à icellui nostre conseillier, par l'advis et deliberacion de nostre tres-chier et tres amé oncle, Jehan regent nostre royaume de France, duc de Bedford, avons donné, cedé, transporté et delaissié, donnons, cedons, transportons et delaissons par ces presentes une maison avec ses appartenances et appendances, située et assise en nostre ville de Paris en la rue Saint-Jaques, appellée d'ancienneté l'ostel de Langres[1], qui jadis fut à Benard de la Tour en son vivant evesque de Langres, et depuis au seigneur de la Tour, du païs d'Auvergne, laquelle maison est confisquée, forfaicte et acquise à nous par ce que ledit seigneur de la Tour est à nous rebelle et desobeissant, et voulons que nostre dit conseillier pour lui et ses hoirs masles joisse d'icelle maison et de sesdictes appartenances et appendances, à tousjours perpe-

---

1. L'hôtel de Langres avait été donné précédemment, par lettres du 16 juin 1423, avec plusieurs autres biens, à Jean Bezille, chevalier (voyez plus haut, p. 94), ce que les lettres de don à Charles de Poitiers ne mentionnent pas. Il est vrai que le compte des confiscations de 1423 à 1427 nous apprend que Bezille donna son consentement à la nouvelle décision du roi (Sauval, p. 314).

tuelment et hereditablement comme de sa propre chose, pourveu...

Si donnons en mandement à noz amez et feaulx conseillers les gens de noz comptes à Paris, au prevost de Paris.....

Donné à Paris, le IIIIe jour de novembre, l'an de grace mil IIII^c XXIIII et le tiers de nostre regne.

Ainsi signé : Par le roy, à la relation de monseigneur le regent, duc de Bedford,

J. DE RINEL.

LXXIII.

1424. Décembre. Paris.

Rémission accordée par Henri VI à Me Pierre l'Orfèvre, qui, à la suite du triomphe du parti bourguignon à Paris, était allé s'établir à Orléans, sous l'obéissance du Dauphin.
(JJ. 173, n° 43.)

Henry, par la grace de Dieu roy de France et d'Angleterre, savoir faisons à tous presens et avenir nous avoir receu l'umble supplication de la femme et des parens et amis charnels de maistre Pierre l'Orfevre [1], contenant que, comme à l'occasion des guerres et divisions qui ont esté en nostre royaume de France entre plusieurs de nostre sang et lignaige, et des haines et rancunes particulieres et civiles qui pareillement estoient entre plusieurs citoiens et habitans, tant de nostre bonne ville de Paris comme d'ailleurs, ledict maistre Pierre se feust parti et absenté de nostre dicte ville de Paris dès l'an mil CCCC XIX derrenierement passé, et alé demourer à Orleans et autre part es païs desobeïssans à nous, esquelz païs pour la plus grant partie il se soit tenu avec et en la compaignie de noz ennemis rebelles et desobeïssans, et combien qu'il ait eu de pieça, et ait encore bonne voulenté et affection de retourner et venir demourer soubz

---

1. Pierre l'Orfèvre, conseiller et maître des comptes du roi (Sauval, p. 339), écuyer, châtelain de Pont-Sainte-Maxence, seigneur d'Ermenonville et du Vivier, mort le 19 janvier 1452 et enseveli dans l'église de Sainte-Croix-de-la-Bretonnerie (Lebeuf-Cocheris, t. Ier, p. 367). Ses biens et notamment une maison sise rue de la Bretonnerie, en face de l'église de Sainte-Croix et à côté d'une propriété appartenant à un autre émigré, Me Jean Picard, avaient été confisqués par suite de son départ de Paris (Sauval, p. 302 ; cf. plus haut la pièce publiée sous le n° LV, p. 110). Les comptes de confiscations nous font aussi connaître le « grant hostel » de Pierre l'Orfèvre, situé dans la rue du Plâtre, et une grange importante avec une petite maison qu'il possédait dans la rue Pernelle-Saint-Pol, aujourd'hui rue de l'Homme-Armé (Sauval, p. 302-303).

nostre obeïssance, et soy gouverner et maintenir comme nostre bon et loyal subject, faire le serement de la paix final de nos royaumes de France et d'Angleterre, et icelle tenir fermement et loyaulment, se à ce le voulions recevoir, toutesvoies à l'occasion de ce qu'il s'est absenté en la maniere que dict est, doubtant rigueur de justice, et qu'il a esté appelé à ban et de fait banni de nostre royaume de France, il n'oseroit retourner en nostre dicte obeïssance, se nostre grace et misericorde ne lui estoit sur ce impartie, requerant humblement icelle. Pour ce est-il que nous, les choses dessus dictes considerées.....

Si donnons en mandement à noz amez et feaulx conseillers les gens de nostre parlement et prevost de Paris....

Donné à Paris, ou mois de decembre, l'an de grace mil cccc xxiiii et de nostre regne le troisiesme.

Ainsi signé : Par le roy, à la relacion de monseigneur le regent, duc de Bedford,

J. DE RINEL.

LXXIV.

1425. 9 février. Paris.

Henri VI donne à Simon Morhier, seigneur de Villiers et prévôt de Paris, et à sa descendance masculine, l'hôtel d'Angennes, sis rue Saint-Honoré et confisqué sur les enfants de Regnaud d'Angennes ; le donataire, toutefois, ne pourra entrer en jouissance de cette demeure qu'à la mort de Karle de Boulogne, jadis trompette du roi Charles VI, à qui il a été donné pour la vie.

(JJ. 173, n° 70.)

Henry, par la grace de Dieu roy de France et d'Angleterre, savoir faisons à tous presens et avenir que pour consideration des bons et aggreables services que nous a faiz nostre amé et feal chevalier, Simon Morhier[1], seigneur de Villiers[2], et garde de

---

1. Simon Morhier, institué prévôt de Paris pour le roi d'Angleterre le 1ᵉʳ décembre 1422, resta dans cette fonction jusqu'à la reddition de Paris à Charles VII en 1436. On le retrouve continuant à suivre la fortune des Anglais, en 1437 comme gouverneur de Dreux, et à partir de 1438 en qualité de trésorier de France en Normandie ; il cumulait ce dernier office en 1443 avec le titre de capitaine de la Roche-Guyon et, en 1446, avec celui de capitaine de Saint-Lô (Tardif, *Mon. hist., cartons du roi*, n°ˢ 2293 et 2318). Il mourut entre les années 1449 et 1456 (voyez, sur ce personnage, la notice que Vallet de Viriville lui a consacrée au tome XXV des *Mémoires de la Société des Antiquaires de France*, p. 271-296, et la pièce publiée ci-après sous le n° LXXXI).

2. Ce village, situé dans le département d'Eure-et-Loir (arr. de Dreux,

nostre prevosté de Paris, à icelluy, par l'advis et deliberacion de nostre tres chier et tres amé oncle Jehan, regent nostre royaume de France, duc de Bedford, avons donné, cedé, transporté et delaissié, donnons, cedons, transportons et delaissons par ces presentes un hostel, ainsi comme il se comporte de toutes pars, avec ses appartenances et appendances, qui fut et appartint à Regnault d'Angennes[1], chevalier, et depuis à ses enfans, assis en nostre ville de Paris, en la rue Saint-Honoré, tenant d'une part à Olivier Druyau, et d'autre part à l'ostel qui fut Bernard, conte d'Armagnac, et aboutissant par derriere au chemin des murs de nostre dicte ville de Paris, lequel hostel avec ses appartenances et appendances est à nous escheu, forfait et confisqué par la rebellion et desobeissance des dessusdiz d'Angennes[2], et voulons que d'icellui hostel et de sesdictes appartenances et appendances, le dict nostre chevalier joisse et use pour lui et ses hoirs masles legitimes, venans de lui en directe ligne, à tousjours mais, perpetuelment et hereditablement, plainement et paisiblement comme de sa propre chose, tantost et incontinent après le trespas de Karles de Boulongne[3], jadis trompete de feu nostre très-chier seigneur et ayeul, cui Dieu pardoint, auquel Karles ledict hostel a esté donné et assigné à terme de sa vie tant seulement, pourvu qu'il paiera les charges deues et acoustumées. Toutesvoies se ledit Karles se consentoit que nostredit chevalier et sesdis hoirs, durant la vie dudit Karles, eussent ledit hostel, nous voulons que il le puisse avoir, tenir et posseder et en joir comme de leur propre chose, sans ce que pour cause du viage dudit Karles, aucun empeschement leur soit donné.

---

cant. de Nogent-le-Roi), porte aujourd'hui le nom de Villiers-le-Morhier, en souvenir de ses seigneurs du xve siècle.

1. Regnaud d'Angennes, seigneur de Rambouillet et de la Loupe, premier valet tranchant du roi Charles VI et gouverneur du duc de Guyenne, fils aîné de ce prince (voyez sur ce personnage l'article que lui a consacré le P. Anselme, *Histoire générale de la maison de France*, t. II, p. 423). Son fils aîné, Jean d'Angennes, avait eu la tête tranchée en 1419, à Rouen, par ordre du roi d'Angleterre.

2. Les terres de Montlouvet et de Talvoisin, au diocèse de Chartres, aussi confisquées sur les enfants de Regnaud d'Angennes, furent également données à Simon Morhier, par lettres du 31 mai 1425 (voyez, plus loin, pièce LXXXI).

3. Karle de Boulogne, ou peut-être de Bologne (Italie), reçut aussi du roi, en don viager, l'hôtel de la Levrière, de la rue Saint-Antoine, confisqué sur Me Miles Chaligault (Sauval, p. 581).

Si donnons en mandement à noz amez et feaulx les gens de noz comptes, tresoriers et generaux gouverneurs de toutes nos finances......

Donné à Paris, le ıx⁰ jour de fevrier, l'an de grace mil cccc xxıııı et le tiers de nostre regne.

Ainsi signé : Par le roy, à la relation de monseigneur le regent le royaume de France, duc de Bedford,

PARKER.

LXXV.

1425. 13 février. Paris.

Henri VI donne à Raoul Parker, son secrétaire, et à la descendance masculine de celui-ci, une maison confisquée sur Jean le Blanc, argentier de la reine Isabeau, et sise rue de la Porte-Barbette, autrement dite Vieille Rue du Temple.

(JJ. 173, n° 74.)

Henry, par la grace de Dieu roi de France et d'Angleterre, savoir faisons à tous presens et avenir, que, pour consideracion des bons et aggreables services que nous a fais nostre amé secrétaire, maistre Raoul Parker [1], à icellui maistre Raoul avons, par l'advis et deliberation de nostre tres chier et tres amé oncle, Jehan, regent nostre royaume de France, duc de Bedford, donné, octroié, cedé, transporté et delaissié, donnons, octroyons, cedons, transportons et delaissons de grace especial par ces presentes, pour lui et pour ses hoirs masles legitimes, venus de lui en directe ligne, un hostel, ainsi comme il se comporte de toutes pars, appartenances et appendances quelzconques avecques les utensilles et estoremens estans oudit hostel qui furent et appartindrent à Jehan le Blanc [2], icellui hostel assis à Paris à la Porte Barbette, tenant d'une part à la maison de la vesve feu Jehan Chanteprime, lequel hostel, appartenances et appendances avec lesdictes

---

1. Raoul Parker reçut d'autres témoignages de la faveur royale que cet acte de donation. Une charte, en date du 13 mars 1424, que l'on trouvera à la suite de celle-ci, relate le don que le roi lui fit d'une maison de la rue de la Verrerie, provenant des biens confisqués de feu Jean de la Croix, l'une des victimes de 1418. Son souverain lui attribua encore, le 25 septembre 1429, les héritages de M⁰ Michel de la Tillaye, qui venait de se prononcer en faveur de Charles VII (Sauval, p. 585).

2. Jean le Blanc, qui suivait alors le parti du Dauphin, avait été l'argentier de la reine Isabeau, à qui ses biens confisqués furent attribués (voyez plus loin, pièce CXXXI).

utensilles et estoremens est à nous escheu, forfait et confisqué par la rebellion et desobeissance dudict Jehan le Blanc, et voulons que, d'icellui hostel, appartenances et appendances, utensilles et estoremens, ledit maistre Raoul Parker et sesdis hoirs masles, legitimes, venus de lui en directe ligne, joissent et usent et les exploitent d'ores en avant, plainement, paisiblement, hereditablement, perpetuelment et à tousjours, comme de leur propre chose et heritage, en faisant et payant par tout ou il appartiendra les droits, charges, services et devoirs pour ce deuz et acoustumez, pourveu toutesfois que par avant le jourd'hui, date de cestes, le dit hostel n'ait esté donné à autres par feu nos tres chiers seigneurs, ayeul et pere, cui Dieu pardoint, nous ou notre dit oncle.

Si donnons en mandement par ces presentes à nos amés et feaulx gens de noz comptes, tresoriers et generaux gouverneurs de nos finances...., au prevost de Paris.

Donné à Paris, le xiiie jour du mois de fevrier, l'an de grace mil cccc et vint quatre et de notre regne le tiers.

Ainsi signé : Par le roy, à la relation de monseigneur le regent le roy de France, duc de Bedford,

J. Picquet.

LXXVI.

1425. 13 mars. Paris.

Henri VI donne à Raoul Parker, son secrétaire, et à la descendance masculine de celui-ci, un hôtel à l'Image-Notre-Dame, sis rue de la Verrerie et provenant de la confiscation des biens de feu Jean de la Croix et de sa femme.

(JJ. 173, n° 100.)

Henry, par la grace de Dieu roy de France et d'Angleterre, savoir faisons à tous presens et avenir, que, pour consideration des bons, nobles et aggreables services que nous a fais nostre amé et feal secretaire, maistre Raoul Parker [1], à icellui maistre Raoul avons, par l'advis et deliberation de nostre tres chier et tres amé oncle Jehan, regent nostre royaume de France, duc de Bedford, donné et octroié, cedé, transporté et delaissié, donnons et octroyons, cedons, transportons et delaissons de grace especial par ces presentes, pour lui et pour ses hoirs masles, legitimes, venus

---

1. Voyez, sur ce personnage, la pièce précédente.

de lui en directe ligne, un hostel, ainsi comme il se comporte de toutes pars, avecques le louage joingnant, où est l'Ymage-Nostre-Dame, appartenances et appendances dudit hostel, qui fut et appartint à feu Jehan de la Croix[1] et à sa femme, icelluy hostel situé et assis à Paris en la rue de la Voirrerie, tenant d'une part à Pierre Canteleu[2], et d'autre part à Charles Verdelet[3], aboutissant par derriere à l'hostel qui fut feue la dame de la Granche, lequel hostel et louage avec ses appartenances et appendances est à nous escheu, forfait et confisqué par les rebellion et desobeïssance desdis feux Jehan de la Croix et sa femme, et voulons que d'icellui hostel, louage, appartenances et appendances, ledit maistre Raoul Parker et sesdis hoirs masles, legitimes, venus de lui en directe ligne, joyssent.....

Si donnons en mandement par ces presentes à noz amez et

---

1. Jean de la Croix, tué à Paris (Sauval, p. 325 et 575), fut sans doute l'une des victimes des massacres de juin 1418. La maison de la rue de la Verrerie, dont la donation à Raoul Parker est ici rapportée, semble avoir été adjugée peu de temps après, ou du moins antérieurement à 1427, à Simon de la Croix, frère et légitime héritier de Jean (Sauval, p. 320; le nom de R. Parker a été imprimé par erreur « Pardrier » par les éditeurs de Sauval). Si l'on tient compte d'un autre extrait du compte de 1423-1427, l'adjudication de la maison de la rue de la Verrerie à Simon de la Croix, représenté par Mahias Rousseau, son procureur, lui aurait été faite à la condition d'une rente de 25 livres parisis (ibid., p. 305). — Jean de la Croix avait encore au moins deux autres maisons à Paris; l'une, « grande maison, toute démolie », suivant le compte de 1423-1427, était située dans la rue du Four[-Saint-Honoré] au coin de la rue de la Hache, auj. rue des Deux-Ecus, tenant à droite à l'hôtel d'Albret et par derrière à la rue des Etuves, mais aucun des comptes du temps des Anglais ne nous apprend si elle fut donnée à quelque partisan de Henri VI (Sauval, p. 309 et 575); l'autre maison, sise rue Montorgueil, était chargée, envers la confrérie de la Madeleine fondée en l'église de Saint-Eustache, en 10 sous parisis de revenu annuel, et fut donnée sous condition de rente à Jacques de Rouen, notaire et secrétaire du roi anglais (ibid., p. 309). On sait aussi que Jean de la Croix possédait à Bonneuil et à Gentilly des biens qui furent attribués à Mathieu Hola, l'un de ceux qui, en 1418, avaient ouvert les portes de Paris aux Bourguignons (ibid., p. 324).

2. Pierre Canteleu était conseiller en la chambre des comptes et trésorier de France (Sauval, p. 299, 569, 574, 584 et 589).

3. Les comptes de confiscation de 1423 à 1434 nous font connaître un Jean Verdelet qu'on doit considérer, sans doute, comme un parent de ce Charles. Jean, ménestrel du roi [Charles VI], possédait à Paris, dans la rue des Ménétriers, une maison qui, après confiscation, fut donnée à Jean de Drosay, secrétaire de Henri VI (Sauval, p. 322, 571 et 583).

feaulx les gens de nos comptes, tresoriers et generaux gouverneurs de nos finances en France......

Donné à Paris, le xiii° jour du mois de mars, l'an de grace mil cccc et xxiiii, et de nostre regne le tiers.

Ainsi signé : Par le roy, à la relation de monseigneur le regent de royaume de France, duc de Bedford,

J. Picquet.

LXXVII.

1425. Du 1ᵉʳ au 8 avril. Paris.

Rémission accordée par Henri VI à maître Pierre de la Charité, fils de feu maître Etienne de la Charité. Pierre, ayant quitté Paris pour aller poursuivre ses études en l'Université d'Orléans où il était déjà licencié ès-lois, craignait pour ce fait d'être considéré comme rebelle envers le souverain anglais.

(JJ. 173, n° 137.)

Henry, par la grace de Dieu roy de France et d'Angleterre, savoir faisons à tous presens et advenir, nous avoir reçeu l'umble supplication de maistre Pierre de la Charité, povre orphelin, essonyé de maladie, contenant que, comme icellui suppliant, qui est et a entention et voulenté d'estre homme d'eglise, se feust ja pieça transporté en la ville et université d'Orleans pour ilec acquerir son degré en decret, en laquelle il avoit desja sa licence acquis en lois, et en icelle ville se soit longuement tenu en continuant le fait de son estude, et jusques à ce qu'il est venu à sa congnoissance que en nostre ville de Paris, on appelloit à nos drois plusieurs estans en ladicte ville et université d'Orleans ; par quoy ledit suppliant, doubtant encourir en aucun dangier de justice, se soit puis ung an ença et derrain departi de la dicte ville d'Orleans et approuchié de nostre dicte ville de Paris, desirant entrer en icelle et estre reçeu en nostre obeïssance, pour y demourer avec ses pere et mere et amis, en faisant le serement de tenir la paix final de nos royaumes de France et d'Angleterre, neancmoins obstans lesdis appeaulx et ban, s'aucun en est ensuy en sa personne, il ne oseroit seurement demourer en nostre dicte obeïssance, se par nous ne lui estoit pourveu de nostre grace et misericorde, requerant tres humblement que, pour consideration des bons et aggreables services que feu maistre Estienne de la Charité, son pere, et plusieurs autres, ses parens et amis, ont fait à nos predecesseurs, roys de France, font encore chacun jour et feront encore, se Dieu plaist, nous vueillons en saincte charité de lui pitié et compassion avoir. Pour ce est-il que, les choses dessus dictes considerées.....

Si donnons en mandement par ces dictes presentes au prevost de Paris.....

Donné à Paris, ou mois d'avril, l'an de grace mil cccc et vint-quatre, avant Pasques, et de notre regne le tiers.

Ainsi signé : Es requestes tenues par monseigneur le regent, duc de Bedford, esquelles vous les contes de Salisbury et de Suffolk, le premier president de Parlement et autres estoient.

J. DE RINEL.

LXXXIII.

1425. 11 avril. Paris.

Rémission accordée par Henri VI à Guillemin le Clerc, chaussetier, de l'âge de 24 ans environ, qui, absent de Paris depuis une douzaine d'années, a successivement travaillé de son métier à Sully-sur-Loire, Orléans, Avignon, Genève et ailleurs, fréquentant ainsi les partisans du Dauphin, sans avoir pris part toutefois, paraît-il, à aucun fait de guerre.

(JJ. 173, n° 148.)

Henry, par la grace de Dieu roy de France et d'Angleterre, savoir faisons à tous presens et avenir nous avoir receu l'umble supplication des parens et amis charnels de Guillemin le Clerc, chaussetier, aagié de xxiiii ans ou environ, contenant que comme, lui estant en l'aage de xii ans, il se feust parti de la ville de Paris et alé avec autres enfans et compaignons pour veoir pays, sans ce que depuis il soit retourné audit lieu de Paris, et qu'il se soit armé ne meslé ne entremis de fait de guerre en aucune maniere, mais seulement s'est entremis de son mestier de chausseterie doulcement et courtoisement; néantmoins pour ce qu'il a par grant partie du temps demouré et repairé à Sully[1], et aucunes fois à Orliens, en Avignon, à Geneve et autre part, en conversant avec ceulx qui obeïssent à cellui que on appelle Dalphin, nostre ennemi et adversaire, icellui suppliant qui a grant desir d'estre nostre bon et loyal subget, et de venir demourer en nostre dicte ville de Paris avec ses parens et amis, nos bons et loyaux subgiez, se doubtant se il venoit qu'il n'eust en sa personne et en ses biens

---

1. Sully-sur-Loire (Loiret, arr. de Gien, chef-lieu de cant.).

empeschement, se nostre grace et misericorde ne lui estoit sur ce impartie. Pour ce est-il que nous considerans.....

Si donnons en mandement au prevost de Paris...

Donné à Paris, le xie jour d'avril après Pasques, l'an de grace mil cccc xxv et de nostre regne le tiers.

Ainsi signé : Par le roy, à la relation du Conseil,

J. DE RINEL.

LXXIX.

1425. Avril. Paris.

A la requête des paroissiens de l'église de Saint-Merry, Henry VI défend aux femmes de mauvaise vie de demeurer dans le lieu de Baillehoe, voisin de ladite église ; elles devront s'éloigner au moins jusqu'à la Cour-Robert [1].

(JJ. 173, n° 130.)

Henry, par la grace de Dieu roy de France et d'Angleterre, savoir faisons à tous presens et advenir, à nous avoir esté humblement exposé de la partie des marregliers et paroissiens de l'eglise de Saint-Merry à Paris, disans comme ladicte eglise ait esté d'ancienneté, et de tel temps qu'il n'est à present memoire du contraire, et encore soit l'une des notables parroisse, eglise collegial, de ceste nostre bonne ville de Paris, et assise en l'une des notables rues et places d'icelle ville, en laquelle parroisse soyent demourans, manans et habitans, plusieurs gens notables de divers estaz et conditions, lesquels, pour ce que ladicte parroisse est de grant circuité et estendue, viennent de plusieurs rues, comme des rues Neufve-Saint-Merry, de Sainte-Croix, Symon le Franc, Beaubourg, la Fontaine Maubué[2], et d'autres notables lieux à l'adresse d'icelle eglise et parroisse, par un lieu que on dit Baillehoe[3], estans assis auprès et comme joignant de ladicte eglise, auquel lieu de Baillehoe siéent, sont et se tiennent continuelment femmes de vie dissolue et communes que on dit borde-

---

1. Cette pièce, publiée par Vilevault et Bréquigny (*Ordonnances des rois de France*, t. XIII, p. 46-47), a été mal à propos attribuée par eux au mois d'avril 1424 (n. style), ce que contredit formellement l'indication de la troisième année du règne de Henri VI.

2. Aujourd'hui rue Maubuée.

3. Sauval croyait que ce nom s'appliquait à la rue Brisemiche, mais Jaillot (*Quartier Saint-Martin*, p. 7 et 89) nous paraît avoir démontré contre lui que « Baillehoe » n'était autre que la rue Taillepain.

lieres, lesquelles y tiennent clappier et bordel publique, qui est chose tres mal seant et non convenable à l'onneur qui doit estre defferée à l'Eglise et à un chascun bon catholique, de mauvais exemple, vil et abhominable, mesmement à gens notables, honnorables et de bonne vie, comme sont lesdis exposans, et avec ce plusieurs autres maulx, perils et inconveniens s'en pevent ensuir de jour et de nuyt ausdis exposans et autres, nos subgiés, frequentans icelle eglise; en nous humblement requerant que, pour l'onneur et reverence de Dieu, de ladicte eglise et du service divin qui, par chascun jour et à toutes heures canoniaulx, notablement est fait et celebré en icelle eglise, et aussi en faveur d'iceulx exposans, de leurs femmes et enfans, et pour donner exemple de honnesteté, bonne vie et doctrine, et eschever tous inconveniens qui, à l'occasion de ce que dit est, pourroit ensuir ou temps advenir; nous de notre grace leur vueillons sur ce pourveoir de remede condescent et convenable. Pour quoy, nous, ces choses considerées, ayans principalement consideracion et regard à l'onneur de saincte Eglise, en memoire et reverence de Dieu nostre Createur, du benoist corps saint Merry et du service divin, et voulans opter à nostre povoir toutes les occasions de pechier et de mener mauvaise et dissolue vie, en faveur aussi des dis exposans, leurs femmes et enfans qui souventes fois, comme l'en dit, ont laissié à venir à ladite eglise, à l'occasion dudit bordel; considerans aussi que en nostre dicte ville a moult d'autres lieux et places adonnées à ce, et mesmement assez pres d'ilec, comme au lieu que l'en dit la court Robert[1], et ailleurs plus loing de l'eglise, pour retraire lesdictes femmes, qui sont comme non habitées, par l'advis et deliberacion de nostre grant conseil, avons voulu et ordonné..... que d'ores en avant en ladicte rue de Baillehoe, ne environ icelle eglise de Saint-Merry, plus pres que ledit lieu de la court Robert, ne ait, se tiengnent, repairent ou demeurent de jour ou de nuit, femmes quelzconques estans de la vile condicion dessus dicte, en quelque maniere que ce soit; mais nous plaist et ordonnons par edit irrevocable que, tantost ces lettres veues, elles soient contrainctes de fait à vuider hors de

---

1. La Cour-Robert a pris depuis le nom de « rue du Renard » qu'elle doit, paraît-il, à l'enseigne du « Renard qui prêche » (Jaillot, *Quartier Saint-Martin*, p. 87-89). On sait que cette voie conduit de la rue de la Verrerie à la rue Neuve-Saint-Merry.

tous poins d'icelle rue, par prise de corps se mestier est, et autrement par toutes voies deues et raisonnables, sans ce que elles ne autres de ladicte condicion, ores ne pour le temps advenir y puissent retourner, estre ne demourer, tenant la vie dessus dicte.

Si donnons en mandement au prevost de Paris.....

Donné à Paris, ou mois d'avril, l'an de grace mil cccc xxiiii, et de nostre regne le tiers.

Ainsi signé : Par le roy, à la relacion du Conseil,

OGER.

LXXX.

1425. 26 mai. Paris.

Henri VI donne à Robert, comte de Vendôme et seigneur de Willoughby, l'hôtel de Bohême confisqué sur le duc d'Orléans.

(JJ. 173, n° 552.)

Henry, par la grace de Dieu roy de France et d'Angleterre, savoir faisons à tous presens et avenir, que pour consideracion des bons et grans, notables et aggreables services que nostre treschier et tres-amé cousin, Robert, conte de Vendosme, seigneur de Wilughby[1], a faiz à feu nostre tres chier seigneur et pere, cui

---

1. Par lettres du 20 septembre 1424, Robert de Willoughby, chevalier anglais, avait reçu de Bedford, agissant comme duc d'Anjou, le comté de Vendôme, confisqué sur Louis de Bourbon et relevant du duché d'Anjou ; ce don fut confirmé le 21 octobre 1425 par le roi Henri VI (Arch. nat., JJ. 173, n° 263). Il obtint, en outre, le 25 mai 1427 « toutes les autres terres, heritages, rentes, revenus et possessions quelzconques que icelluy Loys de Bourbon jadis tenoit et possedoit ou royaume de France, oultre et par dessus ledit conté de Vendosme, avec tous les fiefs et arriere fiefs lors tenuz de luy (JJ. 173, n° 657) » ; cette donation comprend implicitement l'hôtel de Vendôme, situé à Paris devant l'hôtel de Rouen et celui de Reims (Sauval, p. 316, 580 et 589), c'est-à-dire entre les rues du Jardinet, de l'Eperon et du Battoir, depuis rue Serpente, à la place que le plan de Berty (feuille 10 non encore publiée) assigne au collége de Vendôme cité, dit-on, en 1367 (Jaillot, *Quartier Saint-André-des-Arts*, p. 63) ; de même, un second hôtel de Vendôme, sis rue de Bièvre et aboutissant par derrière à la rue Saint-Nicolas-du-Chardonnet (Sauval, p. 315 et 578) ou plutôt dans la portion de cette rue connue postérieurement sous le nom de rue des Bernardins ; enfin, le château Maugarny, également situé dans la rue de Bièvre : les comptes de confiscations désignent ces différents immeubles comme appartenant jadis à Louis de Bourbon et depuis à Willoughby.

Le Vendomois étant retombé au pouvoir des Français à la suite des succès

Dieu pardoint, à nous, à nostre tres chier et tres amé oncle, Jehan, regent nostre royaume de France, duc de Bedford, ou fait de noz guerres et autrement, fait de jour en jour en jour et esperons que face ou temps avenir, et autres justes et raisonnables causes, audit seigneur de Vilughby, avons donné, cedé, transporté et delaissié, donnons, octroions, transportons et delaissons de grace especial par ces presentes, pour lui et pour ses hoirs masles, legitimes venans de lui en directe ligne, un hostel nommé l'ostel de Behaigne [1], assis en nostre bonne ville de Paris, ensemble les jardins, revenues, et toutes les appartenances quelzconques d'icellui, qui fu et appartint au duc d'Orleans, tenant d'un bout où est la premiere entrée en la rue de Neelle [2], et de l'autre par derriere aux rues de Flandres [3] et de Garneles [4], lequel et appartenances est à nous eschu, forfaict et confisqué par les rebellion et desobeïssance dudit d'Orleans, et voulons que d'icellui hostel et de sesdictes appartenances et appendances ledit seigneur de Wilughby et sesdis hoirs masles legitimes, venans de

---

des armes de Charles VII en 1429, il fallut songer à indemniser Willoughby de la perte de son comté : aussi reçut-il le 12 septembre 1431 le comté de Beaumont-sur-Oise, propriété du duc d'Orléans, qui, un moment réuni au domaine du roi anglais, était ensuite passé au duc de Bedford. Les lettres accordées à cette occasion au capitaine anglais ont été publiées par notre excellent confrère M. Douët-d'Arcq dans les *Recherches sur les anciens comtes de Beaumont-sur-Oise*, p. 126.

1. L'hôtel de Bohême, mentionné plusieurs fois au cours des comptes de confiscations (Sauval, p. 309, 575, 576 et 656), devait son nom à Jean de Luxembourg, roi de Bohême, auquel Philippe de Valois, depuis roi de France, en fit don en 1327 : c'est en partie sur son emplacement que la reine Catherine de Médicis fit construire plus tard l'hôtel connu ensuite sous le nom d'hôtel de Soissons et qui a été lui-même remplacé, vers la fin du règne de Louis XV par la Halle-au-Blé. Avant la construction de l'hôtel de Soissons, la rue d'Orléans se prolongeait jusqu'à la rue Coquillière et aboutissait en face la rue du Séjour, aujourd'hui rue du Jour (Jaillot, *Quartier Saint-Eustache*, p. 15-19).

2. La rue de Nesle, ainsi appelée de la dénomination primitive de l'hôtel de Bohême (hôtel de Nesle), fut successivement nommée « rue de Behaigne » et rue d'Orléans, en l'honneur des possesseurs de cette grande demeure. Elle conserve encore aujourd'hui la dernière de ces appellations.

3. Il ne paraît pas qu'aucun auteur ait encore signalé ce nom que la rue Coquillière devait à l'hôtel qu'y fit construire, après 1292, Guy de Dampierre, comte de Flandre.

4. La rue de Grenelle-Saint-Honoré qui, il y a quelques années, a été réunie à la rue Jean-Jacques Rousseau.

lui en directe ligne, joissent et usent et les exploictent de cy en avant plainement, paisiblement, hereditablement, perpetuellement.....

Si donnons en mandement à noz amez et feaulx les gens de noz comptes, tresoriers et generaulx gouverneurs de noz finances, en France, ... aux prevost et receveur.....

Donné à Paris, le xxvi⁰ jour du mois de may, l'an de grace mil quatre cens et vint cinq et de nostre regne le tiers.

Ainsi signé : Par le roy, à la relation de monseigneur le regent le royaume de France, duc de Bedford,

PARKER.

LXXXI.

1425. 31 mai. Saint-Denis.

Henri VI, voulant récompenser les services que Simon Morhier, prévôt de Paris, lui a rendus ainsi qu'aux feux rois Charles VI et Henri V, lui donne les terres de Saint-Piat, Montlouet et Talvoisin, au diocèse de Chartres, une maison sise à Belloy, une autre à Trianon, ces divers biens confisqués sur Simon de Vendières, chevalier, les enfants de feu Regnaud d'Angennes, Pierre Gentier et Bureau de Dammartin.

(JJ. 173, n° 180.)

Henry, par la grace de Dieu roy de France et d'Angleterre, savoir faisons à tous presens et avenir, que nous considerans les bons et aggreables services que nostre amé et feal conseillier, Simon Morhier, chevallier, seigneur de Villiers[1] et prevost de Paris, a fais à feux nos tres chiers seigneurs, ayeul et pere, les roys de France et d'Angleterre, cui Dieu perdoint, fait encore à nous chacun jour, tant ou fait de nos guerres comme autrement, en plusieurs et diverses manieres et esperons que face ou temps avenir, et aussy pour le recompenser aucunement de plusieurs grans fraiz, missions et despens qu'il luy a convenu faire et soustenir en certains voiages par lui faiz, du commandement et ordonnance de nostre dit feu seigneur et pere, dont Dieu ait l'ame, en Arragon[2] et ailleurs en loingtains pays, et pour plusieurs autres

---

1. Villiers-le-Morhiers (Eure-et-Loir, arr. de Dreux, cant. de Nogent-le-Roi).

2. Il est noté, au compte des confiscations pour les années 1423 à 1427, que Simon Morhier avait « fait plusieurs lointains et dangereux voyages par « l'ordre du conseil du roy, tant en Aragon comme ailleurs, où il avoit été « detroussé, sans en avoir receu aucune récompense » (Sauval, p. 333).

causes et considérations à ce nous mouvans, à icelluy nostre conseiller, par l'advis et déliberation de nostre tres chier et tres amé oncle, Jehan, regent nostre royaume de France, duc de Bedford, avons cedé, transporté et delaissié, et par ces presentes de nostre grace especial, plaine puissance et auctorité roial, cedons, transportons et delaissons la proprieté des terres, seigneuries et hostelz qui s'ensuivent : c'est assavoir la terre de Saint-Piat[1] qui fut à Simon de Vendieres, chevallier, les terres de Montlouvet[2] et de Telvoisin[3], assises ou diocese de Chartres qui furent aux enfans de feu Regnault d'Angennes, un hostel assis à Besloy[4] qui fut à Pierre Gencien[5], et un autre hostel assis à Tryanon[6] qui fut à Bureau de Dampmartin[7], à nous venuz et escheuz par confiscation, pour, d'icelles terres, seigneuries et hostelz, ainsi comme ils se comportent, tant en maisons, manoirs, villages, fiefs, arriere-fiefs, justices haultes, moiennes et basses, cens, rentes, revenues, prez, bois, vignes et autres choses quelconques à iceulx appartenans et appendans, jusques à la valeur de cinq cens livres tournois de revenue par an, eu regard au temps qu'ils valoient l'an mil cccc et dix, joir et user par nostredit conseiller, et ses hoirs masles, legitimes, venus de lui en directe ligne, perpetuelment,

---

1. Saint-Piat (Eure-et-Loir, arr. de Chartres, cant. de Maintenon).
2. Montlouet (Eure-et-Loir, arr. de Chartres, cant. de Maintenon).
3. Talvoisin, h. de la comm. d'Ymeray (Eure-et-Loir), arr. de Chartres, cant. de Maintenon.
4. Belloy (Seine-et-Oise, arr. de Pontoise, cant. de Luzarches).
5. Ce Pierre Gentien, trésorier de France, déjà marqué au nombre des émigrés dans le compte des confiscations pour 1420-1421 (Sauval, p. 296), est dit plus tard (compte pour les années 1427-1434, apud Sauval, p. 584), « seigneur de Belloy en France de par sa femme »; mais la lecture du livre de l'abbé Lebeuf (*Hist. du diocèse de Paris*, t. IV, p. 310) prouve qu'il ne l'était qu'en partie.
6. Trianon (Seine-et-Oise, arr., cant. et comm. de Versailles).
7. Bureau de Dammartin, changeur et orfèvre, avait été le fournisseur de Louis de Valois, duc d'Orléans ; sa femme vendait des parfums à la reine Isabeau. Ce fut Bureau qui, en 1416, découvrit la conspiration de Nicolas d'Orgemont ; aussi fut-il honoré du mépris du duc de Bourgogne, Jean Sans-Peur (Leroux de Lincy et Tisserand, *Paris et ses historiens aux XIVe et XVe siècles*, p. 332-335). Son hôtel de la rue de la Courroierie, depuis rue des Cinq-Diamants, cité avec éloge par Guillebert de Metz, et sa maison sise dans la rue Saint-Denis « devant le chasteau » furent donnés par le roi, mais pour la vie seulement, à Raoul de Neuville, chevalier (Sauval, p. 308, 322, 575).

hereditablement et à tousjours, en payant les charges, droiz et devoirs pour ce deuz et accoustumez, pourveu que.....

Si donnons en mandement par ces mesmes presentes à nos amez et feaulx gens de nos comptes à Paris, les tresoriers et generaulx gouverneurs de toutes nos finances en France.....

Donné à Saint-Denis en France, le derrenier jour de may, l'an de grace mil cccc et xxv, et de nostre regne le tiers.

Ainsi signé : Par le roy, à la relation de monseigneur le regent de France, duc de Bedford,

J. MILET.

LXXXII.

1425. Juin. Paris.

Henri VI abandonne à Erard et Jean Chanteprime et à Jean de Fleury, tuteurs et curateurs de feu Henri du Vivier, moyennant qu'ils paîront au receveur du roi la somme de 500 livres tournois, tous les biens de leur pupille, qui, après avoir été banni de France en raison de son absence de Paris depuis l'année 1418, est mort à l'étranger. Cette remise est fondée sur l'innocence de Henri que ses héritiers défendent du reproche d'avoir pactisé avec le parti du Dauphin.

(JJ. 175, n° 163.)

Henry, par la grace de Dieu roy de France et d'Angleterre, savoir faisons à tous presens et avenir, que comme certain procès feust dès pieça meu et pendant, par devant les commissaires ordonnez de par feu nostre tres-chier seigneur et ayeul, le roy Charles derrenier trespassé, cui Dieu perdoint, sur le fait des confiscations à lui escheues et à escheoir en nostre dit royaulme de France de ceulx qui lui estoient desobeissans et tenoient le parti contraire à lui, entre le procureur de nostre dit feu seigneur et ayeul d'une part, et Girard de Vauboulon[1], maistre Jehan de Fresnoy et Arnault Bacheler, à cause de leurs femmes, et maistre Thiebault du Vivier en son nom, eulx disans heritiers de Henry du Vivier, leur frere[2], et aussi maistres Erart et Jehan Chante-

---

1. La famille de Vauboulon, dont le nom paraît souvent dans les pièces parisiennes du xve siècle, tirait son nom d'une ferme du territoire de Saint-Denis, laquelle fut supprimée à la fin du xviie siècle ; cette ferme dépendait au spirituel de l'église paroissiale de Saint-Jacques de Vauboulon, située dans l'enclos de l'abbaye de Saint-Denis près les remparts, et qui fut démolie en 1697 (Lebeuf, *Histoire de la ville et du diocèse de Paris*, t. III, p. 231-232).

2. Outre leurs trois sœurs qu'avaient épousées Girard de Vauboulon, Jean

prime¹, freres, et maistre Jehan de Fleury², ou nom et comme tuteurs et curateurs dudit Henry d'autre part, sur ce que ledit procureur de nostredit feu seigneur et ayeul disoit et maintenoit que, après l'entrée faicte en nostre ville de Paris par les gens de nostre dict feu seigneur et ayeul et de feu nostre tres chier et tres amé cousin, le duc de Bourgogne, qui fut ou mois de may l'an mil cccc et xviii, ledit Henry s'estoit absenté de ladicte ville de Paris, et alé avec les ennemis et adversaires de nostre dit feu seigneur et ayeul et de nous, et avec eulx s'estoit tenu et tient encores de present en soustenant leur parti, pour lequel cas il fut appelé aux drois de nostre dict feu seigneur et ayeul, et banni de nostre dit royaume de France. Et, par ce, ses biens meubles et immeubles declarés forfais, acquis et confisqués à nostredit feu seigneur et ayeul, en concluant contre les dessusdiz et chascun d'eulx qu'ils baillassent realment les biens meubles, lettres, tiltres et enseignemens tant de heritages, rentes et debtes, comme autres choses quelsconques appartenans audit Henry, et tant à lui venus et escheuz par les trespas de ses feux pere et mere comme de feu Jehan du Vivier, son frere, monstrassent et exhibassent les inventoires fais apres le decès desdits deffuncts, les partages fais entre eulx, et toutes autres choses qui en dependoient pour estre exploictiez et levez au prouffit de nostre dit feu seigneur et ayeul, en concluant aussi contre lesdits tuteurs et curateurs qu'ils feus-

---

de Fresnoy et Arnoul Bachelier, Thibaud et Henri du Vivier avaient une quatrième sœur, nommée Catherine et veuve alors de Mᵉ Pierre Dangeuil ; celle-ci avait quitté Paris, comme son frère Henri, et ses biens avaient été confisqués ; c'étaient d'abord une maison à l'enseigne de la Cloche, sise rue de la Calandre en la Cité, et tenant par derrière à la Seine : selon le compte des confiscations pour les années 1423 à 1427 on ne tira aucun profit de cette maison, occupée alors par Thibaud du Vivier qui disait en être le propriétaire et qui fut probablement débouté de ses prétentions, puisque l'hôtel de la Cloche reparaît, dans le compte suivant, au nombre des biens confisqués (Sauval, p. 319 et 581). La maison, dite la Tour de Mesly, près Notre-Dame-du-Mêche, au finage de Créteil, qui appartenait, en commun sans doute, à Catherine et à son frère Henri, fut donnée à Simon Bourdin, l'un des auteurs de l'entrée des Bourguignons à Paris en 1418 (*ibid.*, p. 324). Enfin, l'anglais Albert Rosengarten fut gratifié des biens que Catherine et son mari possédaient à Vitry et aux environs (*ibid.*, p. 327).

1. Ces deux personnages, ainsi qu'on le voit par la suite de l'acte, étaient oncles maternels des précédents.

2. Mᵉ Jean de Fleury figure plus haut (p. 119 et ss.), dans une pièce en date de janvier 1424, où il est qualifié « notaire et secretaire du roi » Henri VI.

sent condempnés et contrains à rendre compte et reliqua de l'administration par eulx eue des biens dudit Henry ; lesdits Girard, Fresnoy, Bachelier, et maistre Thiebault, esdiz noms, disans au contraire que ledit Henry, leur frere, estoit bon jeune homme, natif de Paris, et de honneste extraction, et avoit tousjours tenu le parti de nostre dit feu seigneur et ayeul et non pas le parti contraire, et estoit vray que, oudit an CCCC XVIII, pour la mortalité qui estoit lors à Paris, il s'en ala à Dijon avec Jehan des Baulx, escuier et serviteur de nostre dit feu cousin, le duc de Bourgogne, et ylec demoura huit mois ou plus, puis revint à Paris et ala à Dourdan[1] où il demoura jusques en aoust CCCC XIX qu'il revint à Paris, et y fut jusques après le trespas de nostre dit feu cousin de Bourgogne[2], et assez tost après, du sceu et conseil de ses amis, s'en ala à Napples devers le roy Jaques[3], qui lors y estoit, et de là en Cippre où il acoucha malade et y fina ses jours[4], longtemps avant ce qu'il feust appelé aux drois de nostre dit feu seigneur et ayeul, par quoy ledit ban estoit nul et de nulle valeur. Disoit oultre ledit maistre Thiebault que, dès l'an mil CCCC XVII, il ot le bail dudit Henry, qui lors estoit mineur d'ans et puisné, par le moyen duquel bail ses biens meubles et les revenues de ses heritages lui appartenoient par la coustume gardée entre nobles, de quelle condition ils sont. Et semblablement ledit maistre Erart Chanteprime, oncle maternel dudit Henry, eust dit et proposé que ledit bail lui appartenoit et non audit maistre Thiebault, et lui estoit escheu, tant de lui comme dudit maistre Thiebault et de deux de leurs seurs, ledit an CCCC XVII, après le trespas de feu François Chanteprime, son pere et ayeul maternel desdis enfans,

---

1. Dourdan (Seine-et-Oise, arr. de Rambouillet, chef-lieu de cant.).
2. Cet événement eut lieu, on le sait, le 10 septembre 1419.
3. Jacques de Bourbon, comte de la Marche, second mari de Jeanne II, reine de Naples, qu'il avait épousée en 1415.
4. Il est possible que ces nouvelles des voyages et de la mort de Henri du Vivier fussent fausses. Le roi d'Angleterre accorda en effet, le 13 août 1427, des lettres de rémission à un certain Henri du Vivier dont le père, jadis orfèvre et valet de chambre des rois Jean, Charles V et Charles VI, s'appelait également Jean du Vivier ; cet Henri, comme celui dont on discute ici l'héritage, était le neveu d'un Chanteprime ; comme lui, il avait quitté Paris en 1419, mineur encore, un peu avant, toutefois, l'assassinat du duc de Bourgogne ; il vécut ensuite durant huit années hors de l'obéissance du roi qui régnait à Paris et avait été de même banni sous prétexte de rébellion (voyez plus loin, pièce CXXIX).

et, sur ledit bail, avoit esté procès ou Chastellet de Paris entre lesdiz maistres Erart et Thiebault dont il y avoit eu appel relevé en nostre court de Parlement. Disoient aussi lesdiz tuteurs et curateurs qu'ilz n'estoient tenuz de rendre compte et reliqua de leur administration jusques à ce qu'il feust discuté des faiz et debaz dessusdis, car ils devoient estre quictes pour rendre une fois leur dit compte, et à celui ou ceulx à qui le droit dudit Henry seroit adjugié par justice, et plusieurs autres choses disoient et maintenoient lesdites parties, tant en demandant, deffendant comme en reppliquant et duppliquant, en concluant par lesdiz freres que ledit procureur de nostre dit feu seigneur et ayeul ne faisoit à recevoir à demander les biens meubles et immeubles dudit Henry, et que à eux appartenoient, et non à autres, comme freres et heritiers plus prouches d'icellui Henry. Et semblablement par lesdits maistres Erart et Thiebault, et chacun d'eulx comme eulx disans baillisseurs d'icellui Henry, eust esté conclud lesdiz biens meubles à eulx appartenir, et les revenues de ses heritages jusques à son trespas, et supposé mesmement qu'il feust vivant, parce qu'il estoit encore soubs aagié et non capable d'estre hors de bail, en offrant par chacune desdites parties à prouver de leurs fais tant qu'il souffiroit à leur entencion. Après lesquelles parties ainsi oyes fut appointié par lesdits commissaires que les biens meubles dudit Henry demour[r]oient es mains desdits tuteurs soubz la main de nostre dit feu seigneur et ayeul, jusques à ce que autrement en feust ordonné. Depuis lesquelles choses ainsi faictes, les dictes parties furent mandées par devers nos amez et feaulx conseillers les commissaires ordonnez de par nous sur le fait desdites confiscations, et furent interroguées sur aucunes choses, et rafreschi nostre procureur les demandes et conclusions que avoit autresfois faictes contre eulx le procureur de nostre dit feu seigneur et ayeul, par especial contre lesdiz tuteurs et curateurs afin qu'ils feussent condempnés et contrains à rendre compte et reliqua de leur dicte administration, à quoy ils demanderent sommation, et le orent, et sommerent lesdis Vauboulon, Fresnoy, Bachelier et leurs femmes, et ledit maistre Thiebault qui comparurent et dirent qu'ilz enseigneroient deffenses ausdiz tuteurs, ce qu'ils firent en proposant leurs fais et raisons comme dessus, que lesdiz tuteurs employerent pour leur valoir ce que raison donroit. Et finablement furent appointiés nostre dit procureur et lesdiz Vauboulon, Fresnoy, Bachelier, maistre Thiebault en fais contraires et en enqueste, et en tant que touchoit lesdiz tuteurs, que ils rendroient compte, et le reliqua, s'aucun en y avoit, seroit mis hors de leurs mains, en autre main seure, pour estre delivré en fin de cause à cellui ou ceulx à qui il appartendroit, et seroient lesdites parties presentes à rendre ledit compte, se bon leur sembloit. En ensuivant lequel appoinctement qui fut donné le xve jour de juing, l'an mil cccc xxiii, lesdis tuteurs et curateurs ont depuis baillé leurdit compte devers nosdis conseillers, lequel a esté veu par aucuns notables commissaires à ce ordonnés de par nous, presens ou au moins appellez nostredit procureur et lesdits freres et seurs dudit Henry, par lequel compte, ainsi qu'il gist, les parties que veulent prendre en despenses lesdis tuteurs montent plus que les parties par eulx rendues en recepte xl livres, xi sols, xi deniers parisis. Mais iceulx commissaires ont fait plusieurs doubtes et arrests, tant en ladite recepte comme en ladite despense dudit compte, lesquelz arrests ne pevent estre decidés sans oïr lesdites parties sur ce qui seroit longue chose et dificile à faire et dont pourroient soudre grans et sumptueux procès, et si demourroient par ce en gast et ruine les heritages dudit Henry, que pour cause desdis debats ne sont de present cultivez ne labourez, et supposé que, après lesdis arrests et doubtes decidées, eust aucun reliqua deu par lesdits tuteurs et curateurs, si demourroit-il, par l'appoinctement dessus dit, en autre main seure jusques à ce qu'il feust decidé des fais proposez par nostre dit procureur et par lesdis freres et seurs et baillisseurs, et si seroit la plus grant partie dudit reliqua en debtes et rentes, desquelles les plusieurs sont en nonvaloir, et les autres à recouvrer sur ceulx qui les doivent dont les poursuites seroient longues et de grans fraiz à faire, comme de toutes choses nous avons deuement esté acertenés par plusieurs de nostre conseil, qui ont esté presens à voir et à examiner ledit compte, nous, ces choses considerées, eue sur ce grant et meure deliberacion du Conseil avons cedé, transporté et delaissié, cedons, transportons et delaissons par la teneur de ces presentes ausdis maistres Erart et Jean Chanteprime et Jehan de Fleury, en leurs propres et privez noms et pour leurs hoirs et ayans cause tous les drois, raisons, actions et poursuittes quelzconques que nous avions et povions avoir contre eulx, comme tuteurs et curateurs dudit Henry, et contre lesdiz freres et seurs d'icellui Henry, comme eulx disans ses heritiers, et aussi contre ledit maistre Thiebault, soy-disant baillisseur d'icellui, et contre tous autres qui aucun droit vouldroient reclamer es biens meubles et immeubles dudit Henry, voulans et consentant de nostre grace especial, plaine puissance et auctorité royal, que d'iceulx biens meubles et immeubles lesdis maistre Erard et Jehan et Fleury joissent et usent d'ores en avant et leurs dis hoirs et ayans cause, tout ainsi que en pourrions et eussions peu joir et user pour raison des choses dessusdites, et les avons subrogué et subrogons en lieu de nous oudit procès devant nostre dit procureur et lesdis freres et seurs et baillisseurs, lequel ilz poursuivront selon l'estat où il est de present se bon leur semble, sans prejudice toutes voies du droit de bail que se dit avoir ledit maistre Erart d'icellui Henry, lequel il soustendra contre ledit maistre Thiebault s'il lui plaist, parmi ce que lesdis maistres Erard, Jehan et Fleury paieront promptement à nostre receveur desdites confiscations, pour nous, la somme de cinq cens livres tournois, monnoie courant à present, pour et en lieu de tous les droiz, raisons, actions et poursuittes que nous avions et povions avoir aux causes dessusdites en tous les biens meubles et immeubles dudit Henry, que par ces presentes nous leur avons cedé, transporté et delaissié, cedons, transportons et delaissons comme dessus est dit.

Si donnons en mandement par ces mesmes presentes à noz amez et feaulx conseilliers, les tresoriers et gouverneurs de nos finances, les commissaires ordonnés de par nous sur le fait des dites confiscations.....

Donné à Paris, ou mois de juing, l'an de grace mil cccc et vint-cinq et de nostre regne le tiers.

Ainsi signé : Par le roy, à la relation du grant conseil, ou quel vous, les tresoriers et generaulx gouverneurs de toutes les finances, les commissaires sur le fait des confiscations, et autres estoient,

J. DE BETHISY.

LXXXIII.

1425. Juin. Paris.

Rémission accordée par Henri VI à Pierre Curet, « pauvre jeune homme », orfèvre, coupable de meurtre sur la personne de Jean Ponceau, également orfèvre. La scène avait eu lieu sur le Grand Pont (autrement dit Pont-au-Change) : Jean Ponceau avait réclamé, devant plusieurs autres personnes, à Pierre Curet l'argent que celui-ci lui devait. Curet lui fit au sujet de ce procédé des reproches auxquels Ponceau répondit, paraît-il, en le menaçant d'un ciseau de fer. C'est alors que Curet aurait frappé son interlocuteur sur la tête avec un autre outil d'orfèvre. La blessure de Ponceau ne paraissait cependant offrir aucune gravité, et, quelques jours après, Curet étant allé le voir avec plusieurs autres personnes, ils burent ensemble et l'on décida que tout serait oublié : Curet s'engagea à payer le barbier qui avait appareillé la blessure de Ponceau et reçut même sur ce fait quittance de son adversaire qui, dès le lendemain de l'événement, s'était remis au travail. Néanmoins, Ponceau, qui fréquentait assidûment la taverne et n'observait pas la continence que lui avait recommandée le chirurgien, mourut au bout de douze jours, de sorte que Curet avait cru prudent de quitter Paris.

(JJ. 173, n° 175.)

Henry, par la grace de Dieu roy de France et d'Angleterre, savoir faisons à tous presens et avenir, nous avoir reçeu l'umble supplication de Pierre Curet, povre jeune homme orfevre aagié de xxx ans ou environ, contenant comme lui estant sur Grant Pont[1] à Paris, à un certain jour ou mois d'avril derrenierement passé ou environ, devant la forge d'un nommé Pierre Berthelemin, orfevre, ou estoient aussi pour lors plusieurs gens notables qui parloient ensemble ; feu Jehan du Ponceau, orfevre, seurvint sur eulx, et en la presence de toute la compaignie dist audit supliant telles parolles : « Vous me devez de l'argent, que ne me paiez-vous ? », en lui cuidant ou voulant faire honte devant ladite compaignie, à quoy ledit suppliant eust respondu en telle maniere : « Beau sires, « que ne m'avez-vous tiré à part, et le m'eussiés demandé plus « simplement et doulcement ? » Lequel Jehan lui dist et respondi moult rudement, qu'il n'en feroit rien ; mais en tous les lieux qu'il le pourroit trouver en compaignie, il lui demanderoit tousjours. Et adonc ledit suppliant lui dist : « Cuidiez-vous que je « m'en doie fouir pour chose que je vous doie, car j'ay bonne « voulenté de vous bien paier, et ne m'arguez plus ainsi. » Lequel lui respondi de rechief moult arrogamment, en jurant par le sang Dieu que si feroit. Et, lors, ledit suppliant lui dist que ce ne seroit pas bien fait, et que il s'en pourroit bien repentir. Lequel Jehan lui respondi : « Or en fay du pis que tu pourras », et, en disant icelles parolles, il print une grans sisoueres de fer en la forge dudit Pierre Berthelemin, en les haulsant et soy efforçant de frapper ledit suppliant. Lequel suppliant voyant qu'il le vouloit frapper print en ladite forge un petit martelet à planer gobelez d'argent et, en soy defendant, en frappa ledit Jehan un seul cop sur la teste, où autresfois il avoit eu plusieurs autres plaies,

---

1. C'est le Pont-au-Change.

jusques à grant effusion de sang. Et, ce fait, ledit Jehan du Ponceau s'en ala en l'ostel d'un barbier pour soy faire guerir et, le lendemain, vint en sa forge sur ledit Grant Pont pour ouvrer et faire sa besoingne, ainsi qu'il avoit fait par avant, et continua tousjours sur ledit pont en faisant sadicte besoingne par l'espace de six jours ou environ, pendant lequel temps, ledit suppliant s'en ala par devers lui, en la compaignie de plusieurs personnes, et firent tant l'un avec l'autre qu'ils beurent ensemble et que ledit feu Jehan du Ponceau lui quicta et pardonna la noise et debat qu'ils avoient eu l'un avec l'autre, et tout ce qui s'en pourroit ensuir, par le moien de certaines sommes de deniers que ledit suppliant lui devoit paier pour toutes choses quelsconques, tant pour navreure que pour les frais et mises dudit barbier ou cirurgien qui le gouvernoit, et de ce ledit du Ponceau lui passa lettre de quictance par devant deux notaires de la court de l'evesque de Paris. Neantmoins ledit du Ponceau, tant par ce qu'il aloit tous les jours boire à la taverne, comme parce qu'il ouvroit et besongnoit de sondict mestier, et qu'il n'ot pas bon gouvernement en soy-meisme, que ses voisins prochains luy disoient qu'il se gastoit, et que, s'il ne prenoit garde en soy, ils faisoient doubte qu'il ne se tuast, ausquels il respondit qu'il n'avoit pas paour, au bout de douze jours ou environ par sondit petit gouvernement, et aussy qu'il avoit tousjours couchié avec sa femme, combien que sondit barbier ou surgien luy eust deffendu qu'il n'y couchast point, ala de vie à trespassement. Pour lequel cas, ledit suppliant, doubtant rigueur de justice, se absenta dès lors du pays, ouquel ne en nostre royaume de France il n'oseroit jamais seurement demourer, repairier ne converser, se nostre grace et misericorde ne lui estoit sur ce impartie. En nous requerant humblement que consideré ce que dit est, et que ledit suppliant en tous ses autres fais a esté et est homme de bonne vie, renommée et honeste conversation, sans oncques mais avoir esté reprins, ... Pour ce est-il que nous, ces choses considerées, audit Pierre Curet ..... quittons, remettons et pardonnons le fait et das dessusdiz... parmi ce que le dit Pierre sera pugny civillement à la discretion de justice.

Si donnons en mandement au prevost de Paris.....

Donné à Paris, ou mois de juing, l'an de grace mil IIII^c et vint-cinq, et de nostre regne le tiers.

Ainsi signé : Par le roy, à la relation du Conseil.

ADAM.

LXXXIV.

1425. Juin. Paris.

Rémission accordée à Jean Guérard, qui vient de jurer l'observation du traité de Troyes. Dans sa supplique, Guérard rapporte avoir quitté Paris, où il n'est pas rentré depuis lors, en 1419, pour échapper à Blanot Maunoury, qui le menaçait de faire saisir une fois de plus, pour dettes, le peu de bien qu'il possédait. Son intention était d'aller avec sa femme à Orléans et à Bourges, mais fait prisonnier par les Dauphinois qui occupaient Massy, il dut payer une rançon de 20 moutons d'or. Il demeura ensuite trois mois durant à Montlhéry; de là il alla s'établir à Etampes, où il fut pris deux jours après son arrivée, pendant le marché, par les gens de la garnison dauphinoise de Gaudreville, qui le rançonnèrent de nouveau à 20 moutons d'or. Après Pâques 1420, il abandonna Etampes pour Farcheville où, pour subvenir aux besoins d'une femme malade, il s'engagea dans la garnison de ce lieu qu'occupaient les partisans du Dauphin, et y demeura deux années. Il résida ensuite à Milly jusqu'au temps où le comte de Salisbury vint assiéger cette forteresse et il retourna ensuite à Farcheville. Le 15 mai 1425, il fut pris par les gens de Bagneux et de Vanves qui suivaient le parti anglais et contraint de payer une vingtaine d'écus pour sa rançon. — La rémission est fondée sur ce que Guérard, dans les courses auxquelles il a pris part, n'a commis ni meurtre, ni viol, soit de femme, soit d'église.

(JJ. 173, n° 186.)

Henry, par la grace de Dieu roy de France et d'Angleterre, savoir faisons à tous presens et avenir, nous avoir reçeu l'umble supplication de Jehan Guerart, povre homme aagié de xxxiiii ans ou environ, chargié de femme et d'un petit enfant, contenant que en l'an mil cccc xix environ, xv jours après la Toussains, ledit suppliant estant et demourant en ceste nostre ville de Paris, ensemble sadicte femme, considerant que un nommé Blanot Maunorry, aussi demourant à Paris, le menaçoit de faire prendre et bouter en prison, comme il avoit ja fait par plusieurs fois, et de faire prendre et lui oster ses biens pour certaine somme d'argent que icellui Blanot disoit lui estre deue par ledict suppliant, se parti de nostre dicte ville de Paris et emmena sadicte femme avec lui, qui estoit lors grosse d'enfant, en entention d'aler à Orleans et à Bourges pour ylec gangnier leur povre vie et substantation, pour ce qu'ilz n'osoient plus demourer en nostre dicte ville de Paris pour doubte dudit Blanot qui faisoit querir ledict suppliant par tout où il esperoit le trouver pour le mettre en prison, comme dict est. Et alerent jusques à Massy[1], auquel

---

1. Massy (Seine-et-Oise, arr. de Corbeil, cant. de Longjumeau).

lieu de Massy leur fut osté tout ce qu'ilz portoient, et fut ledit suppliant prins et mené prisonnier au chastel dudit Massy et là raençonné par nos ennemis et adversaires, qui lors estoient dedans ledit chastel, à la somme de xx moutons d'or lesquelz il paia. Et de là s'en alerent à Montlehery[1], où ils furent bien trois mois ou environ vivans de leur labour et peine, et eulx considerans qu'ilz n'estoient pas bien audit Montlehery pour noz gens d'armes et subgiez qui y couroient bien souvent, s'en alerent à Estampes et, là, louerent une maison pour y cuidier estre seurement et gangnier leur vie en marchandise ou autrement. Et le second jour après leur venue audict Estampes, fut prins ledict suppliant en ladicte ville d'Estampes à un jour de marché par les gens de la garnison de Gaudreville[2], noz ennemis et adversaires, et mené prisonnier audict Gaudreville soubz ombre de ce que on disoit ledit suppliant tenir nostre parti, et là fut mis à raençon à xx moutons d'or, lesquelz il paia. Et de là s'en retourna audit Estampes ou estoit sadicte femme, laquelle estoit accouchée d'enfant, où ilz furent tout le karesme ensemble, vivans de leur labour et paine, sans riens prendre ne avoir de l'autruy. Et, après ledit temps de karesme, vint audict Estampes un appellé Pierre Combartin, lequel dist audit suppliant que il s'en alast avecques lui à Farcheville[3], et qu'il lui aideroit du mieulx qu'il pourroit; lequel suppliant y ala et mena sadicte femme avecques lui, et tantost après qu'ilz ylz furent, ladicte femme dudit suppliant acoucha malade au lit, laquelle maladie lui dura bien xviii mois ou environ, et aussi fut ledit suppliant malade par l'espace de sept sepmaines ou environ. Lequel suppliant, considerant qu'il n'avoit de quoy vivre ne de quoy gouverner sadicte femme qui estoit ainsi malade, comme dit est, par l'induction dudit Combertin qui ainsi l'avoit fait venir audit Farcheville, comme dit est, et aussi par mauvaise temptation de l'ennemy, se mist avecques la garnison dudit Far-

---

1. Montlhéry (Seine-et-Oise, arr. de Corbeil, cant. d'Arpajon).

2. Gaudreville, ancienne commune réunie en 1823 à celle de Granville (Eure-et-Loir, arr. de Chartres, cant. de Janville), est située à 15 kilomètres sud-ouest d'Etampes.

3. Farcheville, château situé sur le finage de Bouville (Seine-et-Oise, arr. et cant. d'Etampes) à 10 kilomètres à l'est d'Etampes. Cette forteresse résistait encore aux Anglais au mois de janvier 1428 .(Longnon, *Les limites de la France et l'étendue de la domination anglaise à l'époque de la mission de Jeanne d'Arc*, p. 43).

cheville et y demoura environ deux ans. Et, lesdis deux ans passez, s'en alerent ledict suppliant et sadicte femme dudit Farcheville à Milly en Gastinois[1], auquel lieu de Milly ils furent jusques à tant que nostre amé et feal cousin, le conte de Salisbury, y ala pour mectre le siege de par nous, et perdirent tous leurs biens et de là s'en retournerent audit Farcheville, auquel lieu ilz ont tousjours depuis esté et demouré jusques au mardi devant l'Ascension[2] derrenierement passée, que ledit suppliant, qui estoit venu courir avecques autres, a esté prins par les gens et compaignons de Baigneux[3] et de Vanves[4] ou autres tenant nostre parti, et fut mené audit Baigneux et y fut une nuit, et le landemain fut mené à Fontenoy[5], et de Fontenoy à Sevre[6], où il a esté mis à raençon, et a paié tant pour sadite raençon comme pour ses despens et autres choses la somme de xx escuz ou environ. Lui estant esquelles places de Farcheville et de Milly, il a couru sur noz subgiez et obeïssans, prins et amené prisonnier avecques les autres desdites garnisons de Farcheville et de Milly, noz ennemiz, et iceulx noz subgiez a mis à raençon, et si a pillé et robé partout où il a trouvé à prendre, sans ce toutesvoies que durant ledit temps, ne en faisant lesdites courses et pilleries ou autrement, il ait murtry ne tué personne, efforcié femmes, violé eglises, ne bouté feux. Pour lesquelles choses et cas dessusdits, ledit suppliant, qui de tout son cuer desire estre nostre bon et loyal subgiet, resider et demourer en nostre obeïssance, et y amener sa dicte femme et petit enfant, et qui desja a fait le serment es mains du cappitaine de Saint-Cloud, n'y oseroit bonnement retourner se par nous ne lui estoit sur ce nostre grace impartie, requerant humblement que attendu ce que dit est, et que à cause desdictes courses par lui faictes ne se sont ensuiz mort, boutement de feux, ravissemens de femmes, ne violemens d'eglises et que il n'avoit point fait le serement de la paix final de noz deux royaumes de France et d'Angleterre, avant lesdis crimes par lui perpetrés, ne depuis jusques à ce qu'il l'a fait es mains dudit capitaine de Saint-Cloud, nous pour pitié .....

---

1. Milly (Seine-et-Oise, arr. d'Etampes, chef-lieu de cant.).
2. Le 15 mai 1425.
3. Bagneux (Seine, arr. et cant. de Sceaux).
4. Vanves (Seine, arr. et cant. de Sceaux).
5. Fontenay-aux-Roses (Seine, arr. et cant. de Sceaux).
6. Sèvres (Seine-et-Oise, arr. de Versailles, chef-lieu de cant.).

Si donnons en mandement par ces presentes à nostredit prevost de Paris.....

Donné à Paris ou mois de juing, l'an de grace mil cccc et xxv et de nostre regne le tiers.

Ainsi signé : Par le Conseil,

J. DE DROSAY.

LXXXV.

1425. Juin. Paris.

Henri VI donne à Etienne Bruneau, son secrétaire, contrôleur de la dépense de la reine Isabeau, 80 livres parisis de revenu annuel à prendre sur des biens venus à la couronne par confiscation et situés à Romainville, Montreuil-sous-Bois, Gentilly, Saint-Germain-des-Prés, Charonne, Gonesse, Deuil, Garges, Athis-sur-Orge, Fontenay-aux-Roses, Rosny, Suresnes et la Ville-l'Evêque.

(JJ. 173, n° 202.)

Henry, par la grace de Dieu roy de France et d'Angleterre, savoir faisons à tous presens et avenir, que par l'advis et deliberation de nostre tres chier et tres amé oncle Jehan, regent nostre royaume de France, duc de Bedford, et pour certaines justes et raisonnables causes à ce mouvans nostredit oncle, avons cedé, transporté, donné et delaissié, cedons, transportons, donnons et delaissons par ces presentes dès maintenant à tousjours, perpetuelment et hereditablement, à nostre amé et feal clerc notaire, maistre Estienne Bruneau, contreroleur de la despense de l'ostel de nostre tres-chiere dame et ayeule, la royne de France, pour lui, ses hoirs, successeurs et ayans cause, la somme de IIII^{xx} liv. parisis de rente que nous avons droit de prendre, avoir, cueillir, et parcevoir par chascun an aux termes à Paris acoustumez, en et sur les heritages, maisons, cens, rentes, revenues et possessions cy-après declairez, qui, par avant, estoient à nous confisquez, c'est assavoir XL sols parisis de rente sur l'ostel[1] qui fut maistre Oudart Gencien, assis à Romainville[2], avec la granche, estable, coulombier, jardin, trois arpens de vigne ou environ et cinq arpens de terres appartenans audit hostel, n'a gaires par nous baillées à la charge de ladite rente à maistre Guillaume Vi-

---

1. Le compte des confiscations pour les années 1423-1427 mentionne cette maison de Romainville, donnée, dit-il, à « Etienne Bruneau, notaire et « secrétaire du roi, par lettres du mois de juillet 1425 » (Sauval, p. 323).

2. Romainville (Seine), arr. de Saint-Denis, cant. de Pantin.

gnier[1], oultre les charges anciennes. *Item*, xx solz parisis de rente sur l'ostel qui fut Jehan Boistel, assis à Monstereul lez le Bois de Vinciennes[2], avec un jardin derriere contenant environ deux arpens, deux arpens et demi de vigne et trois arpens de terre, n'a gaires baillées à ladicte rente à Jehan Parent à la charge du douaire de la vesve dudit Boistel, oultre les charges qu'ilz doivent. *Item*, x livres parisis de rente sur une maison, court, jardin, pressoir, une foulerie, un petit jardin derriere clos à murs, un autre petit jardin devant ladicte maison, ung autre petit jardin et une petite saulsoye avecques viii arpens de vignes et demi arpent de saulsoye, situez et assis en la ville et ou terroir de Gentilly[3], qui furent à Gilot Saget, n'a gaires par nous bailliez et delivrez à la charge de ladicte rente à Jehan Riberel, oultre les charges anciennes. *Item*, lii solz parisis de rente sur un jardin qui fut maistre Pierre d'Oger[4], assis à Saint-Germain-des-Prez[5] contenant environ un quartier de terre par nous baillé et delivré à la dicte charge et rente à Regnault de Champigny, oultre les autres charges. *Item*, huit livres parisis de rente sur un hostel ainsi qu'il se comporte ; quatre arpens de vignes et vi arpens de terres labourables, qui furent Godefroy le Fevre, assis en la ville et terroüer de Charonne[6], n'a gaires par nous bailliez et delivrez à Jehan du Bois, à ladicte charge et rente, oultre les aultres charges dont ilz sont chargiéz. *Item*, cxvi solz parisis de rente sur l'ostel qui fut Thomas de la Riviere, assis à Monstereul sur le Bois de Vinciennes, ou carrefour Gringoire, trois arpens de vignes et un arpent de terre, n'a gaires par nous bailliez et delivrez à la dicte charge à maistre Jehan Miron, oultre les autres charges dont les dits heritages sont chargiez. *Item*, c solz parisis de rente sur une maison, court, puis, jardin avec quatre arpens que terre que vigne, assis audit lieu de Monstereul, qui furent à Aubert de Crecy et sa femme, n'a gaires bailliez et delivrez à ladicte charge à maistre Jehan Tillart, oultre les charges anciennes. *Item*, vii livres parisis de rente sur la tierce partie pour indivis de deux

---

1. Guillaume Vignier était, comme Bruneau, notaire et secrétaire du roi anglais (Sauval, p. 572, 583, 590).
2. Montreuil-sous-Bois (Seine, arr. de Sceaux, cant. de Vincennes).
3. Gentilly (Seine, arr. de Sceaux, cant. de Villejuif).
4. Cf. Sauval, p. 581.
5. Saint-Germain-des-Prés, bourgade annexée à Paris au xviie siècle.
6. Charonne, commune annexée à Paris en 1860.

maisons qui jadis furent à maistre Jehan Gehé, seans en la ville de Gonnesse[1], et en chascune a court et jardin, et en l'un desdis jardins a un pou de saulsoye. *Item*, environ LX arpens de terre en plusieurs pieces. *Item*, un clos de vigne contenant trois arpens. *Item*, de XVI à XX solz parisis de rente sur plusieurs terres et vignes seans oudit terrouer; icelles choses par nous n'a gaires par nous baillées et delivrées à ladicte charge à maistre Girart Gehé, oultre les autres charges que ladicte tierce partie puet devoir. *Item*, XV livres parisis de rente sur un hostel qui fut maistre Remon Raguier, assis à Charronne, la court et jardin d'icellui avec dix arpens de vignes, seans derriere ledit hostel et ailleurs audit terrouer, n'a gaires par nous bailliez et delivrez à Regnault de Champigny à ladicte charge, oultre les charges anciennes. *Item*, LXIIII solz parisis de rente sur un hostel et jardin avec IIII arpens de vigne assis en la ville et terrouer de Dueil[2], qui furent Jehan Guenardon dit Limosin, chargiez de XXXII solz parisis de rente, n'a gaires par nous baillez et delivrez à Alixandre des Mares[3], à ladicte charge et rente, oultre ladicte charge. *Item*, IIII livres X solz parisis de rente sur un hostel et jardin qui furent Jehan Tarenne[4], assis à Saint-Germain-des-Prez, n'a gaires par nous bailliez et delivrez à Nicolas du Ru pour VI livres X solz parisis de rente pour toutes charges, dont il est deu à l'aumosnier de Saint-Germain-des-Prez XX solz parisis et au pitancier dudit lieu XX solz parisis. *Item*, VII livres parisis de rente sur un hostel, une petite court et jardin derriere,

---

1. Gonnesse (Seine-et-Oise, arr. de Pontoise, chef-lieu de cant.).
2. Deuil (Seine-et-Oise, arr. de Pontoise, cant. de Montmorency).
3. Alexandre des Mares, changeur, figure plus haut, p. 119 et ss., dans une pièce en date de janvier 1424.
4. C'est « le viel Taranne » dont le Journal parisien raconte la fin tragique en août 1418. L'hôtel Taranne, à Saint-Germain-des-Prés, donna depuis son nom à une rue qui vient de disparaître par suite de l'ouverture du boulevard Saint-Germain. Les biens de Jean Taranne furent confisqués sur son fils Simon et donnés à diverses notabilités du parti bourguignon qui devint bientôt le parti anglais. Sa maison de la rue Saint-Jacques de la Boucherie, aboutissant par derrière au porche de l'église de ce nom, échut à Garnier de Saint-Yon (Sauval, p. 290 et 308); une autre maison de la rue du Porche-Saint-Jacques, depuis rue du Crucifix, à Robert de Saint-Yon (*Ibid.*, p. 290 et 301); ses biens de Chaillot au comte de Salisbury (*Ibid.*, p. 323; voyez plus loin, pièce CXX); ses héritages de Vanves et de Saint-Cloud furent donnés ou vendus à l'archevêque de Rouen (Sauval, p. 328 et 585).

un autre petit hostel pres de l'ostel dessusdit, viii arpens de vigne, un jardin contenant demi arpent, iiii arpens de pré en trois pieces, trois quartiers de saulsoye en plusieurs pieces, et xiiii arpens de terres en plusieurs pieces, assises en la ville et terroir de Garges[1], qui jadis furent maistre Pierre Ferron[2], n'a gaires par nous bailliez et delivrez à ladicte charge à Guillaume Ferron, oultre les charges anciennes. *Item*, viii solz parisis de rente sur un petit hostel et jardin derriere, demi arpent de vigne en friche, assis à Athis sur Orge[3], qui furent Jehan Chappellier, à nous appartenans par la confiscation du sire de Montenay[4], n'a gaires bailliez et delivrez à Raoul Gournault à ladicte charge, oultre les charges anciennes. *Item*, cinquante solz parisis de rente sur iiii arpens de vigne assis au terroir de Fontenay lez Baigneux[5], qui furent Thomas du Han et Marguerite[6], sa femme, avec deux arpens de prez ou environ, n'a gaires par nous bailliez et delivrez à ladicte charge à Foulques de Rosieres[7], oultre les charges qu'ilz doivent. *Item*, xx solz parisis de rente sur une petite maison avec viii arpens de terre et deux arpens et demi de vigne appartenans audit hostel, assis en la ville et terroir de Rosny[8], qui furent maistre Pierre Ferron, n'a gaires delivrez à ladicte charge à Estienne de Nouviant, le jeune[9], oultre les charges qu'ilz doivent. *Item*, xl solz parisis de rente sur un hostel, court, masure, jardin, et

---

1. Garges (Seine-et-Oise, arr. de Pontoise, cant. de Gonesse).

2. La dépouille de ce personnage avait été donnée à Philippe de Morvilliers (voyez plus haut, p. 41 et ss.).

3. Athis-sur-Orge (Seine-et-Oise, arr. de Corbeil, cant. de Longjumeau, comm. d'Athis-Mons).

4. La seigneurie que le sire de Montenay avait à Athis avait été donnée en 1421 à Guillaume de Foletemps (voy. plus haut, p. 35, note 1).

5. Fontenay-aux-Roses (Seine, arr. et cant. de Sceaux).

6. Marguerite du Han était fille de Guillaume d'Auxerre, échevin de Paris décapité par les Bourguignons en 1418 (Sauval, p. 275 et 315; cf. la pièce publiée plus loin sous le n° CXXIII). Marguerite et Thomas du Han, son mari, possédaient aussi rue Saint-Séverin, en face l'église, une maison chargée envers les Quinze-Vingts d'une rente de 6 l. 8 s. 8 d. parisis, et qui fut également confisquée (*Ibid.*, p. 315 et 322).

7. Voyez plus loin, sur ce notaire au Châtelet, la pièce publiée sous le n° CXL.

8. Rosny (Seine, arr. de Sceaux, cant. de Vincennes).

9. Peut-être ce personnage est-il le même que « Me Estienne de Noumant, procureur en Parlement », nommé au compte de confiscations de 1427-1434 comme procureur de sire Jean Guérin, à qui avait été donné l'hôtel de Bueil, situé près la Barre du Bec, à Paris (Sauval, p. 583).

ses appartenances avec vi arpens de vigne ou environ, assis à Gentilly, qui furent maistre Nicolas de Rouvroy et ses enfans, chargiez de xi solz de rente, si comme on dit, n'a gaires bailliez et delivrez à Remon Aiguillon à ladicte rente de xl solz parisis, oultre ladicte charge. *Item*, xvi solz parisis de rente sur une maison et jardin avec iii arpens de vigne ou environ, et demi arpent de terre labourable, assis à Suresnes[1], qui furent maistre Pierre Busseteau, n'a gaires delivrez à Colin Hue à ladicte charge, oultre les charges anciennes. *Item*, xliiii solz parisis de rente sur une maison et environ ix arpens de terres labourables en plusieurs pieces, seans à la Ville-l'Evesque[2], hors la porte Saint-Honnoré, qui furent à Jehan de la Haye dit Picquet[3], n'a gaires delivrez à ladicte charge à maistre Pierre Boulengier, oultre les charges qu'ilz doivent, lesquelles parties et rentes dessus dictes font ladite somme de iiii^{xx} livres parisis de rente pour d'icelle rente de iiii^{xx} livres parisis dessus declairée joïr et user.....

Si donnons en mandement à noz amez et feaulx conseillers les gens de noz comptes, les tresoriers et generaulx gouverneurs de toutes nos finances, les commissaires ordonnés sur le fait des confiscations, et à touz noz autres justiciers et officiers.....

Donné à Paris, ou mois de juing, l'an de grace mil iiii^c xxv, et de nostre regne le tiers.

Ainsi signé : Par le roy, à la relacion de monseigneur le regent le royaume de France, duc de Bedford,

Picquet.

LXXXVI.

1425. 11 septembre. Paris.

Henri VI confirme le bail fait par les chapelains de la chapelle de Braque à Pierre de Fontenay, chevalier, seigneur de Rance. Moyennant un revenu annuel et perpétuel de 4 livres parisis, les chapelains abandonnent à Pierre, qui s'engage à la reconstruire et à l'entretenir convenablement, une maison voisine de leur chapelle et des boucheries (du Temple), ruinée et inhabitée depuis une dizaine d'années, et qui antérieurement leur rapportait chaque année huit livres parisis.

(JJ. 173, n° 219.)

Henricus, Dei gracia Francorum et Anglie rex, universis presen-

---

1. Suresnes (Seine, arr. de Saint-Denis, cant. de Courbevoie).

2. La Ville-l'Evêque, paroisse annexée à Paris lors de la construction du mur d'enceinte sous Louis XVI.

3. Voyez sur ce personnage les pièces publiées plus loin sous les n°° LXXXVII et CIV.

tibus et posteriis presentium tenorem inspecturis, salutem. Ad perpetuam rei memoriam hiis libenter annuimus que prosperum statum ecclesiarum concernunt, et salutem respiciunt animarum et per que personarum ecclesiasticarum relevatur inopia, ac loca ecclesiastica ruynosa et quasi inutilia de presenti taliter reficiantur reparationibus neccessariis et utilibus, quod persone cedem redditibus et emolumentis solitis saltem omnino non frustrantur, nec in ecclesiis ipsis devota et solita oratione suffragia pro defunctis totaliter sopiantur. Sane igitur supplicationem dilectorum nostrorum cappellanorum cappelle Braque [1], in hac nostra famosa urbe Parisius fundate, nobis exhibitam recepimus, continentem quod quedam domus prope dictam capellam juxta Carnifices [2] sita, in litteris dilecti consiliarii Parisiensis episcopi patroni dicte capelle latius designata, tot et tantis subjacet periculis et ruinis, quod jam lapso decennio vel circiter dicta domus, in qua et super qua dicti supplicantes octo libras parisiensium annui redditus percipere consueverant, vacua et inhabitata remansit, ipsisque supplicantibus et cappelle a dicto tempore citra fuit et est totaliter inutilis, nichil quod de dictis octo libris annui redditus hactenus solvere consuetis receperunt, ibique tot et tante reparationes sunt necessarie, antequam aliquis inhabitet dictam domum, quod ad ipsius reparationes faciendas debite prout decet et opus est, non sufficiunt nec suppettunt dictorum supplicantium facultates. Quod quia dilectus et fidelis consiliarius noster Petrus de Fontenay, miles, dominus

---

1. Cette chapelle fut fondée en 1348 par Arnoul de Braque, près la porte du Chaume, dans une petite rue qui prit le nom de rue de Braque qu'elle porte encore aujourd'hui. Nicolas de Braque y joignit un hôpital qui, en 1613, fut cédé, ainsi que la chapelle, aux Pères de la Merci (Lebeuf, *Histoire de la ville et du diocèse de Paris*, t. Ier, p. 333; Jaillot, *Quartier Sainte-Avoie*, p. 28).

2. Il s'agit ici de la boucherie établie en 1182 par les chevaliers du Temple dans la rue dite depuis rue de Braque, qui lui dut son ancienne dénomination de « rue des Bouchers » ou « des Boucheries du Temple. » Aucun des historiens de Paris ne paraît avoir remarqué que le bout de la rue du Chaume conduisant de la rue de Braque à la rue de Paradis (auj. rue des Francs-Bourgeois) portait également au commencement du xve siècle le nom de « rue des Bouchers »; cela résulte cependant de la mention faite en un compte pour l'année 1420-1421 de « l'hostel de Clisson, assis à Paris en « la rue des Bouchers », alors « des Boucheries » (Sauval, p. 288 et 653). Ajoutons que cette portion de la rue du Chaume forme aujourd'hui le commencement de la rue des Archives.

de Rance¹, proponit, vult et entendit, si voluntas, auctoritas et consensus nostri in premissis intervenerunt, dictam domum ad censum seu perpetuum redditum iiii^{or} librarum parisiensium eisdem supplicantibus et dicte cappelle, ex nunc in perpetuum, singulis annis et terminis Parisius consuetis solvendarum, accipere et gratanter acceptare et retinere, et domum ipsam reficere et substinere, in bono et sufficienti statu tenere et manutenere, taliter quod dicti cappellani supplicantes et cappella dictas quatuor libras parisiensium annui et perpetui redditus, contradictione, oppositione et impedimento quibuscumque cessantibus, licite percipere poterunt et habere ex nunc in perpetuum singulis annis et terminis supradictis, nostram auctoritatem et consensum in premissis humiliter requirentes sibi per nos in hac parte benigniter impartiri. Unde nos, premissis attentis.....

Datum Parisius xi° die septembris, anno domini millesimo quadringentesimo vicesimo quinto, et regni nostri tertio.

Sic signatum : Per regem ad relationem Consilii,

L. Calot.

LXXXVII...

1425. 14 septembre. Paris.

Henri VI donne à Richard de Beauchamp, comte de Warwick, tous les biens que Jean de la Haye, dit Picquet, et sa femme, possédaient à Paris, notamment une maison sise à Paris, rue de la Parcheminerie près de l'église des Blancs-Manteaux.

(JJ. 173, n° 222.)

Henry, par la grace de Dieu roy de France et d'Angleterre, savoir faisons à tous presens et avenir que pour consideration des grans, notables et aggreables services que nostre tres chier et feal cousin Richart de Beauchamp, conte de Warrewik et d'Aubmalle², natif de nostre royaume d'Angleterre, a faiz à feuz noz tres

---

1. Pierre de Fontenay, seigneur de Rance (Aube, arr. de Bar-sur-Aube, cant. de Brienne), avait été conseiller et maître d'hôtel du roi Charles VI (JJ. 172, n° 36).

2. Le comté d'Aumale, confisqué sur la maison d'Harcourt, avait été donné par Henri V au comte de Warwick, car on trouve déjà celui-ci qualifié comte d'Aumale dans le traité de reddition de la ville de Gamaches signé le 11 juin 1422 (JJ. 172, n° 360). Warwick fut aussi gratifié par le duc de Bedford, le 1er mars 1428, de la seigneurie de Laval (*ibid.*, JJ. 174, n° 192), laquelle relevait du comté du Maine que Bedford s'était fait attribuer dès 1424 comme une annexe du duché d'Anjou.

chiers seigneurs, ayeul et pere, les roys de France et d'Angleterre derrenierement trespassez, dont Dieu ait les âmes, en plusieurs et maintes manieres, et par especial à nostredit feu pere ou fait de ses guerres, en quoy nostredit cousin s'est employé par longue espace de temps, y a diligemment et vaillamment traveillé et entendu, fait encore pour nous, et esperons que face ou temps advenir, et mesmement afin que nostre dit cousin quand nous le manderons et voudrons avoir en nostre bonne ville de Paris pour la conduite des affaires de nostredit royaume de France, ait en icelle ville sa demeure et lieu aproprié pour lui et son estat, à icellui nostre cousin, conte de Warrewik, avons par la deliberation de nostre tres chier et tres amé oncle Jehan, regent nostre royaume de France, duc de Bedford, donné, cedé, transporté et delaissié, et par la teneur de ces presentes de nostre grace especial, plaine puissance et auctorité royal, donnons, cedons, transportons et delaissons à heritage perpetuel pour lui, ses hoirs et ayans cause, une maison, ainsi qu'elle se comporte, cours, jardins et appartenances, tout assis à Paris en la rue de la Parcheminerie[1], emprès l'eglise des Blancs-Manteaulx[2], laquelle appartint à Jehan de la Haie dit Picquet et à sa femme[3], et aussi toutes les rentes, louages et possessions quelzconques assises à Paris que lesdis Picquet et sadicte femme avoient, tenoient et possidoient en nostre dicte bonne ville de Paris[4], à nous acquises,

1. Cette rue porte aujourd'hui le nom de rue des Blancs-Manteaux qui lui est déjà donné en 1289 (Jaillot, *Quartier Sainte-Avoie*, p. 18).

2. L'ordre des Blancs-Manteaux, à qui l'on doit la fondation de cette église, ne subsista que de 1255 à 1274, date à laquelle il fut aboli. Sa maison de Paris devint en 1297 la propriété des Guillemites qui furent unis en 1618 à la congrégation bénédictine dite depuis de Saint-Maur.

3. Jean de la Haye, dit Picquet, trésorier général des finances, fut accusé d'avoir occasionné, par l'incurie de son administration, la défaite éprouvée en 1407 auprès d'Harfleur par la marine de Gênes qui servait la cause du Dauphin ; on le poursuivait pour ce fait au mois de juin 1421, date à laquelle le roi d'Angleterre, Henri V, reçoit d'un de ses affidés l'avis que Picquet et sa femme se sont enfuis d'Angers à La Rochelle par crainte du Dauphin qui avait donné l'ordre d'arrêter l'ancien général des finances (Vallet de Viriville, *Histoire de Charles VII*, t. Ier, p. 55 et 348, notes). Picquet, on le voit par l'acte que nous publions ici, n'embrassa pas cependant la cause de l'étranger. Jeanne, sœur de Me Philippe Dupuis et veuve en premières noces de Nicolas Brulart, survécut également à Jean Picquet, son second mari (Sauval, p. 328 et 565).

4. Grâce aux extraits que Sauval a faits des comptes de confiscations se rapportant à la domination anglaise, nous connaissons quelques-unes, au

forfaites et confisquées par la desobeïssance et rebellion et autres crimes de leze-magesté que lesdis Picquet et sa femme ont commis à l'encontre de nous en tant qu'ilz ont tousjours tenu, c'est assavoir ledit Picquet sa vie durant, et sadicte femme le dampnable parti de cellui qui se dit Daulphin, nostre ennemi et adversaire, pour d'icelle maison, designée comme dit est, et à tele estimation qu'elle puet ou pourroit estre extimée et valoir, et quant aux rentes, louages et possessions dessus dictes, jusques à la valeur et extimation de quatre cens livres parisis de rente annuelle et perpetuelle, eu regard à ce que lesdictes rentes, louages et possessions valoient en l'an mil cccc et dix, joir à toujours mais.....

Si donnons en mandement par ces presentes à noz amez et feaulx conseillers les gens de noz comptes, tresoriers et generaulx gouverneurs de toutes noz finances en France, presens et avenir, aux commissaires ordonnez sur le fait des confiscations.....

---

moins, des possessions parisiennes de Picquet, autres que sa maison principale ici mentionnée d'une façon particulière. Nous citerons d'abord une maison sise rue Jean Molard, « laquelle aboutit en la rue des Blancs-Manteaux »; cette maison, qui fut occupée par Warwick, tenait par derrière aux anciens murs de la ville de Paris et d'un autre côté, par son jardin, à la rue du Temple (Sauval, p. 284, 492 et 565) : ces indications ont permis à Sauval de reconnaître la rue Jean Molart (*alia* rue Moulart) dans une impasse qui, en raison du surnom de Jean de la Haye, était encore connue au xviie siècle sous la dénomination de « cul-de-sac *Piquet* », altéré depuis en *Pequay;* à la suite du percement de la rue Rambuteau, ce cul-de-sac est devenu le passage Pequay. — Une autre maison du même personnage était située dans la rue de Paradis (auj. rue des Francs-Bourgeois), et aboutissait à la précédente qui, par conséquent, était construite sur le côté oriental de la rue Jean-Molart (*ibid.*, p. 572). Picquet percevait une rente annuelle de 34 sous parisis sur un hôtel sis dans la rue de la Licorne, en la Cité, en face de la petite porte de l'église de la Madeleine (*ibid.*, p. 297). Enfin, Jeanne Dupuis, femme de Jean Picquet, possédait en commun avec Philippe Dupuis, semble-t-il, une maison de la rue d'Avron, auj. rue Bailleul (*ibid.*, p. 328); le texte qui nous révèle cette dernière particularité nous apprend aussi que Picquet était mort antérieurement au 24 juin 1427.

Jean Picquet n'a pas seulement laissé son nom au passage *Pequay;* la terre du Plessis-Raoul, qu'il possédait près de Paris, est connue depuis le xve siècle sous le nom du Plessis-*Piquet;* c'est aujourd'hui une commune du dép. de la Seine (arr. et cant. de Sceaux). Confisquée comme les autres biens de Jean de la Haye, elle fut donnée d'abord avec d'autres propriétés rurales de celui-ci, et pour l'espace de trois années, à Me Michel de la Tillaye et à Jacquin l'Anglois; puis concédée le 25 septembre 1423 à Guillaume de Dangeul, écuyer (Archives nat., JJ. 172, n° 420; Sauval, p. 277 et 327).

Donné à Paris, en nostre Sainte Chappelle de nostre palais royal, le jour de la Sainte Croix, xiiiie de septembre, l'an de grace mil cccc et xxv, et le iiie de nostre regne.

Ainsi signé : Par le roy, à la relacion de monseigneur le regent le royaume de France, duc de Bedford,

L. Calot.

LXXXVIII.

1425. Septembre. Paris.

Rémission accordée par Henri VI à Marguerite, veuve de Philippe de Paris, clerc des comptes du roi Charles VI. Philippe et sa femme avaient quitté Paris en 1418, à la suite de l'entrée des Bourguignons ; mais si l'on en croit la supplique de Marguerite, leur départ aurait été occasionné par la mortalité sévissant alors sur la capitale et qui, peu après, les aurait également chassés de Saint-Maur-les-Fossés où ils vivaient en compagnie de Gérard de Montaigu, évêque de Paris, qu'ils suivirent ensuite au château de Malesherbes, puis à Bourges, où Philippe mourut.

(JJ. 173, n° 217.)

Henry, par la grace de Dieu roy de France et d'Angleterre, savoir faisons à tous presens et avenir nous avoir receue l'umble supplicacion des parens et amis charnelz de Marguerite, vesve de feu maistre Philippe de Paris, en son vivant clerc des comptes de feu nostre tres chier seigneur et ayeul le roy de France derrenierement trespassé, que Dieu absoille, contenant come depuis l'entrée faicte en ceste ville de Paris par les gens de nostre dit feu seigneur et ayeul et de feu nostre tres chier cousin le duc de Bourgogne derrenierement trespassé, icellui feu maistre Philippe et ladicte Marguerite sa femme, pour la grant et excessive mortalité qui lors estoit en ceste ville de Paris, se feussent partis d'icelle ville et alez en la ville de Saint-Mor-des-Fossez où ilz demourerent par long temps et jusques à ce que ladicte mortalité seurvint en ladicte ville de Saint-Mor, pour laquelle eviter et le peril et dangier d'icelle, ilz feussent alez en la compaignie de feu Girart de Montagu, jadis evesque de Paris, duquel icellui maistre Philippe avoit toute sa jeunesse esté serviteur, ou chastel du Bois-Malesherbes[1], où ilz se tindrent tres longuement sans eux entremettre aucunement du fait de la guerre, au mieulx et plus simplement qu'ilz peurent et

---

1. Le château de Malesherbes (Loiret, arr. de Pithiviers, chef-lieu de canton) appartenait alors à Jacqueline de Montagu, dame de Graville et nièce du prélat parisien (voyez plus haut, p. 18).

sceurent, et depuis, pour eviter les guerres et grans perilz qui estoient environ icellui chastel, feussent lesdiz feu maistre Philippe et Marguerite alez en la compaignie dudit evesque en la ville de Bourges où ilz ont vesqut à leurs despens, sans eulx entremettre aucunement dudit fait de la guerre jusques à ce que, en icelle ville, ledit feu maistre Philippe est alé de vie à trespassement, et combien que ladicte Marguerite qui est natifve de ceste ville de Paris eust suyvy son mary, plus par contraincte que de sa voulenté, et que depuis le trespas d'icellui elle ait tousjours desiré de retourner en ceste ville de Paris et en nostre obeïssance, neantmoins pour les grans perilz et dangiers qui ont esté et sont sur les chemins et aussi que ledit feu maistre Philippe, lui estant en vie, et elle ont esté appellez à noz drois et banniz de nostre dit royaume de France comme l'en dit, et elle n'a osé ne oseroit bonnement retourner en nostre dicte ville de Paris ne en autre lieu à nous obeïssant, sans avoir de nous sur ce noz congié et licence, requerant humblement iceulx, mesmement que ledit bannissement qui est advenu du vivant de sondit feu mary ne est aucunement venu à la congnoissance de ladicte Marguerite comme esperent iceulx supplians. Pour quoy nous, desirans redduire et mettre en nostre obeïssance noz subgiez, et voulans clemence et misericorde preferer à rigueur de justice, et les faiz des femmes vesves estre favorablement traictiez et demenez...

Si donnons en mandement par ces presentes au prevost de Paris.....

Donné à Paris, ou mois de septembre, l'an de grace mil IIII^c et xxv, et de nostre regne le tiers.

Ainsi signé : Es. requestes tenues par monseigneur le regent de France, duc de Bedford, esquelles vous, l'arcevesque de Rouen, les evesques de Beauvais et de Noyon, le premier president et autres pluseurs estoient,

L. CALOT.

LXXXIX.

1425. Septembre. Paris.

Rémission accordée par Henri VI à Jeanne Pillot, femme de Jean de la Fontaine, procureur au Parlement, coupable d'avoir falsifié une obligation souscrite à son feu père, Jean Pillot, en y inscrivant le nom de Guillaume Cenesme, prêteur lombard, et le chiffre de deux cents écus d'or. Voici l'excuse alléguée par Jeanne Pillot : Cenesme ayant obtenu contre elle et contre son mari une sentence les condamnant à lui payer cent écus d'or, Jeanne se voyait forcée de vendre une partie de ses biens, que la mort violente de son père, causée par les dissensions politiques, avait déjà fort diminués, et elle comptait ainsi non-seulement payer à Cenesme la somme que le tribunal avait fixée, mais aussi se faire rembourser une somme à peu près équivalente dont le banquier lombard aurait été redevable à feu Jean Pillot, sans toutefois qu'il y en eût de preuves authentiques.

(JJ. 173, n° 232.)

Henry, par la grace de Dieu roy de France et d'Angleterre, savoir faisons à tous presens et advenir nous avoir receu l'umble supplicacion de Jehanne la Pillote, damoiselle, fille de feu Pierre Pillot, en son vivant marchant et bourgois de Paris, chargée et ençainte d'enfant, femme de maistre Jehan de Fontaines, procureur en nostre court de Parlement, contenant que, comme n'a gaires, à l'occasion de ce que Guillaume Cenesme, lombart, demourant à Paris[1], avoit obtenu une sentence ou condempnation par devant noz amez et feaulx conseilliers, les gens tenant les requestes en nostre palais à Paris, à l'encontre de sondit mary et d'elle, de la somme de cent escuz d'or, et des despens faiz en ladicte cause et poursuitte, ladicte suppliant qui, à l'occasion des divisions et discensions qui ont esté et sont en nostre royaume de France, a perdu son pere et a esté moult grandement troublée et endommagée, considerant que, pour le paiement de ladicte condempnation, lui convendroit vendre ou aliener ses heritages, eut esté moult triste, courroucée et doulente, et tant que par tristresse, courroux et mauvaise temptacion, après ce qu'elle ot trouvé ung petit brevet passé par devant deux notaires de nostre Chastellet de Paris, par lequel un nommé Guillaume le Flament estoit obligié envers ledit feu Pierre Pillot en certaine somme d'argent, elle, sans le sceu et consentement de sondit mary, changa, ratissa et escript de sa main le surnom, la somme et date dudit brevet, et tant que icellui brevet après lesdictes rasures ainsi faictes, contenoit et contient que ledit Cenesme à cause de prest, estoit obligié envers ledit feu Pierre Pillot, son pere, en la somme de deux cens escus d'or, en entention que par ce moyen elle trouveroit maniere de demourer quitte envers ledit Cenesme de ladicte condempnation; veu aussi que es papiers de sondit feu pere, elle trouvoit en escript ledit Cenesme estre tenu envers elle en la somme de cent escus ou environ; mais pour ce qu'il n'y

---

1. Dans la rue de la Vieille-Monnaie, dans la maison à l'Image de Notre-Dame (voyez, plus haut, p. 53).

avoit riens signé, on n'y avoit adjousté point de foy. Et assez tost après, ladicte suppliant se feust traité par devers Jehan de la Noe, notaire de par nous oudit Chastellet, en lui disant qu'il voulsist grosser ledit brevet, pour ce que les notaires par devant lesquelz il avoit autresfois esté passé estoient alez de vie à trespassement ; lequel notaire lui respondi que voulentiers le feroit, et de fait le grossa et mist en forme, non adverti de ladicte rasure et le porta au scelleur de nostre dit Chastellet. Et quand ladicte suppliant envoya par devers ledit notaire pour cuidier avoir ledit brevet grossé et scellé, ledit scelleur ne lui voult baillier ne delivrer, disant qu'il estoit empeschié de par nostre prevost de Paris ou son lieutenant, lequel lieutenant dudit prevost manda pour ce ladicte suppliant par devant lui et, à l'occasion de ladicte faulte par lui trouvée et apperçeue oudit brevet, dist, appointa et ordonna qu'elle demourroit prisonniere oudit Chastellet, ouquel elle est encore de present. De laquelle ordonnance ou appoinctement dudit lieutenant, ladicte suppliant appella en nostre dicte court de parlement sans l'auctorité de sondit mary, et icelle appellation a bien et deuement relevée aux jours de nostre prevosté de Paris de nostre prouchain Parlement avenir, à l'occasion duquel cas ainsi advenu, et aussi à cause de ladicte appellacion qui s'en est ensuye, ladicte suppliant pourroit estre durement traictée, travaillée et endommagée en corps et en biens, se nostre grace ne lui estoit sur ce impartie, si comme elle dit......

Si donnons en mandement à noz amez et feaulx conseilliers les gens tenant nostre present Parlement et qui tendront ceulx avenir, aux presidents et conseilliers d'icelle nostre dite court, au prevost de Paris, et à tous noz autres justiciers et officiers.

Donné à Paris, ou mois de septembre, l'an de grace mil IIII^c et vint-cinq, et de notre regne le tiers.

Ainsi signé : Par le roy, à la relation du Conseil,

MONTFORT.

XC.

1425. 22 octobre. Paris.

Henri VI donne à Jean de Saint-Yon, son conseiller, une maison sise à Paris rue Saint-Antoine, et confisquée sur les héritiers de feu Guichard Dauphin, chevalier.

(JJ. 173, n° 272.)

Henry, par la grace de Dieu roy de France et d'Angleterre, savoir faisons à tous presens et avenir que pour consideration des bons et notables services à nous faiz ou temps passé, et que chacun jour fait à nous et à nostre tres chier et tres amé oncle Jehan, regent nostre royaume de France, duc de Bedford, nostre amé et feal conseiller Jehan de Saint-Yon [1], à icellui, par l'advis de nostre dit oncle, de grace especial, plaine puissance et auctorité royal, avons donné, cedé, transporté et delaissié, et par la teneur de ces présentes donnons, cedons, transportons et delaissons ung hostel assis en nostre ville de Paris en la rue Saint-Anthoine, qui fut à feu Guichart Daulphin, jadis chevalier, tenant d'une part à l'ostel de la Plastriere, appartenant aux religieux de Sainte-Katherine du Val-des-Escoliers, et d'autre à l'ostel qui fut Guillaume Nostri, aboutissant par derriere à la cousture desdis religieux de Sainte-Katherine, ainsi comme icellui hostel se comporte, tant en edifices, cours, jardins, comme autres appartenances et appendances quelzconques, à nous appartenans et escheuz par la confiscation des heritiers ou ayans cause dudit feu Guichart Daulphin ou autrement, pour icellui hostel, jardin, appartenances et appendances d'icellui, joir et user par ledit Jean de Saint-Yon, ses heritiers ou ayans causes....

Si donnons en mandement à noz amez et feaulx les gens de noz comptes, tresoriers de France, generaulx gouverneurs de toutes noz finances, les commissaires ordonnez sur le faict des confiscacions et forfaictures.....

Donné à Paris, le XXIIe jour d'octobre l'an de grace mil CCCC et vint cinq, et de notre regne le IIIIme.

Ainsi signé : Par le roy, à la relacion de monseigneur le regent de France, duc de Bedford,

J. MILET.

XCI.

1425. 30 octobre. Paris.

A la suite d'un procès par devant les maîtres des requêtes de l'hôtel, entre Jean d'Epernon, Henri de la Marche, Jean de Daunes et Philippe le Mire, chauffecires ou scelleurs de la chancellerie de France, demandeurs d'une part, et Jean Burgault, en faveur duquel on avait créé en janvier 1423 un nouvel et semblable office de chauffecire, défendeur d'autre part, — les demandeurs disant que la création de ce nouvel office était non-seulement préjudiciable aux intérêts de Philippe le Mire, mais qu'il était de plus en

---

1. Voyez plus haut, sous les n°s XIX, LXVI et CXXVI, d'autres actes de dons faits à Jean de Saint-Yon.

contradiction formelle avec les usages de la chancellerie de France où l'on n'avait jamais connu plus de quatre chauffecires, — Jean Burgault renonce à son office et met entre les mains du chancelier, qui les fait déchirer, les lettres qui le lui avaient concédé.

(JJ. 173, n° 313.)

Henry, par la grace de Dieu roy de France et d'Angleterre, à tous ceulx qui ces presentes lettres verront, salut. Comme n'a gaires Phelippe le Mire, l'un des quatre chauffecires de nostre chancellerie de France, eust baillé une requeste par escript à nostre bien amé et feal cousin, Loys du Luxembourg, evesque de Therouenne, chancellier de France, contenant entre autres choses le droit qu'il avoit et a oudit office de chauffecire, à lui venu et escheu par le trespas et succession de feu Jehan le Mire[1], son pere, en son vivant chauffecire de ladicte chancellerie, et ce que Jehan Burgault avoit prins par aucun temps, et encores s'efforçoit prendre et appliquer à son prouffit les bourses appartenans audit office de chauffecire, en requerant par ledit Phelippe le Mire, à nostredit chancellier de France, que commandement et deffense feussent faiz audit Burgault, que plus ne se deist ne nommast chauffecire de ladicte chancellerie, preist lesdictes bourses ne y empeschast ledict Phelippe le Mire, et que ce qu'il en avoit receu il le rendist et restituast audit Phelippe le Mire. A laquelle requeste eust esté respondu par escript par l'ordonnance de nostredict chancellier, que ledit Phelippe le Mire et les autres chauffecires de nostredite chancellerie qui sont en nombre quatre, c'est assavoir Jehan d'Espernon[2], Henry de la Marche, Jehan de Daunes et ledit Phelippe le Mire d'une part, et ledict Jehan Burgault d'autre part, comparussent par devant noz amez et feaulx conseillers et maistres des requestes de nostre hostel, maistres Pierre de Marigny, Nicolas Fraillon[3], et Philippe de Ruilly, lesquelz nostredit chancellier

---

1. La rue du Séjour, près Saint-Eustache, était connue à l'époque dont nous nous occupons sous le nom de « rue Jehan le Mire » (Sauval, p. 310, 567, 569); mais nous n'osons assurer qu'elle le dût au père de Philippe le Mire, car, s'il est vrai, comme le dit Jaillot (*Quartier de Saint-Eustache*, p. 26) que les maisons acquises par les le Mire dans la rue du Séjour lui firent donner leur nom dès le xive siècle, il serait probable que l'appellation de « rue Jean le Mire » vise un personnage contemporain des premiers Valois.

2. Jean d'Epernon possédait une propriété rue du Grand-Chantier, auj. rue des Archives (Sauval, p. 303).

3. Nicolas Fraillon, élu à l'unanimité évêque de Paris par le chapitre de

commist en celle partie, et, par devers eux, baillassent leurs privilleges, chartres, et autres munimens et tout ce dont ils se vouldroient aidier touchant leursdiz offices et deissent sur ces choses tout ce que bon leur sembleroit. Et ce fait, lesdis commis le rapporteroient à nostredit chancellier qui, appellez des gens de nostre grant conseil, y pourverroit et en ordonneroit comme de raison. Par devant lesdicts commis comparans, lesdites parties ou leurs procureurs pour elles, de par lesdis d'Espernon, la Marche, de Daunes et le Mire, a esté dit et proposé, entre autres choses : que, de tel temps qu'il n'estoit memoire du contraire en la chancellerie de France, avoit tousjours acoustumé avoir seulement quatre chauffecires, qui sont offices notables et le vray heritage de ceulx qui les ont, aussi ont eulx acoustumé de venir de hoir en hoir, et si estoit tout notoire, ne n'estoit memoire d'ome au contraire, que onques en ladicte chancellerie eust plus ou moins de quatre chauffecires, et aussi es chambres des comptes du tresor de la chambre aux deniers ; et, en l'audience de ladicte chancellerie et ailleurs, où on avoit acoustumé faire les expeditions des bourses et gaiges desdits chauffecires ou d'autres choses qui les touchoient, on avoit tousjours acoustumé de dire et parler, en commun langage, des quatre chauffecires de la chancellerie, et disoient oultre qu'ilz estoient le nombre de quatre qui est le nombre ancien et acoustumé et leur apartenoient lesdis offices de chauffecire, c'est assavoir ausdis Jehan d'Espernon et Philippe le Mire de leur heritage à eulx venu et escheu de leurs predecesseurs, et ausdis Henry de la Marche et Jehan de Daunes par acquisitions que, du congié et licence de feu nostre tres chier seigneur et ayeul, le roy Charles, derrenierement trespassé, cui Dieu perdoint, ils en avoient faictes de ceulx ausquels leursdis offices appartenoient par avant, et ainsy n'y faloit ne povoit avoir de raison autres chauffecires que eulx ; et que, ce non obstant, ledit Jehan Burgault soubz umbre d'un don d'un office de chauffecire qu'il disoit avoir obtenu de nous à nostre joyeux advenement en icelluy

---

l'église cathédrale, fut reçu à Notre-Dame en cette qualité le 28 décembre 1426 ; mais, son élection n'ayant pas été approuvée par le pouvoir, Jacques du Châtelier, grand trésorier de Reims, fut intronisé à sa place le 1ᵉʳ juin 1427 (Journal parisien). — La famille à laquelle appartenait Nicolas était parisienne et l'un de ses membres, Jean Fraillon, avait donné son nom à une rue voisine de la grande boucherie de Paris et faisant angle avec la rue de la Heaumerie (Jaillot, *Quartier de Saint-Jacques-de-la-Boucherie*, p. 73).

nostre royaume de France[1], combien que oncques n'eust fait le serement deu et acoustumé audit office, ne n'eust scellé au moins en chancellerie, avoit prins par aucun temps, par le moyen de nostre amé et feal conseillier Jehan le Clerc, chevalier, adonc chancellier de France, duquel il estoit et est serviteur, les bourses appartenans à l'office dudit Philippe le Mire, et encores s'efforçoit à les prendre qui estoit et est contre raison, et qui pourroit cheoir à nostre charge parce que lesdits chauffecires prennent chascun d'eulx de gaiges sur nous chascun an cinquante livres parisis, et aussi ou dommaige desdits chauffecires, car, de tant que plus grand nombre seroient, seroient mendres leurs bourses et moins aroient chascun d'eulx, comme il estoit cler à veoir, en requerant et concluant par lesdis quatre chauffecires, afin que, par sentence et jugement, feust dit et declairé ledit Jehan Burgault non avoir droit de soy dire, porter ou nommer chauffecire de ladicte chancellerie de France, et qu'il feust condempné et contraint à soy desister et desporter et à oster tout empeschement qu'il avoit mis es bourses dudit Philippe le Mire, et à rendre et restituer tout ce qu'il en avoit prins et parceu, et que ses léttres qu'il disoit avoir dudit don feussent cassées et dessirées comme de nulle valeur, et si requeroient condempnacion de despens, domaiges et interests. Et de par ledit Jehan Burgault eust esté dit et proposé, entre autres choses, que nous à nostre joyeux advenement à icelluy nostre royaume de France, et comme faire le povions, le avions créé et ordonné chauffecire de nostredicte chancellerie de France aux gaiges, droiz, honneurs, prouffiz, et emolumens qui y appartiennent, et de ce lui avions baillé noz lettres patentes, par vertu desquelles il avait joï et jouissoit dudit office qui ne prejudicioit en riens auxdis autres chauffecires, car il n'avoit point demandé leurs offices et plusieurs autres choses disoit et proposoit ledit Jehan Burgault, tendant à fin d'absolucion et de condempnacion de despens. Et après ce que lesdits commis, pour ce estans et seans en jugement en l'auditoire des requestes de l'ostel ou palais royal à Paris, orent oy lesdictes parties en tout ce qu'elles vouldrent dire et proposer de et sur les choses dessus dictes, tant en demandant et deffendant comme en reppliquant et duppliquant d'une partie et d'autre,

---

[1]. Nous avons publié plus haut, page 76, des lettres de création de cet office en faveur de Jean Burgault.

appoincterent iceulx commis que les dictes parties et chascune d'elles mettroient et bailleroient par devers eulx tout ce qu'elles vouldroient; et, ce fait, se informeroient lesdits commis de ce qu'ilz devroient et là où il appartendroit, et de tout feroient rapport par devers nostredict chancellier pour en ordonner et appoinctier comme il appartendroit, lesquelles parties ayent depuis mis et baillé par devers iceulx commis tout ce que bon leur a semblé, qui a esté veu par lesdits commis, lesquelz se sont informez aussi de et sur le debat desdites parties, où et ainsi qu'ilz ont veu estre expedient et prouffitable pour attaindre la verité de la besoingne. Savoir faisons que aujourd'uy comparans icelles parties en leurs personnes par devant nostre dit chancellier, pour ce estant et seant en jugement, ledit Jehan Burgault bien adverti, comme il disoit, s'est desparti et despart de sondit don, et y renonce du tout, sans ce que jamais à l'occasion d'icellui, il se puist dire où nommer chauffecire de ladicte chancellerie de France, et a rendu les lettres qu'il en avoit à nostre dit chancellier, qui de son consentement les a fait rompre et chanceller, et, ce fait de sondit consentement, icellui nostre chancellier, par son jugement et à droit, a osté et levé à plain au prouffit dudit dudit Philippe le Mire et desdis trois autres chauffecires tout l'empeschement qu'il avoit ainsi mis.....

Donné à Paris, le xxxe jour d'octobre, l'an de grace mil iiii^c et vint cinq, et de nostre regne le quart.

Ainsi signé : Par vostre jugement, plusieurs du Conseil presens, .

FLEURY.

XCII.

1425. Octobre. Paris.

Rémission accordée par Henri VI à Henriet Petit qui, depuis la rentrée des Bourguignons à Paris en 1418, remplit dans cette ville les fonctions de sergent du guet à pied. Petit, voulant venger son compère Arnoulet des Portes, sergent de la douzaine du Châtelet, qui avait été injurié par Pierre le Brun, sergent à verge de la même juridiction, homme d'une conduite peu exemplaire, avait frappé celui-ci d'une arme à main connue sous le nom de « bec de faucon »; ce coup, dont il ne résulta qu'une légère blessure, avait été donné avec préméditation.

(JJ. 173, n° 247.)

Henry, par la grace de Dieu roy de France et d'Angleterre, savoir faisons à tous presens et advenir, nous avoir esté exposé par humble supplication de la partie de Henriet Petit, nostre sergent du guet de pié à Paris, prisonnier oudit Chastellet de Paris, que le lendemain de l'Assumption et feste de Nostre-Dame, my-aoust derrenierement passée, il vint à sa congnoissance que Pierre le Brun, qui savoit estre nostre sergent à verge oudit Chastellet, avoit desmenti Arnoulet des Portes, nostre sergent de la xII[ne] dudit Chastellet[1], son compère, et lui avoit dictes plusieurs injures et villenies, ou content de ce que ledit Arnoulet avoit blasmé ledit Pierre de ce qu'il n'avoit mis en prison plusieurs malfaicteurs, qui avoient fait grans assemblées et couru sus les espées nues l'un contre l'autre. Pour quoy lui, courroucié desdictes injures et desmentement, et aussi de ce que icellui Pierre qui repaire tous les jours avecques femmes amoureuses demourant pres et à l'environ de l'ostel dudit prisonnier, avec lesquelles ledit Pierre converse et repaire souvent, par le moien desquelles estoient advenues et advenoient souvent debas et noises en la rue où iceulx prisonnier et Pierre sont demourants, et aussi les portoit et soustenoit icellui Pierre contre ledit prisonnier et les autres voisins et preudefemmes de ladicte rue qui souvent sont en peril à cause de ce ; lui courroucié et esmeu qui venoit freschement des estuves et qu'il estoit aucunement chargié et seurprins de chaleur, et pour soy vengier des choses dessus dictes, lui garni d'un petit baston à main appellé bec-de-faucon, ala en la rue de Beaubourc[2] où il demeure, près des estuves, en laquelle rue il savoit estre ledit Pierre le Brun, et fist souffler la chandelle faisant clarté ou lieu où icellui Pierre le Brun estoit emmy ladicte rue vers le coing de la rue des Petiz-Champs devant les estuves, sur lequel Pierre il esma et rua un cop de sondit bec de faulcon, et lui assena sur la teste, et lui fist sang et plaie pres du front. Et, ce fait, se enfouy et demuça pour ledit cas, et tantost après oy dire que ledit Pierre estoit navré, et lors se retrahy en son hostel, et le vendredi xvII[e] jour dudit mois d'aoust, après ledit cas ainsi advenu, fut mené prisonnier en nostredit Chastellet pour sur ce estre interrogué, et lui examiné par serement, doubtant rigueur de justice, nya avoir frappé ledit Pierre le Brun et, pour ce, fut delivré pour lors sans admende, et après pour ce que par information depuis faicte, il a

---

1. Les sergents de la douzaine, ainsi nommés parce qu'ils étaient au nombre de douze, formaient la garde particulière du prévôt de Paris.

2. Cette rue subsiste sous le nom de rue Beaubourg.

esté trouvé coulpable pour avoir frappé et navré ledit Pierre le Brun, il a esté prins et remené prisonnier en nostre dit Chastellet, c'est assavoir le mardi xie jour de ce present mois de septembre derrenierement passé, et lui, interrogué par serement, confessa le cas avoir esté fait par lui en la maniere dessus declairée, dont il doubte avoir et souffrir paine de son corps et reprouche publique, parce que ledit Pierre est nostre officier et en notre sauvegarde, dont lui et sa femme, qui est bien ancienne et maladive, pourroient par ennuy et desplaisance finer leurs jours avant le cours de nature et demourer povres et mendians, se nostre grace et misericorde n'est impartie audit suppliant, lequel nous a humblement supplié et requis que, attendu qu'il a tousjours esté de bonne vie, renommée, et honneste conversation, sans avoir esté reprins d'aucun crime, vice, ne reprouche, ne onques mais avoir esté detenu prisonnier pour quelconque autre cas ou delit, et qu'il a tousjours esté nostre bon, vray et loyal subget, natif de la cité de Langres, où il a convenu que il se soit retraict par les divisions qui ont esté en nostre ville de Paris par les Armignaz qui lors gouvernoient et qui persecutoient les Bourguignons et de tous leurs povoirs, et, tantost après la reddition de nostre ville de Paris, s'en est retourné en icelle, et a esté commis oudit office de sergenterie du guet à pié, où il nous a bien et loyaument servy sans aucune reprehencion par l'espace de cinq ans ou environ, et aussi qu'il a souffert et seuffre peine de prison, et consideré aussi que ledit Pierre le Brun est de petit gouvernement, et qui pour plusieurs souspeçons que on avoit sur lui dependens desdictes divisions, a esté plusieurs fois prisonnier, sans le vouloir injurier, et qu'il avoit fait desplaisir audit suppliant, et consideré en oultre qu'il n'y a eu mehaing ne affoleure, et est icellui Pierre guery, nous lui vueillons impartir nostre grace, nous, eue consideracion aux choses dessusdites......

Si donnons en mandement à nostre prevost de Paris.....

Donné à Paris ou mois d'octobre, l'an de grace mil iiii^c et vint cinq et de nostre regne le tiers.

Ainsi signé : Par le roy, à la relacion du Conseil,

Oger.

XCIII.

1425. Octobre. Paris.

Rémission accordée par Henri VI à Laurence, parisienne, veuve de Jean d'Orléans, qui, demeurant auprès de la porte Saint-Jacques, à Paris, avaient abandonné la capitale après les événements de 1418 pour se retirer à Orléans, patrie de son mari. Devenue veuve, elle avait épousé, en secondes noces, Cardon du Doit, avec lequel elle quitta Orléans pour retourner dans les provinces soumises aux Anglais.

(JJ. 173, n° 248.)

Henry, par la grace de Dieu roy de France et d'Angleterre, savoir faisons à tous presens et avenir, nous avoir esté exposé de la partie de Laurence, à présent femme de Cardin du Doit, natif du pays de Normandie, et paravant femme de feu Jehan d'Orleans, que comme en l'an mil IIII^c XVIII, au temps que les gens de feu nostre très chier et très amé cousin, le duc de Bourgogne, entrerent en nostre ville de Paris, ledit feu Jehan d'Orleans et icelle suppliante, lors sa femme, feussent demourans pres de la porte Saint-Jacques à Paris, et tantost après ladicte entrée, pour doubte que avoit ledit d'Orleans d'aucuns ses hayneux, il s'en feust alé en la ville d'Orleans dont il estoit natif[1], et là eust demouré par aucun temps, et depuis eust mandée ladicte exposant, sa femme, aler devers luy, laquelle meue d'amour naturelle et pour obeïr à sondit mary y feust alée. Et a esté audit lieu d'Orleans avecques lui jusques à son trespassement, sans ce que icellui son mary, ne elle, se soient aucunement entremis de fait de guerre, ne porté domaige à aucuns de noz subgiez. Depuis le trespassement duquel Jehan d'Orleans, ladicte exposant se soit remariée audit Cardin, lors demourant audit lieu d'Orleans, avecques lequel elle se soit tenue jusques à n'a gaires que lui et elle ont eu entention et voulenté de retourner demourer en nostre obeïssance et es pays et lieux dont ils sont natifs, mesmement en nostre dicte ville de Paris dont icelle suppliant est natifve, et sur ce ayent obtenu saufconduit du gouverneur d'Orleans et autres, noz ennemis et desobeissans, et soient venuz jusques à Chartres, où ils ont obtenu saufconduit du gouverneur dudit lieu de povoir venir jusques à Paris ou ailleurs par deça, ou bon leur sembleroit.

---

1. Suivant toute apparence, *d'Orléans* ne serait pas le nom patronymique de Jean, mais bien un surnom personnel, indiquant son lieu de naissance.

Non obstans lesquelz saufconduiz et congié tant dudit gouverneur de Chartres comme des autres noz ennemis, ledit Cardin ait esté prins et mené prisonnier es mains de nosdiz ennemis, et lui et icelle exposant desrobez, et leur ont osté tant peu de biens qu'ilz avoient, et après ont laissié ladicte exposant qui, à grant peine et povreté, est venue à Paris devers ses parents et amis, et combien qu'elle ait bonne et vraye entention d'estre et demourer nostre subgecte et tenir la paix des deux royaumes de France et d'Angleterre, neantmoins elle n'y oseroit seurement demourer, se par nous ne lui estoit sur ce impartie nostre grace et misericorde, si comme elle dit, en nous humblement requerant que comme pour obeïr à sondit mary, elle se parti de ladicte ville de Paris, comme dit est, et que en tous autres cas elle a esté femme de bonne vie, renommée et honneste conversation, sans reprouche, preste de jurer la paix et baillier caution d'icelle entretenir, la perte et dommaige qu'elle a eue et sondit mary à ce present voyage en retournant par deça, nous lui vueillons sur ce impartir nostre grace et misericorde, Pour quoy nous, ces choses considerées.....

Si donnons en mandement par ces presentes au prevost de Paris.....

Donné à Paris, ou mois d'octobre, l'an de grace mil IIII^c et vint cinq et de nostre regne le IIIe.

Ainsi signé : Par le roy, à la relacion du Conseil,

OGER.

XCIV.

1425. 10 novembre. Paris.

Henri VI donne à Guy de Bar, seigneur de Presles et bailli de Sens, et à la descendance masculine de celui-ci, une maison sise à Paris rue Galande avec issue par derrière sur la rue du Plâtre. Cette maison, confisquée sur Brunissent de Lautrec, veuve d'Yon, seigneur de Garancières, ayant été concédée à bail le 30 mars 1423, moyennant une rente annuelle de 11 livres à Gilles de Moulins, notaire et audiencier du roi; Henri VI abandonne cette rente à Guy de Bar, tant pour le passé que pour l'avenir.

(JJ. 173, n° 302.)

Henry, par la grace de Dieu roy de France et d'Angleterre, savoir faisons à tous presens et avenir que pour consideration des bons et aggreables services que nous a faiz et fait de jour en jour nostre amé et feal chevalier, Guy de Bar [1], bailli de Sens, et seigneur de

---

1. Guy de Bar, dit le Beau, est qualifié, dès 1411, chevalier, conseiller et

Préelles, et aussi des pertes et dommaiges qu'ilz a euz et soustenuz le temps passé pour cause des guerres de nostre royaume de France, et autres causes et considerations raisonnables, à icellui, par l'advis et deliberation de nostre tres chier et tres amé oncle, Jehan, regent nostre royaume de France, duc de Bedford, avons de nostre grace especial, plaine puissance et auctorité royal, donné, cedé, transporté et delaissié, donnons, cedons, transportons et delaissons par ces presentes ung hostel ou maison avec ses appartenances, seant à Paris en la rue de Galande, tenant d'une part à un hostel qui appartient au chappitre de l'Eglise de Paris, et d'autre part à l'ostel de maistre Pierre de Brac, aboutissant et ayant yssue par derriere en la rue du Plastre[1], qui souloit appar-

---

chambellan du duc de Bourgogne, bailli d'Auxois (Labarre, *Mém. pour servir à l'hist. de France et de Bourgogne*, t. II, p. 163). Il était encore revêtu de l'office de bailli d'Auxois lors de la surprise de Paris en mai 1418 par les Bourguignons dont il était l'un des principaux chefs. C'est à la suite de cet événement qu'on lui confia la garde de la prévôté de Paris ; révoqué une première fois au commencement de septembre 1418, il fut rétabli en novembre et remplacé de nouveau trois mois plus tard (Journal parisien). On le retrouve en septembre 1419 et en 1420, avec le titre de bailli d'Auxois (Labarre, t. Ier, p. 226 ; t. II, p. 207), office qu'il quitta depuis, on le voit par l'acte que nous publions, pour celui de bailli de Sens.

Les registres du Trésor des chartes renferment la copie de lettres du 25 septembre 1423, par lesquelles Henri VI donne à son « amé et feal chevalier Guy de Bar, seigneur de Praelles », les seigneuries de Sagonne, en Berry ; de Rosemont, « Saint-Spise », Traizaigle, « le Chastelle », Faye, en Nivernais ; de la Nocle et de Fours, « assis tant en Bourgogne comme au comté de Nivernois » ; de Beaupoirier, en Nivernais ; la tour de Jouy sur les confins du Bourbonnais et du Berry ; les terres de Pougues en Nivernais, et de Milly en Gâtinais ; ces domaines étaient confisqués — ou devaient l'être, car un certain nombre d'entre eux étaient situés dans des contrées qui n'obéirent jamais au roi Charles VI, — sur le dauphin d'Auvergne, les enfants de Philibert de Saint-Palais, Marguerite de Giac, Aubert du Puy, Jean de Miroul, Arnaud de Fennetiers, Chatart de Chabannes, Pierre de Giac, Philippe de Bonnay et Guillaume, seigneur de Montenay (JJ. 172, n° 364).

1. Cette maison est appelée « hostel de Garancieres » dans les comptes de confiscations que Sauval a publiés en extraits, et ces documents relatent la concession, moyennant rente, qui en fut faite à Gilles de Moulins (Sauval, p. 315), ainsi que le don à Guy de Bar (*ibid.*, p. 322, 578). Un autre hôtel de Garancières, situé près Saint-Sulpice et qui a donné son nom à la rue Garancière, appartenait alors à Guillaume de Montenay, seigneur de Garancières (Sauval, p. 319), et c'est par erreur sans doute que les auteurs de la *Topographie du vieux Paris* (t. III, p. 174) disent que cet hôtel était possédé en 1399 par Yon de Garancière, chambellan du roi, et en 1418 par sa veuve, « Mme de Garancière, autrement appelée Mme de Bruynissant, vicomtesse de

tenir aux heritiers ou ayant cause de deffuncte Brunessend de Narbonne[1], vesve de feu Eon, en son vivant seigneur de Garencieres[2], à nous venu et escheu, forfait, acquis et confisqué par la rebellion et desobeïssance et autres crimes que lesdis heritiers ou ayant cause de ladicte Brunessend ont commis à l'encontre de nous ou de nostre couronne de France, pour d'icellui hostel ou maison, ensemble de ses appartenances, joir et user par ledit Guy de Bar et ses hoirs masles, venans de lui en loyal mariage, perpetuelment, hereditablement et à tousjours, en payant les charges et faisant les devoirs pour ce deuz et acoustumez, pourveu toutesvoies qu'il ne soit de nostre ancien demaine, ne ait esté donné à autres par feu nostre tres chier seigneur et ayeul par l'advis de feu nostre tres chier seigneur et pere, que Dieu absoille, ou nous par l'advis de nostre dit oncle. Et pour ce que ledit hostel ou maison ensemble ses appartenances avoit esté baillé à nostre

---

« Lentrel » (sic); ces indications, dont la source n'est pas indiquée, se rapportent vraisemblablement à l'hôtel situé dans la rue Galande, que Berty a cependant connu, comme le prouve la feuille X (non publiée encore) de son plan parcellaire restitué, où il nous le montre formant postérieurement deux maisons (l'une, la maison des Trois-Etriers, sur la rue Galande; l'autre, la maison de la Pie et de l'Image Saint-Sébastien, sur la rue du Plâtre), séparées par un terrain intermédiaire.

1. Brunissent, vicomtesse de Lautrec et veuve d'Yon de Garancières, n'appartenait pas à la famille de Narbonne, mais les liens qui l'y attachaient la faisaient souvent considérer comme telle; les comptes de confiscations consultés par Sauval la représentent même quelquefois comme la « veuve du vicomte de Narbonne » (Sauval, p. 315), influencés sans doute par le fait qu'un vicomte de Narbonne (Guillaume II) hérita d'une partie des biens de la vicomtesse Brunissent.

Brunissent, née en 1360 au plus tard, était la seconde fille d'Amalric III, vicomte de Lautrec, et de Jeanne de Narbonne. Sa sœur aînée, Catherine, vicomtesse de Lautrec et femme de Jean, comte d'Astarac, était morte en 1374; elle eut à soutenir un long procès contre son beau-frère que Catherine avait institué son légataire universel, et obtint enfin un arrêt favorable du Parlement le 14 février 1394. Brunissent avait épousé en premières noces, avant 1379, Eustache de Mauny, chevalier, qui était déjà mort en 1383; son mariage avec Yon de Garancières n'est pas postérieur à 1396. Elle fit son testament à Paris, le 22 janvier 1419, laissant à Jean de Voisins, seigneur de Confolens, les biens qui lui venaient de son père, et au vicomte de Narbonne ceux qu'elle avait hérités de sa mère; elle mourut peu après (Anselme, *Hist. généal.*, t. II, p. 365-366).

2. Yon de Garancières, chambellan du roi en 1399 (voyez la note 1 de la page précédente); il vivait encore en octobre 1408 (Anselme, *Histoire généalogique*, t. II, p. 366).

amé et feal clerc notaire et audiencier, maistre Giles de Molins, à la charge de onze livres parisis de rente chascun an pour toutes charges, si comme rapporté a esté à nostredit oncle, nous, en ampliant nostre dicte grace, par l'advis et deliberacion que dessus, en faveur de nostredit chevalier et pour consideracion des choses dessusdictes, avons ledit maistre Giles deschargé et deschargeons de tout le droit qui nous compete et appartient sur lesdiz onze livres parisis pour le temps passé, c'est assavoir depuis le xxxe jour de mars l'an mil cccc vint deux jusques à present et pour le temps advenir, et l'en avons quitté et quittons par ces presentes...

Si donnons en mandement par ces presentes à noz amez et feaulx les gens de noz comptes à Paris, tresoriers et generaulx gouverneurs de toutes noz finances en France, aux commissaires sur le fait des confiscations et forfaictures..... au prevost de Paris.....

Donné à Paris, le xme jour de novembre, l'an de grace mil cccc et vint cinq, et de nostre regne le IIIIme.

Ainsi signé : Par le roy, à la relacion de monseigneur le regent duc de Bedford,

J. DE RINEL.

XCV.

1425. 16 novembre. Paris.

Henri VI, voulant rendre effectif le don fait précédemment, le 30 mars 1424, à Bérard de Montferrand, chevalier, d'une maison située sur la place Baudoyer, en face de l'hôtel de l'Ours, maison qui, antérieurement à ce don, avait été concédée à Richard de l'Epine moyennant une rente annuelle de 27 livres parisis, transporte ce revenu au susdit chevalier.

(JJ. 173, n° 282.)

Henry, par la grace de Dieu roy de France et d'Angleterre, savoir faisons à tous presens et avenir nous avoir receu l'umble supplication de nostre amé et feal chevalier, Berart de Montferrant, contenant que comme, par noz autres lettres scellées en laz de soye et cire vert[1] et pour les causes contenues en icelles, nous lui eussions par l'advis et deliberation de nostre tres chier et tres amé oncle Jehan, regent nostre royaume de France, duc de Bedford, donné, cedé et transporté certain hostel ou maison ensemble ses appartenances, assises à Paris en la rue de la Porte-

---

1. Voyez plus haut, p. 126, ces lettres et les notes y afférentes.

Baudet, à l'opposite de l'ostel où pend l'enseigne de l'Ours, qui fut et appartint aux heritiers de feu maistre Guy de Dampmartin, à nous venu et escheu par forfaicture et confiscation, pour joir d'icellui hostel par ledit de Montferrant et ses hoirs masles venus de lui en loyal mariage, perpetuelment et hereditablement, comme plus à plain est declairé en noz dictes lettres, et il soit ainsi que devant ce que eussions fait don d'icellui hostel à nostre dit chevallier, il estoit ja baillé et delivré à vint sept livres parisis de rente par chascun an à un nommé Richard de l'Espine par les commissaires ordonnez sur le fait des confiscations et forfaictures, lequel Richard est tenu et obligié de nous payer, par chascun an à tousjours mais, ladicte rente de xxvii livres parisis, par quoy ledit don par nous fait à nostredit chevalier d'icellui hostel ne lui est d'aucun effect, se autrement ne lui est par nous pourveu; requerant humblement que attendu les bons et aggreables services qu'il a faiz à nostre tres chier seigneur et pere, que Dieu absoille, à nous et à nostre dit oncle, nous lui vueillons pour en recompensation d'icellui don, donner, ceder et transporter les dictes vint sept livres parisis de rente que nous avons droit de prendre par la maniere que dict est sur ledit hostel, et nous, eue consideration aux choses dessus dictes......

Si donnons en mandement à noz amez et feaulx conseillers les gens de noz comptes.....

Donné à Paris, le xvie jour de novembre, l'an de grace mil cccc et vint-cinq, et de nostre regne le quart.

Ainsi signé : Par le roy, à la relacion de monseigneur le regent, duc de Bedford,

J. DE RINEL.

XCVI.

1425. 22 novembre. Paris.

Henri VI donne à Walter de Hungerford, chevalier, son grand-maître d'hôtel, et à la descendance masculine de celui-ci, l'hôtel de Novion, confisqué sur Pierre de Nantouillet et situé dans la rue de Paradis.

(JJ. 173, n° 340.)

Henry, par la grace de Dieu roy de France et d'Angleterre, savoir faisons à tous presens et advenir que nous, ayans consideration aux tres-grans et notables services que nous a faiz et fait incessamment nostre amé et feal conseillier Wautier de Hongreford, chevallier, grant maistre de nostre hostel, et que, pour cause desdis services, il est besoing que nostre dit conseillier reside souventesfois en nostre bonne ville de Paris, en laquelle il n'a aucune demourance ne lieu où il se peust logier si comme il dit, voulant le pourveoir sur ce, à icellui par l'advis de nostre tres chier et tres amé oncle, Jehan, regent nostre royaume de France, duc de Bedford, avons donné, cedé et transporté, et par la teneur de ces presentes de nostre grace especial, plaine puissance et auctorité royal, donnons, cedons, transportons et delaissons l'ostel ou maison appellé l'ostel de Novion, assis à Paris en la rue de Paradis [1], ainsi comme il se comporte, tant en maisons, court, jardins, louages, comme autrement, à nous venu et escheu par la confiscation et forfaicture de Pierre de Nantoillet [2], pour icellui hostel, ainsi comme il se comporte, comme dict est, avoir, tenir et possider, et en joir et user par ledit de Hongreford et ses hoirs, venant de lui en loyal mariage, perpetuelment, hereditablement et à toujours, en payant les charges, drois et devoirs acoustumez, pourveu qu'il ne soit de nostre ancien demaine, et qu'il n'ait esté donné à autre par avant la date de ces presentes.

Si donnons en mandement à noz amez et feaulx conseilliers les gens de noz comptes à Paris, ou au prevost de Paris.....

Donné à Paris, le XXIIe jour de novembre, l'an de grace mil CCCC et vint cinq, et de nostre regne le IIIIme.

Ainsi signé : Par le roy, à la relacion de monseigneur le regent de France, duc de Bedford,

J. MILET.

XCVII.

1425. Novembre. Paris.

Rémission accordée par Henri VI à Guillaume Bouin, âgé de soixante ans environ. Bouin, qui demeuroit avec Macée, sa femme, près du pont Saint-Michel, venait de louer une petite boutique près de l'hôtel des Tournelles pour y continuer le commerce de mercerie qu'il exerçait depuis

---

1. L'hôtel de Novion était attenant d'une part à l'hôtel de la Grande-Rivière et était situé plus près que celui-ci de la rue Vieille-du-Temple. On l'appelait aussi l'hôtel de Nantouillet, et Sauval croit que c'était lui qu'habitait de son temps le lieutenant civil Le Camus (Sauval, p. 287, 288, 303, 653).

2. Pierre de Nantouillet était déjà mort sans doute en 1421, car le compte des confiscations rendues en cette année indique Mlle de Nantouillet comme propriétaire de l'hôtel de Novion (Sauval, p. 287).

longtemps. Macée, infirme d'une jambe, se récria lorsque, le 15 novembre, son mari lui annonça cette nouvelle, effrayée qu'elle était du chemin qui séparait leur logis de cette boutique. De là une querelle d'autant plus vive que l'un et l'autre étaient pris de vin, et où Guillaume administra à sa femme, pensant lui fermer la bouche, deux soufflets et quelques coups du plat de l'épée qu'il portait pour faire le guet à la porte Saint-Jacques. C'est alors que Macée se réfugia dans une petite cuisine, par la fenêtre de laquelle elle serait tombée involontairement; elle mourut le lendemain des suites de ses blessures, après avoir déclaré, paraît-il, que son mari était innocent de sa chute.

(JJ. 173, n° 303.)

Henry, par la grace de Dieu roy de France et d'Angleterre, savoir faisons à tous presens et advenir nous avoir receu l'umble supplication de Guillaume Bouyn, povre ancien homme aagié de soixante ans ou environ, à present detenu prisonnier en noz prisons de la Conciergerie de nostre palais à Paris, contenant comme puis n'a gaires environ neuf heures de nuyt, apres ce que lui et feue Macée, sa femme, orent souppé ensemble en ung petit hostel où ils demouroient, assis lez le Pont Neuf[1] à Paris, parolles se meurent entre eulx, pour ce, entre autres choses, que ledit suppliant avoit loué de nouvel une petite chambre à fenestre sur rue, estant pres de l'ostel des Tournelles[2], pour ylec vendre ung pou de mercerie dont il s'est tousjours entremis pour gangnier sa vie, au quel lieu elle disoit que elle n'y pourroit aler pour ce que c'estoit moult loing dudit palais et qu'elle estoit endable[3] d'une de ses jambes. A laquelle sa femme il dist que elle ne vensist point se elle ne vouloit, et tant perseveva ladicte femme en parolles noiseuses et rioteuses, que ledit suppliant, qui estoit chargié de vin et aussi estoit elle, lui donna deux buffes de la main, et après, pour ce qu'elle ne se vouloit taire et qu'elle continuoit en ses oultrageuses parolles, en querant ung baston, trouva en la ruelle de son lit une petite espée ou bazelaire qu'il a acoustumé de por-

---

1. Le pont Saint-Michel; voyez, plus haut, p. 89.

2. Ce fameux hôtel, qui passa successivement de Pierre d'Orgemont, évêque de Paris, au duc de Berry (1402), au duc d'Orléans (1404), puis au roi auquel il appartenait en 1407, fut ensuite habité par le duc de Bedford, devenu régent de France, qui l'augmenta considérablement. Il servit ensuite de résidence royale et l'on en ordonna la démolition en 1565. La place Royale, commencée en 1604, occupe une partie de son emplacement (Jaillot, *Quartier Saint-Antoine*, p. 132-135).

3. *Endable*, ou plus exactement *endeble*, faible, infirme, du latin *indebilis*.

ter ou guet de nuyt à la porte Saint-Jaques, et en frappa du plat un cop ou deux sur les espaules de ladicte feue Macée, sa femme, qui estoit sur piez en une petite cotte simple, sans lui faire sang ne playe, cuidant qu'elle se deust taire, laquelle s'efforça lors de lui oster ladicte espée. Et, pour ce qu'elle ne lui pot oster, se party d'icelle chambre hastivement, moult esmeue, yrée et courroucée, en criant le murdre et en cuidant aler à l'uis dudit hostel qui est sur les degrez pour s'en fouir et aler hors d'icellui hostel, elle se bouta en une petite cuisine qui est prez et derriere l'uys dudit hostel et trouva la fenestre d'icelle cuisine ouverte, qui est basse du costé de dedans icelle cuisine, où il avoit au dehors une perche de bois pendue, par laquelle fénestre elle happa ladicte perche, laquelle fouy et tourna telement que ladicte perche et elle cheurent sur les quarreaulx emmy la rue, dont ledit suppliant ne savoit riens et n'estoit pas present, car il ne s'estoit point party de sa chambre. Et assez tost après, aucunes gens passans parmy ladicte rue la trouverent et adonc plusieurs des voisins, qui ylec survindrent, la leverent et menerent chauffer en l'ostel de l'un d'iceulx et, ce fait, le fermier ou chappellain de la parroisse Saint-Berthelemy, dont elle estoit parroissienne, vint parler à elle et fut confessée; et là survint un des sergens de ladicte Conciergerie, lequel pour l'assemblée et tumulte des voisins monta oudit hostel et trouva ledit suppliant qui ouvroit l'uis dudit hostel à une fillette qui demouroit avec eulx, aagiée de XIII ans ou environ, pour savoir d'elle que sa maistresse estoit devenue, par lequel sergent il fut prins et mené prisonnier en ladicte Conciergerie, et en le menant, requist ledit suppliant audit sergent qu'il peust parler à sadicte femme, afin de savoir se elle le vouloit chargier ne encoulper dudit cas et cheute advenue en la personne d'elle, et en la presence dudit chappellain et de plusieurs des voisins et aussi de la fille de ladicte feue Macée, lui requist qu'elle voulsist dire la verité dudit cas advenu, laquelle dist et afferma en la presence des dessusnommez que il n'y avoit coulpe, et d'ilec fut ledit suppliant emmené par ledit sergent prisonnier en ladicte Conciergerie du palais, où il est encore detenu prisonnier en grant misere et povreté. Et trespassa ladicte Macée le lendemain au matin qui fut vendredi, XVIme jour de ce present mois de novembre, et combien que ledit suppliant ne fut point present, ne aucunement aidant, ne consentant de ladicte cheute et male fortune ainsi advenue à sadicte femme; mais quand il sot qu'elle estoit ainsi cheute, en feust moult doulent, triste et courroucié, et cuidoit quand elle se parti de leur chambre qu'elle feust alée hors dudit hostel en l'ostel de sadicte fille ou ailleurs, non pensant ne cuidant qu'elle feust cheute par ladicte fenestre, que elle feust visitée par aucuns des mires jurez de nostre dicte ville de Paris, et par eulx fait leur rapport au bailli de ladicte Conciergerie, et que de sadicte mort elle a decoulpé ledit suppliant, son mary, en la presence de plusieurs personnes dignes de foy, neantmoins icellui suppliant qui est povre homme ancien, comme dit est, doubte d'estre pour ce rigoureusement poursuy et traictié soubz ombre de justice, se nostre grace et misericorde ne lui estoit sur ce impartie, ainsi qu'il dit, en nous humblement requerant que comme il ait esté partout son temps homme de bonne vie, renommée et honneste conversation.....

Si donnons en mandement au prevost de Paris.....

Donné à Paris, ou mois de novembre, l'an de grace mil cccc et vingt-cinq et de nostre regne le quart. Scellé de nostre scel ordonné en l'absence du grant.

Ainsi signé : Par le roy, à la relation du Conseil,

P. BOULANGER.

XCVIII.

1425. Décembre. Paris.

Henri VI confirme les réglements du métier de tisseur de soie, à Paris [1].

(JJ. 173, n° 292.)

Henry, par la grace de Dieu roy de France et d'Angleterre, savoir faisons à tous presens et advenir, nous, à la supplication et requeste des jurez, maistres et maistresses de la confrarie et mestier de tissus de soye de nostre bonne ville de Paris, avoir veu certaines lettres extraictes des livres et registres anciens de nostre Chastellet de Paris, données de nostre prevost de Paris, fais du gouvernement des mestiers de nostre dicte ville de Paris, contenant la forme qui s'ensuit :

A tous ceulx qui ces lettres verront, Symon Morhier, chevalier, seigneur de Villers, conseiller du roy, nostre sire, et garde de la prevosté de Paris, salut. Savoir faisons que nous, l'an de grace mil

---

[1]. Cet acte a été publié dans le tome XIII des *Ordonnances des rois de France*, t. XIII, p. 108.

cccc et vint cinq, le jeudi vint-neuf jours de novembre, veismes et leusmes mot à mot entre les ordonnances faictes sur le fait de la pollicie et gouvernement des mestiers de la ville de Paris, enregistrées es livres et registres du Chastellet de Paris, l'ordonnance faicte sur le fait du mestier de tixus de soye de ladicte ville de Paris dont la teneur s'ensuit :

Nulle ouvriere de tixus de soye ne puet estre maistresse, ou mestier devantdit, devant ce que elle aura esté ung an et ung jour à lui, puis que elle aura fait son terme, pour ce que elle soit plus soultifve de son mestier garder et faire.

Item, nulle maistresse de ce mestier ne puet, ne ne doit prendre nulle apprentisse à moins de six ans et pour quatre livres, ou à huit ans et pour XL solz, ou a dix ans sans argent, ne si n'en pevent avoir que deux ensemble, ne prendre [1] nulle autre tant que leur terme soit accompli.

Nulles maistresses du mestier ne ouvrieres ne pevent, ne ne doivent ouvrer ne faire ouvrer de nuys, ne à jour de feste, que commun de ville foire.

Nulles maistresses du mestier ne pevent, ne ne doivent ourdir fil avec soye ne flourin avec soye, pour ce que l'euvre estoit faulse et mauvaise, et doit estre arse se elle est trouvée.

Nulle maistresse, ne ouvriere du mestier dessusdit, ne pevent faire faulse entaveleure, ourdoye, ne tissus de fil, ne de flourin, ne faire euvre en l'euvre ou il ait fil ne flourin. Et, se telle euvre est trouvée elle doit estre arse, car elle est faulse et mauvaise.

Nulle maistresse ne ouvriere de ce mestier, puis qu'elle aura fait son terme, ne se pevent ne ne doivent allouer à personne nulle quelle que elle soit, se elle n'est maistresse du mestier; mais elles pevent bien prendre euvre à ouvrer de qui que elle vouldra, et de qui que il lui plaira.

Il est ordonné ou devant dit mestier que toutes les maistresses qui hors de la ville envoyeront faire euvre, la monstreront à celles qui seront establies pour garder le mestier avec l'euvre de leurs hostieux, pour savoir se il y a nulles mespreseures. Et quiconques mesprendra en aucuns des articles dessusdits, elle payera huit solz parisis toutes les fois que elle en sera reprise, desquelz huit solz le roy aura cinq solz, et la confrarie du mestier douze deniers, et les maistres qui garderont le mestier deux solz pour la peine et pour le traveil que ilz auront du mestier garder.

Pour cest mestier garder en la maniere qu'il est devisé par dessus doivent estre establiz trois maistres et trois maistresses qui jureront, sur sains, que ilz feront assavoir au prevost de Paris, ou à son commandement, toutes les mespreseures qui seront faictes au devantdit mestier à leur povoir.

Et nous à ce present transcript, en tesmoing de ce, avons mis le scel de ladite prevosté de Paris l'an et jour dessusdit :

Ainsi signé : Du Ros.

Lesquelles lettres dessus transcriptes et toutes les choses conte-

---

1. Le ms. donne *prendrent*.

nues en icelles, nous icelles ayans aggreables, et voulans icelles estre et demeurer en leur force et vigueur à tousjours, icelles loons, approuvons et par la teneur de ces presentes confermons de nostre grace especial, auctorité et puissance royal par ces presentes.

Si donnons en mandement au prevost de Paris.....

Donné à Paris, ou mois de decembre, l'an de grace mil cccc et vint cinq, et de nostre regne le quart. Scellées de nostre scel en l'absence du grant.

Ainsi signé : Par le Conseil,

N. Chembault.

XCIX.

1426. Janvier. Paris.

Rémission accordée par Henri VI à Thévenin Guyard, autrefois clerc servant des fermiers des impositions de la halle au poisson, qui, après la surprise de Paris par les Bourguignons en 1418, était retourné vivre en Beauce, son pays natal, avec sa femme, native de Paris.

(JJ. 173, n° 323).

Henry, par la grace de Dieu roy de France et d'Angleterre, savoir faisons à tous presens et advenir nous avoir reçeu l'umble supplication de la femme, parens et amis charnelz de Thevenin Guiart absent, contenant que comme ledit Thevenin Guiart soit natif du pays de Beausse, et, dès son jeune aage, ait continuelment demouré en nostre bonne ville de Paris, comme clerc et pour la plus grant partie du temps servant certains fermiers et derriere les fermiers des impositions des halles au regard du poisson qui s'i vent, sans ce que oncques se meslast d'autre chose, lequel Thevenin à l'entrée que firent à Paris les gens de feu nostre tres chier et tres amé cousin le duc de Bourgogne derrenierement trespassé, dont Dieu ait l'ame, considerant que ses maistres, qui lors estoient fermiers desdictes halles, estoient fort hays tant pour ce que ilz s'entremettoient desdictes fermes, comme especialment pour ce qu'ilz estoient renommez de tenir fort le party dit d'Armignac contraire à nous, doubtant la fureur du peuple lors fort esmeu contre les tenens le dampnable parti dessus dit, se absenta dès lors et s'en ala audit pays de Beausse demourer avec ses parens et amis, où icellui Thevenin Guiart s'est retrait en menant marchandises de toutes denrées pour gangnier sa povre vie, sans ce qu'il se soit entremis de fait de guerre ne d'autre chose que de ladicte marchandise, ne que onques feist ne pourchassast à personne, de quelle que estat qu'elle feust, aucun mal ou desplaisir, comme de ce il se rapporte à tous ceulx qui le congnoissent et par especial au regard des demourans es halles de Paris qui le congnoissent de tout temps. Pour occasion duquel cas et mesmement que ledit Thevenin en a esté et est banny de nostre dit royaume de France, doubtant rigueur de justice, icellui n'oseroit retourner en nostre bonne ville de Paris, ne es lieux de nostre obeïssance, qui est et pourroit estre sa totale desertion et de sa jeune femme, laquelle est natifve et demourant en nostre dicte bonne ville de Paris, attraicte de gens de bonne vie et honneste conversation, se nostre grace ne lui est sur ce impartie, si comme lesdits suppliants dient, en nous humblement suppliant que ces choses considerées et mesmement que ledit Thevenin qui, ja par long temps, a poursuy qu'il peust retourner par deçà avec sadicte femme, est pour ceste cause en telle hayne de ceulx du parti contraire qu'il ne se y oseroit monstrer, mais convient qu'il en soit fuitif, il nous plaise le recevoir à grace et lui quicter le bannissement et absence dessusdiz, en faisant le serement de la paix final des deux royaumes de France et d'Angleterre, et baillant bonne et seure caution bourgoise de l'entretenir. Pour quoy, nous ces choses considerées.....

Si donnons en mandement, par ces presentes, à nostre prevost de Paris.....

Donné à Paris, ou mois de janvier, l'an de grace mil cccc et vint-cinq, et le quatriesme de nostre règne.

Ainsi signé : Par le roy, à la relacion du grant Conseil,

L. Calot.

C.

1426. Mars. Paris.

Rémission accordée par Henri VI à Robin Hazard qui, marié à Jeannette le Fèvre, faisait ménage commun avec Isabeau, mère de sa femme. Trois ans auparavant, Robin, estimant que la présence de sa belle-mère lui était fort onéreuse, et voulant entrer en possession d'une certaine somme d'or et d'argent qui avait été confiée jadis à Isabeau par l'oncle de celle-ci, feu M° Etienne du Tronchet, pour Jeannette et sa sœur, morte depuis, se laissa entraîner à ouvrir le coffre de la dépositaire et y prit environ 131 francs, avec divers bijoux. La découverte de ce larcin n'avait cependant pas motivé l'arrestation de Robin qui conclut alors un arrangement avec sa belle-mère; mais, vers le mois de décembre 1425, le fait de l'hospitalité donnée, dans sa propre maison, par sa belle-mère à une femme de mœurs dissolues, nommée Jeannette Hémon, lui fit commettre un nouveau crime qui le mena cette fois dans les prisons du Châtelet : il avait enlevé à Jeannette Hémon sept pièces d'or et deux paires de draps de lit, pour se venger, disait-il, des désagréments que cette femme lui avait causés.

(JJ. 173, n° 370.)

Henry, par la grace de Dieu roy de France et d'Angleterre, savoir faisons à tous presens et advenir, nous avoir receu l'umble supplication de Robin Hazart, demourant à Paris, chargié de femme ensainte d'enfant, et d'autres petits enfants et de mesnage, à present prisonnier en nostre Chastellet de Paris, contenant comme ledit suppliant, lequel est marié à une jeune femme nommée Jehannette, fille de feu Simon le Fevre et de Ysabeau, sa femme, soit demourant avec ladicte Ysabeau, sa dame, à uns communs despens, et il feust avenu que, trois ans a ou environ, icellui suppliant considerant qu'il avoit longuement fait et paié la despense commune de l'ostel de ladicte Ysabeau et de lui, et aussi frayé et despendu grans sommes de deniers en la prosecution de plusieurs procès que icelle Ysabeau avoit et a eu tant en nostre Chastellet de Paris comme ailleurs, et payé par plusieurs années la somme de xxvi livres parisis de rente, dont ladicte maison estoit et est chargiée envers plusieurs censiers, en tele maniere qu'il n'avoit point d'argent pour continuer ladicte despense, et toutesvoies ladicte Ysabeau ne lui en vouloit point baillier; considerant avec ce que aucunes gens lui avoient donné à entendre que icelle Ysabeau avoit et retenoit par devers elle grosse somme d'or et d'argent, qui appartenoit à ladicte Jehannette, sa femme, par certain don que feu maistre Estienne du Tronchet, jadis oncle de ladite Ysabeau, avoit en son vivant fait à icelle Jehannette et à une sienne seur, et laquelle somme d'or et d'argent ledit maistre Estienne avoit baillée en garde et depost à icelle Ysabeau pour le mariage de ladicte Jehannette et de sadicte suer qui depuis est trespassée, eust pensé et ymaginé en soy-mesmes comment il pourroit avoir ce que ladicte Ysabeau retenoit. Lequel suppliant au desceu d'icelle Ysabeau eust osté le clouet du fermant du coffre où estoit ladicte finance et icellui eust ouvert, et, ce fait, eust prins oudit coffre cent pieces d'or, tant frans à pié comme à cheval, et environ xxxi frans en monnoie, avec certains aneaulx appartenans tant à sadicte dame comme à sa femme, de laquelle prinse icelle Ysabeau fut assez tost après advertie, et aussi ledit suppliant lui confessa le cas assez legerement, et en fist certain traictié avecques elle, et tant qu'ilz furent contens l'un de l'autre. Et avec ce, trois mois a ou environ, icellui suppliant considerant que une femme nommée Jehannette la Hemonne, qui est femme mal renommée et qui fait de son corps à sa voulenté, avoit esté logée en l'ostel de sadicte dame, au tres grant desplaisir et deshonneur d'icellui suppliant, pour ce qu'elle communiquoit et repairoit oultre son gré avec sadicte femme, qui est jeune femme, avoit en son absence et à son desceu, lui estant à Mante, mis en l'ostel d'icelle sa dame un coffre ouquel avoit ung petit coffret et certains autres biens, pour laquelle cause, lui retourné dudit lieu de Mante, il eust blasmé sadicte femme de ce qu'elle avoit souffert et consenti que icelle Hemonne avoit fait mectre icellui coffre en son hostel, en lui disant qu'elle ne povoit avoir que tout deshonneur de frequenter avec icelle Hemonne, à quoy elle lui respondi que sa mere l'avoit ainsi voulu et fait faire. Et brief temps après ces choses ainsi faictes, ledit suppliant, ayant memoire de plusieurs desplaisirs à lui faiz par ladicte Hemonne et mesmement touchant la renommée de sadicte femme, se trouva seul oudit hostel, ouquel lui estant ainsi seul il trouva plusieurs clefs desquelles il essaya à ouvrir ledit coffre appartenant à ladicte Hemonne. Et en ce faisant trouva une desdictes clefs qui ouvry icellui coffre, ouquel coffre avoit du linge et ung petit coffret qui estoit fermé à une petite espinette, lequel il ouvry et y trouva environ dix pieces d'or monnoyé, c'est assavoir sept escuz, ung noble, un fran à pié et ung moutonnet avec certaines saintures, aneaulx et autres menues choses, lequel or monnoyé il print et mist en sa bourse, et, avec ce, print oudit grant coffre deux paires de draps à lit avec ledit petit coffret, et les emporta en ung hostel qu'il a assis en la rue Saint-Honnoré, ouquel il avoit entention d'aler demourer et les mist ou fuerre d'un lit. Et, depuis n'a gaires, il a esté pour ledit cas prins et emprisonné en nostredict Chastellet de Paris, ouquel il a confessé les choses dessus dictes, et tant que on a esté querir lesdis biens qui estoient oudit hostel de la rue Saint-Honnoré, et combien que, en tant qu'il touche le fait de sadicte dame et lui, ils aient esté et soient d'accord, comme dit est, et aient tousjours depuis demouré ensemble continuelment et à une despense, et que le cas par lui commis au regard de ladicte Hemonne, il l'ait fait pour soy contrevengier des desplaisirs par elle à lui faiz, neantmoins il doubte que nostre prevost de Paris vueille proceder contre lui rigoureusement pour ledit cas, et qu'il soit en peril d'estre pugny par justice, se par nous ne lui est sur ce impartie nostre grace et misericorde, si comme il dit, requerant humblement que, consideré ce que dit est et que tout son temps il a esté homme de bonne vie, renommée et honneste conversation, sans ce qu'il feust onquesmais reprins, attaint ne convaincu d'autre vilain cas, crime ou malefice, consideré aussi que le temps passé, son pere et autres ses parens et amis charnelz qui estoient de notable generation, ont fait de grans et notables services à noz predecesseurs, roys de France, en plusieurs manieres, consideré aussi que ladicte Hemonne est tres petitement renommée, nous lui vueillons impartir nostre dicte grace. Pourquoy, nous attendues les choses dessus dictes.....

Si donnons en mandement par ces mesmes presentes au prevos de Paris.....

Donné à Paris, ou mois de mars, l'an de grace mil cccc et vint cinq, et de nostre regne le quart.

Ainsi signé : Par le roy, à la relacion du grant Conseil,

N. DE BAILLY.

CI.

1426. Avril. Paris.

Rémission accordée par Henri VI à Perrette Brunel qui, après les événements de 1418, alors qu'elle n'était encore âgée que de dix ans, avait été emmenée de Paris à Orléans, par Agnès Bugnet. Celle-ci étant morte, Perrette avait été recueillie par M° Jean Chastenier, chez lequel elle demeura jusqu'à ce que, partie d'Orléans avec deux femmes de Chartres pour aller en pèlerinage à Notre-Dame de Cléry, elle s'en vint avec ses compagnes jusqu'à Paris, désirant vivre auprès d'un de ses parents, M° Florent Brunel, ancien conseiller général sur le fait des aides. Conduite à son arrivée devant le prévôt de Paris, elle fut retenue en prison sous prétexte qu'elle arrivait des pays soumis au Dauphin, et c'est à la requête de M° Florent Brunel que lui furent délivrées des lettres de rémission.

(JJ. 173, n° 387.)

Henry, par la grace de Dieu roy de France et d'Angleterre, savoir faisons à tous presens et advenir nous avoir receu l'umble supplication de nostre amé maistre Florens Brunel[1], jadis general

---

1. Ce personnage s'étant mis ultérieurement en état de rébellion contre le roi anglais, ses biens furent donnés par lettres du 4 juin 1430 au maréchal de l'Isle-Adam (voyez plus loin, pièce CXLVIII).

conseillier sur le fait des aides ordonnez pour la guerre, contenant comme dès l'an mil cccc et xvIIII une jeune fille, sa parente, nommée Perrette Brunelle[1], lors aagée de dix ans ou environ, eust esté emmenée sans le sceu et congié dudit suppliant de nostre ville de Paris, où elle demouroit, en la ville d'Orlians par feue Agnès Bugnette avecques laquelle elle demouroit lors, ouquel voyage ladicte femme Agnès ala de vie à trespassement pou de temps apres son departement, et demoura la dicte Perrette par devers maistre Jehan Chasteignier[2] qui l'a recueilli et print par pitié pour Dieu et en aumosne, et l'a tenue en son service jusques à n'a gaires que icelle Perrette par le moien d'aucuns ses amis, a trouvé deux femmes de Chartres qui, par saufconduit, estoient alées en pelerinage à Nostre-Dame de Clery[3], avecques lesquelles femmes laquelle Perrette, qui de present est aagée de xvIII ans ou environ, desirant estre et demourer en nostre obeïssance et pres dudit suppliant son parent, est venue, et icelles femmes l'ont amenée et conduite jusques en nostre dicte ville de Paris en l'ostel dudit suppliant, lequel tantost que icelle Perrette est arrivée devers lui, l'a menée et les dictes femmes aussi devers nostre prevost de Paris, pour en ordonner ainsi qu'il verroit estre à faire de raison, lequel prevost ou son lieutenant apres qu'il a eu interrogué lesdictes femmes et la dicte Perrette, a detenu et detient icelle Perrette prisonniere, et ne la veult delivrer soubz umbre de ce qu'elle vient du païs obeïssant à noz ennemis, et est en adventure de y estre longuement detenue, se nostre grace et misericorde ne lui est sur ce impartie, si comme dit le dit suppliant, requerant humblement que ces choses considerées, mesmement le jeune aage que avoit la dicte Perrette quant elle fut emmenée

---

1. Le titre donné à la charte par le scribe de la chancellerie est : *Remissio Petronila Brunelli*.

2. Jean Chastenier est connu comme secrétaire du Dauphin (Charles VII) depuis le mois d'octobre 1419 jusqu'au mois d'octobre 1425 ; à cette dernière date, il fut revêtu de la charge de greffier de la chambre des aides au palais de Poitiers (*Ordonnances des rois de France*, t. XI, p. 26 et 85; t. XIII, p. 106). La maison qu'il possédait rue du Four [Saint-Honoré], au coin de la rue de la Hache (aujourd'hui rue des Deux-Écus), maison tenant par derrière à la rue des Étuves, figure au compte des confiscations pour les années 1423 à 1427 (Sauval, p. 309); le compte pour 1427 à 1434 mentionne les rentes qui avaient appartenu à ce même personnage (*Ibid.*, p. 568).

3. Cléry-sur-Loire ou Notre-Dame-de-Cléry (Loiret, arr. d'Orléans, chef-lieu de canton).

de nostre dicte ville de Paris, que depuis elle feust plusieurs foiz voulentiers revenue en nostre dicte ville de Paris, se elle eust peu ne sceu, qu'elle est ignorant des faiz, des guerres et des divisions de nostre royaume, et ne vouldroit faire chose qui feust ou prejudice de nous ne de noz bienveillans, nous lui vueillons impartir nostre dicte grace et misericorde. Pour ce est-il que nous, attendues les choses dessus dictes.....

Si donnons en mandement par ces presentes à nostre dit prevost.....

Donné à Paris, ou mois d'avril l'an de grace mil cccc et vint six, et de nostre regne le quart.

Ainsi signé : Par le roy, à la relacion du grand Conseil,

N. DE BAILLY.

CII.

1426. Avril. Paris.

Rémission accordée par Henri VI à feue Jeannette, femme de Michelet Maillard, cordier, laquelle s'était pendue. Grâce à cette rémission, le corps de Jeannette, déjà transporté au Châtelet, ne sera pas exécuté.

(JJ. 175, n° 392.)

Henry, par la grace de Dieu roy de France et d'Angleterre, savoir faisons à tous presens et advenir, nous avoir eté humblement exposé de la partie des parens et amiz charnelz de feue Jehannette, en son vivant femme de Michelet Maillart, cordier, demourant en la rue de la Tonelerie à Paris, que le vendredi, v° jour de ce present mois d'avril, environ sept et huit heures au matin, après ce que le dit Michelet pour gangnier la vie de lui, sa dicte femme et ung enfant qu'ilz avoient et ont de l'aage de cinq à six ans, s'en feust parti et alé besongnier de son dit mestier en une place qui est pres des murs de nostre ville de Paris, ou il avoit et a acoustumé besongnier de son dit mestier de cordier comme les autres cordiers de nostre dicte ville de Paris, icelle feue Jehannecte qui estoit bonne catholique et preude femme, et non obstant ce souvent ebetée de son entendement, et comme furieuse, tant par trop boire dont elle se sentoit delegier, et par souspeçon de jalousie qu'elle avoit sans cause contre son dit mary, comme autrement, fut trouvée morte pendue à ung licol de corde dans la chambre de son dit mary et d'elle, dont elle a esté ostée par nostre justice et portée en nostre Chastellet de

Paris où elle est encores. Et doubtent les dis exposans que on vueille dire la dicte feue Jehannette avoir, par ce, commis obmicide en elle-mesmes, et comme tele faire execution en et de son corps mort, qui pourroit reddonder ou deshonneur et prejudice desdis exposans qui sont gens de bien et d'honneur, nez de nostre ville de Paris comme estoit icelle feue Jehannette, et mesmement de sesdis mary et filz tres doulens de l'inconvenient advenu en la personne d'icelle Jehannette, et encores plus seroient se rigoureuse execution estoit faicte de son dit corps mort, requerant iceulx exposans que ces choses considerées, et[1] que, comme dict est, la dicte feue Jehannette qui estoit aagée de xxv à xxvi ans estoit souvent ebetée en son entendement, et aucunes fois comme furieuse, et neantmoins estoit bonne catholique et preude femme, et encores, dit-on, que ce dit jour de vendredi, elle fut au moustier, par quoy n'est pas presumpcion que, de propos deliberé, elle feist le dit cas, et aussi que en tous ses autres faiz elle estoit de bonne vie, renommée et honneste conversation, sans ce que onques mais elle feust reprise, attainte ne convaincue d'aucun villain cas, blasme ou reprouche, ainsi que dient les dis exposans, nous en ceste partie vueillons impartir nostre grace. Pour quoy, nous, ces choses considerées.....

Si donnons en mandement au prevost de Paris.....

Donné à Paris, au mois d'avril, l'an de grace mil cccc xxvi, après Pasques, et de nostre regne le quart.

Ainsi signé : Par le roy, à la relacion du Conseil,

De Bosco.

CIII.

1426. Avril. Paris.

Rémission accordée par Henri VI à Jeanne, veuve de Guillaume de l'Isle, laquelle, réduite à l'indigence, avait quitté Paris avec son jeune fils, au mois de novembre 1419, pour aller vivre auprès de certains de ses parents à Angers qui, depuis lors, n'avait pas cessé d'obéir au parti du Dauphin.

(JJ. 173, n° 400.)

Henry, par la grace de Dieu roy de France et d'Angleterre, savoir faisons à tous presens et advenir, nous avoir reçeu l'umble supplication des amis charnelz de Jehanne, vesve de feu Guillaume de l'Isle, povre et ancienne femme aagée de lx ans ou environ,

---

1. Le ms. donne *ce*.

contenant comme ou mois de novembre l'an mil cccc xix, pour la grant povreté et indigence que ladicte Jehanne avoit, et aussi pour la grant famine et cherté de vivres qui lors estoient en nostre dicte ville de Paris[1], en laquelle elle estoit demourant après le trespas de feu nostre tres chier et tres amé oncle et cousin le duc de Bourgogne[2], derrenierement trespassé, elle se parti d'icelle ville, avecques elle un sien jeune filz de l'aage de xii ans ou environ, et s'en alla en la ville d'Angiers, en laquelle ville elle avoit aucuns de ses parens et amis demourans, non cuidant pour ce mesprendre aucunement envers nous, et, se elle feust demourée en nostre dicte ville de Paris, consideré sa povreté et la grant famine et chierté de vivres qui lors estoient en icelle ville, comme dit est, il eust convenu que elle et son dict filz feusent alez mandier, ou autrement ilz feussent mors de famine ; en laquelle ville d'Angiers elle s'est tousjours depuis tenue avecques sesdis parens et amis, sans soy mesler aucunement des guerres et divisions qui ont esté et encore sont en nostre dit royaume de France. Et combien que ladicte Jehanne ne se soit aucunement entremise desdictes guerres et divisions, et qu'elle ait bonne voulenté et entention de retourner et demourer en nostre dicte ville de Paris, en laquelle elle a demouré avant son partement d'icelle l'espace de xviii ans ou environ, et de faire le serement de la paix final faicte entre nosdis royaumes de France et d'Angleterre, ce non obstant, elle n'y a osé ne oseroit retourner et demourer, pour ce que ladicte ville d'Angiers n'estoit pas lors, quand elle y ala demourer, obeïssant à nous ne n'est encore, mais est tenue et occupée par noz ennemiz et adversaires, et pour ce elle se doubte que, se elle y retournoit sans nostre congié et licence, que aucuns de noz officiers ou autres luy voulsissent donner aucun destourbier ou empeschement en son corps, ou en ses biens, si comme sesdis amis dient, et pour ce ilz nous ont humblement supplié et requis que, ces choses considerées, et que en autres choses ladicte Jehanne a esté et est de bonne vie, renommée et honneste conversacion, sans avoir esté reprise d'aucun autre villain cas, blasme ou reprouche, que sur ce lui vueillons pourveoir de nostre grace et remede. Pour ce est-il que nous, ces choses considerées.....

---

1. Le Journal parisien donne de curieux détails sur cette cherté de vivres.
2. Le 10 septembre 1419.

Si donnons en mandement à nostre dit prevost de Paris.....

Donné à Paris, ou mois d'avril, l'an de grace mil cccc xxvi, et de nostre regne le quart.

Ainsi signé : Par le roy, à la relacion du Conseil,

G. DE MARC.

CIV.

1426. Mai. Paris.

Rémission accordée par Henri VI à Jeanne du Puis, septuagénaire, veuve de Jean de la Haye, dit Picquet, qui, en 1419, était allée retrouver son mari en Bretagne où il s'était réfugié.

(JJ. 173, n° 410.)

Henry, par la grace de Dieu roy de France et d'Angleterre, savoir faisons à tous presens et advenir nous avoir receu l'umble supplication des parens et amis charnelz de Jehanne du Puis, damoiselle, vesve de feu Jehan de la Haye dit Picquet[1] [contenant] comme ja pieça et durant l'abstinence de guerre estant lors entre Charles, à ce temps appellé dalphin de Viennois, d'une part, et feu nostre cousin Jehan, duc de Bourgogne d'autre part, et au devant de la paix final faicte entre feux de noble memoire noz tres chiers seigneurs ayeul et pere les roys de France et d'Angleterre que Dieu absoille, le dit Picquet qui estoit adonc ou pays de Bretaigne eust mandé la dicte damoiselle sa femme aler par devers lui qui, pour obeïr à son commandement comme raison estoit, y feust alée, ou quel pays ilz se tindrent et demourerent grant espace de temps, et depuis le dit Picquet soit alé de vie à trespassement, delaissié la dicte damoiselle sa femme en grant necessité et souffrete, qui tousjours s'est tenue avec et pres d'aucuns ses amis et affins qui lui ont donné à vivre et soustenir son povre fait à grant dangier, sans soy entremettre d'aucune chose, sinon de vivre seulement, et il soit ainsi que elle qui est de tres grant aage, comme de soixante-dix ans ou environ, fort debilitée de sa personne et tant que, attendu la dicte necessité en quoy elle a esté et est encores et la foiblesse de sa personne, elle sclon le cours de nature ne peut pas longuement vivre, desire sur toutes choses finer ses derreniers jours par deça dont elle est native, et retourner et vivre soubz nostre seigneurie et obeïssance, et amener

---

1. Sur ce personnage, voir plus haut, p. 178, notes 2 et 4.

avec elle pour semblablement y demourer, se est nostre plaisir, Guillaume Louvel son serviteur, Genevote sa femme, niepce d'icelle Jehanne, lesquelz elle a mariez durant le temps dessus dict, et trois de leurs enfans, mendres de sept ans, mais à l'occasion de ce que elle et les dessus dis ont demouré hors nostre obeïssance, et en celle de noz ennemis et adversaires, ilz n'osent venir par deça, doubtant rigueur de justice, se sur ce ne leur est impartie nostre grace, requerant humblement icelle. Pour ce est-il que nous, les choses dessus dictes considerées.....

Si donnons en mandement à noz amez et feaulx conseilliers les gens de nostre Parlement et prevost de Paris.

Donné à Paris, ou mois de may, l'an de grace mil cccc vint six et le quart de nostre regne.

Ainsi signé : Es requestes par vous tenues, esquelles vous, l'evesque de Beauvais, les seigneurs de Rance, de Saint-Libault et de Clamecy, maistre Pierre de Marigny, maistre Nicole Fraillon et autres estoient.

J. DE RINEL.

CV.

1426. 13 juin. Paris.

Rémission accordée par Henri VI, en suite de la requête de Macé de Valenciennes, général maître des monnaies de France, à Isabeau, femme, ainsi qu'à Perrenet et à Macé de Valenciennes, fils de celui-ci, lesquels, sept années auparavant, à l'occasion de la disette, étaient allés en Berry auprès des parents de ladite Isabeau, et qui, depuis, n'avaient pu rentrer à Paris où Macé était resté en possession de son office.

(JJ. 173, n° 415.)

Henry, par la grace de Dieu roy de France et d'Angleterre, savoir faisons à tous presens et advenir à nous avoir esté humblement exposé de la partie de nostre bien amé Macé de Valenciennes, l'un des generaulx maistres de noz monnoies en France, comme il soit ainsi que, après la conqueste et prise faicte de nostre ville de Pontoise par les gens de feu nostre tres chier pere[1], cui Dieu pardoint, et mesmement au temps que nostre tres chier et tres amé oncle, le duc de Clerance, cui Dieu pardoint, vint[2]

---

1. Pontoise se rendit aux Anglais le 31 juillet 1419.
2. Sur les courses des Anglais devant Paris dans la première quinzaine du mois d'août 1419, voir le Journal parisien et Félibien, *Histoire de la ville de Paris*, Preuves, t. II, p. 579.

devant ceste nostre bonne ville de Paris, auquel temps abstinence de guerre estoit, entre les gens tenant le parti de feu nostre tres chier seigneur et ayeul, Charles, roy de France derrenierement trespassé, que Dieu absoille, et les gens tenant la partie contraire, icellui suppliant qui avoit plusieurs enfans, doubtant, comme plusieurs faisoient, la rigueur de la guerre, et à l'occasion d'icelle avoir grand souffrecte, tant par famine comme autrement, envoya lors sa femme nommée Ysabeau de Valenciennes et deux de ses enfans masles, aagiez, l'un à present de xv ans ou environ, nommé Perrenet, et l'autre de xiii ans ou environ, nommé Macé, diz de Valenciennes, freres germains, ou pays de Berry, dont icelle sa femme est native, par devers les pere et mere d'elle qui lors vivoient, et les autres ses enfans retint par deça avec lui en ceste nostre dicte ville de Paris, où il s'est tousjours tenu ou service dudit feu nostre tres chier seigneur et ayeul et de nous. Depuis lequel temps ladicte femme dudit exposant n'a peu trouver maniere de povoir seurement venir et retourner par deça, si comme icellui exposant tient et presume pour vray, car, par ce que il puet savoir et congnoistre des bonnes meurs et condicions de sa dicte femme, et mesmement que bonnes preudes femmes appettent tousjours estre et demourer avec leurs mariz, comme raison est, il tient que sa dicte femme eust voulentiers trouvé maniere, et qu'elle se feust mise en paine de povoir retourner par deça, se elle eust peu; mais pour les grans perilz des chemins et pour les grans regars que il tient que nosdis adversaires avoient et ont tousjours eu sur icelle femme, à l'occasion de ce que le dit exposant, son mary, estoit et avoit tousjours esté par deça, et y estoit encore nostre serviteur ou officier, comme dit est, n'avoit peu icelle femme trouver maniere ou hardement de venir, par quoi l'a tousjours convenu tenir par delà, où elle s'est seulement occupée à prier Dieu et à servir sesdis pere et mere, tant qu'ilz ont vesqu, et norrir sesdis enfans. Pour occasion desquelles choses, la dicte femme et sesdis deux enfans, doubtans rigueur de justice, ne osent ne oseroient venir ne retourner par deça avec le dit exposant, son mary et pere d'iceulx deux enfans, qui est ou prejudice et grant desplaisance du dit exposant et de icelle, sa femme, et leurs deux enfans, et plus sera encore, se sur ce ne est impartie nostre grace et misericorde à la dicte femme et enfans, si comme sondit mary et exposant dit, en nous humblement suppliant que, attendu que sesdis femme et enfans ont tousjours esté de bonne vie, renommée et honneste conversation, sans onques avoir esté attains d'aucun autre blasme ou reprouche, et que le dit suppliant a tousjours esté nostre bon, vray, et loyal subget et serviteur, nous leur vueillons sur ce impartir nostre dicte grace. Pour quoy, nous ces choses considerées.....

Si donnons en mandement par ces mesmes presentes à nostre dict prevost de Paris.....

Donné à Paris, ou mois de juing, le xiii° jour l'an de grace mil cccc et vint six et le iiii° de nostre regne. Scellées soubz nostre scel ordonné en l'absence du grant.

Ainsi signé : Es requestes par vous tenues, esquelles l'evesque de Beauvais, le premier president et autres estoient,

CALOT.

CVI.

1426. 18 Juin. Paris.

Henri VI donne à Jean de la Rochetaillée, archevêque de Rouen, en récompense des 1,000 livres tournois qui lui étaient dues pour ses gages de l'année 1424, les biens de Simon Taranne à Saint-Cloud et ceux de Jean Taranne à Vanves.

(JJ. 173, n° 550.)

Henry, par la grace de Dieu roy de France et d'Angleterre, savoir faisons à tous presens et avenir que comme pour enteriner et acomplir le contenu en noz autres lettres obtenues par nostre amé et feal conseiller Jehan archevesque de Rouen, et par lui presentées à nos amez et feauls gens de noz comptes et tresoriers à Paris, desquelles lettres la teneur est tele :

Henry, par la grace de Dieu roy de France et d'Angleterre, à noz amez et feaulx conseillers les gens de noz comptes à Paris, tresoriers et generaulx gouverneurs de toutes noz finances de France, salut et dileccion. Comme à cause de la pension de mil livres tournois que prant de nous par chascun an nostre amé et feal conseiller Jehan, arcevesque de Rouen, nous lui soyons tenuz en la somme de mil livres tournois pour l'année commençant le premier jour de janvier l'an mil quatre cens vint quatre et finissant le derrenier jour de decembre derrenierement passé, sans ce que d'icelle pension lui ait esté paié aucune chose pour la dicte année, nous vous mandons et enjoingnons par ces presentes en commettant, se mestier est, que pour icelui nostre conseiller contenter de la dicte somme de mil livres tournois vous lui bailliez, assignez et delaissiez en paiement des maisons, heritages et possessions à nous appartenans, et venues et escheues par confiscacion selon ce que vous adviserez, et que nostre dit conseiller sera d'acord avec vous en nous deschargant et acquittant envers lui d'icelle somme et des heritages et possessions qui par vous lui seront bailliez et delivrez, ensemble des fruiz et prouffiz d'iceulx en paiant les charges et devoirs acoustumez, le faites joïr et user, et lui en bailliez ou faites bailler lettres convenables sans le traveiller ou molester ou contraire, pourveu que les heritages qui par vous lui seront bailliez ou assignez ne soient de nostre ancien demaine et donnez à autre par l'advis et deliberacion de feu nostre tres chier seigneur et pere, cui Dieu pardoint, ou de nostre tres chier et tres amé oncle, Jehan, regent nostre royaume de France, duc de Bedford, par avant la date de ces presentes. Donné à Paris le xx⁰ jour de fevrier l'an de grace mil quatre cens et vint cinq et de nostre regne le iiii⁰.

Et, après ce que nostre dit conseiller ot à noz dictes gens des comptes et tresoriers baillié certaines cedules ou requestes contenant la declaracion de pluseurs heritages, rentes et possessions à nous appartenant par confiscacion, lesquelz ou partie d'iceulx il requeroit lui estre par eulx bailliez et delivrez en paiement de la somme de mil livres tournois, en quoy nous estions tenuz envers lui pour les causes contenues et comme mandé leur estoit par lesdictes lettres, iceulx nos genz des comptes et tresoriers eussent donné leurs lettres de commission adreçans à maistre Laurens Duré, examinateur de par nous en nostre Chastelet de Paris, et à Fabien Berault, contreroleur de la recepte desdictes confiscacions ou diocese de Paris pour faire informacion et juste prisée de la valeur annuelle des singulieres parties d'iceulx heritages et possessions; c'est assavoir combien chacune partie povoit valoir de rente ou revenue par an, et combien en argent comptant à rendre pour une foiz, ensemble des charges dont iceulx heritages estoient chargiez, et envers qui, et sur pluseurs autres poins contenus en leurs dictes lettres de commission, lesquelz commissaires par la vertu de ladicte commission se soient transportez sur pluseurs d'iceulx heritages et possessions, et ylec fait leur informacion et prisée de la valeur d'aucuns d'iceulx selon la forme et teneur de leur dicte commission, et icele rapportée en ladicte Chambre des Comptes avec leur advis pour fere au surplus ce qu'il appartiendroit. Pour ce est-il que ladicte informacion et prisée, à bonne et meure deliberation veue et visitée par nosdictes gens des comptes et tresoriers, par vertu de noz autres lettres cy dessus transcriptes, ont baillé, cedé, transporté et delaissié, et nous par la teneur de ces presentes baillons, cedons, transportons et delaissons à nostre dit conseiller Jehan, arce-vesque de Rouen, pour lui, ses hoirs, successeurs et aians cause à tousjours perpetuelment, les maisons, heritages, rentes et possessions qui furent à feu Simon Tarenne assis à Saint Cloud, et à feu Jehan Tarenne assis à Vanves[1], desquelz heritages et possessions la declaracion s'ensuit :

Et premierement de ceulx qui furent audit feu Simon Tarenne assis à Saint-Cloud : c'est assavoir un hostel assis audit lieu de Saint-Cloud, en la rue d'Aunoy, qui jadis fu à feu mon oncle le duc de Berry, et paravant à feu l'arcevesque de Besançon[2], ouquel hostel a plusieurs edifices de sales, chambres, fouleries, estables, et y a court et jardins. *Item*, derriere ledit hostel un clos de vigne tout fermé à murs, contenant sept arpens ou environ, qui est des appartenances d'icelui hostel. *Item*, un autre cloz d'hostel ouquel a un pressoir avec une masure assis au dict Saint-Cloud, en ladicte rue d'Aunoy à l'opposite de l'ostel cy-devant declairé. *Item*, xiiii arpens de terre assis environ les aulnoiz de Champpoury oudit terroir de Saint-Cloud, en pluseurs pieces.

S'ensuivent les heritages qui furent à feu Jehan Tarenne, assis entre la ville de Vanves et ou terroir d'environ, c'est assavoir un hostel assis ou carrefour de la Fontaine ou dit lieu de Vanves, tenant d'une part aux hoirs Colin de Landeville et d'autre part à la fontaine de Vanves, aboutissant par derriere à maistre Gieuffroy de Mazerolles, auquel hostel appartiennent une court, estables et jardin avec un arpent de vigne derriere, tout clos à murs. *Item*, un clos nommé le clos de la Briesche, où il a une vieille masure et quatre arpens et demi de vigne en une piece. *Item*, un arpent de vigne ou terroir dudit lieu de Vanves oudit lieu dit Haye d'Eremille, tenant d'une part à Jehan Berthe, et d'autre part à Perrin Sejour. *Item*, un quartier ou terroir de Garmant, tenant d'une part à Jehan Ferry. *Item*, trois quartiers en groes tenant d'une part à Denisot Foulon. *Item*, un arpent en la voie d'Erpineau tenant d'une part à Jehan le Pelu. *Item*, un arpent et demi de l'autre part de ladicte voie d'Erpineau tenant d'une part à Jehan de Baigneux et d'autre part à ladicte

---

1. Sur les biens confisqués de Jean Tarenne, l'une des victimes des massacres d'août 1428, voir plus haut, p. 173, note 4.

2. Gérard d'Athies, mort en 1404 (voyez plus haut, p. 88, n. 4).

voie. *Item,* demi arpent ou Bas-Mesnil tenant d'une part à maistre Gieuffroy de Mazerolles[1]. *Item,* un arpent ou Haut-Mesnil, tenant d'une part à Thenot Lorin. *Item,* demy arpent à la voie du Parc tenant d'une part à Colin le Changeur. *Item,* demi arpent ou terroir d'Entre-Deux-Voyes, tenant d'une part aux heritages qui furent maistre Macé Heron[2]. *Item,* un quartier ou terroir de la Girarde, tenant d'une part aux hoirs feu maistre Girard Tosté. *Item,* trois quartiers sur la Cave Jehan de Vaudetar, ou lieu dit les Ruelles, tenant d'une part à la Montignie. *Item,* xii solz parisis de rente en et sur une piece de vigne assise en Hanapeau, oudit terroir de Vanves qui fu et appartint à Jehan Billart. *Item,* huit solz parisis de rente en et sur demi arpent de vigne assis à la Croix-Blanche oudit terroir, appartenant à Loys de Maupas, tenant d'une part à maistre Pierre de Marigny et d'autre part à Pierre Genevois. *Item,* six solz parisis de rente sur un quartier de vigne assis ou lieu dit la Girarde oudit terroir de Vanves, tenant d'une part à Perrenet de Vaudetar et d'autre part à Jehan de la Roche, appartenant de present à Philipot de la Taboise. *Item,* huit solz parisis de rente sur demi arpent de plant assis es Cloiseaux, tenant d'une part à Jehan de Baigneux, et d'autre part au sentier desdiz Cloiseaux, appartenant de present à Remy Pilleron. *Item,* seize solz parisis de rente sur un arpent de vigne assis ou lieu dit Chasteignier, ou terroir de Vanves, tenant d'un costé à Jehan de Fontenoy et d'autre costé à Thenot Loré, laquele vigne fut derrenierement à Denisot, chevalier, qui la laissa en friche et est demourante en la main des religieux de Sainte-Geneviefve, comme seigneurs fonciers, et par deffault de cens non paié.

Tous iceulx heritages, maisons, rentes et possessions chargiez de teles charges foncieres et anciennes comme ilz pevent devoir, pourveu toutes voies que ilz ou partie d'iceulx ne soient de nostre ancien demaine.....

Si donnons en mandement par ces mesmes presentes à noz dictes gens des comptes et tresoriers, au prevost et receveur de Paris et des dictes confiscacions, et à tous noz autres justiciers et officiers.....

---

1. Le ms. porte *Marezolles.*
2. Macé Héron, partisan de Charles VII, était trésorier général à la date de 1423 (*Ordonnances des rois de France,* t. XIII, p. 33).

Donné à Paris, le xviii₈ jour de juing l'an de grace mil quatre cens xxvi et de nostre regne le quart, soubz nostre scel ordonné en l'absence du grant.

Ainsi signé : Par le roy, à la relacion du Conseil estant en la Chambre des Comptes,

Le Begue.

CVII.

1426. Juin. Paris.

Rémission accordée par Henri VI à Perrin le Bossu, cardeur de laine, qui, après avoir crocheté la porte de la chambre d'un de ses voisins, Thomassin Hébert, orfèvre, lui avait enlevé six boucles, six agrafes et un petit lingot d'argent.

(JJ. 173, n° 414.)

Henry, par la grace de Dieu roy de France et d'Angleterre, savoir faisons à tous presens et advenir, à nous avoir esté humblement exposé de la partie des amis charnelz de Perrin le Bossu, povre homme, cardeux de laine, demourant à Paris, que le jeudi, ix° jour du mois de may derrenierement passé ou environ, ledit Perrin par la temptation de l'ennemi fist ung crochet de la dent d'un pigne à pigner laine, et ala dudit crochet ouvrir l'uis de la chambre d'un nommé Thomassin Hebert, orfevre, laquelle est au dessus de celle ou ledit Perrin demeure, et après qu'il ot ouvert la chambre dudit Thomassin dudit crochet, il prist en icelle sur l'establie six boucles, six mordans avec les platines et fermans des mordans, et ung petit lingot d'argent, tout pesant trois onces et demie d'argent ou environ, et les mist en une boiste et les porta en sa maison, et afin qu'il ne feust de ce souspeçonné, et que l'en cuidast que larrons feussent venuz par dessus les maisons qui eussent fait ledit larrecin, ledit Perrin ouvry la lucarne qui estoit en ladicte chambre, et prit une table qu'il appouya contre l'uis; et, ce fait, yssi dehors de la dicte chambre, et la table clouy l'uis qui fist noise telement que l'en le pot bien ouïr de loings et, après, ledit Perrin mussa ledit argent en son hostel en une petite chambrette dessoubz du feurre. Et le landemain qui fut vendredi, x° jour dudit mois de may, ledit Thomassin Hebert cuida entrer en sadicte chambre, mais il ne pot ouvrir l'uis pour ladicte table qui estoit au devant, et pour ce il appella ledit Perrin pour lui aidier, et le fist monter par une fenestre au dessus de l'uis, et y monta et ouvry l'uis. Après lesquelles choses ainsi advenues, ledit Perrin ait esté prins et mis prisonnier en nostre Chastellet de Paris, ouquel il est detenu en grant povreté et misere, et en voye de ylec finer ses jours miserablement, se sur ce ne lui estoit impartie nostre grace et misericorde, si comme lesdis amis dient, en nous humblement suppliant que, attendu que ledit Perrin le Bossu en autre cas a tousjours esté de bonne vie, renommée et honneste conversation, sans avoir esté reprins d'aucun autre vilain blasme ou reprouche, et que le jour mesme au soir qu'il ot prins ledit argent, il s'en repenti et le voult reporter, mais il ne pot entrer en la chambre dudit Thomassin pour la dicte table qui estoit apuiée contre ledict huys, nous sur ce vueillons audit Perrin nostre dicte grace et misericorde impartir. Pour quoy, nous, ces choses considerées.....

Si donnons en mandement par ces presentes au prevost de Paris et à son lieutenant.....

Donné à Paris, ou mois de juing, l'an de grace mil cccc vingt six et de nostre regne le quart.

Ainsi signé : Es requestes par vous tenues, où l'abbé du Mont-Saint-Michel et d'autres estoient.

GERVAIS.

CVIII.

1426. 20 Juillet. Paris.

Henri VI autorise la corporation des gantiers de Paris à relever la confrérie de Sainte-Anne que les ferrons avaient instituée autrefois dans l'église des Innocents et qui avait été presque complètement anéantie par suite de la guerre civile[1].

(JJ. 173, n° 450.)

Henry, par la grace de Dieu roy de France et d'Angleterre, savoir faisons à tous presens et advenir, nous avoir receu humble supplicacion des maistres jurez et bachelers du mestier de ganterie à Paris, consors en ceste partie, contenant comme, dès longtemps a, une confrairie de la benoiste dame saincte Anne eust esté ordenée et mise sus en l'eglise des Sains-Innocens à Paris, par aucunes bonnes gens, ferrons, vendeurs de fer et autres bonnes personnes, qui par devotion ont soustenu et maintenu

---

1. Le scribe chargé de donner un titre aux pièces qui figurent dans les registres de la chancellerie, n'ayant lu sans doute que les premières lignes de cette pièce, l'a fautivement qualifiée : « *Confirmatio statutorum magisterii cyrothecariorum ville Parisius.* »

ladicte confrairie, et en ladicte eglise faict faire le service divin ad ce appartenant, et de ce eussent eu congié et licence de l'un des predecesseurs prevosts de Paris ; toutes voies pour le fait et occasion des guerres, divisions, mortalitez et mutations qui, puis vingt ans en ça, ont esté en ceste nostre ville de Paris, ladicte confrairie est comme du tout adnihilée et mise au neant, car plusieurs qui la soustenoient sont trespassez et les autres l'ont delaissée, tellement que ledit service divin n'y puet et ne pourroit estre fait d'ores en avant, comme il appartient, ne les autres choses à ce neccessaires estre soustenues sans l'aide d'aucunes bonnes gens, entre lesquelz lesdis supplians qui sont ou ont entention d'estre de ladicte confrairie, aient bonne voulenté et devocion de faire aumosnes à maintenir et soustenir ladicte confrairie avec l'ayde des autres bonnes et devotes personnes, qui de leur voulenté vouldront à ce contribuer et aumosner de leurs biens, en nous humblement requerant que, comme ce soit œuvre meritoire pour le salut des ames de soustenir et augmenter le service divin, et afin que la dicte confrairie puist estre maintenue et soustenue pour le temps avenir, nous leur vueillons sur ce pourveoir de nostre grace. Pour quoy, nous, ces choses considerées.....

Si donnons en mandement par ces mesmes presentes à nostre prevost de Paris et à ses successeurs prevosts de Paris.....

Donné à Paris, le xxe jour de juillet, l'an de grace mil IIII^c XXVI et de nostre regne le quart.

Ainsi signé : Par le roy, à la relacion du Conseil,

FERREBOUC.

CIX.

1426. Juillet. Paris.

Rémission accordée par Henri VI à frère Philibert Cochereau, de l'ordre des Augustins, prieur de Nemours, qui, plaidant en Parlement, en 1418, contre frère Pierre Guérin, détenteur de son bénéfice, quitta Paris pour échapper aux embûches des parents et amis de ses adversaires, et se retira en Berry à Aubigny-sur-Nère, puis de là, en 1423, à Nevers.

(JJ. 173, n° 444.)

Henry, par la grace de Dieu roy de France et d'Angleterre, savoir faisons à tous presens et advenir, nous avoir receu humble supplication de frere Philibert Cochereau, prestre religieux de l'ordre Saint-Augustin, natif et prieur de Nemox en Gastinois[1],

---

1. Nemours (Seine-et-Marne, arr. de Fontainebleau, chef-lieu de cant.).

contenant comme dès l'an CCCC et XVIII, assez tost après l'entrée faicte en nostre bonne ville de Paris par les gens de feu nostre tres chier et tres amé cousin le duc de Bourgogne, cui Dieu pardoint, le dict suppliant qui lors estoit à Paris, poursuiant certain procès qu'il avoit en la court de Parlement, à l'encontre de frere Pierre Guerin, sa partie adverse, pour occasion dudit benefice que icellui frere Pierre detient et occupe de fait et sans tiltre valable, se feust parti de ladicte ville de Paris pour doubte d'estre griefment dommagié de son corps par les freres, parens et amis dudit frere Pierre et par leurs aliez et complices, dont les aucuns avoient suivi et suyvoient la guerre, lesquelz pour ce faire le quirent, cercherent et poursuirent en divers lieux, tant à Paris comme dehors, et se feust ledit suppliant, comme homme esgaré et espoventé, retraict à Aubigny-sur-Nuerre[1], tenu et occupé par noz ennemis, avec le prieur dudict lieu qui est de son ordre, avecques lequel il s'est tenu doulcement servant Dieu devotement et sans soy mesler de fait de guerre par aucun temps, et jusques à ce que trois ans a ou environ, il s'est retraict en la ville de Nevers par devers un sien parent qui y est demourant, ouquel lieu de Nevers il s'est tenu continuelment, doulcement, honnestement et simplement en servant Dieu devotement, sans soy mesler aucunement de fait de guerre, et il soit ainsy que ledit suppliant qui a vesqu à tres grant dangier et povreté, ait voulenté de venir et demourer en nostre obeïssance, et de y vivre comme nostre vray et loyal subget avec ses parens et amis, neantmoins il n'ose ce faire ne venir par deça sans sur ce avoir nostre grace, requerant humblement icelle. Pour ce est il que nous, ces choses considerées.....

Si donnons en mandement par ces mesmes presentes au prevost de Paris et aux bailliz de Sens, de Meaulx et de Meleun, et à tous noz autres justiciers et officiers.....

Donné à Paris, au mois de juillet, l'an de grace mil IIII^c XXVI et de nostre regne le quart.

Ainsi signé : Es requestes par vous tenues, esquelles l'evesque de Beauvais[2], les sires de Courcelles[3] et de Prouvais et pluseurs autres estoient.   P. BOULENGIER.

---

1. Aubigny-Ville, sur la Nère (Cher, arr. de Sancerre, chef-lieu de cant.).
2. Pierre Cauchon, le bourreau de Jeanne d'Arc.
3. Jean, seigneur de Courcelles et de Saint-Liébault (voyez plus haut, p. 74, note 1).

CX.

1426. 23 Août. Paris.

Rémission accordée par Henri VI, en suite de la requête de M⁰ Simon de Rueil, licencié en lois, à Catherine de Crouy, jeune fille de l'âge de 15 ans, fiancée dudit Simon, demeurant à Orléans avec ses père et mère depuis l'année 1416 environ. Simon de Rueil, qui avait fait ses études à l'Université d'Orléans, avait obtenu depuis peu l'autorisation de revenir auprès de sa famille à Paris dont il était natif.

(JJ. 173, n° 479.)

Henry, par la grace de Dieu roy de France et d'Angleterre, savoir faisons à tous presens et advenir, nous avoir esté exposé de la partie de maistre Simon de Rueil, licencié en lois, natif et demourant en nostre bonne ville de Paris, que lui, estant en l'estude d'Orleans pour acquerir science et pour avoir le degré de sa licence, il a eu congnoissance à maistre Pierre de Crouy, et à Marie, sa femme, damoiselle, demourant audit lieu d'Orleans, et pour la grant et singuliere amour que lesdits maistre Pierre et sa femme avoient audit exposant, accorderent et consentirent que icellui exposant eust par mariage une leur fille nommée Katherine, de l'aage de xv ans ou environ, et de fait furent dès lors icellui exposant et la dicte Katherine fiancez ensemble, et, après ce que icellui exposant eut parfait son temps à l'estude et qu'il fut licencié en loys, se parti de ladicte ville d'Orleans, et par nostre licence et congié vint demourer avec sa mere et ses parens, demourans en nostre dicte ville de Paris, delaissée la dicte Katherine, sa fiancée, combien que son desir et affection feust, comme encore est à present, de consommer ledit mariage, ainsi que raison et saincte eglise le veulent, laquelle chose ne se puet faire bonnement, se sur ce ne lui est pourveu de nostre grace, en tele maniere que ladicte Katherine puisse seurement venir et demourer en nostre dicte ville de Paris, pour la cause dessusdicte. Pour ce est-il que nous, ces choses considerées, et que ladicte Katherine dès l'aage de cinq ans, feust mené, comme l'en dit, demourer en ladicte ville d'Orleans avec sesdis pere et mere, sans ce qu'elle ait offensé aucunement envers nous, autrement que pour avoir demouré audit lieu d'Orléans, qui est obeïssant à noz adversaires, et que en autres choses elle est tenue et reputée bonne fille et de honneste conversation, à icelle Catherine.....

Si donnons en mandement au prevost de Paris.....

Donné à Paris, le xxiiie jour d'aoust, l'an de grace mil cccc et vint six et de nostre regne le quart.

Ainsi signé : Par le roy, à la relacion du grant Conseil ouquel, vous, l'evesque de Beauvais, l'abbé du Mont-Saint-Michiel, messire Raoul le Sage[1], les seigneurs de Saint-Liebaut et de Clamecy, messire Simon Morhier, maistre Pierre de Marigny et plusieurs autres estoient.

CXI.

1426. 24 Août. Paris.

Rémission accordée par Henri VI à Martin de Jarrecourt qui a demeuré pendant longtemps dans les pays non encore soumis au roi anglais, servant le parti du Dauphin comme messager.

(JJ. 173, n° 482.)

Henry, par la grace de Dieu roy de France et d'Angleterre, savoir faisons à tous presens et advenir, nous avoir esté exposé de la partie de Martin de Jarrecourt, que, par longtemps, il a demouré es pays de nostre royaume desobeïssans à nous, conversé et frequenté avec nos adversaires, et leur [a] fait et donné service et faveur en pluseurs manieres et par certain temps, et a fait durant ledit temps plusieurs voiages des parties de nostre dit royaume désobeïssans en nostre ville de Paris et autres lieux obeïssans à nous, porté lettres, cedules et messageries à diverses parties de l'une partie à l'autre, sans ce toutes voies que autrement se soit employez en fait de guerre, si comme il dit, et de present ledit Martin soit en nostre obeïssance et ait esté receu à faire le serement de la paix, et que il sera et demourra d'ores en avant et à tousjours nostre bon et loyal subget et obeïssant, et ait requis que des cas et offenses par lui faiz et commis envers nous à l'occasion dessus dicte, lui vueillons pourveoir de nostre grace et pardon. Pour ce est-il que nous considéré et ce que dit est.....

Si donnons en mandement par ces mesmes presentes au prevost de Paris.....

Donné à Paris, le xxiiiie jour du mois d'aoust, l'an de grace mil cccc et vint six et de nostre regne le iiiie.

Ainsi signées : Par le roy, à la relation du grant Conseil,

---

1. Raoul le Sage habitait, vers cette époque, l'hôtel Clisson (voyez plus haut, p. 136, note 1).

ouquel vous, l'evesque de Beauvais, messire Raoul le Sage et autres estoient,

J. Milet.

CXII.

1426. 28 Août. Paris.

Rémission accordée par Henri VI à Jean de la Fontaine, bourgeois de Paris, qui, cinq ans auparavant, avait eu quelques relations avec un religieux de Sainte-Croix de la Bretonnerie, lequel correspondait avec les pays occupés par le parti du Dauphin. La Fontaine s'était même laissé entraîner à payer une partie de la rançon de ce religieux, prisonnier de la garnison de Chevreuse, de peur qu'on ne l'amenât à Paris et qu'on n'apprît alors les rapports, peu compromettants si l'on en croit sa supplique, qu'il avait eus avec ce partisan du Dauphin.

(JJ. 173, n° 485.)

Henry, par la grace de Dieu roy de France et d'Angleterre, savoir faisons à tous presens et advenir, nous avoir esté exposé de la partie des amiz charnelz de Jehan de la Fontaine, bourgois de Paris, chargié de femme et de pluseurs enfans, que, cinq ans a ou environ, un religieux de Saincte-Croix lui demanda se il vouloit riens mander à maistre Charles Cul-d'Oe, ou autres tenant la partie de noz adversaires, et que il avoit un des religieux de leur eglise qui feroit bien le message, et après ce lui amena ledit religieux, nommé frere Martin, lequel frere Martin demanda audit de la Fontaine s'il vouloit riens mander par dela. Lequel de la Fontaine respondi que non, excepté audict maistre Charles Cul-d'Oe, qu'il lui pleust de sauver tant peu de biens qui estoient demourez du decès de feu Jehan Vouhaignet, qui avoit eu espouse la seur de la femme dudit de la Fontaine, afin que sa dicte seur et ses enfans qui estoient tres povres gens en peussent avoir aisement, et donna audit frere Martin quatre ou cinq pieces d'or qui valoient x francs de la monnoie de gros qui couroit lors, en lui disant qu'il en chantast des messes à sa devotion, cuidant qu'il feust prestre, et lui bailla pour enseignes une petite piece de parchemin où estoit son seing manuel sans autre escripture, et avec ce lui dist qu'il le recommandast à maistre Jehan Chasteignier[1], s'il le veoit, sans ce qu'il lui baillast lettres ne autres enseignes, ne que il le chargast de autre message faire. Et certain

---

1. Sur Jean Chastenier, secrétaire du roi Charles VII, voyez plus haut, p. 208, note 2.

temps après, ledit frere Martin revint à Paris, et manda audict de la Fontaine qu'il lui apportoit lettres et vouloit parler à lui, et quant ledit de la Fontaine oy parler des lettres, dist qu'il ne vouloit point parler à lui, et qu'il lui mandast de bouche ce qu'il vouloit, mais ledit frere Martin lui manda qu'il convenoit necessairement qu'il parlast à lui, et s'il n'y parloit il lui apporteroit lesdictes lettres devant tout le monde. Et lors ledit de la Fontaine dist que l'en le fist venir devers lui, et y vint ledit frere Martin, et lui dist que cellui qui lors se disoit Daulphin se recommandoit à lui et lui envoioit unes lettres closes qu'il lui offry. Et quant ledit de la Fontaine les vit il fut moult courroucé, et dist au frere Martin qu'il ne lui parlast plus de teles parolles et que ledit soydisant Daulphin ne le congnoissoit, et refusa lesdictes lettres, et dist audict religieux qu'il ne venist plus en son hostel, et que il s'en alast, et reprint lesdictes lettres closes ledit frere Martin, et finablement dist audict de la Fontaine que lesdis Chasteignier et Culdoe se recommandoient à lui en lui baillant les seings manuels desdits Chasteignier et Culdoe en deux petites pieces de parchemin ou de papier, et qu'il voulsist escrire audit soydisant Daulphin ou aux dessusdiz, afin qu'il peust monstrer qu'il eust esté devers lui. Lequel de la Fontaine lui dist qu'il ne escriroit point, mais lui bailla seulement ung esmail d'une aiguiere qui avoit esté audit Chasteignier pour monstrer audit Chasteignier qu'il avoit esté devers lui, et lui dist que, s'il retournoit plus à Paris, il le menroit par devers le chancellier de France ou le prevost de Paris qui lors estoient. Et deux ou trois jours après, maistre Martial d'Auvergne ala dire audit de la Fontaine, que ledit frere Martin estoit prisonnier à Chevreuse et estoit à raençon à la somme de cent escuz, et convenoit que on les lui prestat ou autrement il seroit amené à Paris, et pourroit estre grant dangier pour ledit de la Fontaine, lequel respondi qu'il ne lui en chaloit et qu'il ne lui avoit riens dit qu'il ne voulsist bien dire devant tout le monde. Et depuis Robert Louvet, lors clerc de la ville de Paris[1], auquel ledit frere Martin avoit eu parolles, vint devers ledict de la Fontaine et lui dist comment ledit frere Martin,

---

1. Robert Louvet, ou plutôt Louvel, rentra en possession de son office après le départ des Anglais; il reparaît, du moins, qualifié de clerc de la ville de Paris en l'année 1441 (Félibien, *Histoire de la ville de Paris*, preuves, t. II, p. 599; *Ordonnances des rois de France*, t. XIII, p. 347).

à qui lui et aussi ledit de la Fontaine avoient parlé, estoit à
raençon de ladicte somme de cent escuz, et qu'il doubtoit, s'il
estoit amené à Paris, on leur donnast empeschement, et qu'il
valoit mieux paier ladicte rançon, et en paieroit icellui Robert
xxx escuz et Michelete d'Auxerre xl escuz, et que ledit de la Fontaine en paiast trente escuz, et si convenoit que lesdis quarante
escuz il prestat, pour ce que la dite Michelete qui les offroit
n'avoit point d'argent, laquelle Michelete envoya i brevet de
quarante escuz audit de la Fontaine, et il bailla lesdites sommes.
Et depuis ledit de la Fontaine oy dire que ladicte somme de c
escuz avoit esté baillée à ceulx qui avoient prins ledit frere
Martin, et, après ce, ledit de la Fontaine dist audit Robert
Louvet, lequel, comme dit est, lui avoit parlé de faire ledit prest,
que, se le frere Martin revenoit plus, il le meneroit à justice. Et
icellui Robert respondi que, s'il revenoit plus, il le tueroit avant
en une cave que il le menast en justice, dont ledit de la Fontaine
fut moult effréé, car pour riens il ne vouldroit que aucuns mourut
par son pourchaz, et que, s'il n'eust eu paour que en l'eust fait
mourir, il l'eust mené à justice dès la seconde fois qu'il parla à
lui. Et i mois après que ladicte raençon fust paiée ou environ,
il trouva sur le pont de nostre ville de Paris ung jeune filz qui
se disoit estre nepveu dudit Chasteignier, lequel lui demanda s'il
vouloit riens mander par delà, lequel lui dist qu'il le recommandast à son oncle, et lui dist qu'il ne lui mandast plus riens, et
que ung religieux de Sainte-Croix qui estoit venu par deçà
l'avoit mis en grant dangier, et que s'il trouvoit ledit religieux
par dela, il fist tant qu'il ne revenist plus par deça. Et depuis oy
dire audit Robert Louvet, qui avoit eu parolles audit religieux,
qu'il avoit ecrit par dela que on meist ledit religieux en prison et
que on gardast bien que jamais ne retournast par deça. Pour
occasion desquelles choses, ledit de la Fontaine a esté mis en nos
prisons, où il a esté par l'espace d'un mois et plus, et encore y est
en voye de finer ses jours, se sur ce ne lui est impartie nostre
grace et misericorde, requerans humblement lesdiz exposans que
ces choses considerées, et que ledit de la Fontaine en autre cas a
tousjours esté de bonne vie, renommée et honneste conversation,
sans avoir esté reprins ne convaincu d'aucun villain blasme ou
reprouche, et qu'il n'a mandé ne escript aucune chose prejudi-
ciable à nous ne à nostre seigneurie, et qu'il a ja longuement esté
prisonnier pour ladicte cause, et a longtemps que lesdis cas sont

advenuz, nous vueillons audit de la Fontaine sur les choses dessus dictes impartir nostre dicte grace. Pour ce est-il.....

Si donnons en mandement à nostre prevost de Paris.....

Donné à Paris, le xxviiie jour d'aoust, l'an de grace mil cccc et xxvi et de nostre regne le quart.

Ainsi signé : Par le roy, à la relation du grant Conseil, ouquel vous, l'evesque de Beauvais, le premier president, l'abbé du Mont Saint-Michiel, messire Raoul le Sage, les seigneurs de Saint-Liebaut et de Clamecy, le tresorier de Rouen, maistre Pierre de Marigny, le prevost des marchans et plusieurs autres estoient,

J. MILET.

CXIII.

1426. 25 Octobre. Paris.

Rémission accordée par Henri VI à Jean Michault, boucher, septuagénaire, né à Tours et établi à Paris depuis la fin du règne de Charles V. Michault était emprisonné au Châtelet de Paris pour avoir hébergé durant une nuit un homme venu de Tours, alors en l'obéissance du Dauphin, et pour ne pas avoir livré à la justice les lettres de son frère que cet homme lui avait apportées.

(JJ. 173, n° 556.)

Henry, par la grace de Dieu roy de France et d'Angleterre, savoir faisons à tous presens et avenir, nous avoir receu l'umble supplicacion de Jehan Michault, bouchier, natif de la ville de Tours en Touraine, aagié de LXX ans ou environ, à present prisonnier en nostre Chastellet de Paris, contenant comme dès quarante huit ans a ou environ, ledit suppliant soit venu dudit lieu et païs de Tours demourer en ceste ville de Paris où il a tousjours depuis demouré benignement, ouvrant de sondit mestier de boucherie, y est marié et y a femme et enfant, a obey et tenu loyaument le parti de noz predecesseurs et nous [a] esté tousjours prest de obeir aux injunctions et commandemens à luy faiz par la justice et gouverneurs de nostre bonne ville de Paris, et il soit ainsi que environ le temps que les gens de feuz nostre tres chier seigneur et ayeul le roy Charles et nostre cousin de Bourgogne derrenierement trespassez, dont Dieu ait les ames, entrerent en nostre dicte ville de Paris, un appellé Colas le Maistre, marchant du païs de Touraine, qui estoit venu à Paris de par la ville de Tours, tenant lors le parti de nostre dit seigneur et ayeul, et de nostre dit cousin de Bourgogne, eust emprunté du dit suppliant quinze livres tournois, et de celui eust fait cedule. Et, ung an a ou environ, le curé de Saint-Pierre de Gonnesse se feust trait par devers le dit suppliant estant lors en son estal devant le parviz Nostre-Dame de Paris où il vendoit char, et lui eust dit qu'il y avoit ung compaignon, varlet espicier demourant au Mouton en la rue Saint-Denis à Paris, ou illec environ, qui vouloit aler à Tours, en demandant audit suppliant se il vouloit riens mander à Jean Michault, son frere germain, demourant aussi oudit lieu de Tours. Lequel suppliant dist qu'il avoit ladicte cedule de quinze livres tournois, signée de la main dudit Colas le Maistre, demourant en ladicte ville de Tours, et qu'il voulsist bien que le dit Jehan Michault, son frere, demourant aussi audit lieu de Tours come dit est, tenist icelle cedule afin de s'en faire paier. Et, ung jour ou deux après environ que le dit suppliant ne y pensoit plus, icellui varlet espicier vint devers lui en lui disant qu'il s'en vouloit aler audit lieu de Tours, et adoncques ledit suppliant lui bailla icelle cedule en lui priant qu'il la baillast au dit Jehan Michault, son frere, qui de ce faire se charga sans autre escripture, fors seulement recommandacion de bouche à sondit frere. Et demi an a ou environ un homme qui se disoit estre de ladicte ville de Tours feust venu en la dicte ville de Paris et adressé à l'estal du dit suppliant en lui disant que sondit frere se recommandoit à lui, et qu'il estoit en bon point, et lui dist icellui suppliant seulement qu'il le recommandast à son dit frere. Et, ce dit, icellui homme s'en ala sans plus arrester, et soit advenu que puis n'a gaires icellui homme soit retourné en ceste ville de Paris et ait apportées lettres audit suppliant de son dit frere, en priant audit suppliant, veu qu'il estoit bien tart et ne savoit où aler, qu'il le logast pour la nuit, lequel suppliant en la faveur seulement de ce qu'il lui apportoit nouvelles de son dit frere estre en bon point, le loga pour la nuit. Pour occasion de laquelle chose, et que ledit suppliant ne apporta point à justice lesdictes lettres et ne anonça point lesdictes nouvelles ne la venue du dit message, icellui suppliant a esté prins et emprisonné en nostre dit Chastellet, et aussi ledit messagier, et a icellui suppliant baillées icelles lettres à lui envoyées par sondit frere à nostre prevost de Paris ou à son lieutenant et, sur tout interrogué, a dit la verité du cas en la maniere dessus declairée en effect et substance. A l'occasion desquelles choses et que il ne adnonça la venue dudit messagier, il doubte estre durement traicté ou, attendu son aage et faiblesse, finer miserablement ses jours es dictes prisons, se nostre grace et misericorde ne lui estoit et est sur ce impartie, en nous humblement requerant que attendu que en tous ses autres faiz, besongnes et affaires, il a tousjours esté homme de bonne vie, fame et renommée, obey, amé et tenu le parti de nosdiz feuz ayeul et cousin et que ce qu'il a ainsi recelé, le dit messagier n'a esté que par ignorance et simplesse et en faveur de sondit frere qui n'est pas homme de guerre, et esperant estre paié ou recouvrer son deu, et n'a escript ne envoyé par bouche ne autrement chose quelxconques ou prejudice de nous, de nostre dicte ville de Paris ne autres noz subjez et, de ce, se est rapporté au dit messagier, nous lui vueillions nostre dicte grace impartir. Pour ce est-il que nous ces choses considerées...

Si donnons en mandement par ces mesmes presentes à nostre prevost de Paris.....

Donné à Paris, le xxve jour du mois d'octobre, l'an de grace mil quatre cens et vint six et de nostre regne le quint...

Ainsi signé : Es requestes par vous tenues es quelles les evesques de Beauvais et de Noyon, le premier president de Parlement et autres estoient,

CALOT.

CXIV.

1426. 6 décembre. Paris.

Henri VI confirme l'accord conclu entre Philippe de Morvillier, premier président au Parlement, et Jeanne du Drac, sa femme, d'une part, et les religieux du prieuré de St-Martin-des-Champs, d'autre part, au sujet des fondations faites par Philippe et Jeanne en ladite église.

(JJ. 173, n° 580.)

Henricus, Dei gratia Francorum et Anglie rex, notum facimus universis presentibus pariter et futuris, quod personaliter comparentibus in curia nostra Parlamenti, die date presentium, dilectis nostris fratribus Jacobo Seguin, priore, et Johanne de Britoneria, suppriore prioratus Sancti Martini de Campis parisiensis, et magistro Johanne Paris, procuratore prioris et conventus ejusdem prioratus ex parte una, et dilecto et fideli consiliario nostro Philippo de Morvillier, primo presidenti ejusdem Parlamenti[1], ac Johanna du Drac, ejus uxore, ex altera, visaque per eamdem curiam nostram quadam cedula cum alia simili coram certis no-

---

1. Sur ce personnage, voyez, plus haut, p. 42, note 1.

tariis Castelleti nostri Parisiensis transacta seu passata, fideliter collationata, et per dictas partes et procuratorem unanimiter et concorditer dicte nostre curie tradita, cujus cedule tenor talis est :

Ce sont les traictiez, accords, promesses et obligacions, faiz, traictiez, promis et accordez entre saige et nobles personnes messire Philippe de Morvillier, conseillier du roy nostre sire et premier president en son Parlement, madame Jehanne du Drac, sa femme, d'une part, et religieuses et honnestes personnes les prieur et couvent de l'église et monastere monseigneur Saint-Martin des Champs à Paris, d'autre part :

Premierement que les fondations et autres choses dont cy après sera parlé, se feront pour ou nom et au prouffit des diz monseigneur le premier president et madame, sa femme, et chascun d'eulx. *Item*, que lesdis fondeurs et chascun d'eulx pourront estre se bon leur semble enterrez et sepulturez en ladicte eglise et monastere de Saint-Martin des Champs en la chappelle de Saint-Nicolas, assez pres de la chappelle Nostre-Dame du costé senestre, et en icelle faire tele representation par maniere de sepulture, comme bon leur semblera. *Item*, que pareillement en ladicte chappelle de Saint-Nicolas pourront estre enterrez et sepulturez les enfans desdis fondeurs, se bon leur semble, et tous ceulx qui d'iceulx enfans sont yssus et ystront en ligne directe par loyal mariage, en ce comprins les mariz et femmes desdiz enfans. *Item*, que en ladicte chappelle ne pourront ou souffreront lesdis religieux, prieur et couvent, estre enterrez ou sepulturez aucunes autres personnes sans le gré et consentement desdiz fondeurs ou de l'un d'eulx, ou de leurs dis enfans après eulx. *Item*, que chascun an, le jour de monseigneur saint Martin d'iver, que l'on a acoustumé de tenir chapitre general, seront esleuz oudit chapitre deux des religieux dudit monastere, residens en icellui, par lesquelz ou l'un d'eulx, durant ledict an et jusques à ladicte feste de saint Martin, l'an revolu, sera dicte messe chascun jour entre huit et unze heures en ladicte chappelle de Saint-Nicolas pour lesdiz fondeürs et chascun d'eulx, leurs peres et meres et autres leurs predecesseurs et bienfaicteurs, et aussi leurs diz enfans et leurs autres successeurs, et au surpluz seront tenuz lesdiz deux religieux et chascun d'eulx faire priere et oroisons particulieres pour lesdis fondeurs et chascun d'eulx leursdis predecesseurs, successeurs et bienfaicteurs. *Item*, est assavoir que durant les vies desdiz fondeurs, ladicte messe se dira de l'office du jour avec une oroison ou colette pour les diz fondeurs et, après ladicte messe, cellui qui aura dicte icelle messe, revestu de son aube et estole, dira une anteine de Nostre Dame; c'est assavoir *Salve, regina*, ou une autre anteine de Nostre Dame à sa devotion avec le verset, oroison ou colette de Nostre Dame. *Item*, que, après le trespas desdis fondeurs ou de l'un d'eulx, ladicte messe sera dicte chascun jour pour le premier an, après le trespas d'un chascun desdis fondeurs de *Requiem*, et icelle messe dicte yra celui qui aura dicte ladicte messe sur ladicte sepulture, revestu de son aube et estole, dire *De profundis*, *Pater noster*, les versez, oroisons et colettes pertinens *cum aspersione aque benedicte*. *Item*, que ledit premier an passé, après le trespas desdiz fondeurs et chascun d'eulx, ladicte messe se dira de l'office du jour, et sera tenu celui qui aura dicte ladicte messe de aler, revestu de son aube et estole, comme dit est, dire pour lesdis fondeurs *De profundis*, *Pater noster*, les versez, oroisons et colettes pertinens *cum aspersione aque benedicte*. *Item*, que lesdis fondeurs seront accompaigniez et participans à toutes les oroisons, prieres et bienfaiz qui se feront en l'ordre de Clugny, et en especial oudit monastere de Saint-Martin-des-Champs. *Item*, que se lesdis religieux ainsi esleuz ou l'un d'eulx, durant ledit an, vont ou va de vie à trespassement, le prieur dudit monastere, ou son vicaire en l'absence dudit prieur, sera tenuz dedant huit jours après leur dit trespas de y en mettre et ordonner deux autres ou ung autre, en leurs lieux ou lieu, jusques à ce que oudit chapitre general y ait esté pourveu. *Item*, et ou cas que lesdis deux religieux ou l'un d'eulx seroient ou seroit empeschiez de maladie ou autre empeschement raisonnable, lesdiz religieux, prieur et couvent seront tenuz de faire dire ladicte messe par un autre ou autres religieux qui feront ou fera en tout et par tout ce que lesdiz religieux, orateurs ou orateur feroient ou feroit, ce n'estoit ledit empeschement. *Item*, que chascun desdiz fondeurs durant sa vie aura chascun an une messe solennele du Saint Esperit à diacre et soubz-diacre et choriste, lesquelles messes se diront ou grant autel du cuer de ladicte eglise de Saint-Martin; c'est assavoir l'une, les tiers jour du mois de juillet, veille de la feste de la translation monseigneur saint Martin, ou cas qu'il ne sera dimenche, ouquel cas ladicte messe se dira l'endemain de ladicte feste, cinquiesme jour dudit mois de juillet, et l'autre messe se dira le xiiie jour de novembre, ou cas qu'il ne sera dimenche, ouquel cas ladicte messe se dira l'endemain dudit jour de dimenche, xiiiie jour dudit mois de novembre. *Item*, que incontinant après lesdictes messes du Saint Esperit et chascune d'icelles, sera faicte procession solennelle en ladicte chappelle de Saint-Nicolas, et sera chantée en alant à ladicte chapelle une antheine de Nostre Dame, avec le verset et oroison pertinens; et, ce fait, sera dicte en ladicte chapelle une antheine de saint Nicolas avec le verset, oroison, ou colette dudit saint, et en retournant sera dicte une antheine de monseigneur saint Martin avec le verset et oroison dudit saint. *Item*, que lesdiz fondeurs et chascun d'eulx, chascun an après leur trespassement, auront à telz jours qu'ilz seront alez de vie

à trespassement, ou le plus tost après que faire se pourra, au cas qu'il y auroit empeschement oudit jour, chascun un *obiit*, c'est assavoir vigilles à neuf pseaulmes et neuf leçons, et l'andemain messe à note à diacre et soubz diacre et ung choriste, et se diront les dictes messes desdiz deux obits au grand autel du cuer de ladicte eglise de Saint-Martin, lesquelles dictes, sera faicte incontinant procession solennelle a et sur ladicte sepulture, et sera dit et chanté en alant à ladicte sepulture le respons de *Libera me, Domine*, avec les versez; et, ce fait, sera dit *De profundis, Pater noster*, avec les versez et oroisons pertinens, *cum aspersione aque benedicte*, et en retournant sera dicte une antheine de monseigneur saint Martin avec le verset, oroison ou colette. *Item*, que chascun an, la veille de la feste monseigneur saint Martin d'iver, au matin, avant midi, sera fait present à monseigneur le premier president de Parlement, qui pour le temps sera, par le maire des diz religieux, prieur et couvent dudit Saint-Martin, et par ung d'iceulx religieux, de deux bonnez à oreilles, l'un double et l'autre sangle, en disant teles paroles : « Monseigneur, messire
« Philippe de Morvillier, en son vivant premier president en Parle-
« ment, fonda en l'eglise et monastere monseigneur saint Martin
« des Champs à Paris, une messe perpetuelle et certain autre service
« divin, et ordonna pour la memoire et conservation de ladicte fon-
« dation estre donné et presenté chascun an à ce jour à monseigneur
« le premier president de Parlement, qui pour le temps seroit, par le
« maire desdiz religieux et un d'iceulx religieux ce don et present,
« lequel il vous plaise prendre en gré. » Et sera ledict don et present des diz bonnez du pris de vint solz parisis, eu regard à la monnoie de present ayant cours. *Item*, et avec ce sera fait don et present, audit jour, par ledit maire desdiz religieux et un d'iceulx religieux au premier huissier de Parlement, qui pour le temps sera, de ungs gans et une escriptoire, en disant : « Sire, messire Philippe de Morvilliers,
« en son vivant premier president en Parlement, fonda en l'eglise et
« monastere de monseigneur saint Martin des Champs une messe
« perpetuele et certain autre service divin, et ordonna pour la
« memoire et conservation de ladicte fondation estre donné et pre-
« senté chascun an à ce jour au premier huissier de Parlement, qui
« pour le temps seroit, par le maire desdiz religieux et un d'iceulx
« religieux ce don et present, lequel vous plaise prendre en gré »; lesquelles parolles seront baillées par escript aux dessus nommez, maire et religieux, et sera le don et present desdiz gans et escriptoire de douze solz parisis, eu regard à la monnoie ayant cours de present. *Item*, que pour ces choses et chascune d'icelles estre faictes et acomplies par lesdiz prieur et couvent de Saint-Martin et tous les biens de ladicte eglise et monastere, estre et demourer affectz, obliguez, chargiez et ypothequez, lesdis fondeurs bailleront et donront à

ladicte eglise et monastere de monseigneur saint Martin seize cens livres tournois pour une fois, pour et en lieu de soixante livres tournois de rente annuelle, perpetuele et admortie, que les diz fondeurs avoient entention et vouloient transporter, asseoir et assigner bien et convenablement ausdiz religieux, prieur et couvent et monastere de Saint-Martin des Champs, pour ce que lesdiz religieux dient et afferment que plusieurs grans et notables lieux, edifices et heritages anciens de ladicte eglise, qui souloient estre de grande et notable revenue par chascun an, bien seans et bien aisiez à ladicte eglise et seroient encore, se ilz estoient mis sus, reparés et mis en estat, sont de present en tele et si grant ruine et desertion pour le fait des guerres qui continuelment, puis vingt ans en ça ont esté et sont encores de present, que lesdis religieux n'y pevent riens prendre ou tres pou et, qui pis est, se briefment n'y est pourveu, iceulx heritages sont tailliez de cheoir et venir en totale ruine et perdition, qui seroit domaige inreparable à iceulx religieux et à leur dit monastere. Sur quoy ilz ont eu entre eulx, et avecques les conseilliers et amis de leur dicte eglise et monastere, plusieurs consultations et advis pour pourveoir ausdis heritages au bien de leur dit monastere, et pour ce qu'ilz n'ont peu veoir ne adviser maniere de avoir finances ailleurs pour remedier à la perdition desdiz lieux, edifices et heritages anciens et tant necessaires et prouffitables à ladicte eglise de Saint-Martin, mesmement que toute la revenue d'icelle eglise pour le present ne souffist point au vivre et necessité d'iceulx religieux escharcement. Pour ces causes lesdiz religieux, prieur et couvent desirans de tous leurs cuers conserver lesdiz lieux et heritages anciens, et les remettre sus, ont par grande et meure deliberation, et pour l'evidente utilité de leur dit monastere, esté ensemble d'accord, voulu et requis de prendre et avoir ladicte somme de seize cens livres tournois pour une foiz, pour et en lieu des dictes soixante livres tournois de rente perpetuelle et admortie, pour icelle somme emploier et convertir à mettre sus lesdis lieux et heritages anciens, tant et si avant qu'elle pourra souffire, et que besoing en sera, et mesmement ceulx dont plus grant inconvenient, dommaige et perte par les laissier du tout tourner à destruction et ruyne, et dont plus grant prouffit et honneur par les reparer et mettre sus pevent venir et estre à ladicte eglise de Saint-Martin, laquelle chose les diz fondeurs ont liberalment et voulentiers en faveur de ladicte eglise consenty et accordé, et le residu de ladicte somme de xvi^c livres tournois, se aucuns en y a, convertir en achat de rentes et heritages pour ledict monastere, au plus prouffitablement que faire se pourra. *Item*, que ladicte somme de xvi^c livres tournois, par l'advis, accord et consentement desdiz fondeurs et desdiz religieux, sera mise en garde et depost royaument et de fait en la main de Guillaume Sanguin, bourgeois de Paris, pour estre employée ainsi que dit est[1]. *Item*, que lesdiz fondeurs et lesdiz religieux, prieur et couvent, sont d'accord que maistre Jehan Vivien, conseillier du roy nostre sire et president en la Chambre des enquestes de son Parlement, et le soubz-prieur de ladicte eglise et monastere de Saint-Martin-des-Champs soient commis, par iceulx fondeurs et religieux, pour eulx informer esquelz heritages ladicte somme de seize cens livres tournois pourra estre plus prouffitablement employée au bien des diz religieux et de leur dit monastere, et par leur advis et ordonnance ladicte somme de xvi^c livres tournois soit despendue et employée. *Item*, avecques ce, lesdiz fondeurs donront, bailleront et assigneront à ladicte eglise et monastere de Saint-Martin-des-Champs quarante solz parisis de bonne rente annuelle, perpetuelle et admortie. *Item*, que lesdiz fondeurs, oultre et pardessus ce que dit est, et afin que lesdiz religieux soient plus enclins et voulentiz de prier Dieu pour lesdiz fondeurs et chascun d'eulx, bailleront et donront au couvent dudit monastere de monseigneur saint Martin la somme de cent livres tournois pour une fois, de laquelle la moittié sera employée ou vestiaire des religieux d'icellui couvent, dont ilz ont grant besoing et neccessité, comme ilz ont affermé, et l'autre moittié sera employée au prouffit d'icellui couvent, comme ilz adviseront. *Item*, que lesdiz fondeurs fourniront et garniront ladicte chappelle de Saint-Nicolas, où ladicte messe se dira, bien et convenablement de calice, livre et autres ornemens, et lesdiz religieux, prieur et couvent seront tenuz de les garder, refaire, reparer et soustenir, et de y en mettre des autres quant mestier sera, et de bailler pain, vin et luminaire pour ladicte messe dire et celebrer, et faire les autres services dessus declairez, et sera le luminaire de ladicte messe de deux cierges de cire, chascun de une livre, lesquelz ardront tant et si longuement que l'en mettra à dire ladicte messe, et d'une torche pour servir et ardoir à l'eslevation du corps Nostre Sauveur Jhesus-Christ. Et quant lesdiz deux cierges seront ars, l'on y en mettra deux autres de pareil prix, et ainsi se continuera le luminaire de ladicte messe et, pour ce faire, lesdiz fondeurs donront, bailleront et assigneront à ladicte eglise de Saint-Martin,

---

1. Guillaume Sanguin, qui avait été anobli le 22 décembre 1400, est qualifié écuyer et échanson du duc de Bourgogne en 141. Il possédait de nombreux domaines et notamment, au diocèse de Paris, les terres de Mafflières, Bettemont, Chauvry, Ormesson et Meudon. Son hôtel de la rue des Bourdonnais est célébré par Guillebert de Metz. Guillaume mourut le 14 février 1442 et fut enseveli aux Innocents. Sa postérité masculine fut continuée par son bâtard, Jean Sanguin, légitimé en 1401 et duquel descendait Antoine Sanguin, le cardinal de Meudon (Leroux de Lincy et Tisserand, *Paris et ses historiens aux xive et xve siècles*, p. 340-347).

pour et au prouffit du sacristain d'icelle eglise, quarante solz parisis de bonne rente perpetuelle et admortie. *Item*, que se lesdiz heritages ou partie d'iceulx esquelz sera employée ladicte somme de xvi^c livres tournois, ou lesdictes rentes ou partie d'icelles, diminuoient ou estoient du tout perduz ou perdues, ou venuz à neant par guerre, fortune de temps, ou autrement en quelque maniere ou par quelque moien que ce feust, neantmoins ledit monastere et tous les biens d'icellui demourront et seront tenuz, chargiez, obligiez, et ypothequez pour les choses dessusdictes et chascune d'icelles faire et accomplir sans diminution aucune. *Item*, que oultre et pardessus toutes les choses dessusdictes, et afin que lesdis deux religieux orateurs soient plus enclins et se rendent plus diligens et voulentis de faire prieres et oroisons particulieres pour le remede et salut des âmes desdiz fondeurs et de leurs predecesseurs, successeurs et bienfaicteurs, iceulx fondeurs donront, bailleront et assigneront à ladicte eglise et monastere de Saint-Martin-des-Champs, pour et au prouffit des diz deux religieux orateurs, dix livres parisis de bonne rente perpetuelle et admortie, laquelle lesdiz orateurs prendront et recevront par leurs mains : c'est assavoir chascun cent solz parisis, oultre et pardessus ce que les diz deux religieux devront prendre et avoir de leur ordinaire en ladicte eglise et monastere de Saint-Martin, et ne les pourront lesdiz prieur et couvent en ce aucunement empeschier. Et neantmoins iceulx religieux, prieur et couvent seront tenuz et demourront chargiez de ladicte rente garder et defendre par justice à leurs despens, ainsi et par la forme et maniere qu'ilz gardent et defendent et ont acoustumé de garder et defendre les droiz, heritages, rentes et revenues de ladicte eglise de Saint-Martin, laquelle rente de dix livres parisis ou cas qu'elle seroit diminuée ou venue à non valoir par guerre, fortune de temps ou autrement, sans le fait et coulpe desdiz religieux, prieur et couvent, iceulx religieux ne seront tenuz de la faire bonne, ne de la payer auxdiz deux religieux orateurs, mais seront iceulx deux religieux contens d'avoir, prendre et recevoir ce qu'ilz en pourront avoir; mais, ce nonobstant, iceulx religieux, prieur et couvent demourront chargiez de ladicte messe et des autres charges, services et don dessus declairiez faire et acomplir par la maniere dessus declairée. *Item*, que ces presentes et tout le contenu en icelles lesdiz religieux, prieur et couvent pourchasseront et procureront faire confermer, greer, ratiffier, approuver et icelles auctorisier par monseigneur l'abbé de Clugny, et d'en faire baillier ses lettres tabellionées et scellées de son scel, et pour ce faire fera diligence le dit monseigneur le premier president en tout ce qu'il pourra, se besoing en est. *Item*, que ces presens traictiez, accordz, promesses et obligation seront passez en la court de Parlement, et seront lesdictes parties et chascune d'icelles condempnées par arrest d'icelle court à les tenir et garder. Fait et passé en Parlement par damp Jaques Seguin, prieur, et Jehan de la Bretonniere, soubz-prieur, en leurs personnes, et par maistre Jehan Paris, procureur desdis prieur et couvent de Saint-Martin, par vertu de la procuration cy attachée et dessoubz incorporée, d'une part, et par lesdits messire Philippe de Morvillier et dame Jehanne du Drac, sa femme, aussi en leurs personnes, d'autre part, lesquelles parties à leur requeste et de leur consentement, la court dudit Parlement ce approuvans, a condempné et condempne par arrest a tenir, enteriner et acomplir ce present accord et les choses dedans contenues et cy-dessus declairées, le iiiie jour de decembre, l'an mil cccc et vingt six.

Prefata curia nostra omnia et singula in suprascripta cedula contenta seu declarata rata habens atque grata, ea voluit, laudavit, approbavit et confirmavit vultque, laudat, approbat et confirmat, et ad ipsa tenenda, complenda, ac firmiter et inviolabiliter observanda, partes predictas et earum quanlibet ad ipsarum et cujuslibet earum, et dicti procuratoris virtute procuratorii inferius inserti requestam, ac de ipso etiam partium et procuratoris consensu, condempnavit et condempnat per arrestum, necnon premissa ut arrestum ejusdem curie teneri, compleri, observarique et exsolvi ac executioni demandari voluit et precepit. Tenor vero dicti procuratorii sequitur in hec verba :

A tous ceulx qui ces lettres verront, Symon Morhier, chevalier, seigneur de Villiers, conseillier du roy nostre sire, et garde de la prevosté de Paris, salut. Savoir faisons que par devant Jehan de la Mote et Jehan du Conseil, clercs notaires du roy nostre dit seigneur, de par lui establiz ou Chastellet de Paris, furent presens en leurs personnes, religieuses personnes et honnestes damps Jaques Seguin, prieur; Jehan de la Bretonniere, soubz-prieur et grant celerier; Artault Veret, sacristain; Loys de Coulon, hostellier; Jehan Lormier, enfermier; Jehan d'Aussonne, chantre; Estienne Thiphaine, tiers prieur; Guillaume Angoulant, quart prieur; Jehan des Prez, quint prieur; Raoul de Salerne, soubz-chantre; Ode Pyot, maistre des enfans; Tristan le Moine, soubz-hostellier; Loys Poullart, soubz-enfermier; Guillaume Chastrisson, prieur de Baillon; Rogier le Petit, aumosnier; Jehan le Boissellier, Jehan le Quartier et Jehan de Ver, tous religieux de l'eglise et monastere de monseigneur saint Martin-des-Champs à Paris, faisans et representans tout le couvent des religieux dudit lieu, assemblez en plain chapitre audit lieu de Saint-Martin, pour faire passer et accorder ce qui s'ensuit, lesquelz religieux tous concordablement firent, ordonnerent, constituerent et establirent leurs procureurs generaulx et certains messages especiaulx maistres Jehan Bailli, Jehan Paris, Jehan Roussel, Pierre Cheval, Robert Cochereau' et Estienne de Nouviant [1], ausquelz et à chascun d'eulx par soy et pour le tout portant ces lettres, lesdis constituans donnerent et octroyerent plain povoir et auctorité et mandement especial d'ester et comparoir pour eulx en la court de Parlement, et ilec passer, consentir et accorder certains traictiez et accords aujourd'huy passez et accordez par lettres dudict Chastellet entre lesdits religieux, prieur et couvent de Saint-Martin d'une part, et saige et nobles personnes monseigneur Philippe de Morvillier, conseillier du roy, nostre sire, et premier president de Parlement, et madame Jehanne du Drac, sa femme, d'autre part, faisans mention de certaine messe perpetuelle et autres charges et services divins que lesdis monseigneur le premier president et madame, sa femme, ont nouvellement fondez et ordonnez en ladicte eglise de Saint-Martin-des-Champs, de consentir et accorder lesdis religieux, prieur et couvent de Saint-Martin estre condempnez à faire lesdiz services et charges, selon ce et par la forme et maniere que plus à plain est contenu et declairé es lettres desdiz accords et traictiez passées ledit jourd'huy, et tous les biens et temporelz desdis religieux, prieur et couvent y estre affectz, soubzmis, obligiez et ypothequez, et sur tout ce que dit est faire, passer et accorder teles et si bonnes lettres, comme au cas appartenans, et generalement de autant faire et dire en ce que dit est, et les deppendances, comme ilz mesmes feroient et faire pourroient se presens y estoient en leurs personnes, ja soit ce que la chose requeist mandement plus especial, promettans lesdis constituans par foy et serement et soubz l'obligation de tous leurs biens temporelz, avoir aggreable, tenir fermes et estables à tousjours tout ce qui par lesdis procureurs ou l'un d'eulx sera fait, passé, accordé, procuré et autrement besoingnié, en ce que dit est, et les dependances, et à paier le jugié se mestier est. En tesmoing de ce, nous à la relation des diz notaires, avons mis à ces lettres le seel de ladicte prevosté de Paris qui furent faites et passées le samedi trente et derrenier jour de novembre, l'an de grace mil quatre cens vingt et six.

Ainsi signé : J. DU CONSEIL, J. LA MOTE.

Quod ut firmum et stabile perpetuo perseveret, presentes litteras sigilli nostri munimine fecimus roborari.

Actum et datum Parisius in Parlamento nostro, die quarta decembris, anno Domini millesimo quadringentesimo vicesimo sexto regni vero nostri quinto.

Sic signatum : Per arrestum curie,

CLEMENS.

---

1. Voyez, plus haut, p. 174, note 6.

CXV.

1426. Décembre. Paris.

Rémission accordée par Henri VI à André Boesseau, tonnelier septuagénaire, qui, neuf mois auparavant, avait quitté sa résidence ordinaire de Troô en Vendômois où la guerre commençait à sévir, pour se retirer à Tours, c'est-à-dire dans une contrée tenant le parti contraire au roi anglais. André était ensuite venu de Tours à Paris où demeurait son fils, Thomas Boesseau, qui ne demandait pas mieux que de pourvoir à la subsistance de ce vieillard affaibli par l'âge et presque aveugle; mais l'un et l'autre n'avaient pas tardé à être emprisonnés et, après une détention de six à sept semaines, le vieux tonnelier était retourné, sans ressource aucune, dans son pays. La rémission qui lui est accordée, à la requête de son fils, lui permet de venir habiter près de celui-ci.

(JJ. 173, n° 575.)

Henry, par la grace de Dieu roy de France et d'Angleterre, savoir faisons à tous presens et avenir, nous avoir esté humblement exposé de la partie de Thomas Boesseau, demourant en nostre ville de Paris, fils de Andry Boesseau, povre homme tonnelier, aagié de LXXII ans ou environ et debilité de grant partie de sa veue et d'autres ses membres, que comme le dit Andry soit né d'un village appelé Trou[1] en la conté de Vendosme, où il a tousjours demouré en y gangnant sa vie au mieulx qu'il a peu son dict mestier de tonnelier jusques environ Pasques derrenierement passées, que pour cause des guerres et des gens d'armes qui approuchoient en ladicte conté de Vendosme[2], il fut contraint pour pis eschever et querir à gangnier sa vie partir dudit village, et s'en ala en la ville de Tours, ou il s'est depuis tenu en y ouvrant et gangniant sa vie à son dict mestier de tonnelerie, jusques à environ deux ou trois mois que, lui veant que, obstant son ancien aage et debilitation de sa veue et de l'une de ses mains, dont il ne se puet plus aidier, il ne povoit plus gangnier sa vie à sondit mestier ne autrement, et par ce, et aussi que au pays n'avoit ne n'a parens ou amis qui lui eussent peu ou voulu donner sa vie, et lui ad-

---

1. Troô (Loir-et-Cher, arr. de Vendôme, cant. de Montoire).
2. La guerre fut portée effectivement, en 1426, dans le comté de Vendôme et c'est alors que Savigny-sur-Braye et Mondoubleau tombèrent au pouvoir des Anglais; mais Vendôme demeura encore pendant plusieurs mois au pouvoir du parti national, car le comte de Suffolk n'en était pas encore maître en 1427 (Longnon, *Les limites de la France à l'époque de la mission de Jeanne d'Arc*, p. 42).

verti que ledit exposant, son filz, qu'il n'avoit veu dès xi ans paravant, lui donroit voulentiers sa vie, se feust parti de ladicte ville de Tours avec et en la compaignie de Perrenet de la Haye, et feust et soit venu en ceste ville de Paris par devers et en l'hostel de sondit filz, qui le y ait receu benignement et doulcement, et pour celle cause aient esté emprisonnez en nostre Chastellet, dès deux mois a ou environ lui et le dit exposant son filz. Lequel exposant fut pour icelle cause condempné en amende envers nous qu'il a paiée, et, ce fait, delivré et mis hors desdictes prisons, et y demoura le dict Andry Boesseau, qui y a esté l'espace de six à sept sepmaines ou environ en grant povreté et misere; et en aprés mis hors d'icelles et par ordonnance de justice, pour ce qu'il avoit demouré en l'obeïssance de noz adversaires et que d'icelle il estoit venu en la nostre sans congié de nous ne de nostre justice, s'en est retourné ou dit pays de Vendosme ouquel il n'a aucune chevance, parens, ne amis qui lui peussent aidier, par quoy est en voye de y brief finer miserablement ses jours, qui seroit pitié attendu son ancien aage et debilitation de sa veue et autres membres, obstans lesquelles choses il ne puet plus gangnier sa vie, ainsi que ledit exposant, son filz, qui meu de pitié et amour charnelle lui donroit voulentiers sa vie en ceste nostre ville de Paris, s'il nous plairoit lui remettre et pardonner les choses dessus dictes, en nous requerant humblement que en ceste partie vueillons impartir et estendre nostre grace audit Andry, son pere. Pour quoy, nous, ces choses considerées.....

Si donnons en mandement à nostre prevost de Paris.....

Donné à Paris ou mois de decembre, l'an de grace mil quatre cens et vingt six et de nostre regne le cinquiesme.

Ainsi signées : Es requestes par vous tenues,

RAPIOUT.

L. CALOT.

CXVI.

1427. 4 Février. Paris.

Rémission accordée par Henri VI à Jean du Pré, boulanger, demeurant à Paris, coupable de ne pas avoir livré à la justice son frère Guillaume du Pré, « laboureur de bras », qui était revenu à Paris avec sa femme après avoir habité durant huit années dans le pays obéissant au Dauphin. La rémission est fondée sur ce que Jean du Pré déclare avoir eu l'intention de livrer son frère à la justice, mais qu'il avait différé d'exécuter son projet en raison de l'état de son frère qui, souffrant « de froidure et de pauvreté », aurait pu tomber plus gravement malade en prison.

(JJ. 173, n° 609.)

Henry, par la grace de Dieu roy de France et d'Angleterre, savoir faisons à tous presens et avenir, nous avoir receu l'umble supplication de Jehan du Pré, boulengier, demourant à Paris en la rue Saint-Germain-l'Aucerroys, natif de la Villette-Saint-Ladre lez Paris[1], de l'aage de xxx ans ou environ, à present prisonnier en nostre Chastelet de Paris, contenant, comme dès treize ans a ou environ, Guillaume du Pré, laboureur de braz, natif aussi dudict lieu de la Villette-Saint-Ladre, frere germain du dit suppliant de peré et de mere, feust alé demourer à Estampes auquel lieu il fut marié et, environ cinq ans après[2], icellui Guillaume et sa femme retournerent à Paris, cuidans y demourer et gangnier leur vie, et pour la chierté des vivres qui y estoient lors s'en partirent et retournerent ; mais où ilz alerent ne scet bonnement, si non que à un certain jour de dimenche puis trois sepmaines en ça ou environ, icellui Guillaume du Pré, frere dudit suppliant, comme dit est, est retourné en ceste ville de Paris, et venu en l'hostel dudit suppliant et lui a dit qu'il venoit de Saincte-Katherine-de-Fierbois[3] et de Saint-Mathurin-de-Larchant[4], et qu'il avoit esté ou pays des ennemis, ouvrant de son labour sans lui autrement declairier les villes, ne ou sans ce que icellui Guillaume, comme il lui disoit, se soit meslé en aucune maniere de la guerre, et avoit ledit suppliant intention d'amener icellui Guillaume, son frere, à justice. Mais pour ce que quant le dit Guillaume arriva, il estoit tout nu de chemise et de chapperon, et malade de froidure et de povreté qu'il avoit eu en venant, et doubtoit ledit suppliant, son frere, que se il le y amenoit si tost

---

1. La Villette-Saint-Lazare, ou plus simplement la Villette, a été annexée à Paris en 1860.

2. C'est-à-dire en 1419, année qui fut signalée par une effroyable disette à Paris. Cependant, la supplique d'après laquelle fut expédiée la lettre de rémission accordée à Guillaume du Pré lui-même change quelque peu les dates : Guillaume serait resté huit années à Etampes d'où il ne serait parti qu'en 1422 (voyez plus loin, pièce CXIX).

3. Sainte-Catherine-de-Fierbois (Indre-et-Loire, arr. de Chinon, canton de Sainte-Maure).

4. Larchant (Seine-et-Marne, arr. de Fontainebleau, cant. de la Chapelle-la-Reine). C'était alors et c'est encore un lieu de pèlerinage fort fréquenté en l'honneur de saint Mathurin qui, dit-on, y baptisa Constance Chlore.

et il feust retenu en tel estat prisonnier qu'il n'eust cheu en grant et griefve maladie, combien qu'il avoit ferme propos et entention que incontinent que icellui Guillaume se feust un pou revenu de le y amener. Et en ces entrefaictes, icellui suppliant et ledit Guillaume, son frere, furent amenez prisonniers oudit Chastelet de Paris par Colin Feuchier[1] et Jehan de Coulongne, sergens à verge en nostre dit Chastelet, où ilz sont encore, et mesmement ledit suppliant en grant povreté et misere, et en voye de y estre durement traictié pour faulte d'avoir incontinent amené son dit frere à justice selon les publications et ordonnances, se de nostre grace et misericorde ne lui est sur ce pourveu, ainsi qu'il dit, en nous humblement suppliant que, eu regard à la simplesse dudit suppliant et qu'il a tousjours esté bon, vray et loyal subget et obeïssant envers feu nostre tres chier seigneur et ayeul le roy Charles derrenierement trespassé, cui Dieu pardoint, et tenu le parti de lui et de nous, et de feu nostre tres chier cousin le duc de Bourgogne, aussi derrenierement trespassé, dont Dieu ait l'ame, et ne fut onques convaincu d'autre villain cas, blasme ou reprouche, et parce que ledit Guillaume, son frere, est homme de labour sans soy entremettre du fait de la guerre, et qu'il estoit cy en droit meu de pitié et de sang, et l'entention qu'il avoit de le mener à justice, comme dessus est dit, il ne cuidoit pas tant offenser ne mesprendre, comme il a fait, nous lui vueillons extendre nostre dicte grace et misericorde. Pour quoy.....

Si donnons en mandement par ces mesmes presentes au prevost de Paris.....

Donné à Paris, le IIIIe jour de fevrier, l'an de grace mil quatre cens et vint six, et de nostre regne le cinquiesme.

Ainsi signé : Par le roy, à la relation du Conseil,

J. LE CLERC.

CXVII.

1427. 6 février. Paris.

A la suite d'un rapport favorable de Jean Douxsire, examinateur au Châtelet de Paris, assisté d'une commission de jurés en maçonnerie et charpenterie, Henri VI autorise Philippe de Morvilliers, premier président au Parlement,

---

[1]. Colin Feucher, sergent à verge, était revêtu de l'office de « tourmenteur-juré du Châtelet » dès 1438 ; il vivait encore en 1448 (Sauval, p. 335, 336 et 341).

à réunir à la maison qu'il va faire réédifier dans la rue au Maire un petit terrain triangulaire y attenant, large de 4 pieds sur 2 toises 1/2 de long.
(JJ. 173, n° 584.)

Henry, par la grace de Dieu roy de France et d'Angleterre, savoir faisons à tous presens et advenir, que comme nostre amé et feal conseiller maistre Philippe de Morvillier, premier president en nostre Parlement, pour certaine fondation qu'il a faicte d'une messe perpetuelle chascun jour et autres services divins en l'eglise et monastère de Saint-Martin des Champs à Paris[1], entre autres choses soit tenu et obligié de rediffier et refaire une maison qui est en grant ruyne, en laquelle on a acoustumé de faire fait de boucherie et qui fait le coing de la rue qui tourne de la rue Saint-Martin pour aler en ladicte eglise, nommée la rue au Maire[2], laquelle maison est située et assise en la terre, juridiction et seigneurie de ladicte eglise, et à icelle maison joint un petit triangle qui est du costé de ladicte rue où l'on tourne pour aler à ladicte eglise de Saint-Martin, lequel triangle au plus large qu'il ait n'a que trois ou quatre piez ou environ, et ne sert icellui triangle de riens à la voirie fors d'estre tousjours plain de immundices et ordures, lequel petit triangle en faisant rediffier ladicte maison nostre dit conseillier et premier president prendroit et applicqueroit voulentiers à icelle, se sur ce nous plairoit lui octroyer noz congié et licence, pour laquelle chose, et pour contemplation de nostre conseiller et premier president, et en faveur de ladicte eglise et de la fondation dessus dicte, nous par noz autres lettres données à Paris le xxvie jour de janvier derrenierement passé, avons mandé et commis à nostre prevost de Paris ou à son lieutenant que, appellez nostre procureur et receveur de sa prevosté, il fist faire par le voyer et maistre de noz œuvres visiter, aligner et mesurer ledit triangle, et, ce fait, se informast avec lesdis voyer, maistre de noz diz euvres et autres, en ce congnoissans du prouffit ou dommaige que de ce faire pourroit venir à nous et au bien publique, et, ce que fait et trouvé en auroit, le rapportast à nostre amé et feal cousin le chancellier de France et aux gens de nostre grant conseil pour en faire

---

1. L'emplacement de ce couvent est occupé aujourd'hui par le Conservatoire des Arts-et-Métiers.

2. Cette rue, ainsi nommée parce que le « maire » de la justice de Saint-Martin y tenait ses assises, est désignée aujourd'hui sous l'appellation fautive de « rue Aumaire ».

et ordonner ce qu'il appartendroit par raison. Lequel nostre prevost, occuppé de plusieurs autres besoingnes et affaires, par vertu de noz dictes lettres à lui presentées de par nostre dit conseillier et premier president, eust données ses lettres de commission adreçans à maistre Jehan Doubzsire, examinateur en nostre Chastellet de Paris, pour icelles noz dictes lettres mettre à execution deue, pour et ou nom de lui de point en point selon leur forme et teneur ; lequel maistre Jehan Doubzsire, par vertu d'icelles noz lettres et de ladicte commission de nostre dit prevost atachée à icelles, le jeudi xxxe et penultime jour dudit mois de janvier, fut et se transporta en ladicte rue Saint-Martin, pres de la maison dessusdicte, ouquel lieu estoient assemblez par commandement à eulx fait : c'est assavoir maistres Pierre Robin et Pierre de Servillier, generaulx maistres de noz euvres de maçonnerie et charpenterie[1], et ledit Servillier garde de nostre voirie pour le receveur de Paris, nostre voyer ilec ; maistres Denis Bonhomme, Robert de Layeville, Simon Richier, et Gieffroy Sevestre, maçons ; Sanson Hubert, Robert Chauvin, Pierre Moreau et Mahiet le Barbier, charpentiers, tous jurez es offices de maçonnerie et charpenterie en nostre ville de Paris ; Jehan le Dagnois, Jehan Gangier, Jehan Tassin et Jehan le Jay, maçons bacheliers oudit office de maçonnerie, à tous lesquelz maçons et charpentiers en la presence de nostre procureur dudit Chastelet et dudit receveur de Paris, voyer comme dit est, fut faicte lecture desdictes lettres royaulx, et leur fut enjoinct et fait commandement de par ledit examinateur, commissaire en ceste maniere et par serement par eulx et par chascun d'eulx fait que justement et loyaulment, ilz veissent, assignassent et mesurassent le triangle dont cy dessus est faicte mention, en obtemperant auquel mandement iceulx maçons et charpentiers en la presence d'iceulx noz procureur et receveur et dudit commissaire, virent, alignerent et mesur[er]ent ledit triangle et trouverent que icellui triangle au bout devers ladicte rue Saint-Martin contient quatre piez de lé ou environ et deux toises et demi pié de long ou environ en alant au neant depuis ladicte rue Saint-Martin jusques au premier coude qui est ou mur qui faict

---

1. « Me Pierre Robin, sergent d'armes et maçon général du roy nostre « sire », figure ainsi que « Me Pierre de Servillier, charpentier général du « roy », dans certains comptes de confiscation du temps des Anglais (Sauval, p. 332 et 589).

closture a icelle maison devers ladicte rue au Maire. Après lesquelz visitation, alignement, et mesurages ainsi faiz par lesdis maçons et charpentiers, tant jurez comme bacheliers, dudit triangle, et pour au surplus proceder, se transporta ledit commissaire en l'eglise de Saint-Nicolas-des-Champs en la dicte rue Saint-Martin, et ylec comparans par devant soy tous les dessus nommez, maçons et charpentiers, tant jurez comme bachelers, lesquelz à part et l'un après l'autre, en la presence desdiz noz procureur et receveur, il interrogua par serement pour ce par eulx et chascun d'eulx fait solennellement aux sains euvangiles de Dieu, assavoir quel prouffit ou dommaige nous pourroit venir et a la chose publique de joindre et unir icellui triangle à ladicte maison, ainsi que le requeroit nostre dit conseillier et premier president. Lesquelz, après ce qu'ilz orent deliberé ensemble sur ce, firent leur rapport de bouche par devers ledit commissaire, qui leur dicte deposition fist mettre et reddigier par escript, ausquelz il requist oultre que, de ce aussi, ilz feissent leur rapport par escript scellé de leurs seaulx, ce qu'ilz firent et baillierent audit commissaire. Lequel rapport, avec la relation d'icellui commissaire faicte par escript de ce que fait, dit et deposé en fu et a esté par lesdits maçons et charpentiers, et l'advis aussi d'iceulz noz procureur, receveur et commissaire escrips en la fin de ladicte relation, et signé de leurs seings manuels, ledit commissaire a apportée ou envoyée par devers nostre dit cousin le chancelier de France et les gens de nostre grant conseil, pour sur ce en ordonner ainsi qu'il appartendroit et comme par noz dessus dictes lettres mandé leur avions, lesquelz raport, relation et advis par eulx veues furent renvoyées par devers noz amés et feaulx gens de noz comptes à Paris, qui semblablement par eulx ont esté veues et visitées au burel de la Chambre de noz dits comptes à grant et meure deliberation, et, consideré en ceste partie ce qui faisoit à veoir et considerer, nous par l'advis et deliberation de nostre dit cousin, des gens de nostre grant Conseil et des gens de noz diz comptes à Paris, de nostre auctorité royal et grace especial par ces presentes, avons octroyé et octroyons à nostre dit conseillier et premier president.......

Si donnons en mandement à noz dictes gens des comptes, à noz prevost, procureur et receveur de Paris.....

Donné à Paris, le sixiesme jour de fevrier, l'an de grace mil quatre cens et vint six, et de nostre regne le quint.

Ainsi signé : Par le roy, à la relacion du grant Conseil et des gens des comptes à Paris,

J. DE CONFLANS.

CXVIII.

1427. 25 février. Paris.

Rémission accordée par Henri VI à Jean Rossignol, qui, ayant été appelé « changon » à la suite d'une querelle de jeu par son voisin Guillaume Tirant, s'était vengé de celui-ci en lui dérobant, par escalade et effraction, divers objets (robe, linge et ustensiles de ménage) que Tirant, par crainte de ses créanciers, avait cachés avec ses meubles dans une petite maison retirée. Ces objets, dont la valeur ne dépassait pas 5 à 6 francs, avaient été ensuite vendus par Rossignol pour la somme de 49 sous 2 deniers parisiens; mais le larron avait été, peu de jours après, emprisonné au For-l'Evêque.

(JJ. 173, n° 599.)

Henry, par la grace de Dieu roy de France et d'Angleterre, savoir faisons à tous presens et avenir nous avoir receu l'umble supplication de Jehan Rossignol, povre jeune homme laboureur, chargié de jeune femme ensainte d'enfant, aagié de xxii ans ou environ, demourant à Paris, contenant que après ce que il et Guillaume Tirant, son voisin, eurent joué par esbatement et amiablement ensemble au jeu des quartes, à certain jour de jeudi du mois de janvier derrenierement passé, pour une pinte de vin que perdi ledit Tirant, ledit suppliant demanda et voult estre paié de la dicte pinte de vin, icellui Tirant en soy courrouçant l'appella « changon[1] », et lui dist autres dures parolles, à quoy ledit suppliant respondi qu'il n'estoit point changon, et qu'il greveroit et courrouceroit le dit Tirant avant qu'il feust gaires de temps. Et environ cinq ou six jours après, vint à la congnoissance d'icellui suppliant que ledict Tirant pour doubte que, par ses creanciers, ne feust requise execution sur ses biens ou autrement, avoit transporté sesdis biens hors de sa maison, et iceulx mis et latitez[2] en une petite vieille maison estant en un jardin assis près des jardins de l'ostel où ledit suppliant demeure. Lequel suppliant par la temptation de l'ennemi, le lundi prouchain ensuivant lesdis jeu

---

1. Le sens de cette injure n'est pas défini par dom Carpentier qui cite précisément la lettre de rémission pour Jean Rossignol (Du Cange, *Glossarium*, au mot *changia*).

2. Cachés.

et parolles, matin sur le point du jour, se leva d'emprès sa dicte femme, et ala en son jardin, monta sur le puis d'icellui, qui est joignnant d'un mur, telement que par dessus ledit mur qui est entre sondit jardin et cellui de la maison où ledit Tirant avoit latité ses diz biens, il passa et traversa par dessus icellui mur et descendi oudit jardin, et après monta sur la maison où lesdis biens estoient, fist un trou en la couverture d'icelle maison qui estoit couverte d'essil ou d'essaule[1] vieille et pourrie, et en rompi deux ou trois lattes, et telement que il entra en icelle maison, où il trouva ung sac, ouquel avoit une robe sangle de drap viollet à usaige de femme, une nappe, deux ou trois touailles, deux ou trois serviettes, un pesne, trois draps de lit, demi quartier de drap de laine, ung petit orillier, ung chandellier de cuivre, deux escuelles, ung garde nappe et une choppine, avec un autre petit sac ouquel povoit avoir environ six livres et demie de fil, lesquelz biens ilz print et emporta, de la rue de Montorgueil où il demouroit, en la rue de la Mortellerie[2] en l'ostel des Connins où il les laissa par aucun temps et jusqu'à ce que il trouva marchande à laquelle il les vendi le pris et somme de quarante neuf solz deux deniers parisis ou environ, de laquelle somme il acheta des feves et aulx qu'il a plantez, et de l'osier dont il relia certaines treilles qu'il a es marés d'oultre la porte de Montmartre[3]; tous lesquelz bien dessusdiz ne pevent valoir plus hault de cinq ou de six frans. A cause duquel cas ainsi advenu ledit suppliant a esté prins et mené prisonnier es prisons du For-l'Evesque à Paris, la juridiction duquel For-l'Evesque est à present en nostre main pour cause de regale[4], esqueles prisons il a esté long temps en grant povreté et misere, et doubte que pour icellui cas il peust estre griefment pugny en son corps ou en ses biens, se par nous ne lui estoit sur ce impartie nostre grace et misericorde, si comme il dit, requerant humblement que, attendu qu'il est simples homs laboureur de jeune aage, chargié de jeune femme ensaincte d'enfant s'entànt, et que à partie lesdiz biens ont esté restituez qui tous ont esté trouvez en nature, et ne fut onques mais icellui suppliant attaint

---

1. *Essaule,* bois de couverture. Voyez Du Cange, au mot *essoula.*
2. La rue de la Mortellerie a pris, en 1837, le nom de rue de l'Hôtel-de-Ville.
3. Les marais avoisinant la Grange-Batelière et les Porcherons.
4. Jean de Nant, évêque de Paris, était mort le 7 octobre 1426 et son successeur, Jean du Chastellier, ne fut intronisé que le 1ᵉʳ juin 1427.

ne convaincu d'aucun autre villain cas, blasme ou reprouche, nous lui vueillons sur ce impartir nostre dicte grace. Pour quoy nous, eue consideration aux choses dessus dictes.....

Si donnons en mandement au prevost de Paris.....

Donné à Paris, le xxve jour de fevrier, l'an de grace mil quatre cens et vint-six et de nostre regne le quint.

Ainsi signé : Par le roy, à la relacion du Conseil,

NEELLE.

CXIX.

1427. 4 mars. Paris.

Rémission accordée à Guillaume du Pré, manouvrier, né à la Villette-Saint-Lazare à Paris, qui, après avoir demeuré huit années à Etampes où il se maria après un an de résidence, avait vainement tenté de s'établir à Paris pour y gagner sa vie et s'était vu contraint de retourner à Etampes, puis de là à Bourges et à Issoudun. Devenu veuf dans cette dernière ville, Guillaume continua d'habiter le Berry, la Sologne et autres pays soumis au Dauphin, sans prendre toutefois aucune part à la guerre[1].

(JJ. 173, n° 638.)

Henry, par la grace de Dieu roy de France et d'Angleterre, savoir faisons à tous presens et advenir nous avoir reçeu l'umble supplication de Guillaume du Pré, povre homme laboureur, aagié de xxx ans ou environ, natif de la Villette-Saint-Ladre lez Paris, fils de feux Thevenin du Pré et de Clemence, sa femme, contenant que comme dès XIII ans a ou environ, sesdis feux pere et mere l'eussent mené demourer à Estampes, auquel lieu ung an après ou environ, il se maria à une jeune femme qui lors demouroit à Saint-Martin lez Estampes, et demourerent au lieu d'Estampes sept ans ou environ et jusques à environ cinq ans a que, il et sa dicte femme, s'en partirent pour la fortune de la guerre, et s'en vindrent demourer en ceste ville de Paris, où ilz furent environ deux mois. Et, pour ce qu'il n'y trouvoit bonnement à gangnier, il et sa dicte femme s'en retournerent audit lieu d'Estampes, et d'ilec veans qu'ilz n'y povoient bonnement vivre, s'en alerent à Bourges, où ilz furent environ III sepmaines, et de là alerent à

---

1. Ajoutons à cela que Guillaume, revenu à Paris depuis peu, avait été reçu par son frère Jean qui exerçait dans cette ville la profession de boulanger, et que les deux frères n'avaient pas tardé à être emprisonnés l'un et l'autre au Châtelet de Paris. Jean fut délivré le 4 février 1427, c'est-à-dire quatre semaines avant Guillaume. Voyez à ce sujet les lettres de rémission qui lui furent accordées; nous les avons imprimées plus haut, p. 240.

Yssodun[1] en Berry, où ils demourerent par aucun temps, pendant lequel sadicte femme ala de vie à trespassement. Depuis le trespas de laquelle ledit suppliant a demouré tant ou dit pays de Berry comme de Saloingne et aussi en plusieurs lieux et bailliages en l'obeïssance de noz ennemis et adversaires, en gangnant sa vie à labourer es vignes, fauchier prez, et autrement à la peine de son corps par l'espace de trois ans ou environ, sans ce toutes voies qu'il se soit aucunement entremis du fait de la guerre, et il soit ainsi que icellui suppliant ait tres grant affection et voulenté de retourner sur le lieu de sa nativité en nostre obeïssance, entre ses parens et amis, et ylec vivre comme noz autres subgez et vrays obeïssans, se il nous plaisoit à ce faire le recevoir, et lui pardonner les cas dessus dits, ainsi qu'il dit, en nous humblement requerant que, eue consideration à son fait, et que la fortune de la guerre et de la famine qui a couru l'a ainsi contraint à soy transporter de lieu en autre, et que ce qu'il a ainsi demouré en l'obeïssance de nosdis ennemis a esté par sa simplece et ignorance, et cuidant y mieulx gangnier sa vie que autre part, en faisant son labeur seulement, et que en tous ses autres cas, faiz et affaires, il a tousjours esté homme de bonne vie, sans avoir esté convaincu, ne attaint d'autre villain cas, blasme ou reprouche, et ne s'est entremis du fait de la guerre aucunement, nous lui vueillons impartir nostre grace et misericorde. Pour ce est-il.....

Si donnons en mandement, par ces mesmes presentes, au prevost de Paris.....

Donné à Paris, le IIIIe jour de mars, l'an de grace mil quatre cens et vint six et de nostre regne le cinquiesme, soubz nostre seel ordonné en l'absence du grant.

Ainsi signé : Par le Conseil,

FERREBOUC.

CXX.

1427. 28 avril. Paris.

Henry VI donne à Thomas de Montagu, comte de Salisbury et du Perche, les biens confisqués sur le duc de Bretagne et sur Jean Taranne à Chaillot, Nijon et Issy.

(JJ. 173, n° 645.)

Henry, par la grace de Dieu roy de France et d'Angleterre, savoir faisons à tous presens et advenir, que pour consideration des grans, notables et loyaulx services que nous a faiz incessam-

---

1. Issoudun (Indre, chef-lieu d'arrond.).

ment, tant ou fait de nos guerres comme autrement, et esperons que face au temps avenir nostre tres chier et amé cousin, Thomas de Montagu, conte de Salisbury et du Perche[1], à icellui par l'advis et deliberation de nostre tres chier et tres amé oncle, Jehan, regent nostre royaume de France, duc de Bedfort, avons cédé, donné, transporté et delaissié, donnons, cedons, transportons et delaissons par ces presentes pour lui, ses hoirs, successeurs et ayans cause, à tousjours mais perpetuelment les hostels, terres, seigneuries, heritages, cens, rentes, revenues et possession, avec leurs appartenances et appendances quelzconques, ainsi qu'ilz se poursuivent et comportent, qui furent et appartindrent à nostre oncle, le duc de Bretaigne[2], Jehan Tarenne[3], sa femme et leurs hoirs, assises es prevosté et viconté de Paris, et es villes et terroirs de Challeau, Chasteau-Nyjon[4] et Yssy[5], à nous venues, for-

---

1. Thomas de Montagu, comte de Salisbury, l'un des plus valeureux capitaines du roi d'Angleterre, avait reçu de Henri V le comté du Perche dont il fit hommage à ce prince dès le mois de janvier. Il reçut depuis les seigneuries de la Ferté-Fresnel, en Normandie, de Courville au pays Chartrain et de Loigny au Perche; mais tous ces biens, transmissibles seulement à sa descendance mâle et directe, revinrent à la couronne par la mort du donataire qui fut tué devant Orléans, au mois de décembre 1428 (Longnon, *Les limites de la France à l'époque de la mission de Jeanne d'Arc*, p. 62, note 3).

2. Jean VI, duc de Bretagne et frère du connétable de Richemond, avait alors quitté momentanément le parti anglais. A cette occasion, le duc de Bedford avait déclaré la guerre à la Bretagne le 15 janvier 1427, mais Jean VI, effrayé, négocia un accord dès le 3 juillet et, le 8 septembre suivant, il renonçait publiquement à toute alliance faite au préjudice du roi Henri VI (Morice, *Histoire de Bretagne*, t. II, p. 501-502).

3. Jean Taranne, l'une des victimes des massacres de 1418. Son hôtel de Saint-Germain-des-Prés avait été donné dès le mois de juin 1425 à Etienne Bruneau, secrétaire du roi Henri VI (voir plus haut, p. 173, la note où nous rappelons les diverses propriétés confisquées sur Jean et Simon Taranne). Les comptes de confiscations mentionnent les biens qu'il possédait à Chaillot et qui furent donnés à Salisbury par des lettres que nous publions ici (Sauval, p. 323).

4. Château-Nijon ou plus exactement le château de Nijon, autrement dit l'hôtel de Bretagne, était situé sur le territoire de Chaillot et appartenait à la maison de Bretagne dès 1331, date à laquelle Guy de Bretagne, comte de Penthièvre, y mourut. Le duc de Bretagne, Jean VI, redevenu l'allié du roi Henri VI, rentra en possession de ce domaine après la mort de Salisbury et sa petite-nièce, la reine Anne, femme des rois Charles VIII et Louis XII, y établit un couvent de Minimes (Lebeuf, *Histoire du diocèse de Paris*, t. III, p. 54-55).

5. Issy (Seine, arr. et cant. de Sceaux).

faictes et confisquées, par ce que nostre dit oncle s'est rendu et constitué de fait nostre ennemi et adversaire, et par la rebellion et desobeïssance dudit Jehan Tarenne, sa femme et leurs hoirs, et autres crimes qu'ilz ont commis envers nous et nostre seigneurie, pour d'iceulx hostelz, terres, seigneuries, heritages, cens, rentes, revenues, possessions, appartenances et appendances, joïr et user par nostre dit cousin de Salisbury et sesdis hoirs, successeurs et ayans cause, comme de leur propre chose, d'ores en avant à tousjours mais perpetuelment, en quelque valeur de revenue ou estimation qu'ilz aient esté, soient à present, ou puissent estre pour le temps avenir, pourveu toutesvoies qu'ilz ne soient de nostre ancien demaine, ne donnés à autres au devant de la date de ces presentes par feu nostre tres chier seigneur et ayeul.....

Si donnons en mandement à noz amez et feaulx conseilliers les gens de noz comptes à Paris, tresoriers et generaulx gouverneurs de noz finances en France, au prevost de Paris.....

Donné à Paris, le xxviiie jour du mois d'avril, l'an de grace mil quatre cens et vint sept et de nostre regne le cinquiesme.

Ainsi signé : Par le roy, à la relacion de monseigneur le regent le royaume de France, duc de Bedford,

J. Picquet.

CXXI.

1427. 17 mai. Paris.

En exécution du traité de Troyes où il était stipulé que les membres du parti de Bourgogne dont les biens avaient été confisqués par le roi d'Angleterre seraient dédommagés au moyen des confiscations qu'on opérerait sur les partisans du Dauphin, Henri VI accorde à Roger de Bréauté, chevalier normand, 387 livres 11 sous 3 deniers parisis et un tournois à prendre chaque année à Paris, sur les rentes appartenant jadis à Jean Taranne, Jean Virgile, Miles Chaligault, Raymon Raguier, Jeanne Gentien, Mathurin Warrout, Robert et Marguerite de Tuillières, Jean Chastenier, Pierre Bouchier et Bureau Bouchier.

(JJ. 173, n° 551.)

Henry, par la grace de Dieu roy de France et d'Angleterre, savoir faisons à tous presens et advenir que nous, considerans que par le traictié de la paix final de noz dis royaumes fu accordé entre autres choses que aux personnes obeïssans à feu nostre treschier seigneur et ayeul, le roy de France, que Dieu absoille, et favorisans la partie dicte de Bourgogne, ausqueles appartenoient seigneuries, terres, revenues, et possessions en nostre duchié de

Normandie ou autres lieux en nostre dit royaume de France, par feu nostre tres-chier seigneur et pere, cui Dieu pardoint, conquises ja pieça et auparavant dudit traictié par lui données, seroit faicte sans diminution de la couronne de France recompensation es lieux et terres acquises ou à acquerir sur noz ennemis rebelles et desobeïssans[1], et soyons deuement informez que, ou temps dudit traictié, auparavant et depuis icelui, nostre bien amé Rogier de Breaulté[2], chevalier, estoit obeïssant à nostre dit feu seigneur et aieul, et tenant et favorisant ladicte partie de Bourgogne, par quoy est capable du benefice dudit traictié, et que icelui chevalier souloit tenir et posseder certaines seigneuries, terres, revenues et possessions en nostredit duchié de Normandie, de la valeur et revenue desqueles terres, seigneuries et possessions, qui ou temps precedant ledit traictié furent données par nostredit feu seigneur et pere, ont esté faictes informations en tel cas requises et ordonnées, nous voulans et desirans l'entretenement et accomplissement dudit traictié, audit Rogier de Breaulté sur et en partie de la recompensation en la valeur contenue es dictes informations, par l'advis de nostre tres chier et tres amé oncle Jehan, regent nostre dit royaume de France, duc de Bedford, avons donné et octroié, cedé et transporté, et par la teneur de ces presentes donnons et octroions, cedons et transportons certaines rentes et revenues annuelles que avoient droit de prendre et percevoir, prenoient et

---

1. L'article du traité de Troyes, reproduit en partie dans ces lettres de Henri VI, était ainsi conçu : « Item, est accordé que nostre dit fils le roi Henry « de son povoir se parforcera et fera que, aux personnes à nous obeïssans et « favorisans la partie qu'on appelle de Bourgongne, auxquelles appartenoient « seignouries, terres, revenus ou possessions en ladicte duchié de Normandie « ou autres lieux ou royaulme de France par icellui nostre filz le roy « Henry conquises, jà pieça par luy données, sera faicte sans diminucion « de la couronne de France recompensacion par nous es lieux et terres acquises « ou à acquerir en nostre nom sur les rebelles ou desobeïssans à nous. Et « se en nostre vie la recompensacion n'est faicte aux dessusdiz, nostredit « filz le roy Henry la fera esdictes terres et biens, quand il sera venu à la « couronne de France, mais se les terres, seigneuries, rentes ou possessions « qui appartenoient ausdictes personnes esdiz duchié et lieux, n'avoient esté « données par nostre dit fils, lesdictes personnes seront restituées à icelles « sans delay. »

2. La terre de Bréauté (Seine-Inférieure, arr. du Havre, canton de Goderville) avait été confisquée sur Jean de Bréauté, chevalier, et Marguerite d'Estouteville, sa femme, dont Roger était peut-être l'héritier, et elle était tenue en 1428 par Jean Bouteiller, écuyer (Ch. Vautier, *Extrait du registre des dons, confiscations, ...*, p. 63).

percevoient par chascun an en nostre ville de Paris aux quatre termes accoustumez, en divers lieux et places, Jehan Tarenne[1] et ses enfans, maistre Jehan Virgile[2], maistre Miles Chaligault[3], maistre Raymon Raguier[4] et ses hoirs, Jehanne la Gencienne et ses hoirs, maistre Mathurin Warrout, maistre Robert de Tuillieres, sa femme et enfans, et Marguerite de Tuillieres, maistre Jehan Chasteignier[5], maistre Pierre Bouchier et maistre Bureau Bouchier, lesqueles rentes et revenues nous sont advenues et escheues par l'absence, rebellion et desobeïssance des dessusdis, et d'iceles la declaration s'ensuit :

C'est assavoir premierement sur l'hostel du Regnart[6] a l'opposite de la fontaine la Royne, assis en la rue Saint-Denis, vint neuf solz parisis. *Item*, sur la maison Ysabeau Arroude où a l'escu de France, devant la Coquile en ladicte rue, treize livres parisis.

---

1. Sur Jean Taranne et ses biens, voyez plus haut page 173 (note 4) et 240.
2. On trouve dans le compte des confiscations pour les années 1423-1427, la mention de la maison que Jean « Virgilles » possédait dans la rue du Temple ; elle est suivie de l'indication : « Neant, pour ce que tous les heri-« tages dudit Virgilles ont été baillées à Mᵉ Baudes des Bordes, notaire et « secrétaire du roi, par don à lui fait par le roi ». (Sauval, p. 320.)
3. Les comptes de confiscations mentionnent à plusieurs reprises une maison sise rue Saint-Antoine, à côté de l'hôtel d'Evreux et ayant issue dans la rue des Balais (cette rue, prolongée en 1848 jusqu'à la rue Pavée, prit alors le nom de rue Malher), laquelle maison, chargée de 4 sous parisis de rente envers le chapitre de Saint-Germain-l'Auxerrois, avait été confisquée sur Miles Chaligault (Sauval, p. 306, 330 et 653); peut-être cette habitation est-elle la même que l'hôtel de la rue Saint-Antoine, à l'enseigne de la Levrière et qui provenant de Chaligault fut donné, d'après le compte de 1427-1430, à Karles de Boulogne, trompette, pour sa vie (Sauval, p. 581). Rappelons en outre que Jean le Clerc, ex-chancelier de France, reçut du roi en octobre 1421 un hôtel situé à la Ville-l'Evêque et ayant appartenu à Miles (*Ibid.*, p. 323), lequel possédait aussi une maison à Garges (*Ibid.*, p. 326).
4. Il a été question plus haut, p. 85, d'un parent de ce personnage, Hémon Raguier, trésorier de la reine Isabeau.
5. Jean Chastenier, secrétaire du Dauphin, est nommé dans plusieurs autres pièces de ce recueil.
6. Cet hôtel à l'enseigne du Renard était situé au coin de la rue St-Denis et de la rue du Renard (auj. rue Beaurepaire) qui lui devait son nom; l'enseigne elle-même, qui existait dès 1399, pouvait y avoir été apportée par Robert *Renard* qui habitait cette maison en 1372 (Jaillot, *Quartier Saint-Denis*, p. 88). La situation que nous assignons à l' « hostel du Regnard » de la fontaine la Reine dont Piganiol indique l'emplacement dans la rue Saint-Denis au coin de la rue Greneta, c'est-à-dire en face de la rue du Renard (*Description hist. de la ville de Paris*, édition de 1767, t. X, p. 114).

Item, sur l'ostel Thomas Martineau où pend la Lanterne, tenant d'une part à Ysabeau de Lit et d'autre part à la Vielz Monnoie, assis en la rue de la Heaumerie[1], quatre livres parisis. *Item*, sur l'hostel Pierre de Courolles dit de Mespelotier, où pend l'Image Saint Jehan, assis en ladicte rue, vint solz parisis. *Item*, sur l'ostel Pierre Ragueneau où pend l'enseigne de la Limace, assis en la rue de Marivaulx[2], six livres onze solz parisis. *Item*, sur l'ostel Alain Quinement, chandellier de suif, assis en la rue de Montmartre, au coing de la rue de la Plastriere[3], quatre livres parisis. *Item*, sur l'ostel maistre Mathieu de Saint-Omer, où pend l'enseigne du Lyon Rouge, assis autour des halles ou marchié aux porées[4], vint livres, sept solz, six deniers parisis. *Item*, sur la maison Jehan Carpin, mareschal, où souloit demourer Pierre Aubé, bouchier, assise en la rue de l'Arbre-Sec, quarante solz parisis. *Item*, sur l'ostel Pierre Aubé, bourrelier, où pend l'enseigne du Heaume, assis en ladicte rue, vint solz parisis. *Item*, sur la maison Robin du Bois, peletier, et aussi sur une autre maison joingnant, appartenant à Michiel de Lailler[5], assise en la rue de la Charpenterie[6], quatorze solz, six deniers parisis. *Item*, sur l'ostel Jehan de la Rue, cordouennier, où pend l'Image Saint Crespin, assis en la rue Saint-Honnoré, cinquante solz parisis. *Item*, sur l'ostel feu Thomas Philippe, paticier, appartenant à Jehan Benoist, assis en la Cité, devant l'Eschiquier, quarante sept solz parisis. *Item*, sur un quartier de marestz appartenant à Moriset Savise, assis au lieu dit la Porte Neufve, près du lieu dit les Prez, tenant au fossé du milieu et audit Moriset, sept solz six deniers

---

1. Cette rue, qui conduisait de la rue Saint-Denis à la rue de la Vieille-Monnaie, a été détruite, ainsi que cette dernière voie, lors de l'ouverture du boulevard Sébastopol.

2. La rue de Marivaux, élargie en 1851 lors de l'ouverture de la rue de Rivoli, a pris alors le nom de rue Nicolas Flamel.

3. La rue Plâtrière, qui conduisait de la rue Montmartre à la rue Coquillière, a changé son nom en 1791 contre celui de rue Jean-Jacques Rousseau.

4. La halle ou marché aux Porées s'étendait de la rue aux Fers à la rue de la Cossonnerie.

5. « Sire Michel de Lailler » était conseiller et maître de la Chambre des comptes du roi (Sauval, p. 305).

6. Cette rue était déjà connue en 1410 sous le nom de rue de Bethisy, qui a prévalu sur celui de rue de la Charpenterie. Elle partait de la rue des Bourdonnais et de la rue Thibaud-aux-Dés pour aboutir aux rues du Roule et de la Monnaie, et a été détruite par le percement de la rue de Rivoli.

parisis, lesqueles rentes furent et appartindrent audit Jehan Tarenne et à ses enfans. *Item,* sur la maison qui fu feu Robert de Hardouin, où pend l'Image Saint Martin, assis en la rue de Beaubourg, sept solz parisis. *Item,* sur l'ostel maistre Jehan Chelant, joignant l'ostel qui fu maistre Jehan Virgile, assis en la rue du Temple, quarante solz parisis. *Item,* sur l'hostel qui fu Guillaume Martin, chevallier, et depuis à Estienne Baselat[1], assis en la rue de la Tacherie[2], soixante solz parisis. *Item,* sur l'ostel Pierre Rousseau, où pend l'Image Saincte Katherine, assis à la Porte de Paris[3] devant la grant boucherie[4], cinq solz quatre deniers parisis. *Item,* sur l'ostel Jehan Philippe, drappier, assis en la Charronnerie[5], au coing de Tirechappe, quarante quatre solz parisis. *Item,* sur la maison de Egrin le Roux, tenant à Richart le Moine, assise en la rue de Garneles[6], quarante solz parisis. *Item,* sur l'ostel ou pend l'Image Saint Martin, tenant à l'église Saint-Lieffroy[7], assis pres du bout du pont aux Musniers[8], quarante sept solz parisis.

---

1. Etienne Bazelat ou Baiselat était notaire au Châtelet (Sauval, p. 305 et 328).

2. Cette maison est indiquée dans le compte des confiscations pour 1420-1421 comme ayant appartenu à « messire Guillaume Martin, chevalier, absent ». Elle était située, suivant ce même document, dans la rue de la Tâcherie et aboutissait par derrière à la rue des Bons-Enfants (Sauval, p. 289; cf. p. 305); ce dernier nom était alors donné au cul-de-sac de Saint-Benoît, aujourd'hui disparu (Jaillot, *Quartier de la Grève,* p. 49).

3. La porte de Paris, nommée improprement par plusieurs érudits du xviie siècle (Du Breul et autres) l'Apport-Paris, était le nom d'un marché situé sur la rive droite de la Seine, auprès du grand Châtelet.

4. La grande boucherie de Paris, reconstruite en 1419 au nord de l'église Saint-Leufroy, a été détruite lors du percement du boulevard Sébastopol et de l'avenue Victoria; son emplacement est occupé aujourd'hui par la partie nord-ouest de la place du Châtelet.

5. C'est la rue de la Ferronnerie, et l'on connaît déjà ce dernier nom en 1229. Notre texte prouve, ce qui, du reste, a déjà été avancé par Sauval, que le nom de Charonnerie s'étendait aussi à la portion de la rue Saint-Honoré, qui, faisant suite à la rue de la Ferronnerie, reliait cette voie à la rue Tirechape (Jaillot, *Quartier Sainte-Opportune,* p. 8).

6. La rue de Grenelle-Saint-Honoré, comprise entre la rue Coquillière et la rue Saint-Honoré, n'est plus maintenant qu'une section de la rue Jean-Jacques Rousseau.

7. L'église Saint-Leufroy, supprimée par la Révolution, était située à l'est du Grand-Châtelet.

8. Le pont aux Meuniers. C'était le pont jumeau du Pont-au-Change, à l'ouest duquel il était situé. Il s'écroula en 1596, fut reconstruit sous le nom de pont Marchand et l'incendie qui le détruisit en 1621 entraîna la ruine du

Item, sur l'ostel Perrin Blondet, assis devant et à l'opposite de la faulconnerie du roy[1], oultre la porte des Beguines[2], soixante solz parisis. *Item*, sur l'ostel Estienne Courtin[3], où pend l'enseigne des Trois Escuz, tenant d'une part à l'ostel où pend l'enseigne du Cheval Rouge et d'autre part à Guillaume Picquet, assis en la rue du Figuier[4], quatre livres parisis moderées à quarante solz parisis. *Item*, sur la maison d'un nommé Maquet, tenant à maistre Andry Courtevache[5], assise en la rue de la Harpe, quatre livres parisis. *Item*, sur l'ostel du Chastel, assis en la rue de la Huchette, oultre Petit Pont, quatre livres parisis, lesqueles rentes furent et appartindrent audit maistre Jehan Virgile. *Item*, sur l'ostel et louages de la Rose, appartenant de present à Jehan Jourdain, assis en la rue Saint Anthoine, devant la Moufle, soixante quinze solz parisis. *Item*, sur une maison appartenant à Agnesot la Bigamme, où pend l'enseigne de la Pomme Rouge, assise en la rue aux Oes[6], quatre livres parisis. *Item*, sur l'ostel où pend l'enseigne de la Pomme Rouge, assis en la rue Saint Denis, devant la Heaumerie[7], quatre livres parisis. *Item*, sur l'ostel d'un appellé Maufillastre, où pend l'enseigne de la Licorne, assis en ladicte rue, sept solz six deniers parisis. *Item*, sur la maison qui fu à Alips l'Auxerroise, appartenant aux religieuses de Montmartre, assise en la rue Saint-Honnoré, joingnant du Plat d'Estain, vint et cinq solz parisis. *Item*, sur l'ostel où pend l'enseigne de la Coquille,

---

Pont-au-Change; ce dernier seul fut alors reconstruit.

1. La fauconnerie du roi citée ici a incontestablement donné son nom à la rue du Fauconnier, qui subsiste aujourd'hui; ajoutons que ce fait n'avait pas encore été signalé.

2. La porte des Béguines, sise à l'extrémité de la rue du Fauconnier et de la rue des Barrés, devait cette dénomination au couvent des Béguines, dit depuis de l'Ave Maria (Jaillot, *Quartier Saint-Paul*, p. 4), qu'une caserne remplace aujourd'hui.

3. Ce personnage est appelé Thévenin Courtin dans les comptes de confiscation, suivant lesquels son jardin de la rue Jean d'Espagne, aujourd'hui rue Jean Beausire, avait été donné à Perrin Blondot (Sauval, p. 322 et 538), le même évidemment que le Perrin Blondet du texte que nous publions.

4. La rue du Figuier subsiste encore sous ce nom, conduisant de la rue du Fauconnier à la rue Charlemagne.

5. C'était un conseiller à la Cour des comptes (Sauval, pages 315, 333 et 578).

6. Aujourd'hui rue aux Ours.

7. Il a déjà été question, plus haut, p. 253, de la rue de la Heaumerie.

assis en la rue Saint Martin, devant Clerevaulx[1], trente solz parisis. *Item*, sur l'ostel Pierre Lardin, où pend l'enseigne des Escureux, assis en ladicte rue, soixante solz parisis. *Item*, sur l'ostel Pierre Hasart, potier d'estain, où pend l'enseigne du Cerf Volant, assis autour des Halles joignant du Heaume[2], soixante solz parisis. *Item*, sur l'ostel appartenant aux Pignons ou à leurs hoirs, assis en la rue de Champfleury[3], près de Saint Honnoré[4], soixante solz parisis; lesqueles rentes furent et appartindrent audit maistre Miles Chaligault. *Item*, sur l'ostel où souloit pendre l'enseigne du Veau, appartenant à François Pastoureau, assis en la rue Saint Martin, tenant d'une part à l'ostel où pend l'enseigne du Cornet devant Saint Merry, seize livres parisis. *Item*, sur l'ostel Jehan Facien le jeune[5], où pend l'enseigne de la Fleur de Liz rouge, assis en la dicte rue, trente cinq solz parisis. *Item*, sur une maison appartenant aux hoirs feu Jehan le Normant, assise en ladicte rue, joignant d'icelle Fleur de Liz, vint solz parisis. *Item*, sur l'hostel maistre Jehan du Conseil, où pend l'enseigne de la Baniere de France, assis en la Heaumerie, quarante solz parisis. *Item*, sur la maison Jehan Massouart, huillier, où pend l'en-

---

1. C'est-à-dire vers le coin de la rue aux Ours, en face laquelle on voit encore l'impasse Clairvaux dont le nom rappelle la maison de Clairvaux, à l'enseigne de la Croix-de-Fer, mentionnée plusieurs fois dans des comptes de confiscations. Cette demeure, appartenant à l'abbaye de Clairvaux, avait été baillée, moyennant 43 livres par. de rente annuelle et pour la vie, à Guillaume Baquenée qui l'occupa depuis 1418 jusqu'à son décès antérieur au 24 juin 1421. De 1423 à 1427, la propriété en aurait appartenu aux religieux de Reigny (Sauval, p. 291 et 307).

2. Pierre Hasart était, à en juger par ce que l'on dit de sa demeure, l'un de ces industriels dont les établissements valurent à la partie des piliers des halles allant de la rue Pirouette à la rue de la Cossonnerie, le nom de rue des Potiers-d'Etain, qu'il porta jusqu'à la reconstruction des Halles. Il n'est donc pas douteux que « le Heaume » joignant sa demeure, ne soit l'hôtel du Heaume qui subsiste encore aujourd'hui, dans la rue Pirouette, comme l'un des rares exemples d'enseignes remontant au moyen-âge.

3. La rue Champfleury, qui conduisait de la rue de Beauvais à la rue Saint-Honoré, a été supprimée lors de l'ouverture de la rue de Rivoli. L'hôtel du Louvre occupe une partie de son emplacement.

4. Le nom de la rue du Cloître-Saint-Honoré est la seule chose qui puisse maintenant permettre au promeneur de reconnaître l'emplacement de l'église collégiale de Saint-Honoré, démolie à l'époque révolutionnaire.

5. Un Jean Facien, roi des ménétriers, louait en 1421 une maison de la rue Vieille-du-Temple, laquelle appartenait à Bernard Braque et tenait d'une part et par derrière à l'hôtel des Poulies (Sauval, p. 288, 653-654).

seigne de la Cage, assise en la grant rue Saint Anthoine, dix solz parisis. *Item,* sur l'ostel maistre Pierre Maignac, où pend l'enseigne de la Tumbe, assis en ladicte rue, quatre solz, six deniers parisis. *Item,* sur la maison qui fu maistre Jehan l'Uillier, maçon, et de present à ses hoirs, assise en la rue Sans-Chief[1] à l'opposite du Petit Saint Anthoine[2], cinq solz, quatre deniers parisis. *Item,* sur plusieurs louages qui furent audit maistre Jehan l'Uillier, assis pres de la maison cy dessus declairée, vint quatre solz, six deniers parisis. *Item,* sur la maison Pierre le Moret, sergent du guet de nuit, assise en la rue de Quinquenpoit[3], seize solz parisis. *Item,* sur l'ostel et jardin qui fu à Girard Collé et de present à ses hoirs, assis en la rue des Poulies[4] après fons de terre, trente deux solz parisis; lesqueles rentes furent et appartindrent audit maistre Raymon Raguier. *Item,* sur l'ostel Honnoré Pigne, cordouennier, où pend l'enseigne des Deux Pommes Rouges, assis en la rue Saint Martin, oultre l'ancienne porte[5], vint neuf solz, sept deniers parisis. *Item,* sur l'ostel Jehan du Bois, chauderonnier, assis en ladicte rue devant le chastel, au coing de la rue Amaulry de Soisy[6], neuf solz, sept deniers parisis. *Item,* sur l'ostel maistre Pierre de Servillier[7] où pend l'enseigne de la Corne de Cerf, assis en la rue du Cimetiere Saint-Nicolas[8], seize solz parisis. *Item,* sur l'ostel Thomas Pasquier, où pend l'enseigne du Daulphin, assis en la rue de Gravelliers, treize solz quatre deniers

---

1. La rue Sans-Chef était, comme son nom l'indique, une impasse. Percée à la fin du xviie siècle par M. de Fourcy, elle prit alors le nom de ce magistrat, qu'elle porte encore aujourd'hui.

2. La maison des chanoines du Petit-Saint-Antoine était située dans la rue Saint-Antoine, presque en face de la rue Sans-Chef, aujourd'hui rue de Fourcy.

3. La rue Quincampoix.

4. C'est l'ancien nom de la rue des Francs-Bourgeois, au Marais, à laquelle on a joint récemment la rue Paradis.

5. L'ancienne porte Saint-Martin était placée dans la rue de Saint-Martin, entre la rue aux Ours et la rue Greneta.

6. La rue Amaury de Roissy, connue depuis sous le nom de rue Ogniart, fut réunie en 1851 à la rue de la Reynie, ancienne rue Troussevache; elle s'étendait seulement de la rue Quincampoix à la rue Saint-Martin. Ainsi donc, ce que, au xve siècle, on appelait « le château » était situé dans la rue St-Martin, en face de la rue de la Reynie.

7. Me Pierre de Servillier, charpentier général du roi, déjà nommé dans une des pièces précédentes (p. 243).

8. Cette rue, qui allait de la rue Transnonain à la rue Saint-Martin, a été réunie en 1851 à la rue Chapon.

parisis. *Item,* sur l'ostel qui fu Guillaume des Plantes et de present à Vincent Dury, où pend l'enseigne de la Teste Noire, assis en la rue Gieffroy l'Angevin, xii solz, ix deniers et obole parisis. *Item,* sur l'ostel qui fu Colin Preudomme, où souloient pendre les Maillez, assis en la rue de Beaubourg pres de la poterne[1], xxxvi solz, ix deniers obole parisis. *Item,* sur la maison qui fu Jehan Papillon et depuis à Jehan d'Ableiges, et de present appartient à maistre Andry le Preux, assise en la rue Simon le Franc, xxxv solz, ii deniers obole parisis. *Item,* sur l'ostel qui fu à feu Jehan Boitel, orfevre, où pend l'enseigne de l'Eschequier, assis en la rue des Assis[2], vint sept solz, huit deniers parisis et un tournois. *Item,* sur la maison Jehan Bertin, où pend l'enseigne de la Heuse, assise en la rue de Trousse-Vache[3], seize solz parisis. *Item,* sur la maison qui fu Estienne Binot, procureur en Chastelet, assise en la rue de Quiquenpoit, dix sept solz, sept deniers parisis. *Item,* sur l'ostel maistre Jehan de Lion qui fu Colin le Noble, tenant à Jehan Vaillant, assis en la rue Aubery le Bouchier, et se paie à Noel et Saint Jehan, quarante huit solz parisis. *Item,* sur l'ostel qui fu maistre Denis de Bainnes, et de present à François Pastoureau, assis en ladicte rue, seize solz parisis. *Item,* sur la maison Jehan Gervot, où pend l'Image Saint Nicolas, et y demeure Jehan Nicolas, papetier, assis en ladicte rue, dix sept livres, douze solz parisis. *Item,* sur l'ostel qui fu Pierre Godin, appartenant à Pierre l'Aignelet, tainturier de draps, assis en la rue Saint Denis, pres du Sepulcre[4], quarante deux solz huit deniers parisis. *Item,* sur la maison qui fu Jehan l'Aignelet où pend l'enseigne du Chat, et y demeure Thomas Carnavalot[5], assise en ladicte rue, quarante huit solz parisis. *Item,* sur la maison Pierre Souriz qui fu à l'Apostole, tenant d'une part à l'Image Saint Jaques, et à l'Image Saint Eustace, assise autour des Halles, seize

---

1. La « poterne Nicolas Huidelon » qu'on nommait simplement aussi la « Poterne Huidelon. »

2. La rue des Arcis, s'étendant de la rue de la Vannerie (aujourd'hui avenue Victoria) à la rue de la Verrerie, a été réunie en 1851 à la rue Saint-Martin.

3. Cette rue conduisait de la rue Saint-Denis à la rue Quincampoix; on lui a donné en 1822 le nom de rue de la Reynie.

4. L'église collégiale du Saint-Sépulcre était située dans la rue St-Denis, un peu au-dessus de la rue Aubry-le-Boucher.

5. Thomas Carnavalet, ou plus exactement Kernevenoi, était de race bretonne et habita un moment l'hôtel Clisson; voyez, plus haut, p. 136, note.

solz parisis. *Item,* sur la maison Jehan Roti, peletier, tenant d'une part à l'ostel du Greil et à Jehan Broissin, drapier, assise en la rue de la Cordouennerie[1], cent solz parisis. *Item,* sur la maison qui fu Henry Orlant, appartenant à Jehan de Rocourt, où pend l'enseigne de la Levriere, assise à la croix du Tirouer[2], seize solz parisis. *Item,* sur la maison Jehan le Pet, barbier, où pend l'Image Saint Jaques, assise à ladicte croix du Tirouer, douze solz parisis. *Item,* sur la maison qui fu Denisot Caille et de present à Jehan de Paris, où pend l'enseigne du Loquet, assise à ladicte Croix du Tirouer, six solz parisis. *Item,* sur la maison qui fu à Yvonnet Raoul et paravant avoit esté à Denisot le Flament, assise en la rue du Cerf[3], quatre livres parisis. *Item,* sur la maison qui fu Philippe Ridel, de present appartenant aux hoirs ou aians cause de feu Pierre Emery, assise en la rue Saint-Germain-l'Auxerrois[4], seize solz parisis. *Item,* sur la maison feu Pierre Villain, où pend l'Image du Saint Esperit, assise en ladicte rue, trente huit solz sept deniers parisis, lesquelz se prennent sur l'ostel Jehan Rouart, megissier, demourant derriere ledit ostel sur la riviere. *Item,* sur la maison Vincent Dury, assise en la Saunerie[5], pres des bouticles, seize solz parisis. *Item,* sur la maison qui fu à feu Colin de la Porte, appartenant de present à maistre Jehan du Conseil, où pend l'enseigne de la Baniere de France, assise en la rue de la Heaumerie, huit livres parisis. *Item,* sur la maison maistre Jehan Longue-Joe, advocat, assise en la rue de la Mortelerie[6], quatre livres parisis. *Item,* sur la maison qui fu Thevenin Preudomme, drapier, assise en la Vannerie[7] tenant d'une part à l'Escu de France et à Jehan Malart, huillier, seize solz parisis.

---

1. La rue de la Cordonnerie, qui conduisait de la rue de la Fromagerie à la rue de la Tonnellerie, fut supprimée lors de la construction des Halles centrales.

2. La croix du Tiroir s'élevait au coin de la rue de l'Arbre-Sec et de la rue Saint-Honoré.

3. Le nom de rue de la Monnaie a prévalu de bonne heure sur celui de rue du Cerf.

4. Cette rue, qui s'étendait de la rue de la Monnaie à la rue Saint-Denis, existait encore sous le même nom à la fin du dernier siècle; elle a depuis été réunie à la rue des Prêtres-Saint-Germain.

5. Le théâtre du Châtelet est situé en partie sur l'emplacement de la rue de la Saunerie.

6. C'est aujourd'hui la rue de l'Hôtel-de-Ville.

7. La rue de la Vannerie a été emportée par le percement de l'avenue Victoria.

Item, sur la maison qui fu feu Jehan le Duc, sellier, où pend l'enseigne de l'Eschequier, assise au carrefour Guillory[1], trente deux solz parisis. *Item,* sur la maison qui fu Jehan le Mareschal, où pend l'enseigne de la Rose, assise audit carrefour, douze solz, neuf deniers obole parisis. *Item,* sur la maison maistre Guillaume Gourlay, assise en la rue de Galandre[2] oultre les ponts, à l'opposite de la rue aux Anglois[3], vint six solz huit deniers parisis. *Item,* sur la maison qui fu Perrin du Carrouge, appartenant de present à maistre Jehan Bonnet, où pend l'Image Saint Martin, assise ou mont Sainte Geneviefve[4], LXIIII solz parisis; lesqueles rentes furent et appartindrent à ladicte Jehanne la Gencienne et à ses hoirs. *Item,* sur la maison Ferry le Mesnagier où pend l'enseigne des Creneaulx, assise en la rue du Temple, soixante huit solz parisis. *Item,* sur la maison Jehan Coquengne, assise en ladicte rue devant lesditz Creneaulx, cent solz parisis. *Item,* sur la maison appartenant de present à Simonnet du Molinet, où pend l'enseigne du Chevallier au Signe, tenant et aboutissant à maistre Estienne de Nouviant, assise en ladicte rue ou carrefour, douze livres parisis. *Item,* sur la maison Pierre du Chemin, où pend l'Image Saint Yves, assise en la rue de la Parcheminerie, quatre livres, dix solz parisis. *Item,* sur la maison Jehan Maillart, huillier, où pend l'enseigne du Molinet, assise en la rue de la Vannerie, cinquante solz deux deniers parisis. *Item,* sur la maison Agnès la Vauqueline, assise en la rue Saint-Germain-l'Aucerrois, vint solz parisis, lesqueles rentes furent et appartindrent audit maistre Mathurin Warrout. *Item,* sur la maison où pend l'enseigne des Connins, assise en la rue Saint Jaques oultre les pons, à l'opposite de l'enseigne du Daulphin, tenant d'une part à l'ostel où pend l'enseigne des Coulons, et à l'ostel où pend l'enseigne de l'Angle, quarante solz parisis. *Item,* sur la maison Jehan Boutelievre, drappier, assise ou carrefour Saint-Severin et faisant le coing d'icelui carrefour, quarante cinq solz parisis. *Item,* sur la maison Hervy Anceau, où pend l'enseigne du Gros Tournois, assise à Petit Pont, huit livres parisis. *Item,* sur la maison où souloit pendre le Pannier appartenant à Colin de Billy,

---

1. Ce nom s'appliquait au petit carrefour formé par la jonction de la rue de la Coutellerie et de la rue de la Vannerie.
2. La rue Galande.
3. La rue des Anglais.
4. La rue de la Montagne-Sainte-Geneviève.

tenant à l'ostel où pend l'enseigne du Mouton et à l'ostel où pend l'enseigne du Cornet, six livres parisis, lesqueles rentes furent et appartindrent audit Robert de Tuillieres, sa femme et enfans, et à Marguerite de Tuillieres. *Item*, sur une maison ou grange appartenant à Jehan de Poissy, et y a un porche traversant, assis en la rue d'Entre-deux-portes, cinquante solz parisis. *Item,* sur la maison Jehan le Vichier, frepier, assis en la rue Saint Severin, tenant d'une part à lui mesmes, et d'autre part à l'ostel où pend l'enseigne du Daulphin, cinquante deux solz parisis, lesqueles rentes furent et appartindrent à ladicte Marguerite de Tuillieres. *Item*, sur l'ostel de Sicart Olon, où souloit demourer Ysabelet du Mont, où pend l'enseigne de la Limace, pres du Moulinet, assis en la rue Saint Severin, soixante cinq solz parisis, laquel rente fu et appartint audit maistre Robert de Tuillieres, sa femme et enfans. *Item*, sur une maison et ses appartenances, qui fu jadis à Michiel d'Ailli et de present aux heritiers Jehan de Montalhere, à laquele pend pour enseigne le Signe, assise en la rue de Montmartre, après soixante solz parisis trente trois solz quatre deniers parisis. *Item*, sur une maison appartenant à Adam Quinement et de present à Jehan Hamelin, assise en ladicte rue, oultre l'ancienne porte, quatre livre parisis. *Item*, sur une maison et ses appartenances, appartenant à Pierre le Maire, assise en la Truanderie et faisant le coing de la rue de Merderel[1], tenant au coing de ladicte rue et à Cardot de Chief-de-Ville, après quatre deniers de fons de terre cent douze solz parisis. *Item*, sur l'ostel où pend l'enseigne des Congnées qui fu à Regnault Aubelet et de present aux heritiers feu Estienne le Mercier, assis ou cimetiere Saint Jehan[2], après sept livres quatre deniers parisis, tant de rente que de fons de terre, lx solz parisis. *Item*, sur une maison et ses appartenances qui fu a Jehan Saconnati et de present à Nicolas Boisselet, assise en la rue Jehan le Mire, quatre livres parisis. *Item*, sur une maison, jardin et ses appartenances qui fu Jehan Andry et de present à la vesve et heritiers de feu Simon Tartarin, assise en la rue du Boulouer à la court Bazille[3], devant l'ostel de Flandres, tenant d'une

---

1. C'est-à-dire au coin de la rue de la Grande-Truanderie et de la rue Verdelet; cette dernière rue a été détruite par le percement de la rue de Turbigo.

2. Le cimetière de Saint-Jean-en-Grève.

3. Les noms de « rue du Boulouer » ou « rue de la Cour-Basile » étaient indifféremment donnés à la rue du Bouloi.

part à Laurens de la Mongerie, et d'autre part à Guillaume Nazet, soixante unze solz quatre deniers parisis, lesqueles rentes furent et appartindrent audit maistre Jehan Chasteignier. *Item,* sur l'ostel du presbitaire Saint-Christofle[1], assis en la rue Saint-Christofle en la Cité, tenant d'une part à maistre Pierre de Sargy et Denis Yver, quarante cinq solz parisis. *Item*, sur la maison Jehan de Poissy, assise à Petit Pont, tenant d'une part à maistre Jaques Cardon et d'autre part audit de Poissy, dix solz parisis. *Item,* sur la maison Jaquin Jaquet, laboureur, assise à Saint-Germain-des-Prez, neuf solz un denier parisis. *Item,* sur la maison Arnoul Marchicol, marchant poulailler, où pend pour enseigne le Lion d'Or, assise en la Saulnerie[2], en descendant sur les bouticles, dix livres parisis, lesqueles rentes furent et appartindrent audit maistre Pierre Bouchier. *Item*, sur la maison Pierre Bastu, plastrier, assise en la rue des Lavandieres[3], tenant d'une part à maistre Jehan Marcel, et d'autre part à Robin de Varennes, six livres parisis. *Item*, sur la maison Jehan Regnault où pend pour enseigne le Molinet, assis en la rue Saint-Severin, tenant d'une part à l'ostel où pend l'enseigne de la Limace et d'autre part à une petite rue appelée Saillantbien[4], trente solz quatre deniers parisis. *Item,* sur l'ostel où pend l'enseigne de l'Eschequier, assis en la rue de la Juifrie[5] en la Cité, tenant d'une part au long de la rue des Marmosez et d'autre part à la Magdaleine[6], cent solz parisis. *Item,* sur l'ostel Jehan de la Fontaine, assis devant Saint Eustace, faisant le coing de la rue des Prouvaires, vint cinq solz parisis, lesqueles rentes furent et appartindrent audit maistre Bureau Bouchier.

---

1. L'église Saint-Christophe, en la Cité, existait dès le VIIe siècle; elle a été supprimée par la Révolution.

2. La rue de la Saunerie conduisait du quai de la Mégisserie à la rue Saint-Germain-l'Auxerrois; son emplacement est donc occupé aujourd'hui par le théâtre du Châtelet.

3. La rue des Lavandières-Sainte-Opportune.

4. Cette ruelle devint plus tard un cul-de-sac dont l'entrée est fermée aujourd'hui par une grille et qu'une inscription gravée dans le mur désigne sous le nom de « cul de sac Sallembrière », qu'il portait déjà au siècle dernier, comme le témoigne Jaillot (*Quartier Saint-André-des-Arts*, p. 125).

5. La rue de la Juiverie commençait à la rue de la Calandre et à la rue Saint-Christophe pour finir à la rue de la Vieille-Draperie et à celle des Marmousets; elle répond à la portion de la rue de la Cité comprise entre le parvis Notre-Dame et l'avenue de Constantine.

6. L'église de la Madeleine, située entre la rue de la Juiverie, la rue des Marmousets et celle de la Licorne, a été démolie en l'an II.

Item, sur la maison Henriet Percebois, où pend l'enseigne de la Corne de Cerf, assise en Greve, tenant d'une part à Jehan Baril, et d'autre part audit Percebois, aboutissant par derriere à Jehan Chambellan, cinquante six solz, un denier parisis. *Item*, sur la maison Michelet le Tailleur de present appartenant à Giles Crochet, boulengier, assise ou carrefour Guillory, tenant d'une part à un hostel qui fu maistre Jehan Naudon, et d'autre part à maistre Pierre Blanchart, mareschal, xxi solz, viii deniers parisis. *Item*, sur une maison appartenant aux hoirs ou enfans de feu Jehan de Baigneux, assise en la rue aux Commanderesses[1], tenant d'une part à Jehan Goujon et d'autre part à Jehan Poissonnier, aboutissant par derriere à une masure où souloit avoir estuves, quatre livres parisis. *Item*, sur la maison Jehan Compere, assise en la rue de Quiquempoit, vint solz parisis. *Item*, sur la maison à Denisot Gouet, en laquele a estuves à femmes, assise en la grant Truanderie[2], quatre livres, dix solz parisis. *Item*, sur la maison Jehan l'Alemant, assise à la poincte Saint-Eustace, tenant à l'ostel du Paon, où pend l'enseigne de la Rose, quarante solz parisis. *Item*, sur la maison qui fu Laurens le Boulengier, où pend l'enseigne de la Pele, assise en la rue de l'Arbre-Sec, tenant d'une part et aboutissant par derriere aux estuves du Coup-de-Baston[3], six livres parisis. *Item*, sur la maison Guillaume Martin où pend l'enseigne du Cheval Blanc, assise en la grant rue Saint Denis, quarante solz parisis. *Item*, sur la maison qui fu maistre Denis de Baumes, et de present à François Pastoureau, assise en la rue Aubery le Bouchier, tenant d'une part à l'ostel du Souleil, et d'autre part à l'ostel qui fu maistre Oudart Baillet[4], dix livres, treize solz, quatre deniers parisis. *Item*, sur une autre maison qui

---

1. Ce nom n'était encore connu que par une liste des rues de Paris, du xv⁰ siècle. Jaillot suppose que la rue des Commanderesses n'était pas différente de la rue du Plat-d'Etain qui, de son temps, allait de la rue des Lavandières à celle des Déchargeurs (*Quartier Sainte-Opportune*, p. 50) et qui, de nos jours, a disparu dans la rue des Halles-Centrales.

2. La rue de la Grande-Truanderie.

3. Col de Bacon au xiv⁰ siècle, Court-Bâton au xvii⁰. C'était le nom d'un cul-de-sac situé au côté occidental de la rue de l'Arbre-Sec, un peu au-dessous de la rue des Fossés-Saint-Germain ; il a été démoli lors du percement de la rue de Rivoli.

4. Oudard Baillet était l'un des frères de Miles Baillet (Leroux de Lincy et Tisserand, *Les historiens de Paris au XV⁰ siècle*, p. 351), dont il a été question plus haut, p. 134, note 2.

fu audit maistre Denis et de present audit François Pastoureau, assise en ladicte rue, cent solz parisis. *Item,* sur la maison qui fu maistre Pierre de Langres où pend l'Image Saincte Katherine, assise en la rue de la Juifrie, en laquele demeure un charpentier, xxiiii solz parisis. *Item,* sur un hostel où pend pour enseigne l'Image de Sainte Katherine, assis en la rue de la Vielz-Monnoie, appartenant à Jaques Raponde[1], soixante solz parisis. *Item,* sur l'ostel où pend pour enseigne l'Image Nostre Dame, assis en la rue de la Harpe, tenant d'une part à l'ostel où pend l'enseigne du Papegault, et d'autre part à l'ostel où pend l'enseigne du Petit Mouton, quarante solz parisis, lesqueles rentes furent et appartindrent ausdiz maistres Pierre et Bureau Bouchiers, freres, qui leur vindrent et escheurent par la succession de feu Jehan d'Este, leur oncle, et de feu Miles Baillet; à icelles rentes et revenues montans ensemble à la somme de trois cens cinquante sept livres, un sol t., trois deniers parisis et un tournois, avoir, tenir, possider, joïr et exploictier à tousjours mais perpetuelment et hereditablement par ledit Rogier de Breaulté, ses heritiers.....

Si donnons en mandement par ces presentes à noz amez et feaulx les gens de noz comptes à Paris, aux tresoriers et generaulx gouverneurs de noz finances en France, aux commissaires ordonnéz sur le fait des confiscations et forfaictures..... au prevost de Paris.....

Donné à Paris, le xviime jour du mois de may, l'an de grace mil cccc et vint sept et de nostre regne le quint.

Ainsi signé: Par le roy, à la relacion de monseigneur le regent, duc de Bedfort,

J. DE DROSAY.

CXXII.

1427. 17 Mai. Paris.

Henri VI donne à Jean Sauvage, lieutenant civil du prévôt de Paris, 4 livres parisis de rente annuelle qu'il avait droit de prendre sur la maison dudit Sauvage, sise en la rue Neuve-Saint-Merry, laquelle maison, confisquée sur Jean d'Ay, avait été adjugée à son nouveau propriétaire à charge de payer annuellement 15 liv. 10 s. parisis.

(JJ. 174, n° 210.)

Henry, par la grace de Dieu roy de France et d'Angleterre, savoir faisons à tous presens et advenir que pour consideracion

---

1. Voyez p. 53, note 4.

des bons et aggreables services que nous a faiz ou fait de justice et autrement nostre bien amé maistre Jehan Sauvage, lieutenant civil de nostre prevost de Paris, et pour autres causes et consideracions, à icelui par l'advis et deliberacion de nostre tres chier et tres amé oncle Jehan, regent nostre royaume de France, duc de Bedford, avons donné, cedé, transporté et delaissié, donnons, cedons, transportons et delaissons par ces presentes quatre livres parisis de rente annuelle et perpetuele que nous avons droit de prendre et parcevoir chacun an aux quatre termes à Paris acoustumez en et sur l'ostel dudit Sauvage, assis à Paris en rue Neufve-Saint-Merry, qui n'a gaires fu à maistre Jehan d'Ay, tenant d'une part à l'ostel des Deux Tableaux, et d'autre part à une masure que on dit appartenir à Guillaume Cirasse[1], aboutissant par derriere aux jardins de l'ostel du Serf Volant en la rue de la Voirrerie[2]; lequel hostel, qui nous appartenoit pour cause de la rebellion et desobeissance et autres crimes de lese magesté que ledit maistre Jehan d'Ay avoit commis à l'encontre de nous, fu baillié et delivré par nostre receveur de Paris, par l'ordonnance des gens de noz comptes et du tresorier et gouverneur general de toutes noz finances, audit maistre Jehan Sauvage comme au plus offrant et derrenier encherisseur à quinze livres dix solz parisis de rente annuele et perpetuele pour toutes charges, comme par lettres sur ce faictes seellées du seel de la prevosté de Paris et signées du seing manuel de Pierre Baillé[3], receveur de nostre demaine et des confiscacions à Paris, puet plus plainement apparoir, desqueles quinze livres, dix solz parisis, ne nous en appartient seulement que quatre livres parisis pour ce que plusieurs autres per-

---

1. Guillaume Cirasse, charpentier au cimetière des Innocents, ou « faiseur de coffres et de bancs », avait toujours suivi le parti armagnac. Échevin à Paris depuis le mois d'août 1413 jusqu'au 17 avril 1415, prévôt des marchands le 12 septembre 1417, il fut contraint d'abandonner ce dernier office après le triomphe des Bourguignons en juin 1418 (Journal parisien, Juvénal des Ursins).

2. La rue de la Verrerie.

3. Ce personnage fut successivement valet cordonnier à Paris, sergent à verge, receveur de Paris et grand trésorier du Maine; il occupait ce dernier office au mois de décembre 1427, date à laquelle l'auteur du Journal parisien le met en scène, maltraitant un écuyer armagnac que l'on pendait au gibet de Bagnolet. On le retrouve en 1436 receveur général des finances en Normandie et il remplissait encore des fonctions financières dans cette province en 1440 (Tardif, *Monuments historiques, cartons des rois*, n°ˢ 2102 et 2196).

sonnes y ont droit de prendre le seurplus, si come on dit, et voulons que desdictes quatre livres parisis de rente ledit maistre Jehan Sauvage et ses hoirs masles legitimes venant de lui en directe ligne joïssent à tousjours mais perpetuelment et hereditablement comme de leur propre chose, pourveu que iceles quatre livres parisis ne soient de nostre ancien demaine, ne données à autres par feu nostre tres chier seigneur et pere, cui Dieu pardoint, ou nous par l'advis et deliberation de nostredit oncle.

Si donnons en mandement à noz amez et feaulx gens de noz comptes et tresoriers à Paris, au prevost de Paris...

Donné à Paris le xviime jour de may, l'an de grace mil cccc vint sept et de nostre regne le quint.

Ainsi signé : Par le Roy, à la relacion de monseigneur le regent, duc de Bedford,

J. DE RINEL.

CXXIII.

1427. 12 Juin. Paris.

Rémission accordée par Henri VI à Jeanne, veuve de Guillaume d'Auxerre, âgée de 70 ans. Après la mort de son mari, décapité après l'entrée des Bourguignons en 1418, Jeanne était allée à Bourges, patrie de Guillaume, afin de recouvrer son douaire, et avait vécu depuis dans cette ville soumise au Dauphin.

(JJ. 173, n° 690.)

Henry, par la grace de Dieu roy de France et d'Angleterre, savoir faisons à tous presens et advenir, à nous avoir esté exposé de la partie des amis charnelz de Jehanne, vesve de feu Guillaume d'Aucerre, en son vivant, demourant à Paris, povre femme aagée de soixante et dix ans ou environ, comme assez tost apres l'entrée que firent les gens de feu nostre chier et très amé cousin, le duc de Bourgogne, en ceste ville de Paris, qui fut l'an cccc xviii, ledit feu Guillaume d'Aucerre, son mary, feust alez de vie à trespassement[1] et, depuis ce, c'est assavoir durant le traictié de

---

1. Guillaume d'Auxerre, drapier, avait été l'un des quatre échevins nommés à Paris par les Armagnacs le 20 octobre 1415. Il était en outre élu de Saint-Éloi et fut décapité le 2 juin 1418 par les Bourguignons, plus que septuagénaire, laissant « de moult belles filles, toutes femmes d'estat » (Journal parisien). Il possédait diverses propriétés à Paris, notamment dans la rue de la Harpe (au coin de la rue Percée), la rue Saint-Séverin, la rue de la Vieille-Plâtrière (depuis rue du Battoir) et au bout du Petit-Pont (Sauval,

la paix qui fut faicte entre ledit feu nostre cousin de Bourgogne et cellui qui se dit Daulphin, ladicte exposante feust alée à Bourges ou pays de Berry, dont et duquel pays ledit feu Guillaume d'Aucerre, son mary, estoit natif, pour savoir et enquerir s'elle pourroit aucune chose avoir ne recouvrer de son douaire à elle par sondit feu mary ylec assigné, et assez tost après ledit defunct nostre cousin de Bourgogne fut tué et alé de vie à trespassement, par quoy ladicte Jehanne, doubtant la fureur du peuple, n'osa depuis ce retourner en ceste dicte ville de Paris, ainçois a tousjours depuis demouré en ladicte ville de Bourges, et encores fait de present. Et il soit ainsi que ladicte Jehanne qui est moult ancienne femme de l'aage de LXX ans, comme dit est, laquelle n'a aucuns parens ne amis par dela, ne chose dont elle puisse vivre, retourneroit voulentiers demourer en ceste nostre dicte ville de Paris et en nostre obeïssance, de laquelle ville de Paris elle est native, en entention et afin que sesdis parens et amis charnelz lui aidassent et aident à vivre en la fin de ses jours. Pour lequel cas et aussi la longue demeure que a faicte ladicte Jehanne audict pays et ville de Bourges en Berry, doubtant rigueur de justice, ne oseroit bonnement retourner ne demourer en ceste nostre dicte ville de Paris, ne en autres lieux et villes estans en nostre obeïssance, par quoy elle est en adventure de demourer povre mendiant, querant son pain, se par nous ne lui estoit et est impartie nostre grace et misericorde, si comme dient lesdis exposans, supplians humblement que comme ladicte Jehanne soit ancienne femme de l'aage dessusdit, laquelle ne s'est aucunement entremise du fait de la guerre, et aussi que au temps qu'elle alla audit païs et ville de Bourges, ce fut en entention de recouvrer aucune chose de sondit douaire, et en temps que l'on cuidoit avoir paix, et que depuis elle n'osa retourner pour la doubte et fureur du peuple, si comme elle dit, et aussi que tout son temps elle a esté de bonne vie, renommée et honneste conversation, non suspecte, convaincue, ne attainte d'aucun autre vilain cas, blasme ou reprouche, nous lui vueillons sur ce impartir nostre dicte grace et misericorde.......

Si donnons en mandement au prevost de Paris.....

Donné à Paris, le xijᵉ jour de juing, l'an de grace mil quatre cens et vint sept et de nostre regne le quint.

---

p. 295, 315, 316, 322, 532). Nous avons déjà rencontré plus haut (p. 174) l'une de ses filles, Marguerite, qui avait épousé Thomas du Han.

Scellées de nostre seel ordonné en l'absence du grant.

Ainsi signé : Par le Conseil,

OGER.

CXXIV.

1427. 20 Juillet. Paris.

Henri VI donne à Thomas Blount, chevalier anglais et son chambellan, une maison, sise à Paris, rue de Bohême (depuis rue d'Orléans), et confisquée sur Michel Cordier.

(JJ. 173, n° 719.)

Henry, par la grâce de Dieu roy de France et d'Angleterre, savoir faisons à tous presens et avenir, que nous, considerans les bons et nobles services que nostre amé et feal Thomas Blount, chevalier, chambellan de nostre tres chier et tres amé oncle Jehan, regent nostre royaume de France, duc de Bedford, a faiz le temps passé à feu nostre tres chier seigneur et pere cui Dieu pardoint, tant ou fait de la guerre comme autrement, fait encores chaque jour à nous et à nostre dit oncle en plusieurs et diverses manieres, et esperons que encores face ou temps avenir, à icellui chevalier par l'advis de nostre dit oncle avons donné, cedé, transporté et delaissié, et par la teneur de ces presentes, de nostre grace especial, plaine puissance et auctorité royal, donnons, cedons, transportons et delaissons l'ostel assis et situé en nostre ville de Paris, en la rue de Behaigne[1], ainsi qu'il se comporte, qui fut et appartint à Michault Cordier, à nous escheu et appartenant par confiscation par la rebellion et desobeïssance par lui commises envers nous et nostre seigneurie, pour icellui hostel et maison, ainsi comme il se comporte, comme dit est, avoir, tenir et possider par ledit chevalier et ses hoirs masles, legitimes, venans de lui en directe ligne, comme de leur propre chose, perpetuelment, hereditablement et à tousjours, plainement et paisiblement, en faisant et paiant les charges, droiz et debvoirs pour ce deubz et acoustumez, pourvu toutes voies.....

Si donnons en mandement par ces presentes à noz amez et feaulx gens de noz comptes, les tresoriers et generaulx gouverneurs de noz finances, au prevost de Paris...

Donné à Paris, le vintiesme jour de juillet, l'an de grace mil quatre cent et vingt sept et de nostre regne le quint.

Ainsi signé : Par le roy, à la relation de monseigneur le regent de France, duc de Bedford, J. MILET.

---

1. Aujourd'hui rue d'Orléans-Saint-Honoré.

CXXV.

1427. 20 Juillet. Paris.

Henri VI donne à Robert Brit, écuyer, les biens de Charles de Vaudetar, rebellé, et de feu Milet de Vaudetar, frère de Charles, mort en état de rébellion pendant le siége de Melun. Ces biens, situés dans la ville et prévôté de Paris, ainsi que dans les bailliages de Meaux et de Melun, sont estimés à une valeur de 300 livres parisis de revenu annuel.

(JJ. 173, n° 720.)

Henry, par la grace de Dieu roy de France et d'Angleterre, savoir faisons à tous presens et avenir, que nous, considerans les bons et aggreables services que nostre amé Robert Brit, escuier, a faiz à nous et à nostre tres chier et tres amé oncle Jehan, regent nostre royaume de France, duc de Bedford, ou fait de noz guerres et autrement, et esperons que face ou temps avenir, à icellui Robert par l'advis de nostre dit oncle avons donné, cedé, transporté et delaissié, et par ces presentes donnons, cedons, transportons et delaissons, de grace especial, plaine puissance et auctorité royal, toutes les terres, justices, cens, rentes, possessions, appartenances et appendances quelzconques qui furent et appartindrent à maistre Charles de Vaudetar et à feu Milet de Vaudetar, son frere, à nous appartenans par confiscacion, parce que ledit maistre Charles est desobeïssant à nous, et aussi comme desobeïssant à nous ledit Milet est alé de vie à trespassement en nostre ville de Meleun, au temps du siege mis devant et de la reddition d'icelle[1], les dictes terres, justice, cens, rentes, possessions et appartenances, situées et assises tant en nostre ville, prevosté et vicomté de Paris, comme es bailliages de Meaulx et de Meleun, pour en joir et user par ledit Robert Brit et ses hoirs masles venans de lui en loyal mariage, perpetuelment, hereditablement et à tousjours, en la valeur de III^c livres parisis de revenue par an, eu regard à ce qu'elles valoient l'an mil cccc et dix, en faisant et paiant les charges, droiz et devoirs pour ce deuz et acoutumez, pourveu.....

Si donnons en mandement à noz amez et feaulx gens de noz comptes, tresoriers et generaulx gouverneurs de noz finances, aux prevost de Paris et bailliz de Meaulx et de Meleun, et à tous nos autres justiciers et officiers.

---

1. Melun se rendit aux Anglo-Bourguignons le 17 novembre 1420, après un siége de quatre mois et dix jours.

Donné à Paris, le xx° jour de juillet, l'an de grace mil quatre cens et vint sept et de nostre regne le cinquiesme.

Ainsi signé : Par le roy, à la relacion de monseigneur le regent de France, duc de Bedford,

J. MILET.

CXXVI.

1427. 21 Juillet. Paris.

Henri VI donne à Jean de Saint-Yon, écuyer et son conseiller, vingt livres parisis de rente à prendre annuellement sur trois maisons de la rue au Feurre et confisquées sur Étienne de Bonpuits.

(JJ. 173, n° 727.)

Henry, par la grace de Dieu roy de France et d'Angleterre, savoir faisons à tous presens et avenir, que, pour consideracion des bons et aggreables services que fait de jour en jour à nous et à nostre chier et tres amé oncle Jehan, regent nostre royaume de France, duc de Bedford, nostre amé et feal conseiller Jehan de Saint-Yon[1], escuier, à icelui par l'advis de nostre dit oncle, avons donné, cedé, transporté et delaissié, et par la teneur de ces presentes, de grace especial, plaine puissance et auctorité royal, donnons, cedons, transportons et delaissons vint livres parisis de rente avec les arrerages, s'aucuns en sont deubz à present, assis en nostre ville de Paris, c'est assavoir huit livres parisis sur une maison seant en la rue au Feurre[2], où pend l'enseigne de Saint Jaques et Sainte Katherine, quarante solz parisis de rente sur une maison faisant le coing de ladicte rue au Feurre par devers ladicte Lingerie[3], et dix livres parisis de rente sur une maison et ses appartenances assise devant le marchié aux Porées, appartenant à Jehan le Tonnelier, espicier, et tenant à lui-mesmes d'une part, et d'autre part faisant le coing de ladicte rue au Feurre du costé devers la Lingerie, lesqueles vint livres parisis furent à Estienne de Bon-Puis[4], et par la rebellion et desobeïssance par lui commise

---

1. Nous avons déjà rencontré ce personnage plus haut, p. 39, 134 et 184.
2. La rue au Feurre, c'est-à-dire « au fourrage », est désignée à tort depuis le xvi° siècle sous le nom de rue aux Fers.
3. La rue de la Lingerie.
4. Étienne de Bonpuits, demeurant près Sainte-Opportune, joua un certain rôle dans les événements qui, en 1413, firent cesser la domination des Cabochiens à Paris (Juvénal des Ursins). Il exerçait la profession de pelletier et fut l'un des quatre échevins nommés le 10 octobre 1415 par le parti arma-

envers nous, nous sont escheues et acquises, pour joïr d'icelles vint livres parisis de rente, assises comme dit est, par nostre dit conseiller et ses hoirs masles, venans de lui en loyal mariage, perpetuelment, hereditablement et à tousjours, en faisant les droiz se aucuns sont pour ce deuz et acoustumez, pourveu que...

Si donnons en mandement à noz amez et feaulx les gens de noz comptes à Paris, les tresoriers generaulx gouverneurs de noz finances, au prevost de Paris...

Donné à Paris, le xxı^e jour de juillet, l'an de grace mil quatre cens et vint sept, et de nostre regne le cinquiesme.

Ainsi signé : Par le roy, à la relacion de monseigneur le regent de France, duc de Bedford,

J. MILET.

CXXVII.

1427. 23 Juillet. Paris.

Henri VI abandonne à Laurent Calot, son secrétaire, tout ce qui revient à son trésor de la rente annuelle que ledit Laurent s'est engagé à payer par bail du 23 juillet 1423 pour la maison confisquée sur Jean Chastenier, rebelle, et située rue du Four. Cette maison avait été donnée dès 1420 par le roi Charles VI à Laurent qui y avait fait d'importantes réparations ; mais, à la suite de diverses révocations de dons, le concessionnaire avait dû, pour garder cette maison, se la faire adjuger à charge d'une rente annuelle de 36 livres parisis.

(JJ. 174, n° 152.)

Henry, par la grace de Dieu roy de France et d'Angleterre, savoir faisons à tous presens et avenir que comme nostre amé et feal clerc notaire et secretaire, maistre Laurens Calot[1], ait humblement fait exposer à nostre tres chier et tres amé oncle Jehan, regent nostre royaume de France, duc de Bedford, que ja soit ce

---

gnac. Aussi ses biens furent-ils confisqués après 1418 et donnés par lettres du 7 mars 1424 à Henri Gregory, anglais (Sauval, p. 313); mais ce don, qui n'était que viager, ne subsistait sans doute plus à la date de l'acte que nous publions ici. On connaît, parmi les biens d'Étienne de Bonpuits, un hôtel de la rue [Croix-]des-Petits-Champs, aboutissant par derrière aux jardins des Bons-Enfants et dont la moitié seulement appartenait à l'ancien échevin, plus une maison sise rue de la Cordonnerie, à l'enseigne de Notre-Dame; celle-ci, vers 1423-1427, était louée à Jean Poly, pelletier, moyennant 12 livres tournois par an (Sauval, p. 313 et 576).

1. Laurent Calot est mentionné par Juvénal des Ursins dans le récit des événements de l'année 1413, comme le neveu et le complice de Jean de Troyes, concierge du Palais-Royal, l'un des chefs de la faction cabochienne.

que soubz umbre de certain don qu'il dit à lui estre fait dès l'an mil quatre cens et vint par feu nostre tres chier seigneur et aieul Charles roy de France derrenier trespassé, cui Dieu pardoint, de certaine maison avecques les louages et appartenances, qui fut et appartint à maistre Jehan Chasteigner[1], assise à Paris en la rue du Four[2], tenant d'une part à la maison qui fu Jaques de Canliers[3] et aus aians cause de feu Nicolas Braque[4], et d'autre part au long de la rue du Molinet[5], aboutissant par derriere à la rue des Estuves, en la censive de l'evesque de Paris, à nous confisquée et acquise par ce que ledit Chasteignier est continuelment en l'obeïssance de celui qui se dit Daulphin, icelui nostre secretaire eust et ait fait faire en icele maison, en laquele il demeure, plusieurs grandes et sumptueuses reparacions en esperance qu'elle lui deust par le moien dudit don demourer franchement aus charges anciennes. Néantmoins pour ce que, après certaine revocacion de telz dons faicte par nostre dict feu seigneur et aieul depuis le traictié de paix final fait en nostre dit royaume de France et d'Angleterre, eust esté lors ordonné que pour l'augmentacion et descharge de notre demaine, teles maisons et autres revenues et possessions, par especial qui sont situez et assis en notre bonne ville de Paris, seroient appliquées à nostre demaine et baillées à rente aux plus offrans et derreniers encherisseurs, les solemnitez gardées ainsi qu'il est acoustumé de faire en tel cas, et que par ce moien nostre dit secretaire eust, au jour et lieu sur ce assignez,

---

1. Sur Jean Chastenier, secrétaire du Dauphin, voy. plus haut, p. 207, note 2.

2. Cette maison, nous l'avons déjà dit plus haut (p. 207), d'après Sauval, était située au coin de la rue du Four-[Saint-Honoré] et de la rue de la Hache (auj. rue des Deux-Écus) et donnait par derrière sur la rue des [Vieilles-]Étuves.

3. Une autre maison appartenant à Jacques de Canliers et à son frère Martin et située rue des Prouvaires, avait été également confisquée, puis donnée à Guillaume Sente, secrétaire du roi (Sauval, p. 292).

4. Nicolas Braque avait laissé une veuve, nommée Jacqueline, dont la maison, située dans la rue des [Vieilles-]Étuves, non loin de la Croix-du-Tiroir, fut donnée à Guillaume de Montquin (Sauval, p. 312).

5. Le nom de rue du Moulinet, qui ici s'applique indubitablement à la portion de la rue des Deux-Écus comprise entre la rue du Four et la rue des Vieilles-Étuves, ne paraît pas encore avoir été signalé. Cette section de la rue des Deux-Écus était plus communément désignée à cette époque sous le nom de rue de la Hache ou des Deux-Haches (Jaillot, *Quartier Saint-Eustache*, p. 12).

après aucunes enchieres mises par autres sur ladicte maison et ses appartenances, mis icele maison à xxiii livres parisis de rente pour toute rente, auquel pris, non obstant toutes solemnitez faictes et accomplies, et la chandelle faillie, et qu'il ne s'apparut durant icele chandelle aucun qui la meist à plus haut pris, ne lui fu pas delivrée ladicte maison audit pris, pour ce que il sembloit que nostre dit secretaire en offroit peu. Mais convint que depuis, à un autre jour, nostre dit secretaire la preist et mist à xxxvi livres parisis de rente pour toutes rente, non obstans les reparacions qu'il avoit fait faire en icele maison, et que, pour ce, soit nostre dit secretaire obligié en nostre Chastelet de Paris par devant deux notaires à fournir ledit bail et rente annuelle de xxxvi livres parisis, comme par les lettres dudit bail, donné le xiiie jour de juillet mil quatre cens vint deux, et par le brevet dudit Chastelet sur ce fait, ces choses pevent plus à plain apparoir; à laquele charge de xxxvi livres parisis de rente nostre dit secretaire a tenu ladicte maison jusques aujourd'uy, ou grant grief, prejudice et diminucion de sa chevance, et telement que, consideré les grans pertes et dommaiges que nostre dit secretaire a euz et soustenuz à l'occasion de avoir tenu le parti de nous et de feu nostre tres chier et tres amé cousin Jehan, duc de Bourgogne derrenierement trespassé, cui Dieu pardoint, et aussi la charge qu'il a de femme et d'enfans il ne pourroit longuement tenir ladicte maison à tele et si grant charge que ce ne feust sa totale desertion, si comme nostre dit secretaire dit, en nous humblement requerant qu'il nous plaise lui laissier ladicte maison aux anciennes charges, et lui quittier donner, ceder, transporter et delaissier toute la rente que y povons prendre à cause du bail dessusdit jusques à la somme de xxiiii livres parisis de rente annuelle et au dessoubz se moins y prenons, ensemble tous les arrerages qui à cause d'icelui bail et rente nous pevent estre deuz. Pour quoy nous, considerées les choses dessusdictes et les bons, notables et aggreables services que nostre dit secretaire a faiz ou temps passé à nosdis feux seigneurs aieul et pere, et à nous fait encores et esperons que

---

1. Ces lettres ont été transcrites au registre JJ 171, n° 200; elles portent don à Laurent Calot de la maison, hôtel et jardin confisqués sur « Jehan Chastenier, icelle séant à Paris en la rue du Four emprès la croix du Tirouer et aboutissant par derriere en la rue des Estuves, » et des biens que le même Chastenier possédait à Grigny (Seine-et-Oise) et à Câtenoy, *Muly* et Sacy (Oise).

face le temps advenir, avons à icelui nostre secretaire maistre Laurens Calot quittié, donné, cédé, transporté et delaissié... à tousjours tout tel droit de rente que povons avoir sur la dessusdicte maison, louages et appartenances, à cause dudit bail, jusques à la somme de xxiiii livres parisis de rente annuelle et au dessoubz.....

Si donnons en mandement à noz amez et feaulx conseillers les gens de noz comptes, tresoriers et generaulx gouverneurs de toutes noz finances de nostre dit royaume de France, au prevost de Paris et au receveur de nostre demaine ylec...

Donné à Paris le xxiiime jour de juillet, l'an de grace mil quatre cens vint sept, et de nostre regne le quint.

Ainsi signé : Par le roy, à la relacion de monseigneur le regent de France, duc de Bedford,

J. MILET.

CXXVIII.

1427. Juillet. Paris.

Henri VI autorise l'établissement d'une confrérie pour les changeurs du Grand-Pont en l'église de Saint-Barthélemy.

(JJ. 173, n° 725.)

Henry, par la grace de Dieu roy de France et d'Angleterre, savoir faisons à tous presens et advenir, nous avoir receu l'umble supplication de noz bien amez les changeurs de nostre bonne ville de Paris, faisans et tenans changes, et qui es temps passez les ont tenuz sur nostre Grant Pont à Paris, contenant comme eulx meuz de devocion, aians propos, entention et voulenté de faire et ordonner entre eulx une confrarie en l'eglise de Saint-Berthelemi à Paris, en l'onneur et reverence de nostre createur et de sa tres glorieuse mere, et de monseigneur saint Mathieu, leur patron, pour faire dire et celebrer en ladite eglise certaines messes et service, chacune sepmaine de l'an pour le salut et remede des ames de feu nostre tres chier seigneur et ayeul, Charles, derrenier roy de France, cui Dieu pardoint, de nostre tres chiere et amée ayeule la royne de France, leurs enfans et lignée d'iceulx mesmes supplians, leurs parens et amis vifs et trespassez, et aussi pour la paix et tranquillité de nostre royaume et prosperité de nostre ville de Paris et de tous ses habitans en icelle, pour laquelle chose il leur sera besoing de eulx assembler en ladicte eglise ou ailleurs ou bon leur semblera, afin de ordonner entre eulx estre fait ce qu'ilz adviseront à faire pour le soustenement et estat de ladicte confrarie, laquele chose lesdis supplians ne oseroient ne pourroient bonnement faire, se sur ce n'avoient noz congié et licence, en nous humblement requerant iceulx. Pour quoy, nous, ces choses considerées.....

Si donnons en mandement par ces mesmes presentes à nostre prevost de Paris.....

Donné à Paris ou mois de juillet, l'an de grace mil quatre cens et vint sept, et de nostre regne le quint.

Ainsi signé : Par le roy, à la relation du Conseil,

OGER.

CXXIX.

1427. 13 Août. Paris.

Rémission accordée par Henri VI à Henri du Vivier, alors âgé de 26 à 28 ans, fils de feu Jean du Vivier, orfèvre des rois Jean, Charles V et Charles VI. Henri du Vivier avait quitté Paris en 1419 pour aller au château de Diant, en Gâtinois, appartenant à son oncle, Philippe Chanteprime, auprès duquel il dut rester après que la complication des événements eut rendu son retour impossible à Paris; depuis lors, Henri avait continuellement vécu dans les pays de l'obéissance du Dauphin.

(JJ 173, n° 762.)

Henry, par la grace de Dieu roy de France et d'Angleterre, savoir faisons à tous presens et avenir, nous avoir été exposé de la partie des parens et amis charnelz de Henry du Vivier[1], fils de feu Jehan du Vivier, jadis orfevre et varlet de chambre de feux de bonne memoire, noz predecesseurs roys de France, Jehan, Charles le Quint, et nostre tres chier seigneur et ayeul, le roy

---

1. Ce personnage ne serait-il pas le même qu'un homonyme dont l'héritage était revendiqué à la fois, en 1425, par ses frères et sœurs et par le domaine (voy. plus haut, p. 160 et ss.)? Comme celui qui est l'objet de cette lettre de rémission, l'autre Henri du Vivier, encore mineur en 1417, était fils de feu Jean du Vivier, et il se rattachait à la famille Chanteprime par sa mère, fille de François Chanteprime; il avait aussi quitté Paris, sa ville natale, en 1418 d'abord, en 1419 ensuite, et l'on rapportait qu'il avait accompagné le roi Jacques de Bourbon à Naples, et que de là il était passé en Chypre où la mort n'avait pas tardé à l'enlever. Si l'on voulait admettre l'identité des deux homonymes, il faudrait admettre de toute nécessité que les renseignements fournis par les familles du Vivier et Chanteprime sur les voyages de Henri du Vivier à Naples et en Chypre étaient controuvés.

Charles, derrenierement trespassé, ausquelz Dieu pardoint, que durant l'abstinence de guerre qui fut faite l'an mil quatre cens et dix neuf, entre feu nostre tres chier et tres amé oncle et cousin Jehan, en son vivant duc de Bourgogne, cui Dieu pardoint, et Charles, soy disant Daulphin, ledit Henry s'en ala au chastel de Diant[1], lors appartenant à Phelippon Chanteprime[2], son oncle, et là demoura certaine espace de temps, cuidans que bonne paix et union deust estre entre les dessusdis de Bourgogne et Daulphin; mais tantost après advint le piteux cas commis et perpetré en la personne de nostredit feu cousin de Bourgogne, à l'occasion de laquele chose les guerres et division creurent et multiplierent plus que paravant n'avoient fait. Par quoy ledit Henry ne s'en pot retourner par deça, mais l'en convint aler avec son dit oncle, sur lequel ladicte forteresse de Diant fut prinse et emblée par le sire de Quitry, rebelle et desobeïssant à nous, et a toujours icelui Henry depuis demouré en païs à nous desobeïssant; pendant le temps de laquelle desobeïssance il a esté appellé à noz droiz et banny de nostre royaume, combien que durant ledit temps il n'a pillé, couru ne robé et s'est tenu, vestu et maintenu bien et doulcement, sans soy aucunement entremectre de fait de guerre, esperant et desirant de retourner en nostre obeïssance, et estre nostre bon, vray et loyal subget, ainsi que dès pieça il l'a fait savoir à ses dis amis, si comme dient lesdis exposans, requerans humblement que, attendu le jeune aage que avoit ledit Henry au temps de son dit partement qui estoit de xviij à xx ans ou environ, nous lui vueillons sur ce impartir nostre grace et misericorde. Pour ce est-il que nous.....

Si donnons en mandement par ces mesmes presentes au prevost de Paris...

Donné à Paris, le xiiime jour d'aoust, l'an de grace mil quatre

---

1. Diant (Seine-et-Marne, arrondissement de Fontainebleau, canton de Lorrez-le-Bocage).

2. Philippe Chanteprime, seigneur de Diant et échanson de Charles VII, mourut le 6 octobre 1450 et fut enseveli dans l'église de Sainte-Catherine-de-la-Couture, où sa femme Jeanne Parridet, morte le 16 octobre 1440 ou 1442, reposait déjà (Lebeuf, édition Cocheris, t. III, p. 450). Il possédait à Paris, dans la rue Vieille-du-Temple, une maison qui, saisie sur lui, était occupée, suivant le compte des confiscations de 1423-1427, par Evrard et Jean Chanteprime frères (Sauval, p. 304) que la pièce publiée plus haut sous le n° LXXXII nous a fait connaître comme les oncles et tuteurs de Henri du Vivier.

cens et vint sept et de nostre regne le cinquiesme. Ainsi signé : Par le roy, à la relacion de monseigneur le regent le royaume de France, duc de Bedford,

J. MILET.

CXXX.

1427. 20 novembre. Paris.

Henri VI accorde à Mabille, veuve d'Innocent le Maire, ainsi qu'à Louis Gobert et à Catherine, héritiers dudit Innocent, une réduction de loyer sur la maison des Singes, sise rue de la Vannerie et confisquée sur Cordelier de Girêmes, qui, le 4 mai 1420, avait été louée par Innocent pour trois années à raison de 20 liv. parisis par an. Le bail avait été depuis renouvelé par Innocent à la charge d'une rente annuelle de 26 livres, qui, vu l'extrême diminution des loyers et les réparations faites et à faire dans la maison de la rue de la Vannerie, paraissait excessive; aussi, après l'examen de leur requête, le loyer fut-il réduit à 14 livres parisis et à l'obligation par les locataires d'exécuter les réparations jugées nécessaires par le maçon et le charpentier du roi.

(JJ 174, n° 46 *bis*.)

Henry, par la grace de Dieu roy de France et d'Angleterre, savoir faisons à tous presens et avenir que comme Mabille, vesve de feu Innocent le Maire, en son vivant marchant et bourgeois de nostre bonne ville de Paris, et Loys Gobert et Katherine sa femme, heritiers à cause d'elle dudit deffunct, eussent n'a gaires à nostre amé et feal chancelier presenté certaine requeste contenant en substance que ledit feu Innocent, dès le IIIIe jour de may mil cccc et vint, avoit prins et retenu à tiltre de louage, jusques à trois ans lors ensuivans, de nostre amé et feal clerc notaire maistre Guillaume Breteau, lors receveur de Paris, ung hostel ainsi que le lieu se comporte ouquel pend l'enseigne des Singes, seant en nostre dicte ville de Paris en la rue de la Vannerie[1], qui fu et appartint à Cordelier de Giresme[2], pour et parmi le pris de vint livres parisis pour toutes charges et rentes. Depuis laquele prinse et retenue ainsi faicte par ledit feu Innocent, il s'estoit trait par devers noz amez et feaulx conseillers les commissaires sur le fait des confiscations à nous venues et escheues en nostre royaume de France, et d'iceulx avoit prins de rechief et retenu ledit hostel à

---

1. La rue de la Vannerie, comprise entre la rue Saint-Martin et la place de Grève, a été remplacée en 1855 par l'avenue Victoria.
2. Sur ce personnage, voyez la note 7 de la page 94.

vint six livres parisis de rente pour toutes rentes et charges, qui estoit grosse et excessive somme, come disoient lesdicts vesve et heritiers, veu que pour le temps de ladicte requeste baillée, on avoit grand marchié de maisons plus de la moictié que au temps desditz baulx et prinses, et aussi que lesdis feu Innocent et suppliant y avoient fait plusieurs reparacions tant de planchiers et goutieres comme de tenir ledit hostel couvert, et encores y convenoit-il mettre autres reparacions et mises, requerans pour ces causes et autres plus à plain contenues en ladicte requeste, ladicte somme de vingt six livres parisis de rente leur estre moderée et diminuée pour toutes rentes et charges à seize livres parisis, comme plus à plain le contient icele requeste, laquelle eust des lors esté renvoiée par nostre dit chancellier par devers noz amez et feaulx les gens de noz comptes à Paris pour y pourveoir par eulx comme il appartendroit par raison, et pour ce se feussent lesdiz vesve et heritiers trais devers nos dictes gens des comptes, et leur eussent baillié autre requeste atachée à la precedant, tendans afin de leur moderer ladicte rente par la manière que dit est; lesqueles requestes ilz eussent envoié aux receveur et nostre procureur ou Chastelet de Paris pour savoir la verité du contenu en icelles, et que en estoit à faire et rapporter par devers eulx pour en ordonner comme de raison seroit. Laquele chose lesdis vesve et heritiers, doubtans qu'ils ne pussent fournir ladicte rente de seize livres comme ilz avoient requis, mesmement que de jour en jour ledit hostel empiroit, ou pour autres causes à ce les mouvans, eussent laissié sans poursuite, mais par aucun temps après eussent baillié autre requeste à noz dictes genz des comptes, tendens pour les causes contenues en iceles, afin que ladicte rente de vint six livres leur feust moderée à douze livres parisis, ou autrement ilz estoient prests de y renoncier. Toutes lesqueles requestes yceulx nos gens des comptes eussent envoié ausdiz receveur et procureur aux fins devant dictes, lesquelz en acomplissant ce que dit est, appellez avec eulx les generaulx maistres de noz euvres de maçonnerie et charpenterie[1], se feussent par pluseurs foiz transportez sur ledit hostel, et icelui veu et visité bien et deuement et tout rapporté avec leurs advis par escript par devers nos dictes gens des comptes pour en ordonner par eulx comme raison seroit, finablement tout veu à bonne et meure deliberacion, iceulx noz

---

1. Pierre Robin et Pierre de Servillier.

genz des comptes en l'absence de noz tresoriers pour certaines justes causes et consideracions à ce les mouvans ont baillié, cedé, transporté et delivré, et nous par leur advis et deliberacion baillons, cedons, transportons et delivrons ledit hostel où pend l'enseigne des Singes comme il se comporte ou corps de maison sur ladicte rue de la Vannerie, avec la court qui y joinct jusques au corps ou masures de derrieres que lesdis vesve et heritiers, pour la grant desolacion et ruine en quoy ilz sont et les charges dont l'en les dit estre chargiez, n'ont aucunement vouluz estre comprins oudit bail, mais les en ont voulu par exprès estre exceptez; ces presens bail, cession, transport et delivrement fais pour et parmi le pris et somme de quatorze livres parisis de rente annuelle et perpetuelle pour toutes charges et rentes quelzconques que lesdis vesve et heritiers, leurs hoirs, successeurs et aians cause, et chacun pour le tout, en seront tenuz rendre et paier par chacun an à toujours perpetuelment aux quatre termes à Paris acoustumez, à commancier pour le premier terme et paiement à Noel prouchainement venant, c'est assavoir aux censiers prenans rente sur ledit hostel et court ce que droit et acoustumé y auront de prendre et percevoir, et le surplus à nostre recepte dudit Paris pour nous et noz successeurs roys de France, et par ainsi que lesdis vesve et heritiers seront tenuz de faire faire promptement les reparacions qui, par le rapport desdiz maistres de noz euvres, ont esté trouvées estre necessaires à faire oudit corps d'ostel; c'est assavoir de refaire le pignon de derriere dudit corps de devant, lequel font du costé de devers Greve, le planchier du rez de chaussée dudit corps, duquel planchier le merrien est pourry, et de faire recouvrir le comble d'icelui corps de maison, et de ce rendre et bailler à nostre dit receveur certifficacion deue desdis maistres de noz euvres, et aussi que ledit hostel iceulx vesve et heritiers, leurs hoirs, successeurs et ayans cause ou temps avenir tendront et maintendront en bon et souffisant estat pour y prendre ladicte rente de quatorze livres parisis, tant et si longuement que dudit hostel ilz seront detenteurs et proprietaires; et de toutes et chacunes les choses dessus dictes enteriner et acomplir par eulx et chacun d'eulx pour le tout bailleront lesdis vesve et heritiers leurs lettres obligatoires à nostre receveur de Paris...

Si donnons en mandement par ces mesmes presentes à noz dictes gens des comptes, tresoriers et gouverneurs generaulx de toutes noz finances, aux prevost et receveur dudit Paris....

Donné à Paris, le vintiesme jour du mois de novembre, l'an de grace mil quatre cens et vingt sept et de nostre regne le sixiesme.

Ainsi signé : Par le Conseil estant à la chambre des comptes à Paris,

Le Begue.

CXXXI.

1427. 21 décembre. Paris.

Henri VI confirme des lettres d'octobre 1425 par lesquelles la reine Isabeau, son aïeule maternelle, a donné à Simonnette de la Jesse, « damoiselle » de la duchesse de Bedford, les biens confisqués sur Jean le Blanc, jadis argentier de la reine.

(JJ. 174, n° 88.)

Henry, par la grace de Dieu roy de France et d'Angleterre, savoir faisons à tous presens et avenir que eue consideracion au contenu es lettres de nostre tres chiere et tres amée dame et aieule Ysabel, royne de France, desqueles la teneur s'ensuit :

Ysabel, par la grace de Dieu royne de France, à tous ceuls qui ces presentes lectres verront, salut. Comme à certain et juste tiltre à nous competent et appartiennent tous les heritages, cens, rentes, maisons et autres choses quelzconques assis ou royaume de France, qui furent et appartindrent à Jehan le Blanc, lequel par long temps a esté nostre argentier[1], savoir faisons que pour la bonne amour et affeccion que nous avons au bien et prouffit de nostre bien amée Simonnette de la Jesse, damoiselle de nostre tres chiere et tres amée cousine la duchesse de Bedford, et mesmement pour contemplacion et à la requeste de nostre dicte cousine qui de ce nous a tres affectueusement priée et requise, à ladicte Simonnette avons donné, cedé, transporté et delaissié, donnons, cedons, transportons et delaissons une maison avecques ses appartenances, où ledit Jehan le Blanc souloit faire sa demourance, assise à Paris pres et dehors la porte Barbette[2], pour icelle maison

---

1. Les biens de Jean le Blanc avaient été attribués à la reine Isabeau pour la dédommager de ce que cet officier lui devait (Sauval, p. 303).

2. Quoique située « près et dehors la porte Barbette », la maison de Jean le Blanc mentionnée ici était comprise dans l'enceinte de Paris depuis le règne de Charles V. Elle était située « rue de la Porte-Barbette » (c'est-à-dire rue Vieille-du-Temple), tenant d'une part (à droite) aux enfants de feu Jean Chanteprime et d'autre part (à gauche) à la rue des Poulies (aujourd'hui rue des Francs-Bourgeois) (Sauval, p. 303; cf. p. 573). Le compte des confiscations pour 1423-1427, auquel nous empruntons ce renseignement, indique aussi des biens situés à l'Hay (Seine) au nombre des propriétés de Jean le Blanc occupées par la reine (*Ibid.*, p. 328).

avoir, tenir, possider et exploictier par ladicte Simonnette et ses hoirs venans d'elle en directe ligne, perpetuelment, hereditablement et à tousjours.

Si donnons en mandement par ces mesmes presentes à noz tres chiers et bien amez les gens des comptes et tresoriers à Paris... au prevost de Paris...

Donné à Paris, ou mois d'octobre, l'an de grace mil quatre cens et vint cinq.

Nous, par l'advis de nostre tres chier et tres amé oncle Jehan, regent nostre royaume de France, duc de Bedfort, et à la supplicacion de nostre amée Simonnette de la Jaisse, damoiselle de nostre dit oncle et de nostre tres chiere et tres amée tante Anne de Bourgogne, sa compaigne... lesdictes lectres et tout le contenu en iceles avons eu et avons aggreables...

Si donnons en mandement à noz amez et feaulx les gens de noz comptes, les tresoriers generauls, gouverneurs de noz finances, au prevost de Paris...

Donné à Paris, le xxr^e jour de decembre, l'an de grace mil quatre cens et vint sept et de nostre regne le sixiesme.

Ainsi signé : Par le roy, à la relacion de monseigneur le regent de France, duc de Bedford,

J. MILET.

CXXXII.

1428. 13 février. Paris.

Rémission accordée par Henri VI à Jeanne, veuve de Jeannin Berland, qui, ayant quitté Carrières-Saint-Denis pour venir allaiter à Paris le fils de Me Thibaud Fouquaut, avait dérobé chez celui-ci un diamant et une cuiller d'argent qu'elle avait vendus à un orfèvre de la rue de la Savonnerie. La femme de Me Thibaud ayant réclamé son diamant, Jeanne Berland avait aussitôt avoué qu'elle l'avait vendu et était finalement parvenu à le lui restituer.

(JJ. 174, n° 113.)

Henry, par la grace de Dieu roy de France et d'Angleterre, savoir faisons à tous presens et avenir, à nous avoir esté exposé de la partie de Jehannette la Berlande, vefve de feu Jehannin Berland, en son vivant laboureur et tonnelier, demourant à Carrieres[1], aagié de xxiiii ans ou environ, povre norrice chargée d'un petit

---

1. Carrières-Saint-Denis (Seine-et-Oise, arr. de Versailles, canton d'Argenteuil).

enfant à mamelle qui est impotent de ses membres, contenant comme n'a gaires elle eust servy maistre Thibault Fouquaut l'espace de deux mois ou environ, et ce pendant norrissoit de sa mamelle le filz dudit maistre Thibault, et quinze jours après ce qu'elle fu entrée oudit service, en baliant leur chambre trouva es netoieures une verge d'or en laquele avoit un diamant pointu, qui estoit à sa maistresse, laquele verge elle print et mist en sa bourse, et ne fist aucune mencion qu'elle l'eust trouvée, et la garda bien l'espace d'un mois, et après la porta vendre à un orfevre nommé Thomas, demourant en la Savonnerie[1], et lui vendi huit franz qu'elle en receut dudit orfevre ; et avec ce print une cueillier d'argent oudit hostel, qu'elle vendi audit orfevre dix huit solz. Et aussi tost que ladicte femme dudit maistre Thibault demanda ledit diamant, ladicte suppliante lui dist qu'elle l'avoit trouvé et qu'elle l'avoit vendu comme dit est, et depuis a tant fait qu'elle l'a recouvré et rendu audit maistre Thibault. Pour laquele chose elle a esté mise es prisons de nostre Chastelet de Paris où elle est detenue à grant misere et povreté, et en voie de finir ses jours se nostre grace ne lui est sur ce impartie si comme elle dit. En nous humblement suppliant que attendu que en autres cas elle a tousjours esté de bonne vie et renomée, sans avoir esté reprinse d'aucun vilain cas, et attendu sa viduité et povreté pour laquele il lui a convenu baillier son enfant à norrir ailleurs et aler norrir le filz dudit maistre Thibault pour gangnier la vie d'elle et paier la norreture de son enfant qui est impotent comme dit est, et que se ladicte suppliante n'estoit delivrée desdictes prisons l'on ne trouveroit aucun qui voulsist norrir son dit enfant et morroit ledit enfant par default de norreture, et que ledit maistre Thibault est bien content d'elle et lui a esté restitué son dit diamant si tost que la femme l'a demandé et avant que ladicte suppliante ait esté mise en prison, et n'y a aucun qui se face partie contre elle, si comme elle dit, nous sur ce lui vueillons nostre dicte grace impartir. Pour quoy nous ces choses considerées, voulans misericorde estre preferée à rigueur de justice...

Si donnons en mandement au prevost de Paris.....

---

1. La rue de la Savonnerie, qui suivait, perpendiculairement à la rue Saint-Jacques-de-la-Boucherie vers le nord, une direction parallèle aux rues Saint-Denis et Saint-Martin, a été supprimée par l'ouverture du boulevard Sébastopol.

Donné à Paris, le xiiie jour de fevrier, l'an de grace mil quatre cens et vingt sept et de nostre regne le sixiesme.

Signé : Par le roy, à la relacion du conseil,

J. LE CLERC.

CXXXIII.

1428. 13 avril. Paris.

Henri VI donne à Jean Harbotel, maître des ordonnances de son artillerie, une rente annuelle de 15 livres tournois assise sur la maison que Richard de Mereville, rebelle, possédait dans la rue Jean-Beausire, près la porte Saint-Antoine.

(JJ. 174, n° 133.)

Henry, par la grace de Dieu roy de France et d'Angleterre, savoir faisons à tous presens et avenir, que pour consideracion des bons et aggreables services que nous a faiz et faict de jour en jour nostre amé Jehan Harbotel, escuier, maistre des ordenances de nostre artillerie, à icelui par l'advis de nostre tres chier et tres amé oncle Jehan, regent nostre royaume de France, duc de Bedford, avons donné, octroié, cedé, transporté et delaissié, donnons, octroions, cedons, transportons et delaissons un hostel ainsi comme il se comporte et extend de toutes pars avec les appertenances et appendances d'icelui, assis en nostre ville de Paris en la rue Jehan Beausire pres de la porte Saint-Anthoine, lequel fu et appartint à Richart de Mereville ou ses hoirs, et lequel par confiscacion par le moien de la desobeïssance commise envers nous par ledit de Mereville nous est escheu et advenu, et d'icelui avons autresfoiz fait don et ottroy audit Jehan Harbotel pour en joïr durant sa vie jusques en la valeur de quinze livres tournois de revenue par an, et de nostre plus ample grace, plaine puissance et auctorité royal voulons et octroions à icelui Jehan Harbotel que dudit hostel et appartenances il joïsse, le tiegne et posside en la valeur dessusdicte et aussi ses hoirs, successeurs et aians cause plainement et paisiblement, en faisant et paiant les droiz et devoirs pour ce deuz et acoustumez, pourveu que, par nous ou par l'advis de feu nostre tres chier seigneur et pere et de nostredit oncle, il n'ait esté donné par avant la date de ces presentes.

Si donnons en mandement à noz amez et feaulz les gens de noz comptes et tresoriers à Paris et au prevost de Paris...

Donné à Paris, le xiiie jour d'avril, l'an de grace mil quatre cens vint huit après Pasques et de nostre regne le sixiesme.

Ainsi signé : Par le roy, à la relacion de monseigneur le regent le royaume de France, le duc de Bedford,

J. Milet.

CXXXIV.

1428. 21 mai. Paris.

Henri VI autorise l'établissement d'une confrérie en l'église de Saint-Laurent, près Paris.

(JJ. 174, n° 154.)

Henry, par la grace de Dieu roy de France et d'Angleterre, savoir faisons à tous presens et avenir, nous avoir esté humblement exposé de la partie des manans et habitans en la parroisse de Saint-Laurens lez Paris[1], noz bons et vraiz subgiez que comme iceulx exposans meuz de devocion, et pour l'augmentacion du service divin et autres euvres misericordieuses, et aussi pour le singulier refuge et affeccion qu'ilz ont aux benois sains monseigneur saint Michiel l'angle, monseigneur saint Ildevert, monseigneur saint Lubin et madame saincte Katherine, aians voulenté, propos et entencion de créer, ordonner et establir en l'eglise dudit Saint-Laurens lez Paris une confrarie et fraternité desdiz sains et saincte, et pour icele confrarie augmenter, continuer les messes et autre service divin qu'ils pourroient pour ce ordonner pour le salut et remede des ames d'eulx et de leurs predecesseurs et bienfaicteurs et de autres qui à ladicte confrarie se vouldront adherer, ordonner en ladicte eglise de Saint-Laurens une boiste ou tronc où seront mis les bienfais de ladicte confrarie ; lesqueles choses ils n'oseroient faire sans nostre congié et licence si comme ilz dient, implorans iceulx. Pour quoy nous, aians le propos, entencion et devocion desdiz exposans aggreable et en bonne recommandacion, desirans l'augmentacion et continuacion dudit service divin, et afin que soions participans es messes, oroisons et autres biens faiz de ladicte confrarie, et autres causes et consideracions justes et raisonnables, à iceulx exposans avons donné et ottroié, donnons et ottroions de grace especial par ces presentes congié, auctorité et licence que à leur requeste soit criée et publiée en leurs noms ladicte confrarie es esglises et autres lieus à Paris où il appartiendra, pareillement que l'ont fait les autres confraries

---

1. La paroisse de Saint-Laurent a été annexée à Paris sous Louis XVI, lors de la construction du mur d'enceinte des fermiers généraux.

ordonnées d'ancienneté à Paris, et que les confreres d'icelle confrarie puissent eulx assembler en liu convenable toutesfoiz que mestier sera, pour le fait d'icelle confrarie et eslire aucuns d'entre eulx pour le gouvernement d'icelle confrarie toutesfoiz aussi que mestier sera, pourveu que, par nostre prevost de Paris en son temps et ses successeurs prevosts de Paris, leur sera deputé aucun nostre officier qu'ilz auront tousjours present avec eulx à chacune de leurs assemblées.

Si donnons en mandement, par ces presentes, au prevost de Paris.....

Donné à Paris, le xxr^e jour de may, l'an de grace mil quatre cens vint huit et de nostre regne le sixiesme.

Ainsi signé : Par le roy, à la relation du Conseil,

CHEMBAUT.

CXXXV.

1428. 7 juin. Paris.

Henri VI donne à Thomas Chetewode, chevalier anglais, serviteur du duc de Bedford, les biens que Tanneguy du Châtel et Robert Louvel possédaient dans la ville et prévôté de Paris.

(JJ. 174, n° 162.)

Henry, par la grace de Dieu roy de France et d'Angleterre, savoir faisons à tous presens et avenir, que pour consideration des bons et aggreables services que a faiz et fait un chacun jour à nous et à nostre tres chier et tres amé oncle Jehan, regent nostre royaume de France, duc de Bedfort, nostre bien amé Thomas Chetewode, chevalier, serviteur de nostredit oncle tant ou fait de noz guerres comme autrement en plusieurs et diverses manieres, et esperons que face ou temps advenir, à icelui Thomas, par l'advis et deliberacion de nostre dit oncle avons donné, cedé, transporté et delaissié, donnons, cedons, transportons et delaissons par ces presentes toutes les terres, fiefz, cens, rentes, revenues, possessions, appartenances et appendances quelzconques qui furent et appartindrent à Tanguy du Chastel[1], chevalier, et Robert Louvel,

---

1. Tanneguy du Châtel, chevalier breton, avait été prévôt de Paris en 1413 et de 1414 à 1418. Il demeurait à Paris dans une grande maison appelée l'hôtel de la Barre du Bec, située dans la rue de ce nom (aujourd'hui réunie à la rue du Temple), tenant d'une part à une ruelle conduisant à l'église de Sainte-Croix et par derrière à une maison de la rue de la Verrerie. L'hôtel de la

situées et assises en la ville, prevosté et viconté de Paris, lesqueles sont à nous forfaictes, confisquées et acquises par la rebellion et desobeïssance des dessusdiz Tanguy et Robert, et autres crimes de leze magesté par eulx commis à l'encontre de nous et de nostre seigneurie, pour d'icelles terres, fiefz, cens, rentes, revenues et possessions joïr et user d'ores en avant par ledit Thomas et ses hoirs masles legitimes, descendans de lui en directe ligne, à tousjours mais, perpetuelment et hereditablement, plainement et paisiblement comme de leur propre chose jusques à la valeur de deux cens livres parisis de rente ou revenue par chascun an eu regard au temps de l'an mil quatre cens et dix.....

Si donnons en mandement par ces mesmes presentes à noz amez et feaulx conseillers les gens de noz comptes, tresoriers et generaulz gouverneurs de toutes noz finances en France, au prevost de Paris....,

Donné à Paris, le septiesme jour de juing, l'an de grace mil quatre cens vint huit et de nostre regne le sixiesme.

Ainsi signé : Par le roy, à la relacion de monseigneur le regent, duc de Bedford,

J. DE RINEL.

CXXXVI.

1428. 29 juin. Paris.

Rémission accordée par Henri VI à Simonnet de Stanford, valet de chambre du duc de Bourgogne, lequel ayant quitté Paris vers 1422 pour recevoir l'héritage de son frère Jacquet de Stanford, marchand drapier, avait dû pour ce fait se rendre non-seulement dans la ville de Genève, mais aussi à Lyon, Bourges, Tours, etc., c'est-à-dire dans les pays de l'obéissance du Dauphin. Les marchandises que son frère avait laissées à Tours et à Lyon furent saisies par les Dauphinois : Jacquet lui-même fut capturé par les gens de Tanneguy du Châtel et emprisonné dans la tour de Mehun-sur-Yèvre, d'où il ne sortit, au bout d'un an, qu'en payant une rançon de 300 écus d'or. Après sa délivrance, Jacquet était allé à Genève, puis à Avignon et s'était enfin retiré en Flandre près du duc de Bourgogne.

(JJ. 274, n° 159.)

Henry, par la grace de Dieu roy de France et d'Angleterre, savoir faisons à tous presens et avenir, nous avoir receu l'umble

---

Barre du Bec, confisqué sur Tanneguy, était inhabité en 1421; mais quelques années après, et antérieurement au 24 juin 1427, il fut adjugé par décret aux Chartreux et au collége de Dormans envers lesquels il était chargé, ici de 28 livres parisis de rente annuelle, là de 12 (Sauval, p. 289, 305).

supplicacion de Simonnet de Stanfort, varlet de chambre de nostre tres chier et tres amé oncle le duc de Bourgongne, de l'aage de xxvi ans ou environ, filz de feu Jehan de Stanfort[1], en son vivant marchant et bourgois de Paris, contenant que comme depuis huit ans en ça ou environ un nommé Jaquet de Stanfort, frere dudit suppliant, demourant audit lieu de Paris, qui se mesloit de draperie et d'autres marchandises, eust achetté une quantité de draps de laine pour en cuidier faire son prouffit, et lesquelz il fist mener à la foire de Genesve pour les vendre, lequel Jaquet quant il fu audit lieu de Genesve se acompaigna avec aucuns autres marchans oultremonttains qui semblablement avoient denrées comme draps d'or et de soye, et firent leur marchandise ensemble et aloient par les païs de Lombardie, Pimont, Lionnois, Languedoc, Berry, Poitou et Bretaigne, ainsi come marchans ont acoustumé de faire pour la vente de leur marchandise. Et il soit ainsi que, un an et demi après, icelui Jaquet ala de vie à trespassement et, ce venu à la congnoissance dudit Jehan Stanfort, pere dudit suppliant, icelui Jehan Stanfort impetra lettres royaulx pour estre heritier par benefice d'inventoire d'icelui Jaquet son filz, et fist et constitua ledit suppliant son procureur par procuration faicte et passée soubz le seel de la prevosté de Paris, et lui donna povoir de poursuir les debtes et autres choses qui povoient appartenir audit feu Jaquet. Et ce fait, se parti ledit suppliant pour aler en la dicte ville de Genesve pour recouvrer les biens dudit Jaquet son frere et, quant il fu arrivé en ladicte ville, trouva que son dit frere estoit trespassé en venant de Bretaigne où il estoit alé pour marchander, et qu'il avoit laissié plusieurs des denrées qu'il avoit pour lui et ses compaignons en marchandise, tant en la ville de Lyon, de Bourges comme autre part es parties de par delà, c'est assavoir draps d'or, de soye et de laine; et que, pour les avoir et recouvrer ou y trouver bon appointcement, il lui convenoit aler sur lesdiz lieux, lequel y ala et trouva que en la ville de Tours en Touraine son dit feu frere avoit laissié bien pour mil et cinq cens escuz de draps d'or et de soye avec plusieurs autres choses, qui furent prins et arrestez par le conte d'Aumalle[2], et ne recouvra

---

1. Jean de Stanfort, « bourgeois de Paris et drapier, » était mort le 17 décembre 1425 et avait été enseveli dans l'église des SS. Innocents où l'on voyait aussi la sépulture de Jeanne, sa femme (Lebeuf, édit. Cocheris, t. II, p. 200).

2. Jean d'Harcourt, comte d'Aumale et de Mortain, dès 1411, par cession

seulement que les cedules. Et s'en retourna à Lyon où cuidoit semblablement recouvrer aucuns draps de laine qui là estoient, et fu suivy longuement jusques à Lyon d'aucuns des gens de Tanguy du Chastel, lesquelz le prindrent avec tous les biens qu'il avoit audit lieu de Lyon, et l'emmenèrent à Bourges, et de là à Meheun-sur-Yevre en une tour avec deux chevaliers anglois et un escuier, lesquelz se nommoient Guillaume Bors, Henry Jugloz et Lancelot de l'Isle, et estoit enferré et non pas les diz Anglois, et fu prisonnier bien par l'espace d'un an avant qu'il peust estre delivré et perdit tout ce qu'il avoit vaillant, et si fu encores raençonné à la somme de trois cens escuz d'or qu'il convint bailler à la femme de Alexandre le Boursier [1]. Et après ce, voiant qu'il avoit tout perdu, s'en retourna audit lieu de Geneve et d'Avignon où il trouva Tassin Gaudin, chevalier, avec lequel il s'en ala en plusieurs lieux, et demoura avecques lui jusques à tant que ledit Tassin s'en revint par deça. Et, quant il a veu que ledit chevalier s'en estoit venu, icelui suppliant s'est trait ou païs de Flandres où il s'est tousjours depuis tenu ou service de nostredit oncle de Bourgogne, où il est de present, sans ce qu'il se soit meslé ne entremis d'aucune chose, sinon de marchandise, ne onques ne se mesla de fait de guerre en aucune maniere. Et pour ce que ledit suppliant a moult grant desir de retourner et demourer avec ses parens et amis en nostre bonne ville de Paris dont il est né et où tous sesdiz parens sont demourans, ce que bonnement il n'a osé faire pour doubte d'avoir empeschement à cause de ce qu'il a passé par les païs à nous desobeïssans sans licence et congié de nous ne de justice, se de nostre grace ne lui est pourveu comme il dit requerant humblement icele. Pour ce est il que nous, les choses dessus dictes considerées.....

Si donnons en mandement par ces mesmes presentes au prevost de Paris.....

Donné à Paris, le xxixe jour de juing, l'an de grace mil quatre cens et vint huit et de nostre regne le sixiesme.

Ainsi signé : Par le roy, à la [relacion] de monseigneur le regent, duc de Bedford,

J. de Rinel.

---

de son père, fut tué en 1424 à la bataille de Verneuil (*Art de vérifier les dates*, t. II, p. 793).

1. Voyez sur Alexandre le Boursier la note 5 de la page 62.

CXXXVII.

1428. 31 juillet. Paris.

Rémission accordée par Henri VI à Pierre le Coq, natif de Paris, qui vivait depuis 1422 dans des pays obéissant au dauphin. Pierre le Coq prétend qu'il a quitté sa ville natale pour échapper aux poursuites de ses créanciers.

(JJ. 174, n° 193.)

Henry, par la grace de Dieu roy de France et d'Angleterre, savoir faisons à tous presens et advenir, nous avoir receu l'umble supplicacion des parens et amis charnelz de Pierre le Coq, natif de nostre bonne ville de Paris, contenant que six ans a ou environ, ledit Pierre le Coq[1], doubtans la poursuite de plusieurs ses creanciers ausquelz il estoit tenu et endebtez en pluseurs grans sommes de deniers, considerans qu'il ne les povoit contenter ne satisfaire, et que à ceste cause et autrement ses diz parens et amis estoient de lui tres mal contens, par l'induccion et amonestement d'aucuns, se parti de l'obeïssance de feu noz tres chiers seigneurs aieul et pere les roys de France et d'Angleterre, derrenierement trespassez, ausquelz Dieu pardoint, en laquele auparavant il avoit tousjours demouré et se y estoit bien et doulcement gouverné, et s'en ala comme mal conseillié demourer es pays tenuz et occupez par noz adversaires, esquelz pays, depuis son departement, il s'est tenu et y a demouré jusques à present sans soy mesler ne entremettre de fait de guerre en quelque maniere que ce soit. Et lui bien adverti, tres desplaisant de la faulte qu'il a faicte, retourneroit voulentiers pour demourer soubz nous et en nostre obeïssance avecques sesdiz parens et amis si comme ilz dient, se sur ce lui voulions ottroier nostre grace et lui pardonner et remettre le delict et offense par lui commis à la cause dessus dicte, requerant humblement noz diz grace et pardon. Pour ce est il que nous.....

Si donnons en mandement à nostre prevost de Paris.....

Donné à Paris le derrenier jour de juillet, l'an de grace mil quatre cens et vint huit et de nostre regne le sixiesme.

Ainsi signé : Par le roy, à la relacion de monseigneur le regent de France, duc de Bedford,

J. MILET.

---

1. Nous avons déjà parlé plus haut, p. 102-103, de ce personnage à propos des lettres du 26 juin 1423 par lesquelles le roi d'Angleterre attribua à Hugues le Coq, prévôt des marchands, le propre frère de Pierre, les biens de celui-ci et ceux de leur neveu, Jeannin Anchier, considérés tous deux comme rebelles.

CXXXVIII.

1428. 13 août. Paris.

Henri VI donne à Jean de Fleury, contrôleur de l'audience de la chancellerie de France, et à Simonne Filleul, sa femme, les 4/5 par indivis des biens que feu Jean Filleul, avocat au Parlement et père de Simonne, possédait tant à Paris (rue de la Colombe) qu'à Compiègne, Bienville, Jaux, Clairoix et Venette. Ces biens qui, en 1410, rapportaient 28 livres parisis par an, avaient été confisqués, à l'exception du cinquième appartenant à la femme de Jean de Fleury, sur quatre enfants de Jean Filleul.

(JJ. 174, n° 205.)

Henry, par la grace de Dieu roy de France et d'Angleterre, savoir faisons à tous presens et avenir que pour consideracion des bons et aggreables services que nostre amé et feal clerc notaire maistre Jehan de Fleury, contreroleur de l'audience de nostre chancellerie de France, a faiz depuis trente ans en ça ou environ à feu nostre tres chier seigneur et aieul le roy Charles derrenierement trespassé, cui Dieu pardoint, tant esdiz offices come autrement, fait à nous un chascun jour et esperons que encores face, eu regard aussi à ce que les heritages cy après declairez, qui furent à feu maistre Jehan Filleul, jadis advocat en Parlement, pere de nostre amée Simonne Filleule, femme de nostre dit clerc notaire, appartiennent pour partie à icelle Symonne, et à la bonne voulenté et affeccion qu'ilz ont de les relever et remettre sus, nous à iceulx de Fleury et sa femme, par l'advis et deliberacion de nostre tres chier et tres amé oncle Jehan, regent nostre royaume de France, duc de Bedford, avons donné, cedé, transporté et delaissié, donnons, cedons, transportons et delaissons par ces presentes quatre porcions de la moictié par indivis à partir en cinq parties des maisons et louages que ledit feu Filleul tenoit en son vivant à Paris en la rue de la Coulombe[1], aboutissant en la rue du Bersuel[2]; item, des masures, terres, vignes, prez, cens, chappons, vinages, champars et autres revenus quelzconques que ledit Filleul tenoit et possidoit en son vivant es villes et terroirs de Compiengne, Byenville, Jaux, Claroiz, Venette[3] et

---

1. La rue de la Colombe est l'une des rares rues de l'île de la Cité qui remontent au moyen-âge.
2. Peut-être l'ancien cul-de-sac Saint-Landry.
3. Les villages de Bienville, Jaux, Clairoix et Venette font tous quatre partie de l'arrond. et du canton de Compiègne (Oise).

autres lieux d'environ dont la plus grant partie est tenue et mouvant en fief du chastel et seignourie de Pierrefons, avec le droit d'aineesce qui y povoit avoir l'ainsné heritier dudit feu Filleul, et toutes leurs appartenances et appendances, lesqueles maisons de Paris et lesdictes revenues de Compiengne sont de present de nulle ou tres petite valeur, combien que ou temps passé, et mesmement en l'an mil cccc et x, ladicte moictié des dictes maisons et louaiges de Paris valoit de louage par an, charges paiées, huit livres parisis ou environ, et lesdiz heritages de Compiengne sans comprendre lesdictes vignes valoient vint livres parisis de revenue par an ou environ, tous lesdiz heritages chargiez de charges foncieres et reeles et du douaire de la vefve dudit feu Filleul, desqueles moictié de maisons et louages de Paris et desdis heritages de Compiengne les porcions de quatre des enfans dudit feu Filleul et le droit d'aineesce de l'ainsné d'iceulx enfans nous sont venues et escheues par leur rebellion et desobeïssance commise à l'encontre de nous et de nostre seignourie, et la ve porcion appartient à ladicte Symonne; pour d'iceulx louages, maisons... joïr et user d'ores en avant.....

Si donnons en mandement à noz amez et feaulx gens de noz comptes et tresoriers à Paris, aux prevost de Paris, bailli de Senliz et gouverneur de Valois.....

Donné à Paris, le xiiie jour d'aoust, l'an de grace mil quatre cens et vint huit et de nostre regne le sixiesme.

Ainsi signé : Par le roy, à la relacion de monseigneur le regent, duc de Bedford,

J. DE RINEL.

CXXXIX.

1428. 31 octobre. Paris.

Rémission accordée par Henri VI à Jean le Cheron, absent, qui le 25 août 1427 avait quitté Paris avec Isabeau, femme de Cardin Mittes, et Tiphaine, sa nièce, femme de Gilles Variffroy, pour demeurer dans le pays de l'obéissance du Dauphin, où il avait pris part à plusieurs faits de guerre contre les Anglais ou leurs partisans.

(JJ. 174, n° 254.)

Henry, par la grace de Dieu roy de France et d'Angleterre, savoir faisons à tous presens et avenir nous avoir receu l'umble supplicacion de Jehan le Cheron, marchant natif de nostre ville de Paris, contenant que, le xxve jour d'aoust l'an mil quatre cens vint sept, il se parti de nostre obeïssance en laquele il avoit tousjours demouré jusques audit jour et, en la compaignie de Ysabel, femme de Cardin Mittes, et Tiphaine sa niepce, femme de Giles Variftroy, absens et banniz de nostre royaume de France, icelui suppliant s'en alla en la partie de noz adversaires et desobeïssans où il a demouré, conversé et frequenté l'espace d'un an ou environ en pluseurs et divers lieux oultre la riviere de Loire et par deça tant ou chastel de Montpipeau[1] lez Orléans comme à Nogent le Roy[2] et autre part. Et durant ledit temps d'un an a esté en plusieurs courses et à plusieurs prinses de personnes sur noz païs et subgiez, en la compaignie de plusieurs de noz diz adversaires, et tant deça la riviere de Seine comme ailleurs, à l'occasion desqueles choses ledit suppliant qui, pour aucunes causes servans au bien de nous et d'aucuns nos païs et subgez, s'est trait n'a gaires par devers nostre tres chier et tres amé oncle Jehan, regent nostre royaume de France, duc de Bedford, en nostre ville de Paris, n'oseroit demourer ne soy tenir en nostre dite obeïssance, doubtant rigueur de justice, se sur les cas dessusdits et autres par lui commis à l'occasion dessusdicte ne lui estoit impartie nostre grace et misericorde si comme il dit, requerant humblement icele. Pour ce est-il que nous consideré ce que dit est...

Si donnons en mandement à nostredit prevost [de Paris] et à tous noz autres justiciers...

Donné à Paris, le derrenier jour d'octobre, l'an de grace mil cccc et vint huit et de nostre regne le septiesme.

Ainsi signé : Par le roy, à la relacion de monseigneur le regent de France, duc de Bedford,

J. MILET.

CXL.

1428. 1ᵉʳ décembre. Paris.

Rémission accordée par Charles VI à Fourques de Rosières, notaire au Châtelet, commis par le Parlement à la garde des biens de feu Mᵉ Nicole de Savigny, doyen de Lisieux, dont la succession était litigieuse. Rosières avait eu la faiblesse d'accepter 25 écus de Jean Larget sur une somme de 100 écus que Manon, femme de Jean, avait prise chez le défunt, dont elle se disait naturelle héritière; mais depuis, sur le conseil de son confesseur,

---

1. Montpipeau (Loiret, arr. d'Orléans, cant. de Meung, com. d'Huisseau-sur-Mauves).

2. Nogent-le-Roi (Eure-et-Loir, arr. de Dreux, chef-lieu de canton).

le notaire les avait employés en messes pour l'âme de feu Nicole de Savigny. Ce n'était cependant pas ce fait qui avait motivé son arrestation, mais bien le recel d'une pièce de toile faisant partie de la succession et qu'Allouin, serviteur du défunt, avait déposée chez lui.

(JJ. 174, n° 238.)

Henry, par la grace de Dieu roy de France et d'Angleterre, à tous ceulx qui ces presentes lettres verront, salut. Receu avons l'umble supplication de Fourques de Rosieres, notaire en nostre Chastellet de Paris, contenant comme tantost apres le trespas de feu maistre Nicole de Savigny, en son vivant doien de Lisieux[1] et advocat en nostre court de Parlement, il eust esté prins et esleu par aucuns de noz conseillers en nostre dit Parlement pour et à la garde des biens demourez par le decès dudit defunct avec Guillaume de Buimont, premier huissier dudit Parlement, lequel suppliant eust vacqué et entendu à la garde desdits biens, et aussi à faire l'inventaire d'iceulx biens par plusieurs journées, et feust advenu que, en faisant icelui inventaire et querant le testament dudit defunct, il vit et apperçut que Marion, femme de Jehan Larget, avoit pris aucune chose en une chambre estant emprès la roe d'icelui defunct, laquele Marion, veant que icelui suppliant l'avoit bien apperceue, vint et s'adreça à lui, et lui monstra un petit sachet qu'elle tenoit encloz en sa main, disant que c'estoit or qu'elle avoit trouvé et sembloit que ledit sachet eust esté bouté en plastre, en priant à icelui suppliant qu'il n'en deist mot, et qu'elle estoit vraie heritiere dudit defunct, et se doubtoit qu'elle n'en eust jamais riens et que tout feust perdu. Et à ce faire estoit present un nommé Allouyn, serviteur dudit defunct, qui avoit bien apperçu prendre ledit sachet par ladicte Marion, lequel sachet icelui suppliant tint lors, et après le rendi à ladicte Marion, pour ce qu'il vit que c'estoit peu de chose, et lui dist qu'elle gardast bien qu'elle n'en feist plus. Et certain temps après, ainsi qu'il passoit par devant l'ostel dudit Jehan Larget, icelui Larget l'apela, ouquel appel il alla et trouva oudit hostel ledit Allouyn, et lors ledit Larget attaingny ledit petit sachet et le descousy, et fu compté tout ce qui estoit dedans et y fu trouvé cent escuz, desquelz icelui Larget en donna audit Allouyn xxIIII ou xxv et en voult donner autant audit suppliant,

---

1. Nicolas de Savigny ne figure pas dans la liste des doyens de l'église de Lisieux publiée dans le *Gallia christiana*, t. XI, col. 810.

à quoy il repondit qu'il n'en prendroit point. Et lors ledit Larget lui deist qu'il les preinst hardiement, et lui promist par la foy de son corps de rabatre toute ladicte somme sur sa part quant vendroit au partage, en disant qu'il le povoit bien faire, car il estoit vray heritier dudit defunct à cause de sa femme, et disoit que le demourant seroit pour pourchassier son droit, et des autres heritiers qui estoient bien embroullez. Et lors ledit suppliant les print et dist audit Larget qu'il gardast bien que d'ores en avant on ne preinst aucune chose des biens dudit deffunct, et que s'il en appercevoit plus en aucune maniere que il le diroit, et aussi dist ledit Larget que si feroit il pareillement se il savoit que on en preinst aucune chose. Brief temps après laquele chose ainsi faicte et advenue, ledit suppliant se adverty et fist conscience de ce qu'il avoit prins lesdis xxv escuz, et s'en confessa à un chapelain de bonne conscience qui lui charga de rendre et restituer aux heritiers dudit defunct lesdis xxv escuz ou d'en faire chanter des messes pour son âme, et lui bailla le choix de faire lequel qu'il vouldroit des deux, pour ce que ledit suppliant lui dist que la succession dudit defunct estoit contentieuse et bien embrouillée, et que l'un des propres heritiers les lui avoit donnez; et pour ceste cause icelui suppliant en a fait depuis chanter trois quars d'anué par un chapelain duquel il a quictance dudit argent baillé. Et feust advenu pareillement que, en faisant ledit inventoire à certain autre jour, ledit Allouyn se adreça audit suppliant en lui disant teles paroles ou semblables : « Je suis bien meschant! J'ay servy monsieur mon maistre plus de xxviii ans, et si n'ay pas une povre chemise que je puisse vestir. » Et avec ce lui dist que il avoit foison toiles en l'ostel d'icelui son maistre et que, s'il povoit, il en prendroit une piece pour en faire des chemises pour lui et les autres de leans. Et de fait, en inventoriant les toiles estans en une chambre haulte sur le jardin, print une piece de toile, contenant environ xxxiiii aulnes et la porta embas, et la bailla à Alips, chamberiere d'icelui defunct. Et après, au desceu dudit suppliant il porta ladicte toile en l'ostel d'icelui suppliant, et la bailla à sa femme en lui disant qu'elle la gardast jusques ad ce qu'il la vendroit querir, disant qu'il aloit besongnier en la ville. Après laquele chose ainsi faicte, la femme dudit suppliant dist à icelui suppliant que un des serviteurs dudit defunct lui avoit baillé à garder ladicte piece de toile, pour quelle cause ne pour quoy faire elle ne savoit et qu'il ne l'estoit point alé querir, et lors ledit suppliant dist à sadicte femme qu'il l'envoieroit querir. Et lui, retourné en l'ostel dudit defunct, il dist audit Allouyn pour quoy il avoit porté ladicte toile en son hostel, et qu'il la alast querir; lequel Allouyn requist à grant instance audit suppliant qu'il feist bailler la moictié de ladicte toile à ladicte Alips, chamberiere, et il yroit querir le demourant, et lors ledict suppliant, meu de pitié, dist à ladicte Alips qu'elle alast querir sa part de ladicte toile, et s'en ala en son hostel, et copa ladicte piece de toile par le milieu, et dist à sadicte femme que se ladicte Alips aloit querir ladicte moictié de toile, qu'elle lui baillast et audit Allouyn l'autre moitié, laquele autre moictié demoura long temps en son hostel, et jusques ad ce que Guillaume de Buymont, premier huissier de Parlement, lui dist au Palais qu'il avoit entendu qu'il avoit en son hostel une pièce de toille des biens dudit defunct, et icelui suppliant respondi que non avoit qu'il sceust. Et incontinant s'en ala en son hostel et trouva que ladicte moictié de toile y estoit encores; et pour ce s'en vint tantost audit Buymont lui dire qu'il estoit vray, et qu'il l'a fait mettre en l'inventaire. Pour lesqueles choses icelui suppliant a esté depuis aucun temps en ça prins et emprisonné en la conciergerie de nostre palais, par l'ordonnance d'aucuns de noz conseillers en nostre dicte court de Parlement, par devant lesquelz il a esté interrogué, et a confessé le fait desdiz escuz de sa liberale voulenté et avant qu'il feust interrogué sur ce; et au regard de ladicte toile l'a denié, excepté ce qu'il en dist audit Bimont, non aiant memoire de la chose, mesmement qu'il y avoit bien demi-an d'un temps à l'autre et si n'en estoit riens venu à son prouffit. Et combien qu'il n'ait aucunement appliqué à son prouffit lesdiz xxv escuz et toile, ainçoiz les ait emploiez et convertiz en l'usage dessusdit, neantmoins il doubte que pour occasion des choses dessusdictes, nostre procureur le vueille accuser et le mettre, tenir et enveloper en procès, et conclurre contre lui à fin d'amende et de pugnicion pour lesdits cas; laquele chose se ainsi estoit lui tourneroit à tres grant prejudice, vitupere et dommaige se par nous ne lui estoit sur ce impartie nostre grace et provision si comme il dit, requerant humblement iceles. Pourquoy nous ces choses considerées, que ledit suppliant tout son temps a esté de bonne vie et honneste conversacion et que tantost après ledit cas advenu au regard desdits escuz il en ot desplaisance et s'en repenti, et pour ce converti et emploia lesdits xxv escuz en messes pour l'ame dudit defunct par la maniere que dessus est dit...

Si donnons en mandement à noz amez et feaulx conseilliers les gens tenens et qui tendront nostredit Parlement à Paris...

Donné à Paris, le premier jour de decembre l'an de grace mil cccc et xxviii et de nostre regne le septiesme.

Ainsi signé : Par le Conseil,

G. DE MARC.

CXLI.

1429. 9 avril. Paris.

Henri VI donne à Guillaume, seigneur de Châteauvillain, Grancey et Pierrepont, l'hôtel de la Garde-Dieu, sis à Paris, près la porte de la Comtesse et en face de l'hôtel d'Artois, lequel hôtel avait été confisqué sur le seigneur de la Roche-Foucauld.

(JJ. 174, n° 285.)

Henry, par la grace de Dieu roy de France et d'Angleterre, savoir faisons à tous presens et avenir que, pour consideration des bons services que nous a faiz le temps passé et peut faire ou temps advenir nostre amé et feal cousin, Guillaume, seigneur de Chasteauvillain, de Grancey et de Pierrepont[1], à icelui par l'advis de nostre tres chier et tres amé oncle Jehan regent nostre royaume de France, duc de Bedford, avons donné, cedé, transporté et delaissié, et par la teneur de ces presentes de grace especial, plaine puissance et auctorité royal, donnons, cedons, transportons et delaissons l'ostel nommé de la Garde-Dieu, ainsi comme il se comporte, avec ses appartenances et appendances, assis en nostre ville de Paris, pres et joignant de la porte à la Contesse[2], devant l'ostel d'Arthois[3], lequel hostel de la Garde-Dieu fu et appartint

---

1. Guillaume, seigneur de Châteauvillain, qui possédait Grancey et Pierrepont, du chef de sa mère, Jeanne de Grancey, avait été chambellan du roi Charles. Il abandonna le parti anglais peu après la donation dont l'acte présent nous conserve le souvenir et fut nommé, en 1432, par Charles VII, lieutenant du roi en l'évêché de Langres, dont il réduisit le chef-lieu à l'obéissance royale dès 1433. Il mourut en 1439 (Duchesne, *Hist. généal. de la maison de Chateauvillain*, p. 74-75).

2. La porte à la Comtesse, ainsi nommée dans la première moitié du xiv° siècle en raison du voisinage de l'hôtel de la comtesse d'Artois, était située dans la rue de Montorgueil, un peu au-dessus de la rue Mauconseil. Ce n'était qu'une poterne ou fausse porte qui avait été percée dans l'enceinte de Philippe-Auguste pour la commodité des habitants de l'hôtel d'Artois.

3. L'hôtel d'Artois, situé hors de l'enceinte de Philippe-Auguste, fut connu

au seigneur de la Roche-Foucault[1], par la rebellion et desobeissance duquel ledit hostel nous est escheu par confiscacion ; pour joïr d'icelui hostel de la Garde-Dieu, ensemble de ses appartenances et appendances, par ledit de Chasteauvillain et ses hoirs masles legitimes venans de son corps, perpetuelment, hereditablement et à tousjours, en faisant et paiant les droiz et devoirs pour ce deuz et acoustumez, pourveu que ledit hostel ne soit de nostre demaine ancien.....

Si donnons en mandement à nos amez et feaulx les gens de noz comptes à Paris, et les tresoriers generaulx gouverneurs de noz finances de France, au prevost de Paris.....

Donné à Paris, le ix° jour d'avril, l'an de grace mil cccc et vint neuf après Pasques, et de nostre regne le septiesme.

Ainsi signé : Par le roy, à la relacion de monseigneur le regent de France, duc de Bedford,

J. MILET.

CXLII.

1429. 3 mai. Paris.

Henri VI donne à Jean Pophain, chevalier, son conseiller, l'hôtel de Thorigny, confisqué sur Jean Bezille, chevalier, qui l'avait reçu précédemment en don.

(JJ. 174, n° 291.)

Henry, par la grace de Dieu roy de France et d'Angleterre, savoir faisons à tous presens et avenir que, pour consideration des bons et aggreables services que nous a faiz ou temps passé, fait chacun jour et esperons que face ou temps avenir nostre amé et feal conseiller Jehan Pophain[2], chevalier, nous, par l'advis de

---

sous le nom d'hôtel de Bourgogne à partir de Jean-Sans-Peur, qui en avait fait sa résidence. Il tombait en ruine au temps de François Ier qui, en 1543, en ordonna la démolition. La salle de spectacle, établie en 1548 par les confrères de la Passion sur une partie de son emplacement, fut occupée au XVIIe siècle par les Comédiens du roi, et cette circonstance perpétua le souvenir et le nom de l'hôtel de Bourgogne.

1. Guy VIII, seigneur de la Rochefoucauld, conseiller et chambellan des rois Charles V et Charles VI, mort sans doute en 1427, date à laquelle il fit son testament. Il avait épousé Jeanne de Luxembourg, sœur du comte de Saint-Pol, et en eut plusieurs fils ; l'aîné de ceux-ci, Foucauld III, fut conseiller et chambellan du roi Charles VII (Anselme, *Histoire généal. de la maison de France*, t. IV, p. 423-425).

2. Ce personnage est nommé « messire Jean Poupan, chevalier anglois,

nostre tres chier et tres amé oncle Jehan, regent nostre royaume de France, duc de Bedford, lui avons donné et ottroié, cedé et transporté, et par la teneur de ces presentes donnons et ottroions, cedons et transportons ung hostel assis à Paris en la Vieille rue du Temple, appellé vulgaument l'ostel de Thorigny[1], lequel hostel depuis aucun temps en ça par nostre don et ottroy a tenu et possidé Jehan Bezille, chevalier, qui auparavant l'obeïssance à nous faicte par nostre tres chier et tres amé oncle le duc de Bretaigne[2], s'est absenté et alé oudit païs de Bretaigne, ou autre part, hors nostre obeïssance si comme l'on dit, par quoy ledit hostel est venu et retourné en nostre main, à icelui hostel de Thorigny avecques les jardins, louages, appartenances et appendances quelzconques avoir, tenir et possider et en joïr et user à tousjours par ledit Jehan Pophain et ses hoirs masles legitimes, venans et yssans de son corps en loyal mariage, en paiant toutesfoiz les charges et devoirs pour ce deuz et acoustumez, pourveu que.....

Si donnons en mandement par ces mesmes presentes à noz amez et feaulx gens de nos comptes à Paris, aux tresoriers et generaulx gouverneurs de noz finances, aux prevost et receveur de Paris....

Donné à Paris, le tiers jour du moys de may l'an de grace mil cccc et vingt-neuf et de nostre regne le septiesme.

Ainsi signé : Par le roy, à la relacion de monseigneur le regent, duc de Bedford,

J. DE DROSAY.

CXLIII.

1429. 22 septembre: Paris.

Rémission accordée par Henri VI à Michelette, veuve de Guyot le Bossu, demeurant à Longchamps, coupable d'avoir, sans autorisation de la justice anglaise, demandé pour vendanger ses vignes de Chaillot un sauf-conduit aux partisans de Charles VII qui occupaient alors Saint-Denis.

(JJ. 174, n° 339.)

Henry, par la grace de Dieu roy de France et d'Angleterre,

---

chancelier de Mgr le regent », dans le compte des confiscations de 1423-1427, qui l'indique comme ayant occupé l'hôtel Clisson (Sauval, p. 302).

1. Sur cet hôtel et le don qui en avait été fait le 16 juin 1423 à Jean Bezille, voy. plus haut, p. 95.

2. C'est-à-dire avant le 8 septembre 1427, date de la soumission définitive du duc de Bretagne (voy. plus haut, p. 249, note 2).

savoir faisons à tous presens et avenir nous avoir receu l'umble supplicacion de Michelette, vesve de feu Guyot le Bossu, povre femme à present prisonniere en nostre chastel du Louvre, contenant que comme dès deux mois a et plus ladicte suppliante et sa mere, ancienne femme vesve, feussent alées demourer et faire leur residence à Long-Champ[1] en esperance de faire vendengier et cueillir aucunes vignes appartenant à ladicte mere, seans ou terroir de Challiau[2], auquel lieu de Long-Champ elles ont tousjours demouré depuis ledit temps jusques à trois sepmaines a ou environ que ladicte suppliante se parti dudit lieu pour aler à Saint-Denis en France querir, sans le congié et licence de nous ne de nostre justice, un sauf conduit de noz ennemis et adverses pour lors estans audit lieu de Saint Denis[3], afin de plus seurement faire vendengier lesdictes vignes, en retournant duquel lieu de Saint Denis audit Long-Champ elle fu prise par aucun de noz gens et menée prisonniere en nostre dit chastel du Louvre à Paris où elle a tousjours depuis esté, et encores est, en tres grant neccessité, povreté et misere, et en voie de y finer miserablement ses jours, se nostre grace et misericorde ne lui est sur ce impartie si comme elle dit, en nous humblement requerant que, consideré la povreté d'elle et de sadicte mere, mesmement que la cause de ladicte alée fu come dit est pour cuider sauver les fruis desdictes vignes, qui estoit tout ce dont elles avoient esperance de vivre, et que en tous autres cas elle a esté femme de bonne renommée et honneste conversacion, sans avoir onques esté convaincue d'aucun autre vilain cas, blasme ou reproche, nous lui vueillons nostre dicte grace et misericorde impartir. Pour ce est-il que nous.....

Si donnons en mandement à nostre dit prevost de Paris.....

Donné à Paris, le xxiie jour de septembre, l'an de grace mil cccc vint neuf, et de nostre regne le septiesme.

Ainsi signé : Par le roy, à la relacion de monseigneur le regent le royaume de France, duc de Bedford,

L. Calot.

---

1. Cette localité, aujourd'hui détruite, était comprise dans le finage de Boulogne-sur-Seine.

2. Chaillot, localité annexée à Paris depuis un siècle déjà.

3. Saint-Denis avait été pris par les Français le 25 août précédent, mais il ne fut pas occupé définitivement, car le comte de Vendôme, que Charles VII y avait laissé après son mouvement de retraite, fut bientôt contraint de l'abandonner.

CXLIV.

1429. Octobre. Paris.

Rémission accordée par Henri VI à Pierre Thoroude, maçon, qui avait été condamné à la prison pour un temps indéterminé, ainsi qu'au pilori, pour avoir demandé ironiquement à maître Oudard le Fer le motif qui amenait le duc de Bourgogne le 10 juillet et si ce prince avait l'intention de s'opposer au sacre du Dauphin.

(JJ. 174, n° 336.)

Henry, par la grace de Dieu roy de France et d'Angleterre, savoir faisons à tous presens et avenir nous avoir receu l'umble supplicacion de Pierre Thoroude, maçon, chargié de femme et de trois petiz enfans, contenant que le xe jour de juillet derrenierement passé icelui suppliant estant à l'uis de Jehan Thomas, cordouennier, avec maistre Oudart le Fer et ledit Jehan Thomas, demourans à Paris, icelui suppliant demanda par esbatement oudit maistre Oudart pour quoy il n'estoit alé au devant du duc de Bourgongne son maistre[1], lequel maistre Oudart lui respondi qu'il y avoit eu assez de gens sans lui, et aussi qu'il avoit esté occupé. Et ledit suppliant lui dist que s'il savoit que l'evesque de Paris, duquel il est voyer, venist de dehors en ceste ville de Paris, il seroit courroucié s'il n'aloit au devant de lui; et après demanda audit maistre Oudart que venoit faire le duc de Bourgongne à Paris, et s'il vouloit empeschier que le Daulphin ne feust sacré[2]. Pour occasion desqueles paroles ledit suppliant a esté prins et mis en noz prisons du Chastelet de Paris où il est encores, et a esté interrogué par serement s'il avoit dit lesdictes paroles, c'est assavoir que venoit faire le duc de Bourgongne à Paris et s'il vouloit empeschier que le Daulphin ne feust sacré; lequel a denié avoir dit lesdictes paroles, non remembrant les avoir dites. Et après s'en est rapporté en la deposicion desdiz maistre Oudart et Jehan Thomas, lesquelz l'ont chargié d'avoir dictes iceles paroles, et pour ce a esté condampné icelui suppliant par le prevost de Paris ou son lieutenant à estre tourné au pilori et à tenir prison

---

1. On lit dans le Journal parisien que le duc de Bourgogne arriva à Paris le dimanche 10 juillet 1429, vers six heures du soir; il en repartit le samedi 16.

2. Charles VII devait être, en effet, sacré à Reims sept jours plus tard, le 17 juillet 1429.

jusques au bon plaisir de nous ou dudit prevost ; de laquele sentence ou condampnacion il a appelé en nostre court de Parlement. Pour laquele chose il est encores detenu es dictes prisons à grant povreté et misere, en voye de y finer miserablement ses jours, se sur ce ne lui est impartie nostre grace et misericorde, si comme il dit, en nous humblement suppliant que ce consideré, et que ledit suppliant en autres cas a tousjours esté de bonne vie, renommée et honeste conversacion, sans avoir esté reprins ne convaincu d'autre vilain blasme ou reprouche, et attendu la longue detencion de prison qu'il a soufferte et la grant charge qu'il a de femme et de petiz enfans qu'il ne pourroit nourrir s'il ne povoit ouvrer de son mestier, nous sur ce lui vueillions nostre dicte grace impartir. Pour ce est-il que nous ces choses considerées..... à icelui suppliant oudit cas, par l'advis et deliberacion de nostre tres chier et tres amé oncle le duc de Bourgogne, nostre lieutenant es marches de France, avons quitté, remis et pardonné.... le fait et cas dessusdit.....

Si donnons en mandement à noz amez et feaulx conseillers les gens de nostre Parlement, au prevost de Paris.....

Donné à Paris, au mois d'octobre, l'an de grace mil cccc et vint neuf et de nostre regne le septiesme.

Ainsi signé : Par le roy, à la relation de monseigneur le duc de Bourgongne, lieutenant,

J. MILET.

CXLV.

1430. 5 avril. Paris.

Rémission accordée par Henri VI à Jean de Calais, prisonnier au Châtelet de Paris, que Jacquet Perdriel avait affilié à une conjuration dauphinoise, en lui rappelant qu'il avait été jadis emprisonné pour s'être montré désireux de la paix et avoir médit des conseillers du souverain anglais. Un religieux carme, qui se montrait aux conjurés parisiens en habit de travailleur, était employé par Perdriel comme messager auprès du roi légitime. Plusieurs moyens avaient été proposés pour faciliter l'entrée des Dauphinois dans Paris : 1° la lecture de lettres d'abolition accordées par Charles VII aux Parisiens, lecture qui, faite un jour de dimanche sur la place Baudoyer, devait soulever la populace qui, alors, irait ouvrir la porte Saint-Antoine aux adversaires du roi anglais ; 2° l'embuscade d'un certain nombre de gens du parti dauphinois dans les maisons voisines de la porte Bordelles ; 3° l'entrée de 80 à 100 Écossais qui, divisés en petits groupes et travestis en Anglais, viendraient par le chemin de Saint-Denis conduisant de la marée et du bétail et qui, une fois dans la place, favoriseraient l'introduction d'un corps plus nombreux embusqué aux environs. Ce troisième moyen paraissait en dernier lieu avoir réuni les suffrages des conjurés, parmi lesquels on cite, — en dehors de Jean de Calais, de Perdriel et du religieux carme, — Guillaume du Loir, orfèvre; Pierre Morant, procureur au Châtelet; Jean de la Chapelle et Regnauld Savin [1].

(JJ. 174, n° 353 et JJ. 175, n° 1.)

Henry, par la grace de Dieu roy de France et d'Angleterre,

---

1. Cette curieuse pièce a été publiée, mais avec quelques fautes de lecture, par M. Stevenson, dans le tome Ier (p. 34-50) des *Letters and papers illustrative of the wars of the English in France during the reign of Henry the Sixth*.

Le Journal parisien et une autre chronique contemporaine encore inédite, mais citée par M. Wallon (*Histoire de Jeanne d'Arc*, 3ᵉ éd., t. II, p. 448), ajoutent quelques renseignements précieux à ceux qu'elle nous fournit. La conspiration fut découverte dans la semaine qui suivit la Passion (cette fête tombait en 1430 le 2 avril) par suite de la capture d'un religieux de l'ordre des Carmes qui servait d'intermédiaire entre les conjurés du dehors et ceux du dedans et qui fut mis à la question. On rapportait que « quarante dixaines de ladicte ville [de Paris] s'estoient conclus et avoient traictié signé de livrer cette ville aux gens du roy Charles ». Toujours est-il qu'on arrêta plus de 150 personnes, dont six furent décapitées aux Halles de Paris le 8 avril, tandis que d'autres étaient noyées ou périssaient dans les tortures; certains s'en tirèrent par argent (*finerent par chevance*, dit le Journal parisien) et sans doute Jean de Calais doit être classé parmi ceux-ci; quelques-uns, aussi, parvinrent à s'enfuir et Jacques Perdriel fut de ce nombre.

Le Journal parisien ne fait connaître que le nom d'un seul des conjurés, le carme Pierre d'Allée, qu'un document transcrit dans les registres de la chancellerie française de Henri VI nous apprend avoir été prieur des carmes de Melun en 1426 (Archives nationales, JJ 173, n° 453); mais Clément de Fauquembergues, greffier du Parlement, a noté, dans quelques lignes que nous croyons utile de reproduire ici, l'exécution et les noms des six conjurés qui payèrent de leur vie leur participation au complot : « Du VIIIe jour d'avril M CCCC XXIX, ce jour furent decapitez ez halles de Paris maistre Jehan de la Chapelle, clerc des comptes; Regnault Savin, Pierre Morant, procureurs au Chastelet; Jehan le François dit Baudran, Guillaume Perdriau, cousturiers, et Jehan le Rigueux, boulanger, pour cause de certaine conspiration faicte entre eulx et autres, de baillier aux gens messire Charles de Valois entrée et obeïssance en la ville de Paris, dont les deux d'iceux, c'est assavoir lesditz de la Chapelle et Baudran, furent escartelez. *Quorum et omnium fidelium defunctorum animabus Deus sit misericors et propitius* (Registres du Parlement, Conseil, X^{1a}, 1481). » A ces noms de suppliciés, il faut ajouter celui de Jean de Montfort qui, au dire du compte des confiscations pour 1427-1434, fut « exécuté comme coupable de ladite trahison » et dont les héritages situés dans la rue de la Plâtrière furent saisis au profit du domaine (Sauval, p. 586 ; cf. p. 588). Le même document mentionne aussi un certain Michel Piau, « banni comme coupable de ladite trahison », et dont les biens, situés à Puteaux, furent également confisqués (*Ibid.*).

savoir faisons à tous presens et avenir, nous avoir receu l'umble supplication de Jehan de Calais[1], prisonnier en nostre Chastellet de Paris, contenant que comme depuis un mois ou environ, avant ce present temps de quaresme, Jaquet Perdriel[2] se feust trait devers ledit suppliant par plusieurs foiz et diverses instances,

---

1. Dix années plus tard, c'est-à-dire quatre ans après la reddition de Paris au roi Charles VII, Jean de Calais devint l'un des quatre échevins de la ville. Il demeurait vraisemblablement dès lors dans le quartier de Grève où Pierre Morant, l'un des conjurés, le rencontra un jour; aussi bien le retrouvons-nous, en 1453, comme marguillier de l'église de Saint-Jean-en-Grève, où il reçut la sépulture postérieurement à 1461, date à laquelle Villon le met en scène d'une façon plaisante, lui donnant plein pouvoir de remanier ce facétieux testament qui assure au turbulent écolier le premier rang parmi les poëtes du xv° siècle (Longnon, *Étude biographique sur François Villon*, p. 112-113). Ce que l'on sait de la vie de Jean de Calais après l'abandon de Paris par les Anglais, ce que les lettres de rémission nous apprennent de ses antécédents (il avait déjà été emprisonné une fois pour avoir désiré la fin de la guerre, — au profit du parti national s'entend, — et pour avoir médit des conseillers du roi Henri VI) et surtout la lecture attentive du document que nous publions, suffisent, croyons-nous, à laver le futur échevin de Paris du soupçon que feu Vallet de Viriville a ainsi formulé à l'égard de ce personnage : « *Jean de Calais*, révélateur (et probablement anglais), pour prix de sa délation, obtint l'impunité. » (*Histoire de Charles VII*, t. II, p. 141.) Le surnom de l'ami de Jacques Perdriel indique, il est vrai, son origine calésienne, mais l'occupation de Calais par les Anglais depuis 1347 n'est pas un argument suffisant pour permettre de croire à l'origine anglaise de ce personnage. Quant à la manière dont Jean de Calais parvint à se tirer des mains de ses ennemis, elle ne peut être l'objet d'aucun doute : Jean doit être classé parmi ceux des conjurés qui, suivant le Journal parisien, « finerent par chevance », c'est-à-dire rachetèrent leur vie au moyen de grosses sommes d'argent.

2. Jacques appartenait à la famille parisienne, bien connue aux xiv°, xv° et xvi° siècles, des Perdriel ou Perdrier. Il est mentionné, ainsi que son père Simon, dans le compte des confiscations de 1423 à 1427, comme héritier par bénéfice d'inventaire de feue Gillette, sœur de Gaucher Chanteprime (Sauval, p. 329). Plus heureux que beaucoup de ses complices, Jacquet parvint à échapper à la justice anglaise et quitta Paris; aussi le bannissement fut-il prononcé contre lui, et ses biens confisqués, donnés, le 3 mai 1430, au bâtard de Clarence, à l'exception de « l'hostel de Paris », réservé pour Messieurs des Comptes (*Ibid.*, p. 586); ce dernier était situé dans la rue de la Verrerie, ainsi qu'on l'apprend d'une sentence du Châtelet, en date du 6 septembre 1430, ordonnant qu'on fera « ouverture du coffre estant en l'ostel Jaques Perdriel, assis à Paris en la rue de la Voirrerie, pour savoir se en icelui seront trouvez aucuns tiltres ou lettres faisant mention de certaines rentes que feu M° Guillaume Perdriel donna audit hospital [Saint-Jacques] » (Arch. nat., Y 5229).

et, entre autres choses, lui eust requis et demandé s'il vouldroit
estre de l'aliance de lui et plusieurs autres qui avoient entencion
de bouter et mettre dedens ceste nostre bonne ville de Paris celui
qui se dit Daulphin et ses gens, noz ennemis et adversaires. Et,
pour esmouvoir ledit suppliant à ce, lui ramena et mist au
devant comment il avoit esté mis en prison pour ce seulement
qu'il avoit parlé de la paix et dit autres paroles de noz amez et
feaulx les gens de nostre grant conseil en France, et oultre que
ledit Daulphin, que icelui Perdriel nommoit roy, vouloit faire
abolition generale, de quoy plusieurs de l'aliance dudit Perdriel
et autres estoient bien contens. Et, après ce, ledit suppliant
lui demanda la maniere comment on pourroit faire et baillier
ladicte entrée à noz diz ennemis. Lequel Perdriel lui dist qu'il
avoit beaucoup de gens de son aliance, et qu'ilz feroient publier
par les carrefours de ceste dite ville icelle abolition à son de
trompe especialement à un jour de dimenche, à la porte Baudet, à
heure qu'il y auroit grant foison laboureurs et il ne faisoit nulle
doubte que le peuple ne se tournast avecques eulx; et, ce fait, ilz
yroient gangnier la porte Saint-Anthoine et par icele mettroient
dedens la ville nos diz ennemis. Alors ledit suppliant respondi
audit Perdriel que c'estoit dit de commere et qu'il ne se povoit
ainsi faire; car, quant ilz se cuideroient trouver vint ensemble, ilz
ne y seroient pas six. Lequel Perdriel lui dit que ce n'estoit que
un advis, ja soit ce que plusieurs feussent de celle opinion, et
icelui suppliant lui respondi que, à faire et baillier ladite entrée
par la maniere cy devant touchée, il ne seroit point avecques eulx.
Adoncques Jehan Perdriel, qui paravant avoit dit audit suppliant
que ledit Dauphin et nostre tres cher et tres amé oncle le duc de
Bourgogne devoient assembler à Laon, devers deux legas que
nostre Saint Père le Pape y devoit envoyer pour les mettre d'accord, et que celui d'eulx deux qui seroit refusant de faire paix
seroit excommenié de la bouche de nostre dit Saint Père, dist à
icelui suppliant que on attendroit encore que on eust reponse de
ce qui seroit fait par lesdiz legas; et à tant se departirent l'un de
l'autre. Mais quinze jours ou environ après ce, ledit Perdriel ala
devers icelui suppliant en son hostel, disant que un messagier
dont autres foiz lui avoit parlé estoit retourné pour trouver maniere de faire l'entrée devant dicte, et lui demanda ledit Perdriel
se avecques lui et plusieurs autres il en vouloit estre consentent,
et alors ledit suppliant respondi que oyl, se ainsi estoit toutesvoies

qu'il y eust gens notables qui s'en entremeissent. Lequel Perdriel lui dist que plusieurs personnes de pratique et d'autres estas de bonne et grande auctorité, dont il lui nomma aucuns, s'en mesleroient. Et à tant icelui suppliant se feust accordé et condescendu à aidier à faire et à bailler icelle entrée avecques ledit Perdriel et les autres qui s'en entremettroient, ausquelz ledit message avoit parlé si comme disoit icelui Perdriel afin que ledit suppliant feust plus seur de sa besongne. Et pour adviser la maniere de faire icelle entrée, ledit Perdriel voult que icelui message parlast audit suppliant, sur quoy ilz demourerent d'accord que il yroit à Saint-Merry, auquel lieu ledit Perdriel feroit aller icelui message et d'ilec iroient en l'ostel d'icelui suppliant, ce qu'ilz eussent fait comme dit est. Et quant ledit message, qui estoit tres bien et proprement habillé en estat de laboureur, fu en l'ostel d'icelui suppliant il lui dist qu'il estoit religieux des Carmes, et l'envoioit devers lui ledit Perdriel, et que icelui Daulphin que il nommoit roy, ne ceulx de son conseil, ne le vouloient croire de l'ambaxade qu'il avoit faite de par icelui Perdriel et autres touchant l'entrée devant dicte, se ilz ne avoient lettre de chacun d'eulx, en requerant audit suppliant qu'il en voulsist faire lettre ; et il lui respondi que quant à lui il n'en feroit ja lettre et se rapportoit audit Perdriel de ce qu'il en feroit, mais il tendroit tel chemin que lui. Et atant se parti dudit suppliant ledit carme, disant qu'il retourneroit devers ledit Perdriel, et, par lui, lui feroit savoir ce dont ilz demourroient d'accord ensemble et envoieroit dire par un laboureur à icelui Perdriel le jour, l'eure et la maniere comment nosdiz ennemis vouldroient entreprendre de faire ladicte entrée. Avecques ce, le premier ou second samedi de cedit quaresme, ne scet ledit suppliant lequel, Guillaume de Loir, orfevre, ala devers lui en son hostel disant que ledit Perdriel lui envoioit dire que le laboureur dont autresfoiz lui avoit parlé estoit venu. Et, pourtant que ledit suppliant ne avoit onques parlé audit Guillaume de la maniere devant dite, lui dist qu'il ne savoit que c'estoit à dire, lequel Guillaume lui dist qu'il envoieroit parler ledit Perdriel à lui. Et pour tant que, le lendemain, les serviteurs d'icelui suppliant lui dirent que ledit Perdriel l'avoit demandé, il ala en son hostel et parla à lui en son comptoir, et estoit icelui Guillaume de Loir present, et lui dist icelui Perdriel que le carme qui autresfoiz avoit parlé à lui avoit apporté une abolition dudit Daulphin nostre adversaire par laquele tout estoit pardonné, et que icelui Perdriel et plusieurs autres estoient d'oppinion que à un jour de dimenche on la leust à son de trompe à ladicte porte Baudet, prins LX ou IIIxx hommes de leur société ou aliance, après laquele publication eulx et le peuple qui se joindroit avecques eulx yroient gangnier ladicte porte Saint-Anthoine, pour mettre et bouter par icele dedens ceste dicte ville nosdiz ennemis et adversaires qui seroient embuschiez près d'ilec. Les aucuns disoient que certain nombre de gens feussent embuschiez es maisons prouchaines de la porte de Bordelles; que quatre vins ou cent escoxois, habillez comme angloiz portans la croix rouge, venissent par petiz troupeaux ou compagnies le droit chemin de Saint-Denis en ceste ville et, en admenant de la marée ou du bestail, entrassent tout courtoisement en la porte, puis feissent tant qu'ilz eussent la maistrise des portes, et alors autre partie de noz ennemis qui seroient embuschiez pres d'ilec vendroient à puissance pour entrer dedens ceste dicte ville et avoir la maistrise d'icelle. Et après ce, ledit Perdriel demanda audit suppliant et à celui Guillaume de Loir de quelle opinion ilz estoient; lesquelz dirent qu'il leur sembloit que ce seroit le mieulx de faire ladicte entrée par icele porte Saint-Denis en la maniere dessusdicte, combien que sur ce ne prindrent pour lors autre conclusion. Mais iceulx Perdriel et Guillaume monstrerent audit suppliant deux cedules qu'il avoit faites pour envoyer à nostre adversaire ou ceulx de son conseil, l'une grant escripte en parchemin, et l'autre petite en papier; et pour tant qu'elles ne pleurent audit suppliant, il en fist une autre petite qu'il bailla aux dessuz nommez Perdriel et Guillaume lesquelz dirent qu'ilz monstreroient iceles cedules à leurs autres compaignons pour adviser laquele seroit la meilleur. Et, le landemain bien matin, ledit Guillaume, le carme dessusdit et deux autres compaignons laboureurs ou en habits de laboureurs que ledit suppliant ne congnoissoit, alerent devers lui en son hostel et lui porterent pour signer l'une desdictes trois cedules, ne scet de vray laquele, mais toutesvoies il la signa le premier, puis la bailla audit Guillaume qui la promist faire signer à autres de leur aliance dont il lui nomma aucuns; et, ce fait, se departirent d'avecques lui les dessusdiz. Et, au surplus, ne scet que ledit Guillaume fist de ladicte cedule, car depuis il ne vit ledit carme; laquele cedule contenoit en effect creance sur le porteur d'icele et estoit ladite creance telle, c'est assavoir que ledit carme estoit chargié de dire à nostredit adversaire et ceulx de sondit conseil que, pour faire ladicte entrée, ilz esleussent des trois voies cy devant recitées laquele qu'il leur sembleroit plus convenable et mandassent la maniere, l'eure et le jour comment ilz vouldroient qu'elle feust executée. Avecques ce iceulx Perdriel et Guillaume de Loir dirent audit suppliant que Pierre Morant, procureur en nostredit Chastellet de Paris, et Jaquet Guillaume, demourant à l'Ours à ladicte porte Baudet, estoient consentans avecques eulx de faire l'entrée devant dicte et avoient grant quantité gens avecques eulx d'icele porte Baudet et d'environ. Et trois ou quatre jours après, icelui Morant rencontra en Grève ledit suppliant et lui parla de la matiere devant dite, disant qu'il avoit parlé audit Perdriel et veu une cedule que icelui suppliant avoit signée, lequel Morant l'avoit semblablement signée comme il disoit; et lui pria que, le dimenche ensuivant, il voulsist estre à desjeunner à la Pomme de Pin, en la Cité, auquel lieu maistre Jehan de la Chapelle et Regnault Savin[1], qui estoient pareillement consentans de ladicte besongne, devoient convenir pour advoir avis sur ce que il seroit à faire touchant icele et, pour ce qu'il lui dist qu'il n'y pourroit estre, se despartirent atant. Mais un jour ou deux après, icelui Morant dist audit suppliant que, oudit desjeuner, avoit esté conclu que ilz prendroient la voie advisée de faire ladicte entrée par icele porte Saint-Denis en la maniere autresfoiz pourparlée entre eulx, et iroit icelui suppliant aux champs hors ladicte porte, porteroit pour enseigne un panon blanc et yroit dire à nosdiz ennemis ce qu'ilz devroient faire touchant icele entrée, et ledit Guillaume se tendroit à ladicte porte pour leur dire semblablement quant ilz y arriveroient, et ledit Morant et les gens qu'il avoit avec lui seroient es tavernes de la rue Saint-Denis, prouchaines d'icele porte, pour saillir à cop dehors et aidier à nosdiz ennemis aussi tost qu'ilz seroient entrez. De laquele chose ledit suppliant eust esté et fu d'accord, disant que dès le matin que ladicte besongne devoit estre faicte et executée il yroit dehors et feroit semblant de aler veoir ses vignes à la Chapelle-Saint-Denis; et, ja soit ce que entre eulx il n'y eust point de jour prefix ne accordé pour faire icelle entrée, toutes voies ilz se attendoient tous que le dimenche ensuivant elle feust faicte et

---

1. Ses biens, situés rue Michel-le-Comte, sont mentionnés au compte des confiscations de 1427 à 1434 (Sauval, p. 586).

que ledit carme retournast ou envoiast dire la maniere et ce que nosdiz ennemis vouldroient faire. Mais obstant la prise et emprisonnement d'un autre carme qui de present est prisonnier en ceste ville, ledit fait fu et a esté delaié ; et se il eust esté mis à execution, comme ilz l'avoient conclu, ledit suppliant avoit voulenté et propos de prendre et porter la croix droicte, pareillement que nosdiz ennemis, eust crié la paix et aidié de son povoir à ceulx qui eussent fait ladicte entrée ainsi que les autres de son aliance. Duquel fait ledit suppliant a eu paroles à autres nommez ou procez de sa confession pour savoir se, avecques lui et les dessusdiz ilz vouldroient estre consentans de aidier à faire l'entrée et besongne devant dicte, et se sont aucun d'iceulx par son moien consentiz à ce. Pour raison et occasion desqueles choses, et autres plus à plain declairées oudit procès de sa confession dessusdicte, icelui suppliant a esté pris et mené prisonnier en nostredit Chastellet où il est encore detenu de present à grant povreté et misere de son corps, en adventure de brief finer miserablement ses jours, se par nous ne lui est sur ce pourveu de remede gracieux et convenable ; requerant humblement que, attendu que soubz confiance que ledit cas lui feust par nous remis et pardonné, il a icelui voluntairement recongneu et confessé à aucuns noz conseilliers, qui de ce le requeroient instamment et promettoient de faire leur leal devoir envers nous, ou lesdictes gens de nostre conseil, de lui faire avoir ledit pardon, et que il a tousjours esté homme de bonne vie, renommée et honneste conversation, sans avoir esté attainct ou convaincu d'aucun aultre villain cas ou reproche, si comme il dit, nous lui vueillons sur ce nostre grace impartir et pourveoir dudit remede.....

Si donnons en mandement par ces mesmes presentes à noz amez et feaulx conseillers les commissaires par nous ordonnez pour pugnir ou faire pugnir, congnoistre, jugier et determiner du fait de ceulx qui seroient trouvez coulpables de la conspiration ou entrée dont cy dessus est faicte mention, à nostre prevost de Paris ou son lieutenant.....

Donné à Paris, le cinquiesme jour d'avril, l'an de grace mil cccc xxix, avant Pasques et le huitiesme de nostre regne.

Ainsi signé : Par le roy, à la relation du grand Conseil,
J. DE LUNAIN.

CXLVI.

1430. 13 avril. Péronne.

Henri VI donne à Jean de Villiers, seigneur de l'Isle-Adam, les biens que possédait à Paris et dans la prévôté de cette ville feu maistre Jean de la Chapelle, clerc des comptes, récemment exécuté pour crime de lèse-majesté.

(JJ. 174, n° 354.)

Henry, par la grace de Dieu roy de France et d'Angleterre, savoir faisons à tous presens et advenir, que nous pour consideracion des grans et notables services que nous a faiz et fait de jour en jour nostre amé et feal chevalier et conseiller Jehan de Villiers, seigneur de l'Ille-Adam[1], tant à la garde, seurté et bon entretenement de nostre bonne ville de Paris, comme autrement ou fait de noz guerres, et esperons que face ou temps advenir, à icelui par l'advis de nostre tres chier et tres amé oncle le duc de Bourgongne nostre lieutenant es marches de France, avons donné, ottroié, cedé, transporté et delaissié, et par la teneur de ces presentes, de grace especial, plaine puissance et auctorité royal donnons, ottroions, cedons, transportons et delaissons les maisons, terres, rentes, revenues, possessions et heritages qui souloient appartenir à feu maistre Jehan de la Chapelle[2], situez et assis en nostre ville, prevosté et viconté de Paris, lesqueles nous sont venues et escheues par confiscacion pour cause de certains crimes et delits commis et perpetrez par ledit de la Chapelle

---

1. Jean de Villiers, seigneur de l'Isle-Adam et de Villiers-le-Bel, gardait Pontoise pour le duc de Bourgogne, lorsqu'à l'aide de quelques Parisiens il s'empara par surprise de la ville de Paris le 29 mai 1418. Il reçut pour récompense, le 18 juin suivant, le bâton de maréchal de France, que lui fit retirer l'influence du roi d'Angleterre, Henri V, le 22 janvier 1422. Rentré en faveur dès le début de la régence du duc de Bedford, il fit sa soumission à Charles VII après le traité d'Arras en 1435, facilita en 1436 la réduction de la capitale et fut tué dans une sédition à Bruges le 22 mai 1437 (Anselme, *Hist. généal. de la maison de France*, t. VII, p. 10-11).

2. Jean de la Chapelle, clerc des comptes, avait été décapité, le 8 avril 1429, comme complice de la conjuration dont on trouve le récit en la pièce précédente. La donation de ses biens au seigneur de l'Isle-Adam fut attaquée par Catherine, sa veuve, et par sire Michel de Laillier, conseiller et maître des comptes. Catherine, par contrat de mariage, avait été dotée d'une rente de 60 livres parisis; aussi un arrêt du Parlement, en date du 30 janvier 1431 (n. st.), lui adjugea-t-il les propriétés que son mari possédait à Paris, laissant le surplus au seigneur de l'Isle-Adam.

à l'encontre de nostre majesté royal; pour joïr desdictes maisons, rentes, revenues, possessions et heritages par ledit seigneur de l'Ille-Adam et ses hoirs masles en la forme et maniere que en joissoit ledit de la Chapelle, perpetuelment, hereditablement et à tousjours, en faisant et paiant les charges, droiz et devoirs pour ce deuz et acoustumez, pourveu que ilz ne soient de nostre ancien demaine ne par nous donnez à autres paravant la date de ces presentes.....

Si donnons en mandement à noz amez et feaulx les gens de noz comptes et tresoriers à Paris, au prevost de Paris.....

Donné à Peronne, le xiiie jour d'avril, l'an de grace mil cccc vint neuf, avant Pasques, et de nostre regne le huitiesme.

Ainsi signé : Par le roy, à la relacion de monseigneur le duc de Bourgongne, lieutenant,

J. MILET.

CXLVII.

1430. 23 mai. Paris.

Henri VI confirme le privilége de la confrérie de Saint-Crépin et Saint-Crépinien établie en l'église de Notre-Dame de Paris par les maîtres et valets cordonniers de cette ville. (JJ. 174, n° 355.)

Henry, par la grace de Dieu roy de France et d'Angleterre, savoir faisons à tous presens et avenir nous avoir receu l'umble supplicacion des maistres et varlets cordouenniers de nostre bonne ville de Paris, consors en ceste partie, contenant comme à l'assembleement, et par bonne et meure deliberacion faicte entre eulx de enterine devocion, ilz aient propos et voulenté unie de eulx mettre et estre conjoinctement adjoins en la confrarie des benois et glorieux martirs monseigneur Saint Crespin le grant et monseigneur Saint Crespin le Petit, qui furent en leurs vivans cordouenniers, lesquelz varlez dès cinquante ans et plus y ont tousjours esté frequenté et maintenu ladicte confrarie, et d'icele fait celebrer les messes et service divin en la chapelle desdiz benois sains èt glorieux martirs fondée en l'eglise Nostre-Dame de Paris, comme l'en dit apparoir par certaines lettres royaulx sur ce données et ottroiées à iceulx varlez par feu nostre tres chier seigneur et predecesseur Charles le Quint, en son vivant roy de France, cui Dieu pardoint, seellées en laz de soie et cire vert, laquelle chose lesdiz supplians ne vouldroient n'oseroient fere aucunement ne entreprendre sans avoir sur ce noz congié, octroy et licence si comme ilz dient, requerans humblement iceulx. Pour quoy nous, ces choses considerées et afin que ladicte confrarie soit plus grandement et solennelment maintenue, soustenue et augmentée comme en tel cas appartient, ausdits supplians ou cas dessus dis avons donné et ottroié..... congié, ottroy, licence et auctorité que icelle confrarie ilz puissent d'ores en avant maintenir, ordonner, garder et soustenir en nostre dicte ville de Paris, conjoinctement et ensemble chacun an perpetuelment les jours de festes et solennitez desdiz benois sains et glorieux martirz, de faire et establir procureurs souffisans et ydoines, appellé et present à leurs assemblées un examinateur de nostre Chastellet qui, par nostre prevost de Paris et ses successeurs, leur sera ordonné et establi pour les faiz d'icelle confrarie poursuir et demener bien, deuement et diligemment et toutes autres choses appartenant à fait de confrarie, par la maniere que acoustumé est de faire es autres confraries fondées et ordonnées en nostre dicte ville de Paris.....

Si donnons en mandement à nostre prevost de Paris.....

Donné à Paris le xxiiie jour de may, l'an de grace mil cccc et xxx et de nostre regne le viiie.

Signé : Par le roy, à la relation du Conseil,

R. Jourdrier.

CXLVIII.

1430. 13 juillet. Paris.

Rémission accordée par Henri VI à deux hommes d'armes anglais, Nicolas Say et Richard Geppes, coupables de vols de rubans de soie commis au préjudice de deux marchands, et d'une escroquerie au détriment d'une marchande à laquelle ils avaient donné en gage une bourse où ils prétendaient avoir mis un certain nombre de nobles d'or, tandis qu'elle ne contenait que des jetons de cuivre et de plomb.

(JJ. 174, n° 358.)

Henry, par la grace de Dieu roy de France et d'Angleterre, savoir faisons à tous presens et avenir nous avoir reçu l'umble supplicacion des parens et amis charnelz de Nicolas Say et Richart Geppes, noz subgez natifz de nostre royaume d'Angleterre, suivans les armes en nostre royaume de France, prisonniers en nostre Chastellet de Paris, contenant que la veille[1] de la Saint

---

1. 23 juin 1430.

Jehan Baptiste derrenierement passée ou environ, eulx estans à Paris, se transporterent en l'ostel de Jehan de Bourgogne, demourant à Paris à l'enseigne du Cornet, en la rue Saint-Martin, devant Saint-Merry, avec lequel ilz marchanderent des tissus de soye dont s'entremet de vendre ledit de Bourgogne et, en marchandant iceulx, ledit Nicolas Say par temptacion de l'ennemi, au sceu dudit Richart, en print une piece de deulx aulnes cramoisy du large d'un posse escaché[1], lequel ledit Nicolas mist en sa manche et l'emporta furtivement sans le sceu dudit Jehan de Bourgogne, duquel ilz lui ont fait satisfaccion. Et depuis, environ quatre ou cinq jours après, se transporterent en la mercerie du palais, et ilec acheterent deux ferreures d'argent qu'ilz paierent comptant. Et, ce fait, s'en alerent en l'ostel d'un marchant de tissuz de soye à Paris, dont ils ne scevent le nom, ne aussi de la rue ou il demeure, mais bien ilz asseneroient, et y demanderent des tissuz à veoir, lequel marchant leur en monstra plusieurs et de plusieurs couleurs et, en ce faisant, furtivement et par temptacion de l'ennemi icelui Nicolas Say, ainsi que ledit Richart l'amusoit, prist deux desdiz tissuz, l'un de la largeur de trois dois de large ou environ, de couleur bleu, et l'autre de la largeur d'un posse escaché sur la couleur de vert perdu, et après disdrent audit marchant qu'ilz n'en acheteroient nulz et que il les leur faisoit trop, et ainsi se partirent dudit marchant. Et se transporterent derechief et en icelle mesme heure en ladite mercerie du palais devers un mercier d'icele mercerie, non pas celui de qui ilz avoient achetté ladicte ferreure, mais un autre auquel ilz firent ferrer lesdiz tissuz desdictes ferreures, et ainsi qu'ilz les faisoient ferrer, le marchand desdiz tissuz hastivement les poursui et les trouva en ladicte mercerie, faisant ferrer yceulx tissuz comme dit est. Lequel marchant qui avoit un nostre sergent avec lui, mist la main ausdiz tissuz, disant qu'ilz estoient siens et les faisoit arrester; à quoy ledit Nicolas lui demanda qu'ilz valoient, et il les paieroit, lequel marchant les lui fist la somme de LVI s. t., laquele somme incontinant il lui paia et en est content. Et oultre, le vendredi ensuivant et derrenier jour de juing derrenierement passé, ilz se transporterent par devers une femme ouvriere et marchande de tissuz de soye, de laquele ilz acheterent certains

---

1. C'est-à-dire d' « un pouce aplati ». L'expression « pouce escaché » se lit chez Villon (*Grand Testament*, huitain CXI, vers 5).

tissuz de soye de plusieurs couleurs et longueurs pour la somme de xxx l. t. ou environ, lesquelz tissuz lesdiz supplians eurent et receurent. Et ce fait, avoient certaine monnoie de nobles d'or qu'ilz dirent que ilz bailleroient en gaige de ladicte somme, pour ce qu'ilz ne les vouloient pas changier, mais retourneroient brief pour payer la monnoie et prendre leursdiz nobles; mais pour et ou lieu d'iceulx nobles qu'ilz firent semblant de mettre en une bourse laquele ilz scelerent, baillerent une bourse en laquele ilz avoi[en]t seulement certains gectouers de cuivre et de plomb; et ce fait s'en partirent. Et il soit ainsi que le samedi ensuivant, premier jour de ce present mois de juillet, lesdiz supplians, pour les cas dessusdiz furent prins et mis prisonniers es prisons dudit Chastellet de Paris, où ilz sont detenuz en grant povreté et misere; et doubtent que l'en ne vueille proceder contre eulx par voie rigoureuse ou autrement, ou vitupere et deshonneur de leur personnes si comme ilz dient, en nous humblement requerant que attendu que en tous autres cas ilz ont tousjours esté de bonne vie, renommée et de conversacion honneste, sans oncques mais avoir esté reprins, attains ne convaincuz d'autres vilains cas, blasmes ou reprouches, et que lesdiz tissuz ont esté restituez partout et tant que satisfacion en est faicte, et n'y a nul qui contre eulx s'en face partie, sinon justice, eu regard aussi à ce que continuelment depuis dix ans ença ou environ ilz ont servy ou fait des guerres feu nostre tres chier seigneur et pere, que Dieu absoille, et nous bien et loyaument, nous leur vueillions sur ce impartir icele nostre grace et misericorde. Pour quoy nous ces choses considerées.....

Si donnons en mandement par ces presentes au prevost de Paris.....

Donné à Paris, le xiiie jour de juillet l'an de grace mil cccc et trente et de nostre regne le huitiesme.

Ainsi signé : Par le roy, à la relation du grant Conseil,

J. Milet.

CXLIX.

1430. 4 octobre. Paris.

Henri VI donne au maréchal de l'Isle-Adam 4,000 livres de revenu annuel assises sur les biens de Jacques d'Harcourt, Jean de la Chapelle, Alexandre le Boursier, Guillaume le Bouteiller, Henri de Marle, la dame de Crasse, Jean de la Haye dit Picquet, Jean de Villiers, Touillard de

Popincourt, Florent Brunel, Philippe d'Orgemont, Raymond Raguier, le Breton de la Bretonnerie, Robinet le Cordelier et Jean le Begant; ces biens étaient situés à Paris, Villers-le-Sec, Barcy, Dueil, le Plessis-Piquet, Ezanville, Sarcelles, Méry-sur-Oise, Orsay, la Bretonnerie, Chennevières et Villiers-le-Bel.

(JJ. 175, n° 332.)

Henry, par la grace de Dieu roy de France et d'Angleterre, savoir faisons à tous presens et advenir que pour consideracion des louables, aggreables et notables services que nostre amé et feal Jehan de Villiers, chevalier, seigneur de l'Isle-Adam, mareschal de France[1], nous a faiz es temps passez, fait encores un chascun jour tant à la garde et defense de nostre bonne ville de Paris comme autrement ou fait de noz guerres, et esperons que encores, face ou temps advenir en maintes manieres, et pour le recompenser aucunement des labeurs, peines, fraiz et despens qu'il a pour ce euz et supportez, et ad ce que d'ores en avant il ait mieulx de quoy honorablement vivre et soustenir son estat et continuer de bien en mieulx en nostredit service, à icelui de l'Isle-Adam par l'advis et deliberacion des gens de nostre grant conseil estans de present par devers nous, avons donné, cedé, transporté et delaissié, donnons, cedons, transportons et delaissons par la teneur de ces presentes, pour lui et ses hoirs masles legitimes procréez et descendans de son corps en loyal mariage et directe ligne, quatre mil livres tournois de rente annuele et perpetuele à les prendre et avoir sur les terres, seigneuries, fiefs, cens, rentes, revenues, maisons, heritages, droiz et possessions, leurs appartenances et appendances quelzconques qui furent et appartindrent aux personnes cy après declairées et nommées : c'est assavoir à feu Jacques de Harcourt[2], en son vivant chevalier, et à feu maistre Jehan de la Chapelle[3] dont ledit seigneur de l'Isle-Adam a autresfoiz eu don de nous soubz nostre scel de France. *Item*, sur un hostel assis en nostre bonne ville de Paris en la rue de la

---

1. Voyez plus haut, sous le n° CXLVI, d'autres lettres de don en faveur de ce personnage.

2. Jacques d'Harcourt, baron de Montgommery, seigneur de Noyelles-sur-Mer, capitaine de Rue et du Crotoy, tué en 1423 devant Parthenay (Anselme, *Hist. généal. de la maison de France*, t. V, p. 137). Ce chevalier avait été dans le Ponthieu, de 1420 à 1423, le plus énergique défenseur de la cause dauphinoise.

3. L'un des conjurés de mars 1430. Voyez plus haut, p. 302.

Vielz Tixanderie, qui fu à Alixandre le Boursier[1], et aussi sur les terres, rentes, revenues, possessions et heritages quelzconques qui furent et appartindrent à Guillaume le Bouteiller[2], chevalier, et à sa femme, à feu Henri de Marle[3], en son vivant chevalier et chancellier de France et à sa femme; à la dame de Crasse et ses enfants, c'est assavoir Villiers le Sec[4], Barcy et Dueil[5]. *Item*, sur les heritages qui ensuivent, c'est assavoir le Plessie Raoul[6] et la Bossiere appartenant à feus Jehan de la Haie, dit Picquet[7]; la terre et revenue d'Ezanville[8] près Villiers le Bel, appartenant à Jehan de Villiers, chevalier, avecques la terre et revenue de Cercelles[9] qui fut à Touillart de Poupincourt, filz de Souillart de Poupaincourt; les terres et revenues qui appartenoient à maistre Fleurens Brunel[10]; la terre de Mery-sur-Oise[11], que souloit tenir Philippe d'Orgemont[12], filz de feu Guillaume d'Orgemont[13], laquelle parti anciennement de la seigneurie dudit lieu de l'Isle-Adam; les terres et revenues d'Oursay que feu maistre Remon Raguier[14] souloit tenir; celles de la Bretonnerie qui appartenoient au Breton

---

1. Sur les biens d'Alexandre le Boursier, voyez plus haut, p. 62.
2. Déjà nommé p. 87 et 94.
3. Voyez plus haut, p. 58, le don fait par Charles VI de l'hôtel de Henri de Marle à Augustin Ysbarre, créancier du chancelier.
4. Villiers-le-Sec (Seine-et-Oise), arr. de Pontoise, canton d'Ecouen.
5. Deuil (Seine-et-Oise), arr. de Pontoise, canton de Montmorency.
6. Le Plessis-Piquet (Seine), arr. et canton de Sceaux.
7. Sur Picquet et ses biens, voir p. 178, notes 3 et 4.
8. Ezanville (Seine-et-Oise), arr. de Pontoise, canton d'Ecouen.
9. Sarcelles (Seine-et-Oise), arr. de Pontoise, canton d'Ecouen.
10. Florent Brunel, « jadis general conseiller sur le fait des aides ordonnez pour la guerre », n'était pas encore en état de rébellion au mois d'avril 1426, date à laquelle il obtenait des lettres de rémission pour une de ses jeunes parentes, Perrette ou Pernelle Brunel (voy. plus haut, p. 206-208).
11. Méry-sur-Oise (Seine-et-Oise, arrond. de Pontoise, canton de l'Isle-Adam).
12. Philippe d'Orgemont, seigneur de Méry, Faillouel, Ferrières et Condren, était fils de Guillaume d'Orgemont et de Catherine de Sainte-Maure. Il continua la branche des seigneurs de Méry de la famille d'Orgemont (Blanchard, *Éloges des présidents au Parlement de Paris*, p. 15).
13. C'est le même que ce personnage poursuivi par les Armagnacs en 1416 et dont il a été question plus haut, p. 8.
14. Raymond Raguier, déjà nommé plus haut (p. 252), était conseiller du roi et maître de sa chambre des comptes. Il rebâtit le château d'Orsay (Seine-et-Oise), mourut à Bourges le 12 août 1421 et fut inhumé dans l'église des Célestins de Marcoussis dont il avait dirigé la construction (Lebeuf, *Histoire de la ville et du diocèse de Paris*, p. 122-123).

de la Bretonnerie, et aussi de Channevieres[1] que souloit tenir Robinet Cordelier, et sur les heritages assis audit (sic) Villiers le Bel[2], qui furent à Jehan le Begant et ses enfans ; reservé à nous en ce que dit est tout ce qui nous appartient à cause de nostre demaine, et dont icelui nostre demaine est ou puet estre redevable ou chargié envers qui que ce soit, reservé aussi ce qui est du conté de Beaumont sur Oise et seigneurie d'Asnieres[3] par nous donnée au seigneur de Whilleby. Toutes lesqueles choses et heritages devant declairez, assis es prevosté et vicomté de Paris et es bailliages d'Amiens et Senliz et en la seneschaucie de Pontieu et environ, nous appartiennent et nous sont advenuz et escheuz par la forfaicture, rebellion ou desobeïssance commise envers nous par les dessusnommez ou les aucuns d'eulx, pour desdictes quatre mil livres tournois de rente joïr et user perpetuelment, hereditablement et à tousjours par icelui seigneur de l'Isle-Adam et sesdiz hoirs masles descendans et procreez de lui en loyal mariage. Pourveu que.....

Si donnons en mandement par ces mesmes presentes à noz amez et feaulx les genz de nos comptes et tresorier à Paris, au prevost de Paris, aux bailliz d'Amiens et Senlis et seneschal de Pontieu.....

Donné à Rouen le IIIIe jour d'octobre, l'an de grace mil CCCC trente et de nostre regne le VIIIe.

Ainsi signé : Par le roy, à la relacion du grant Conseil estant par devers lui, ouquel monseigneur le cardinal d'Angleterre, vous les evesques d'Ely et de Noyon, le conte de Warrewik, les abbez de Fescamp et du Mont-Saint-Michiel, le seigneur de Saint-Pierre et autres estoient,

J. DE LUNAIN.

CL.

1430. 25 octobre. Paris.

Rémission accordée par Henri VI à Jeannette Thévenin, dont le mari, un pauvre boulanger, était disparu depuis peu en s'occupant du transport des vivres pour les troupes que le comte de Stafford commandait en Brie. Le 18 octobre 1430, Jeannette, restée seule avec ses enfants, s'était présentée, en qualité de laveuse, à l'hôtel des Tournelles, où était logé le

---

1. Chennevières (Seine-et-Oise), arr. de Pontoise, canton de Luzarches.
2. Villiers-le-Bel (Seine-et-Oise), arr. de Pontoise, canton d'Ecouen.
3. Asnières-sur-Oise (Seine-et-Oise), arr. de Pontoise, cant. de Luzarches.

comte de Stafford ; les portes de l'hôtel lui ayant été ouvertes, elle en avait profité pour dérober, quatre jours après, un plat d'argent.

(JJ. 175, n° 7.)

Henry, par la grace de Dieu roy de France et d'Angleterre, savoir faisons à tous presens et avenir nous avoir receu l'umble supplicacion des pere et mere de Jehannette, femme de Jehan Thevenin, boulengier, demourant à Paris, en la rue du Temple, chargée de trois petiz enfans dont le plus petit qu'elle norrist de sa mamelle n'est aagié que de viii mois ou environ, contenant comme, dès environ trois sepmaines a, ledit Jehan Thevenin, veant qu'il ne gangnoit riens oudit mestier de boulengier parce qu'il n'avoit de quoy le soustenir, sachant que on avoit crié que tous marchans alassent porter vivres en l'ost de nostre amé et feal cousin le conte de Stafford[1], se feust transporté oudit ost et porté des vivres, ouquel ost lui estant, près de la Queue en Brie[2] ledit Jehan Thevenin fu pris par noz ennemis et adversaires, et ne scet sadicte femme en quel lieu ilz l'ont mené ne se il est mort ou vif. Et soit ainsi que icele femme desirant aucune chose gangnier pour avoir la vie d'elle et de ses enfans en l'absence de sondit mary se feust transportée le mercredy xviii° jour de ce present mois d'octobre en l'ostel des Tournelles[3], où nostredit cousin de Stafford estoit et est à present logié, et demanda icele femme à aucuns des serviteurs d'icelui seigneur se ilz avoient aucuns draps, linges à buer, lesquelz lui repondirent que oïl, et lui en avoient baillé ledit jour. Et depuis à ceste cause est alée et venue oudit hostel des Tournelles par pluseurs foiz depuis ledit jour de mercredi, et mesmement dimenche derrenier passé apres disner avoit porté en la cuisine dudit hostel certains torchons qu'elle avoit buez et, elle estant audit lieu, le queux de nostredit cousin lui fist escurer certains vaisseaulx de cuisine, et en ce faisant trouva en une paielle où il avoit de l'eaue ung plat d'argent

---

1. Humphrey, comte de Stafford, connétable de France pour le roi d'Angleterre, quitta Paris le 1ᵉʳ septembre 1430 à la tête d'un corps d'armée pour guerroyer en Brie, s'avança jusqu'aux environs de Sens et rentra dans la capitale le 9 octobre, après s'être emparé de Brie-Comte-Robert, de la Queue-en-Brie, de Grands-Puits et de Rampillon (Longnon, *Les limites de la France à l'époque de la mission de Jeanne d'Arc*, page 40).

2. La Queue-en-Brie (Seine-et-Oise, arrond. de Corbeil, canton de Boissy-Saint-Léger).

3. Sur l'hôtel des Tournelles, voir p. 198, note 2.

lequel elle mist et muça derriere un mortier et couvrit desdiz torchons, combien que, paravant qu'elle trouvast ledit plat, elle avoit oy que on le demandoit. Et, ledit plat ainsi mis derriere ledit mortier, se departi dudit hostel des Tournelles et s'en ala en son hostel, duquel elle retourna audit hostel des Tournelles ledit jour environ cinq heures après midi, et elle estant ilec, lui fu donné de la char par les gens dudit seigneur et, après ce, elle temptée de l'ennemi, prist ledit plat d'argent en entencion de l'emporter et de le appliquer à son prouffit, et iceulx plat et char mist soubz son roquet, et d'icelui plat fu trouvée saisie par le portier dudit hostel des Tournelles qui la sercha au partir dudit hostel. Pour lequel cas ladicte Jehannette a esté emprisonnée en nostre Chastellet de Paris, où elle est en grant povreté et misere, ensemble sondit enfant qu'elle norrist de sa mamelle, et encores est taillée de y estre et finer miserablement ses jours, se noz grace et misericorde ne lui sont sur ce imparties comme dient lesdiz suppliants, en nous humblement requerant que, comme ladicte Jehannette soit femme de bonne vie et renommée sans onques mais avoir esté attainte d'aucun autre vilain cas ou reprouche, et que restitucion a esté faicte dudit plat, nous vueillions à ladicte Jehannette impartir icele. Pour quoy nous, ces choses considerées.....

Si donnons en mandement par ces mesmes presentes au prevost de Paris.....

Donné à Paris, le xxve jour d'octobre, l'an de grace mil cccc et trente et de nostre regne le ixe.

Ainsi signé : Par le roy, à la relacion du Conseil,

CHEMBAUT.

CLI.

1431. 1er février. Paris.

Rémission accordée par Henri VI à Jean Nivelet, avaleur de vins, coupable d'avoir enlevé deux queues de vin et divers objets à Simon l'Aubigeois, demeurant rue Sainte-Croix-de-la-Bretonnerie.

(JJ. 175, n° 10.)

Henry, par la grace de Dieu roy de France et d'Angleterre, savoir faisons à tous presens et advenir nous avoir receu l'umble supplicacion des parens et amis de Jehan Nivelet, povre simple homme chargié de femme et de pluseurs enfans, contenant come n'a gaires ledit Jehan Nivelet qui a femme et pluseurs enfans et autres grans charges à supporter, et y a longtemps qu'il ne gangna de son mestier d'avaler vins ne autrement et a tout despendu le sien, et n'a de quoy vivre et norrir sa femme et enfans, par desplaisance et temptacion de l'ennemi, qui est moult soutil à decevoir humaine creature qui est frelle et encline à peschié, s'est de nuit transporté en la rue de la Bretonnerie en un hostel ouquel Simonnet l'Aubigeois est demourant et y a son retrait et ses biens, et par une fenestre est entré en icelui hostel, a rompu la gasche de l'uis, a levé la serreure d'un coffre, et en icelui a prins pluseurs biens et les a transportez en une chambre derriere l'ostel où il demeure, en laquele ne demoure personne; et, avec ce, a levé la serrure d'une huche et en icele a prins du linge, de l'estain, du chanvre, du fil et autres biens et les a transportez en ladicte chambre. Et, ce fait, est alé en son hostel prendre deux poulains lesquelz il a portez oudit hostel de la Bretonnerie, et s'est trait devers un charretier et lui a prié qu'il lui alast mener deux queues de vin, en disant par ledit Nivelet audit charretier que le bonhomme auquel ledit vin appartenoit estoit prisonnier, et qu'il lui avoit baillié sa clef pour lever icelui vin de nuit pour sauver l'imposicion, et fist tant que ledit charretier y alla et mena un cheval, et prindrent, chargerent et menerent ou trainnerent à deux fois, sus un poulain, deux queues de vin dudit hostel en une chambre où personne ne demeure, derriere l'ostel dudit Nivelet, de laquelle icelui Nivelet paia ledit charretier, et s'en alerent chacun en son hostel, sans que ledit Nivelet fist de ce chiere ne semblant à personne; mais le jour ensuivant, après disner, le cas fut sceu et si grant diligence faicte que lesdiz biens et vins furent trouvez en nature et restituez à partie qui est contente comme l'en dit. Pour lequel cas icelui Nivelet, doubtant rigueur de justice, s'est defouy et absenté et n'oseroit retourner ne demourer en son hostel, et sont lui ses povres femme et enfans en voye d'estre destruiz, fuitifz et mendiens, se par nous ne leur est sur ce gracieusement et benignement pourveu, si comme lesdiz supplians dient en nous humblement requerant attendu que ledit Nivelet en tous ses autres faiz a esté et est homme paisible, de tres bonne vie, honneste conversacion et bien famé, et ne fut onques attaint ne convaincu d'aucun autre vilain cas, blasme ou reprouche, et que ledit cas est advenu par deseperance, subtiveté et temptacion de l'ennemi, qu'il a grant charge à supporter et si est fort endebté et ne gangne riens, et a tout despendu le sien et n'a de quoy vivre, que partie adverse est restituée et se tient pour contente comme l'on dit, nous lui vueillions sur ce impartir nostre grace et misericorde. Nous, eu pitié et compassion des povretez dudit Nivelet.....

Donné à Paris, le premier jour de fevrier, l'an de grace mil cccc et xxx et de nostre regne le ıxᵉ.

Ainsi signé : Par le roy, à la relacion du Conseil,

CHEMBAUT.

CLII.

1431. 19 décembre. Paris.

Henri VI donne à Jacotin le Juré, serviteur de l'évêque de Thérouenne, chancelier de France, les biens confisqués sur Jean de la Grange, Guyot du Vivier et Simon Aismé, jusqu'à la valeur de 100 livres parisis de rente annuelle, lesquels biens sont situés tant en la ville et prévôté de Paris que dans le bailliage de Meaux.

(JJ. 175, n° 17.)

Henry, par la grace de Dieu roy de France et d'Angleterre, savoir faisons à tous presens et advenir que, pour consideracion des bons et aggreables services que nostre amé Jacotin le Juré, famillier et serviteur de reverend pere en Dieu nostre tres chier et tres amé cousin et chancellier l'evesque de Therouenne[1], nous a faiz au service de nostredit cousin, fait encores un chacun jour et esperons que face ou temps advenir, à icelui avons donné, cedé, transporté et delaissié, donnons, cedons, transportons et delaissons par ces presentes les terres et heritages, rentes, revenues et possessions qui furent et appartindrent à maistre Jehan de la Granche et Guiot du Vivier et à leurs femmes, lesqueles sont à nous forfaictes, confisquées et acquises par la rebellion et desobeïssance des dessusdiz et autres crimes de lese magesté par eulx commis à l'encontre de nous, et avec ce toutes les terres, rentes, revenues et possessions quelzconques qui furent à Simon Aismé, n'a gaires alé de vie à trespassement en nostre bonne ville de Paris, lesqueles sont à nous venues, forfaictes et confisquées parce que les plus prouchains heritiers dudit Simon sont à nous rebelles et desobeïssans, demourans avec noz ennemis et adver-

---

1. Louis de Luxembourg, évêque de Thérouenne, chancelier de France depuis le 7 février 1424 (v. st.) (Anselme, *Histoire généal. de la maison de France*, t. VI, p. 393).

saires, situées et assises en la ville, prevosté et viconté de Paris et ou bailliage de Meaux, pour joïr desdictes terres, rentes, revenues et possessions quelzconques par ledit Jacotin et ses hoirs masles legitimes, venans de lui en directe ligne, jusques à la valeur de cent livres parisis de rentes ou revenues par chacun an, eu regard ad ce qu'elles valoient au temps de l'an mil cccc et dix, pourveu que les choses dessusdictes ne soient de nostre ancien demaine.....

Si donnons en mandement à noz amez et feaulx les gens de noz comptes à Paris, tresoriers et generaulx gouverneurs de noz finances en France, au prevost de Paris.....

Donné en nostre ville de Paris, le xixe jour de decembre, l'an de grace mil cccc xxxi et de nostre regne le dixiesme.

Ainsi signées : Par le roy, à la relation du grant Conseil, ouquel monseigneur le cardinal d'Angleterre, les evesques de Beauvais, de Noyon, de Norvic et de Paris, le conte de Warrewic, le grant maistre d'ostel, le chambellan, les abbez de Fescamp et du Mont Saint-Michel, le sire de Saint-Pierre et autres estoient,

J. DE RINEL.

CLIII.

1431. 19 décembre. Paris.

Henri VI donne à Jean de Chaulnes dit Borgnet, écuyer, les biens confisqués sur Jean de Montigny, dit Sainte-Frise, et Jean Chauderon dans la prévôté de Paris (ce qui se trouve à Paris excepté) et dans les bailliages de Meaux et de Senlis.

(JJ. 175, n° 152.)

Henry, par la grace de Dieu roy de France et d'Angleterre, savoir faisons à tous presens et advenir, que pour consideracion des bons et aggreables services que nous a faiz ou faiz de noz guerres de France et autrement en maintes manieres fait encore un chacun jour et esperons que face ou temps advenir nostre bien amé Jehan de Chaule, dit Borgnet, escuier, à icelui par l'advis et deliberacion des gens de nostre grant Conseil estant par devers nous avons donné, cedé, transporté et delaissié, donnons, cedons, transportons et delaissons par ces presentes toutes les terres, cens, rentes, revenues, seigneuries et possessions avec leurs appartenances et appendances quelzconques qui furent et appartindrent à Jehan de Montigny dit Saincte-Frise[1] et à Jehan Chauderon,

---

1. Ce personnage ne doit pas être différent de Jean de Montigny, dont le

lesquelz sont à nous forfaictes, confisquées et acquises par la rebellion et desobeïssance des dessusdiz, et autres crimes de lese majesté par eulx commis à l'encontre de nous, situées et assises en la prevosté et viconté de Paris, et es bailliages de Meaulx et de Senliz, excepté ce qui en est dedens nostre bonne ville et forsbourgs de Paris s'aucune chose en y a, pour joïr desdictes terres, cens, rentes, revenues, seigneuries, heritages et possessions avec leurs dictes appartenances et appendances quelzconques par ledit de Chaule dit Borgnet, et ses hoirs masles legitimes venans de lui en loial mariage et directe ligne, à tousjours mais perpetuelment et hereditablement jusques à la valeur de deux cens livres parisis de rente ou revenue par chascun an, eu regard ad ce qu'elles valoient au temps de l'an mil cccc et dix, pourveu qu'elles ne soient de nostre ancien demaine.....

Si donnons en mandement à noz amez et feaulx les gens de noz comptes à Paris, tresoriers et generaulx gouverneurs de toutes noz finances, en France, aux prevost de Paris et bailliz de Senliz et de Meaulx.

Donné à Paris, le dix neufviesme jour de decembre, l'an de grace mil cccc xxxi et de nostre regne le dixiesme.

Ainsi signé : Par le roy, à la relacion de son grant Conseil estant par devers lui, ouquel monseigneur le cardinal d'Angleterre, vous les evesques de Beauvais et de Norwich, le grant maistre d'ostel, le chambellan, le sire de Saint-Pierre et autres estoient,

J. DE RINEL.

---

fils, Regnier de Montigny, l'un des compagnons les moins recommandables du poète Villon, finit ses jours sur un gibet quelconque dans l'une des dernières années du règne de Charles VII. Les lettres de rémission accordées en septembre 1457 à Regnier, pour divers vols et escroqueries, portent qu'il « fu filz de feu Jehan de Montigny, en son vivant nostre pannetier (c'est Charles VII qui parle) et esleu de nostre ville de Paris, lequel après l'entrée des Bourguignons l'an IIII^c xvIII, perdi tout le scien et se retray en nostre obeïssance, en laquelle a demouré continuellement jusques à la recouvrance de nostre ville de Paris, lequel tantost après retourna en nostre dicte ville de Paris, et trouva ses meubles avoir estez perduz et ses heritaiges estre demourez en grant ruyne. » (Longnon, *Étude biographique sur François Villon*, p. 152; cf. p. 158.) Un fief possédé par Jean et connu sous le nom de « fief de Montigny » était assis sur le moulin de Bures, près d'Orsay (*Ibid.*, p. 71); il fut sans doute compris, en 1431, dans la donation faite à Jean Borgnet.

CLIV.

1431. 21 décembre. Paris.

Rémission accordée à Jacqueline Couraud, veuve depuis un an de Jean Gencien, jadis conseiller du roi Charles VI au Parlement, lequel, après l'entrée des Bourguignons à Paris en 1418 et le massacre de ses frères Benoît et Oudard Gencien, s'était réfugié à Toulouse, puis à Béziers où il avait vécu en s'occupant exclusivement de pratique judiciaire.

(JJ. 175, n° 53.)

Henry, par la grace de Dieu roy de France et d'Angleterre, savoir faisons à tous presens et advenir, nous avoir receue l'umble supplicacion des parens et amiz charnelz de Jacqueline la Couraude, damoiselle, vefve de feu maistre Jehan Gencien, en son vivant conseiller de feu nostre tres chier seigneur et ayeul le roy Charles derrenierement trespassé, cui Dieu pardoint, en sa court de Parlement, contenant que comme après l'entrée faicte par les gens de feu nostre tres chier et tres amé cousin Jehan, duc de Bourgogne, cui Dieu absoille, en nostre ville de Paris, icelui feu Gencien de la paour et fraieur qu'il ot de ce que feuz maistres Oudart[1] et Benoit Gencien[2], ses freres germains, eurent esté tuez à ladicte entrée, icelui maistre Jehan Gencien se feust parti de ceste nostre ville et alé demorer à Thoulouse et depuis à Besiers en Languedoc, où il a tousjours demouré et ladicte Jaqueline sa femme qu'il manda longtemps après pour aler demourer avec lui. Et combien que icele Jaqueline eust voulenté et bon propos de tousjours demourer en nostre dicte ville de Paris dont elle estoit natifve avec ses mere et parens, neantmoins en obeïssant à sondit mary, comme raison estoit, s'en ala devers lui, lequel ne s'est aucunement entremis de fait de guerre, mais tousjours s'est maintenu doulcement et paisiblement, gaingnant leur vie au mieulx qu'il a peu en fait de pratique et de justice, sans soy mesler d'aucun autre fait, oudit païs de Languedoc. Pour l'absence de laquele Jaqueline, elle a esté appellée à ban et bannie de nostre royaume de France selon la coustume du païs,

---

1. Oudart Gencien avait été reçu conseiller au Parlement en 1403 (Blanchard, *Éloges des premiers présidens au Parlement*, p. 13).

2. Benoît Gentien, religieux de Saint-Denis, l'un des plus fameux théologiens de son temps, avait combattu l'apologie que Jean Petit avait faite de l'assassinat du duc d'Orléans (Félibien, *Histoire de la ville de Paris*, pp. 762, 776 et 780).

et depuis un an en ça sondit mary est alé de vie à trespassement. Pour quoy icele suppliante, qui est demourée vefve et despourveue de biens temporelz, retourneroit volentiers en nostre dicte ville de Paris dont elle est native et y a sa mere et ses parens et amis, se de ce faire lui voulions donner congié et licence et mettre au neant le ban par elle encouru à la cause dessusdicte: de quoy sesdis parents et amis nous ont supplié et requis tres humblement. Pour ce est-il que nous, pour reverence de nostre seigneur et en memoire et recordacion de nos sacre et couronnement nouvellement prins en ceste nostre ville de Paris.....

Si donnons en mandement au prevost de Paris.....

Donné en nostre ville de Paris, le xxie jour de decembre, l'an de grace mil cccc xxxi et de nostre regne le dixiesme.

Ainsi signé : Par le roy, à la relacion du grant Conseil, ouquel vous les evesques de Beauvais, de Norwich et de Paris, le conte de Warrevik, le grant maistre d'ostel, le chambellan, le premier president, le seigneur de Saint-Pierre et autres estoient,

J. DE RINEL.

CLV.

1431. 26 décembre. Paris.
Henri VI confirme les priviléges de l'Université de Paris[1].
(JJ. 175, n° 29.)

Henry, par la grace de Dieu roy de France et d'Angleterre, savoir faisons à tous presens et advenir, que eue consideracion aux grans biens et euvres fructueuses qui sont advenuz et adviennent de jour en jour en nostre royaume de France par le moien de nostre très chiere et tres amée fille l'Université de Paris, tant au regard de la defense et soustenance de la foy chrestienne comme de la multiplicacion et accroissement de diverses sciences à la conservacion du bien publique de nostredit royaume, en ensuivant le traictié de la paix final faicte entre feuz noz tres chiers seigneurs ayeul et pere, ausquelz Dieu pardoint, desirans nostre dicte fille garder en ses libertez et franchises à ce que mieulx puisse proufiter, acroistre et multiplier à l'exaltacion de nostre dicte foy et du bien publique de toute chrestienté, et pour

---

1. Cette pièce figure dans le recueil des *Ordonnances des rois de France*, t. XIII, p. 16-17.

pluseurs autres causes et consideracions à ce nous mouvans, par l'advis et deliberacion de pluseurs de nostre sang et lignage et de ceulx de nostre grant Conseil, à nostre joyeux advenement en nostre bonne ville de Paris et pour contemplacion de nostre sacre et couronnement que nouvellement avons receu, à nostre dicte fille l'Université de Paris, de grace especial, plaine puissance et auctorité royal avons ratiffié, confermé et approuvé, et par la teneur de ces presentes ratiffions, confermons et approuvons tous les privileges à elle donnez et ottroiez par nous et noz predecesseurs roys de France, voulans que d'iceulx privileges icele nostre fille et ses vrays suppos, sans fraude usent et joïssent paisiblement et sans empeschement quelzconques, ores et pour le temps advenir et à tousjours mais perpetuelment, et avec ce que tout ce qui auroit esté fait au contraire desdiz privileges du temps des divisions et guerres de nostredit royaume de France ou autrement, soit reputé pour non fait et non advenu sans ce qu'ilz leur puissent tourner à aucun prejudice ne que pour ce soit aucunement derogué à leursdiz privileges, ores ou pour le temps advenir en quelque maniere que ce soit ou puist estre.

Si donnons en mandement à noz amez et feaulx conseilliers tenans nostre present Parlement et qui tendront ceulx advenir, les gens de noz comptes et tresoriers à Paris, au prevost de Paris....

Donné à Paris, le xxvie jour de decembre, l'an de grace mil cccc trente et ung et de nostre regne le dixiesme.

Ainsi signé : Par le roy en son Conseil ouquel monseigneur le duc de Bedford, monseigneur le cardinal d'Angleterre, vous les evesques de Beauvais, de Noion et de Paris, le conte de Warrewik, le premier president, messire Jehan de Courcelles, messire Gile de Clamecy et pluseurs autres estoient,

J. Milet.

CLVI.

1431. 26 décembre. Paris.

Henri VI, « pour contemplacion » de son sacre et couronnement, octroie à l'Université de Paris l'exemption de toutes tailles, aides, subsides, etc.[1]

(JJ. 175, n° 30.)

Henry, par la grace de Dieu roy de France et d'Angleterre,

---

1. Cette pièce a été imprimée dans le recueil des *Ordonnances des rois de France*, t. XIII, p. 171-172.

savoir faisons à tous presens et advenir que eue consideracion aux grans biens et euvres fructueuses qui sont advenuz et ad[v]iennent de jour en jour en nostre royaume de France par le moien de nostre tres chiere et tres amée fille l'Université de Paris, tant au regard de la defense et soustenance de la foy chrestienne comme de la multiplicacion et acroissement de diverses sciences à la conservacion du bien publique de nostredit royaume, en ensuivant le traictié de la paix final faicte entre feux noz tres chiers seigneurs aieul et pere ausquelz Dieu pardoint, desirans nostre dicte fille garder en ses libertez et franchises, à ce que mieulx puissent prouffiter, acroistre et multiplier à l'exaltacion de nostre dicte foy et du bien publique de toute chrestienté, et pour pluseurs autres causes et consideracions à ce nous mouvans, par l'advis et deliberacion de pluseurs de nostre sang et lignage et de ceulx de nostre grant Conseil, à nostre joyeux advenement en nostre bonne ville de Paris et pour contemplacion de nostre sacre et couronnement que nouvellement avons receu en icele[1], à nostre dicte fille l'Université de Paris en ensuivant la confirmacion de ses privileges, par nous faicte par noz autres lettres données le jour de la date de ces presentes, de nostre grace especial, plaine puissance et auctorité royal, avons octroié et octroions par la teneur de ces presentes que de toutes tailles, IIIImes, imposicions, guetz, et gardes de portes mis sus et imposez et aussi de x^{es} qui nous seront octroiez par le Saint-Siége de Romme, et autres aides et subsides à mettre sus et à imposer ou temps advenir pour quelque cause que ce soit, nostre dicte fille l'Université de Paris et ses vrais suppos sans fraude soient et demeurent à tousjours frans, quites et exemps de ce qu'ilz vendront du creu de leurs heritages, de la revenue de leurs benefices et du residu des garnisons qu'ilz acheteront pour leurs neccessitez de vivre à l'estude. Et que tout ce qui auroit esté fait au contraire du temps des divisions et guerres de nostredit royaume de France, ou autrement, soit reputé pour non fait et pour non advenu, sans ce qu'ilz leur puisse tourner à aucun prejudice, ne que pour ce soit aucunement derogué à nostre present octroy, ores ou pour le temps advenir, en quelque maniere que ce soit ou puist estre.

---

1. Henri VI avait été sacré comme roi de France dix jours auparavant, le 16 décembre, à l'église Notre-Dame de Paris, par son grand-oncle, le cardinal de Winchester, autrement dit le cardinal d'Angleterre.

Si donnons en mandement à noz amez et feaulx les gens de noz comptes, tresoriers et generaulx tant de noz finances comme de la justice sur le fait des aides aians cours pour la guerre, au prevost de Paris, à tous esleus et commissaires sur le fait desdiz aides.....

Donné à Paris, le xxvie jour de decembre, l'an de grace mil cccc trente et ung, et de nostre regne le dixiesme.

Ainsi signé : Par le roy en son Conseil ouquel monseigneur duc de Bedford, monseigneur le cardinal d'Angleterre, vous les evesques de Beauvais, de Noion et de Paris, le conte de Warrewik, le premier president, messire Jehan de Courcelles, messire Giles de Clamecy, et pluseurs autres estoient,

J. MILET.

CLVII.

1431. 26 décembre. Paris.

Rémission accordée à Raoulin Petit, valet courtier de vins, âgé de 48 ans, lequel, donnant asile depuis trois ou quatre mois à une jeune femme du nom de Velizon qu'il essayait en vain, disait-il, de retirer de la vie dissolue qu'elle menait auparavant, avait, dans un jour de vive querelle, frappé cette femme d'un coup d'une petite épée. Velizon, pansée d'abord par Raoulin à qui elle avait pardonné ce fait, n'avait pas voulu soigner autrement sa blessure et était morte six semaines après.

(JJ. 175, n° 31.)

Henry, par la grace de Dieu roy de France et d'Angleterre, savoir faisons à tous presens et advenir nous avoir receu l'umble supplicacion de Raoulin[1] Petit, povre varlet courretier de vins, aagié de XLVIII ans ou environ, contenant que tout le temps de sa vie il s'est entremis de vendre les vins à detail de pluseurs bourgois et bourgoises de nostre bonne ville de Paris, ouquel estat et aussi en son dit office de courretier tousjours bien et loyaument gouverné, sans y avoir commis aucune faulte, et il soit ainsi que, depuis trois ou quatre mois en ça ou environ, une jeune femme nommée Velizon, femme publique et de vie desordonnée, eust tant fait, par ses paroles deceptives et mauvais malice, que elle se feust acointée dudit suppliant en lui promettant et jurant grant serement que jamais ne seroit de la vie dissolue dont elle avoit esté. Lequel

---

1. Ce prénom figure sous la forme latine *Rolinus* dans le titre de la pièce.

suppliant veant le bon vouloir que ladicte Velizon demonstroit avoir, pour sa simplece et afin de oster ladicte Velizon de sa mauvaise vie, l'eust fait venir demourer avec lui en son hostel, et icele gouvernée comme lui mesmes en la amounestant et priant que de ce se advisast, et, que se elle vouloit penser de bien faire, jamais ne lui fauldroit. Laquele Velizon, qui n'a peu endurer aise ne les honneurs et plaisirs que lui faisoit ledit suppliant, icelui suppliant a depuis trouvée en son hostel par pluseurs foiz faisant le contraire; et, qui pis est, l'a trouvée à son coffre lui ostant et emblant son argent, ce que ledit suppliant lui a pardonné par pluseurs fois, cuidant que elle se deust admender. Et depuis ces choses, environ six sepmaines a, en un certain jour à heure de huit ou neuf heures de nuit, ledit suppliant qui venoit de gangnier sa povre vie arriva en sondit hostel à ladicte heure, et avoit une petite espée que voulentiers il portoit pour ce que il demouroit tart bien souvent, ouquel hostel il eust trouvée ladicte Velison, laquele pour ce qu'il la trouva moult fort surprise de vin, la blasma de ce et de la vie dissolue que elle menoit, en lui remoustrant de rechief ses faultes moult doulcement, et que se elle ne s'avisoit, il la mettroit hors d'avecques lui, sans lui faire ne dire autre deplaisir. Laquele Velizon, qui estoit moult despiteuse et pleine de sa voulenté plus que de raison, respondi et jura la Vertu-Dieu que en despit de lui elle ne s'en yroit point, et que malgré ses dens elle y demourroit, en appellant ledit suppliant « faulx traictre, mauvais » et, en ce disant, vint soudainement audit suppliant en le prenant par ses genitoires par telle maniere qu'il cheut à terre et elle sur lui; lequel suppliant soy sentant ainsi tenu par les parties d'embas commença moult fort à crier : « A la mort. » Non obstant lequel cry ladicte Velizon le tenoit tousjours sans le vouloir laissier aler, dont il fu moult fort grevé par l'oppression que elle luy fist, et en est es mains de mires par ce que lesdictes parties d'embas sont à ceste cause moult enflées. Lequel suppliant soy veant et sentant ainsy tenu et oppressé, doubtant que ladicte Velizon ne le tuast, tempté de l'ennemy, leva à grant peine de entre les bras d'icele Velizon et de lui sadicte espée à tout le fourreau, et du pommeau, sans la tirer, frappa ladicte Velizon un seul coup sur le front, dont il sailly un peu de sang et, incontinant, ladicte Velizon soy sentant ferue laissa aler ledit suppliant. Et ce fait, furent apres tantost d'accord ensemble, et voult ladicte Velizon que ledit suppliant lui appareillast sa plaie et non autre, et le lendemain elle n'en tint compte et ala où bon lui sembla, et fist pis que elle n'avoit fait en continuant sa mauvaise vie sans croire conseil de soy faire appareiller, dont ledit suppliant estoit moult dolent que elle n'y advisoit, qui depuis ladicte navreure l'a tousjours gouvernée et trouvé ses necessitez. Et finalement ladicte Velizon tant par son mauvais gouvernement comme par la maladie de flux de ventre qui la prist environ six ou sept sepmaines après, elle est alée de vie à trespassement et, en elle confessant, crya mercy à tous ceulx à qui elle avoit mesfait, en pardonnant audit suppliant ce qu'il luy avoit fait. Pour occasion duquel cas, ledit suppliant s'est absenté de nostre royaume de France ouquel il n'oseroit jamais retourner ne converser se nostre grace et misericorde ne lui estoit sur ce impartie, si comme il dit. Pour quoy, nous ces choses considerées.....

Si donnons en mandement par ces presentes au prevost de Paris.....

Donné à Paris le xxvie jour de decembre mil cccc xxxi et de nostre regne le dixiesme.

Ainsi signé : Par le roy en son Conseil, ouquel monseigneur le duc de Bedford, monseigneur le cardinal d'Angleterre, vous les evesques de Beauvais, de Noion et de Paris, le conte de Warrewik, le premier president et autres estoient,

J. MILET.

CLVIII.

1431. 26 décembre. Paris.

Rémission accordée par Henri VI à Michel Harassé, ouvrier de la monnaie de Paris, qui, en 1421, avait, de concert avec Martin Mingot et Perrin Dieu-le-Gard, usé de manœuvres coupables dans la fabrication de deniers noirs. Dès cette époque, Harasse, ayant quitté Paris, avait été condamné au bannissement, mais à l'occasion du sacre du roi anglais à Paris (16 décembre), il s'était enfin constitué prisonnier au Châtelet.

(JJ. 175, n° 32.)

Henry, par la grace de Dieu roy de France et d'Angleterre, savoir faisons à tous presens et advenir, nous avoir esté exposé de la part de Michiel Harassé, ouvrier de nostre monnoie de Paris, du serement de l'Empire, a present prisonnier en nostre Chastellet de Paris, chargié de femme et de quatre petiz enfans, que environ Noel l'an mil cccc xxi, un nommé Martin Mingot[1],

---

1. Le registre JJ. 172 (pièce 619) contient une lettre de rémission accordée

ouvrier de ladicte monnoie, vint par pluseurs foiz par devers ledit exposant en lui disant que c'estoit l'omme de la monnoie à qui il feroit plus voulentiers plaisir, et advint que à une desdictes fois ledit Mingot lui demanda se il vouloit ouvrer cinq ou six marcs de lingoz d'aloy, dont ledit exposant lui dist que non, et que il se doubtoit qu'il n'y eust dangier. A quoy ledit Mingot respondit que non et que, se il y avoit dangier, il ne l'en requerroit pas, mais le faisoit plus pour le faire gangnier que pour autre chose, et telement l'induist par belles paroles que icelui exposant s'accorda à ce faire, cuidant que ledit Mingot ne le voulsist point decevoir. Et de fait print ledit Mingot six marcs de lingoz d'aloy, lesquelz il ouvra, aplati et mist en deniers noirs seulement, et après ce les bailla audit Mingot, et en eut ledit exposant pour sa peine six francs de foible monnoie. Et peu après de temps, vint derechief ledit Mingot audit exposant, acompaignié d'un nommé Perrin Dieu-le-Gart, pareillement ouvrier de ladicte monnoie, voyans icelui exposant estre simple homme jeune et ignorant, et n'avoit pour lors que xviii ans d'aage ou environ, lui dirent ces paroles ou semblables, que, se il les vouloit croire, il auroit du bien et seroit riche. Et lors ledit exposant respondit que il vouldroit toujours bien faire pour gangnier sa vie honnestement, et adonc iceulx Mingot et Dieu-le-Gart lui dirent qu'il seroit bon de faire une fonte en l'un de leurs hostelz, à quoy ledit exposant respondit que ce ne seroit pas en son hostel, et ledit Mingot lui dist qu'il vouloit bien que ce feust ou sien, pour ce que en ce il n'y avoit nul dangier ne peril, car autrement ilz ne le vouldroient requerir. Et tant firent iceulx Mingot et Dieu-le-Gart que ledit exposant s'accorda à eulx, et incontinant alerent ensemble acheter trois poz à fondre, qui furent portez en l'ostel dudit Mingot, et en ce firent deux fontes, dont chacune fonte montoit environ trente marcs d'aloy, et d'iceles fontes fu respendu plus des deux pars, pour ce qu'ilz n'estoient pas à ce expers. Desqueles fontes ledit exposant n'ot pour sa part et porcion que quatre marcs ou environ, et le surplus demoura ausdiz Mingot et Dieu-le-Gart, lesquelz quatre marcs ainsi receus par ledit exposant les ouvra et mist en deniers noirs ; et après ce les bailla a un nommé Jehan le

---

en septembre 1424 à cet ouvrier infidèle, et où sont longuement relatées, d'après la propre supplique du criminel, toutes les fraudes auxquelles il s'était livré dans la fabrication des monnaies.

Maistre, aussi monnoier, pour les blanchir et monnoier, et en retint pour sa peine, de chascune douzaine de gros, foible monnoie, deux gros. Pour lesquelz cas ledit exposant, doubtant rigueur de justice, dès lors se absenta et fu appellé à ban, et tousjours est demouré absent jusques à nostre venue et entrée en nostre bonne ville de Paris, que icelui exposant s'est rendu prisonnier oudit Chastellet, ouquel il est encores en grant povreté et misere, à la totale destruccion de lui, desdiz femme et enfans, se sur ce nostre grace et misericorde ne lui estoit impartie, requerant humblement..... Pour ce est-il que nous, ces choses considerées, attendu le jeune aage que avoit lors ledit exposant et que ce mesme cas a esté remis et pardonné audit Mingot qui estoit principal acteur et autres choses dessusdites..... audit exposant oudit cas à nostre joyeux advenement en nostre dicte ville de Paris et pour reverence de nostre sacre et couronnement que nous avons nouvellement receu en icele, avons le fait et cas dessus dit quittié, remis et pardonné..... pourveu que ledit exposant demeure suspendu dudit mestier de ouvrier de nostredit monnoie, et l'en suspendons et lui interdisons jusques à nostre bon plaisir.

Si donnons en mandement au prevost de Paris.....

Donné à Paris, le xxvie jour de decembre, l'an de grace mil cccc et xxi et de nostre regne le xe.

Ainsi signé : Par le roy en son Conseil, ouquel monseigneur le duc de Bedford, monseigneur le cardinal d'Angleterre, vous les evesques de Beauvais, de Noion et de Paris, le conte de Warrewik, le premier president et pluseurs autres estoient,

J. MILET.

CLIX.

1431. 26 décembre. Paris.

Henri VI, usant, à l'occasion de son couronnement, du droit que le roi de France a de créer, une fois dans son règne, un monnayer du serment de France, établit en cette qualité Jean Dommangeot, valet de chambre de la duchesse de Bedford. L'office de monnayer sera, suivant l'usage, transmissible à la postérité du titulaire.

(JJ. 175, n° 157.)

Henry, par la grace de Dieu roy de France et d'Angleterre, savoir faisons à tous presens et advenir que nous, voulans user à nostre joyeux advenement et couronnement en nostre royaume de

France des droiz et prerogatives dont noz predecesseurs roys de France ont usé es temps passez en pareil cas, c'est assavoir que il nous estoit loisible et avons ce droit povoir mettre, creer et faire une foiz en nostre temps s'il nous plaist, un monnoier du serement de France pour estre compaignon et de la communaulté des autres monnoiers dudit serement, ce consideré et pour la bonne relacion qui nous a esté faicte de la loyaulté, preudommie et bonne diligence de Jehan Dommangot, varlet de chambre de nostre tres chiere et tres amée tante la duchesse de Bedford, ycelui à nostre joyeux advenement, sacre et couronnement que avons fait, prins et receu en nostre bonne ville de Paris, avons fait, creé, ordonné et establi, et par la teneur de ces presentes de nostre grace especial, pleine puissance et auctorité royal faisons, creons, ordonnons et establissons monnoier et du serement de France pour estre et demourer lui, sa lignée et posterité de l'estat des autres monnoiers dudit serement, et joïr des droiz, privileges, libertez et franchises dont joïssent et joiront les autres monnoiers dudit serment aux charges deues et acoustumées, et tout ainsi et par la forme et maniere comme s'il estoit natif et attrait de ligne de monnoier, et comme ceulx que noz devanciers roys de France y ont mis, creez et establiz en leur temps, et leur ligne et posterité en joïssent ou ont joy le temps passé.

Si donnons en mandement à noz amez et feaulx les generaulx maistres de noz monnoies de France que ledit Jehan Dommangot ilz reçoivent audit mestier ou office de monnoier dudit serement et lui, ensemble sa lignée et posterité, facent, seuffrent et laissent joïr dudit mestier et office de monnoier dudit serement......

Donné à Paris, le xxvie jour de decembre, l'an de grace mil cccc xxxi et de nostre regne le dixiesme.

Ainsi signé : Par le roy et en son Conseil, ouquel monseigneur le duc de Bedford, monseigneur le cardinal d'Angleterre, vous, les evesques de Beauvais, de Noion et de Paris, le conte de Warrewik, le premier president de Parlement et autres estoient,

J. Milet.

CLX.

1431. 26 décembre. Paris.

A l'occasion de son joyeux avénement, Henri VI fait don aux habitants de Paris de toutes les rentes que les rebelles pouvaient posséder sur le pont Notre-Dame ou sur la Ville, jusqu'à la valeur de 600 livres parisis par an.

(JJ. 175, n° 302.)

Henry, par la grace de Dieu roy de France et d'Angleterre, savoir faisons à tous presens et advenir que pour consideracion de la grande amour, loyaulté et vraie obeïssance que noz tres chiers et bien amez les prevost des marchans, eschevins, bourgois, manans et habitans de nostre bonne ville de Paris ont gardée et maintenue, gardent et maintiennent envers nous, et des grans et notables services qu'ilz nous ont faiz et font de jour en jour, à iceulx prevost des marchans et eschevins, par l'advis et deliberacion de pluseurs de nostre sang et conseil, à nostre joyeux advenement en nostre dicte ville de Paris, avons donné et octroié, donnons et octroions de grace especial par ces presentes toutes les rentes qui par pluseurs absentez de nostre obeïssance, noz desobeïssans et adversaires, ont pieça esté acquises et achetées sur le Pont Nostre-Dame de nostre dicte ville et sur les revenues qui appartiennent au corps d'icelle, lesqueles rentes par le moien de la rebellion et desobeïssance commise envers nous par lesdiz absens comme confisquées nous appartiennent, pour joïr de ce present don et octroy, par lesdiz prevost des marchans et eschevins, jusques à la somme de six cens livres parisis de rente pour an ou au dessoubz, et desdictes rentes jusques à ladicte somme demourer quictes et deschargiez à tousjours perpetuelment.

Si donnons en mandement à noz amez et feaulx les genz de noz comptes et tresoriers à Paris, au prevost de Paris.....

Donné à Paris le xxvi° jour de decembre, l'an de grace mil cccc xxxi et de nostre regne le x°.

Ainsi signé : Par le roy en son Conseil, ouquel monseigneur le duc de Bedford, vous les evesques de Beauvais, de Noion et de Paris, le premier president et pluseurs autres estoient,

J. MILET.

CLXI.

1431. 26 décembre. Paris.

A l'occasion de son joyeux avénement, Henri VI confirme les priviléges accordés par les rois de France aux bourgeois et habitants de la ville de Paris[1].

(JJ. 175, n° 303.)

Henry, par la grace de Dieu roy de France et d'Angleterre, entre les cures, pensées et solicitudes qui nous doivent esmouvoir et rendre enclin au droicturier regime et bon gouvernement de nostre royaume de France, nous appartient de non mettre en oubli les bonnes euvres et merites de noz subgez, mais icelles mettre en remembrance, memoire et cogitacion, et par especial de ceulx qui continuelment ont à nous loyal amour, faveur non fainte et entiere affeccion comme nos tres chiers, bien amez et loyauls subgez, les prevost des marchans, eschevins, bourgois et habitans de nostre bonne ville de Paris, laquele est la principale cité de nostre dit royaume de France, douée tant saintement comme d'une grande porcion des sainctes et precieuses reliques de la passion nostre seigneur Jhesu Christ, et de pluseurs corps sains et autres reliques qui reposent en pluseurs notables lieux et devotes eglises de nostre dicte ville, decorée de tres ancien temps de la saincte lumiere de la foy chrestienne, qui reside principalment en la faculté de la Sainte Theologie et es autres sciences et facultez de nostre fille l'Université de Paris, aournée par la justice souveraine exercée et qui reside en la court de nostre Parlement à Paris, court capitale de nostre dit royaume, et es temps passés enrichie par la grant affluence des marchans et autres gens de tous estas et de toutes nacions qui, tant pour les causes dessusdictes comme pour leurs faiz de marchandises demener et exercer et autrement, venoient et residoient en nostre dicte ville, et mesmement pour la residence que faisoient en icele noz predecesseurs roys de France qui y avoient comme encores nous y avons maison royal et demeure principal, et les princes, prelaz, barons, conseilliers et officiers qui leur assistoient en tant que, non-seulement à la semblance de la cité de Corinthe en laquele le roy Alixandre eslut sa demeure principal, et, comme la plus noble cité du païs de

---

1. Cet acte a déjà été publié par Vilevault et Bréquigny au tome XIII des *Ordonnances des rois de France*, p. 171-174.

Grece, la doua de tres grans honneurs et prerogatives, mais aussi à l'exemple de la cité de Romme que les empereurs anciens tindrent par leur ville principal, et sur toutes autres la douerent de honneurs, privileges et prerogatives, nostre dicte bonne ville de Paris puet bien par nous estre comparée, et pour la vraie congnoissance que par experience de fait nous avons en la loyauté vraie et ferme obeïssance que nostre dicte ville et les habitans en icelle ont gardée et maintenue envers nous, non obstans les durtez, oppressions et dommaiges que pour ce ilz ont souffers et paciemment soustenuz et supportez, doit aussi par nous estre en honneur eslevée et de l'abondant grace de nostre royal magnificence par dessus les autres villes et citez de nostre dit royaume de France, tant en noblesses, privileges, libertez et franchises comme autrement honnorablement douée et privilegiée, savoir faisons à tous presens et advenir que nous, pour les causes et consideracions dessusdictes et pluseurs autres ad ce nous mouvans, veues pluseurs requestes et supplicacions à nous faictes et presentées de la partie des diz prevost des marchans, eschevins, bourgois, manans et habitans de nostre dicte bonne ville de Paris, à nostre joyeux advenement et premiere venue en icelle en laquelle nous avons prins et receu nostre sacre et couronnement, par grant advis et meure deliberacion de pluseurs de nostre sang et lignage et de nostre grant conseil, aux prevost des marchans, eschevins, bourgois, manans et habitans de nostre dicte ville de Paris aians maisons manables en icelle et aussi aux autres habitans qui y auront demeuré par an et jour, et demourront et aurons prins lettre de bourgoisie desdiz prevost des marchans et eschevins, de nostre grace especial, pleine puissance et auctorité royal avons donnez et octroiez, donnons et octroions par ces presentes les privileges, noblesses, libertez, franchises, prerogatives et preeminences qui s'ensuivent :

C'est assavoir que, de toutes rentes et debtes qui leur sont et seront deues ou à aucun d'eulx sans fraude par quelconques personnes qui ont confisqué et qui d'ores en avant confisqueront leurs biens en quelque païs que ce soit en nostre dit royaume de France, lesquelz biens par le moien desdictes confiscacions nous appartiennent et appartendront autrement que à cause de crime de lese magesté, ils soient paiez premierement et avant toute confiscacion et amende sur les biens meubles et immeubles de ceulx qui les ont confisquez et confisqueront.

Item, que se aucun homme marié demourant en nostre dicte ville Paris confisque ses biens pour quelque cas que ce soit autre que pour crime de lese magesté, et dont la confiscacion nous sera escheue et appartendra, que la moictié des meubles, debtes et conquests qui sont communs entre l'omme et la femme ne soit point confisquée, mais soit delivrée à la femme de celui qui ainsi aura confisqué avecques son douaire.

Item, que lesdiz prevost des marchans, manans et habitans bourgois de nostre dicte ville de Paris puissent proceder et faire proceder par voie d'arrest pour leur deu sur les biens de leurs debteurs forains et des debteurs de leurs debteurs. Et avecques ce, par arrest du corps de leurs principaulx debteurs forains des villes esqueles les habitans d'icelles ont semblable privilege et en usent et pevent user contre leurs debteurs forains.

Item, que ilz puissent acquerir et tenir fiefz nobles, arriere fiefs et frans alleux partout nostre dit royaume de France, et que ilz soient tenuz et reputez pour nobles, et joissent et puissent joïr quant ad ce de tous privileges, prerogatives, preeminences et noblesses dont joïssent les autres nobles de nostre dit royaume de France, pourveu que ilz ne pourront avoir le bail de leurs parens mendres d'ans en ligne collateral; mais ilz pourront avoir, se bon leur semble, la garde de leurs enfans et nepveux en ligne directe, en tele maniere que ilz seront tenuz de faire faire inventaire de leurs biens meubles et en auront la garde seulement. Et quant lesdiz enfans ou nepveux seront aagiez, ilz leur rendront leurs diz biens meubles, et au regard des heritages ilz feront les fruiz leurs jusques ad ce que lesdiz enfans ou nepveux seront aagiez, et par ce moien seront tenuz de soustenir lesdiz heritages et norrir et alimenter lesdiz enfans durant ladicte garde. Et declairons par ces presentes que lesdiz enfans et nepveux seront aagiez aussitost qu'ilz auront vint ans acompliz, et, se plus tost de vint ans ilz sont mariez, soient filz, soient filles, ilz seront tenuz et reputez pour aagiez aussi tost qu'ilz seront mariez.

Item, avons voulu et ordonné, voulons et ordonnons, et ausdiz prevost des marchans, eschevins, manans et habitans, bourgois de nostre dicte ville de Paris avons ottroié et ottroions que d'ores en avant l'en ne puist ou doie faire aucunes prises en nostre dicte ville de Paris ne en la banlieue d'icelle, ne sur les denrées et marchandises qui seront admenées en icelle nostre ville tant par eaue comme par terre, ne sur les chevaulx et voictures qui les tireront, admenront ou conduiront, ne aussi sur le chemin depuis les lieux où lesdictes denrées et marchandises auront esté prises et chargées, pour estre admenées en nostre dicte ville, lesqueles denrées et marchandises, avecques les marchans à qui elles seront, et aussi ceulx qui les conduiront et admenront nous avons prins et mis, prenons et mettons par ces presentes en nostre proteccion, seurté et especial sauvegarde, et defendons tres estroictement et sur peine de griefve punicion à tous proviseurs, preneurs et commissaires deputez ou à deputer en ceste partie que ilz ne facent quelzconques prinses à l'encontre de ceste nostre presente voulenté et ordonnance.

Item, tous marchans qui admenront d'ores en avant le bestail à pié fourchié pour vendre en nostre dicte ville de Paris, et leurs varletz et serviteurs, et aussi ledit bestail, tant en venant de leurs hostelz en nostre dicte ville de Paris comme demourans et retournans en leursdiz hostelz, avons prins et mis, prenons et mettons de nostre dicte grace en nostre proteccion, seurté et sauvegarde dessusdictes, voulans et ordonnans que aucuns de quelque estat ne condicion qu'ilz soient ne puissent faire prinses dudit bestail, depuis qu'il aura esté acheté pour admener en nostre dicte ville de Paris, pourveu toutesvoies que avant la prise ou empeschement, se aucuns estoient faiz ausdiz marchans ou à leurs varlez et serviteurs de leur dit bestail, ilz aient declairé que ilz admenent icelui bestail en nostre dicte ville de Paris, voulans et declairans par ces mesmes lettres le bestail desdiz marchans que ilz auroient ainsi declairié admener en nostre dicte ville, estre à nous confisqué et acquis ou cas que depuis ladicte declaracion faicte par eulx, leurs varlez, serviteurs, facteurs ou commis, ils le vendront autre part que en icelle nostre ville de Paris. Et des procès et debas qui pourront sourdre et survenir à l'occasion desdictes prises ou empeschemens, avons commise et commettons par ces presentes la congnoissance à nostre prevost de Paris qui ores est, et à ses sucesseurs prevosts de Paris qui seront pour le temps advenir.

Item, nous voulons et ordonnons par ces mesmes presentes que de tous desbaz, discors et controverses qui se mouvront à cause et par moien des lettres seellées du seel de nostre Chastellet de Paris, la congnoissance soit et appartiengne à nostre prevost de Paris qui ores est et sera pour le temps advenir. Et avecques ce, ausdiz prevost des marchans et eschevins presens et advenir de nostre dicte ville de Paris, avons donné et ottroié, donnons et ottroions de nostre dicte grace que par privilege ilz usent du seel de la prevosté des marchans, et que icelui seel ait son cours en nostre dit royaume de France, selon ce que les prevosts des marchans et eschevins de nostre dicte ville en ont usé d'ancienneté.

Item, ausdiz prevost des marchans, eschevins, manans et habitans bourgois de nostre dicte ville de Paris avons ottroié et ottroions que tous ceulz ausquelz les bourgois, marchans, hostelliers et autres de nostre dicte ville ont presté ou presteront de bonne foy leurs denrées et marchandises ou autres biens et pour la recongnoissance de leur deu, ont ou auront seulement cedules signées des seings manuelz ou seellées des sceaulz de leurs debteurs, soient contrains de venir respondre en nostre dicte ville de Paris à leurs creanciers bourgois d'icelle, comme dit est, de ce qu'ilz leur sont et seront tenuz à cause des choses dessus dictes par lettres ou cedules signées de leurs mains ou scellées de leurs seaulx, comme dit est, non obstant quelconque privilege que lesdiz debteurs aient obtenu ou à obtenir au contraire. Et de ce avons commis et commettons la congnoissance à nostre prevost de Paris qui ores est et sera pour le temps advenir, et generalment tous privileges anciens, noblesses, prerogatives, libertez et franchises dont nostre dicte bonne ville de Paris et les bourgois, manans et habitans en icele joïssent et ont acoustumé joïr et user tant en general come en particulier, de nostre dicte grace especial, pleine puissance et auctorité royal, avons ratiffiez, approuvez et confermez, et iceulx ratifions, approuvons et confermons et de nouvel, en tant que mestier est, leur avons iceulx privileges anciens, noblesses, prerogatives, libertez et franchises donnez et ottroiez, donnons et ottroions par la teneur de ces presentes.

Si donnons en mandement à noz amez et feaulx conseillers tenens et qui tendront nostre Parlement, aux gens de noz comptes et tresoriers à Paris, au prevost de Paris...

Donné en nostre dicte ville de Paris, le xxvie jour de decembre, l'an de grace mil cccc trente et ung et de nostre regne le dixiesme.

Ainsi signé : Par le roy, en son conseil ouquel monseigneur le duc de Bedford, monseigneur le cardinal d'Angleterre, vous les evesques de Beauvais, de Noion et de Paris, le conte de Warrewick, le chambellan, messire Jehan le Clerc, le president de Parlement et pluseurs autres estoient,

J. MILET.

CLXII.

1431. 27 décembre. Saint-Denis.

Rémission accordée par Henri VI, en mémoire de son couronnement, à Jeanne, veuve de Me Jean Castel, laquelle étant partie de Paris avec son mari en 1418 pour aller se réfugier dans les pays obéissant au Dauphin, s'était vu interdire le séjour de la capitale en 1425, lorsqu'après la mort de son mari, elle était revenue s'y établir auprès de sa famille avec ses trois enfants.

(JJ. 175, n° 26.)

Henry, par la grace de Dieu roy de France et d'Angleterre, savoir faisons à tous presens et advenir, nous avoir receu l'umble supplicacion de Jehanne, vesve de feu maistre Jehan Castel, natifve de nostre bonne ville de Paris, contenant que treize ans a ou environ ledit maistre Jehan Castel se parti de nostre dicte ville de Paris et s'en ala en la partie et obeïssance de noz adversaires, et emmena avec lui ladicte suppliante, sa femme, laquele à l'occasion de son dit mary a esté, demouré et frequenté avec nos diz adversaires par aucun temps et jusqués à six ans a ou environ. Après le trespas de son dit feu mary, elle desirant estre avec ses pere et mere, parens et amis en nostre dicte ville de Paris, en la confiance de nostre grace et misericorde s'en retourna avec trois petiz enfans qu'elle a en nostre dicte ville, et assez tost après son retour lui fu enjoinct et commandé de par nous qu'elle partist de nostre dicte ville et ala demourer en aucun autre lieu de nostre obeïssance, en obtemperant auquel commandement elle se parti, et depuis a demouré alleurs que en nostre dicte obeïssance en vivant solitairement et en soi gouvernant le plus doulcement qu'elle a peu sans aucun blasme ou reprouche en attendant nostre venue en nostre dicte ville de Paris, par le moien de laquele elle a tousjours eu esperance que de nostre grace lui seroit tellement pourveu que elle pourroit licitement demourer en nostre dicte ville et joïr de ses droiz comme se elle ne eust onques esté avec nos diz adversaires si comme elle dit, humblement requerant nostre dicte grace et que, toute offense qu'elle peust avoir commise envers nous, nous lui vueillions quicter et remettre, afin de obvier à la mendicité d'elle et de ses diz enfans. Pour ce est-il que nous, ces choses considerées.... pour la reverance de Dieu nostre createur et de la glorieuse mere, et pour memoire de noz sacré et couronnement par nous prins nouvellement en nostre dicte ville de Paris, après nostre nouvelle venue en icelle, à icelle suppliante, ... avons remis.... l'offense commise par ladicte suppliante à l'encontre de nous..... parmi ce que elle fera es mains de nostre prevost de Paris ou de son lieutenant bon et loial serement d'estre et demourer à tousjours mais nostre bonne et loyale subgecte, pour seureté de laquele chose elle baillera bonne et seure caution jusques à la somme de mil livres tournois.

Si donnons en mandement à nostre dit prevost de Paris.....

Donné à Saint-Denis en France, le xxviie jour de décembre, l'an de grace mil cccc trente et ung et de nostre regne le dixiesme.

Ainsi signé : Par le roy, à la relacion du grant conseil ouquel monseigneur le duc de Bedford, monseigneur le cardinal d'Angleterre, vous les evesques de Beauvais, de Noyon et de Paris, le conte de Warrewyk, le grant maistre d'ostel, le chambellan, le premier president et pluseurs autres estoient,

J. Milet.

CLXIII.

1432. 4 janvier. Rouen.

Henri VI donne au maréchal de l'Isle-Adam une maison située à Paris, rue de la Tonnellerie, confisquée jadis sur Charles Cul-d'Oue et occupée depuis par feu Louis de Robersart, chambellan du duc de Bedford.

(JJ. 175, n° 202.)

Henry, par la grace de Dieu roy de France et d'Angleterre, savoir faisons à tous presens et advenir que, pour consideracion des grans et notables services que nous a faiz et fait un chacun jour où fait de noz guerres de France et autrement, nostre amé et feal chevalier Jehan de Villiers, seigneur de l'Ile-Adam, à icelui par l'advis et deliberacion des gens de nostre grant conseil estans par devers nous, avons donné, cedé, transporté et delaissié, donnons, cedons, transportons et delaissons par ces presentes un hostel assis à Paris en la rue de la Tonnelerie ainsi qu'il se comporte et extend de toutes pars, qui jadis fu à maistre Charles Cu-d'Oe, et depuis le tint et occupa feu Loys de Roberssart[1] nostre chambellam, tenant d'une part à l'ostel du Chariot et d'autre part à l'ostel où pend l'enseigne du Soleil, pour joïr d'icelui hostel et ses appartenances et appendances par ledit sire de l'Ile-Adam et ses hoirs masles legitimes venans de lui en directe ligne, à tousjours mais perpetuelment et hereditablement, comme de leur propre chose soubz quelconque valeur ou estimacion qu'il soit ou puist estre ores ne pour le temps advenir, pourveu que.....

Si donnons en mandement à noz amez et feaulx les gens de noz comptes à Paris, tresoriers et generaulx gouverneurs de noz finances en France, au prevost de Paris.....

Donné en nostre ville de Rouen, le IIII° jour de janvier, l'an de grace mil CCCC XXXI et de nostre regne le dixiesme.

Ainsi signé : Par le roy, à la relacion de son grant conseil ouquel monseigneur le cardinal d'Angleterre, les evesques de Beauvais et de Norwich, les contes de Warrewik et de Stafford, le sire de Saint-Pierre et autres estoient,

J. DE RINEL.

---

[1]. C'était, suivant le compte des confiscations de 1423-1427, un chevalier anglais (Sauval, p. 309, 310; cf. p. 583).

CLXIV.

1432. 9 mars. Paris.

Henri VI donne à Guillaume Cotismor, bouteiller du duc de Bedfort, 200 liv. parisis de revenu annuel à prendre sur les biens que Maurice d'Ene, Regnauld de Jagny et Noudet de Jagny, rebelles, possédaient dans la ville et prévôté de Paris.

(JJ. 175, n°ˢ 70 et 81.)

Henry, par la grâce de Dieu roy de France et d'Angleterre, savoir faisons à tous presens et advenir, que pour consideracion des bons et aggreables services que nous a faiz ou fait de noz guerres et autrement fait encores un chascun jour et esperons que face ou temps advenir nostre bien amé Guillaume Cotysmor, escuier, serviteur et bouteillier de nostre tres chier et tres amé oncle Jehan, gouvernant et regent nostre royaume de France, duc de Bedford, à icelui par l'advis et deliberacion de nostre dit oncle avons cedé, donné, transporté et delaissié, donnons, cedons, transportons et delaissons par ces presentes toutes les terres, cens, rentes, revenues, maisons, fiefz, heritages et possessions avec leurs droiz, appartenances et appendances quelzconques qui furent et appartindrent à Morise d'Ene, escuier, Regnault de Gengny et Noudet de Gengny, freres, escuiers, lesqueles sont à nous escheues, forfaictes et confisqués par la rebellion et desobeïssance des dessus diz, et autres crimes de lese magesté par eulx commis à l'encontre de nous, situées et assises en noz ville, prevosté et viconté de Paris, pour joïr desdictes terres, cens, rentes, revenues, maisons, fiefz, heritages, droiz et possessions avec leurs dictes appartenances et appendances quelzconques par ledit Guillaume Cotysmor, et ses hoirs masles legitimes yssans de lui en loyal mariage et directe ligne, à tousjours mais, perpetuelment et hereditablement, jusques à la valeur de deux cens livres parisis de rente ou revenue par chacun an, eu regard ad ce qu'elles valoient au temps de l'an mil cccc et x, pourveu qu'elles ne soient de nostre ancien demaine.....

Si donnons en mandement à noz amez et feaulx les gens de noz comptes à Paris, tresorier et general gouverneur de toutes noz finances en France, au prevost de Paris...

Donné à Paris, le ixe jour de mars, l'an de grace mil cccc xxxi et de nostre regne le dixiesme.

Ainsi signé : Par le roy, à la relacion de monseigneur le gouverneur et regent de France, duc de Bedford,

J. DE RINEL.

CLXV.

1432, 9 mai. Paris.

Lettres semblables aux précédentes, portant également don à Guillaume Cotismor, chambellan du duc de Bedford, de 200 livres parisis de rente assises sur les biens « qui furent et appartindrent à Regnauld de Saint-Jehan
« et à Regnauld de Gengny et Noudet de Gengny, freres, à la femme dudit
« Noudet de Gengny et à Jehan de Versailles, son frere, escuier, ensemble
« les charges et rentes que quelzconques personnes à nous rebelles et
« desobeïssans ont et prennent ou souloient avoir et prendre sur les heri-
« tages et revenues desdiz Noudet de Gengny, sa femme, et dudit de Ver-
« sailles, son frere[1]. »

(JJ. 175, n° 111).

CLXVI.

1432. 22 novembre. Paris.

Henri VI donne à Jacques Bernardini, de Lucques, demeurant à Paris, tout ce qui peut lui revenir de l'héritage de feu Jacques Raspondi, grâce au legs que ce dernier lui a fait par testament.

(JJ. 175, n° 169.)

Henry, par la grace de Dieu roy de France et d'Angleterre, savoir faisons à tous presens et advenir, que pour consideracion des bons et aggreables services que a faiz tant à nous comme à nostre tres chier et tres amé oncle Jehan, gouvernant et regent nostre royaume de France, duc de Bedford, Jaques Bernardin, natif de Luques et demourant à Paris, et ad ce qu'il ait mieulx de quoy honnorablement vivre et soustenir son estat ou service de nous, d'icelui nostre oncle et autrement, à ycelui Jaques Bernardin par l'advis et deliberacion de nostre dit oncle avons donné, cedé, transporté et delaissié, donnons, cedons, transportons et delaissons par la teneur de ces presentes tout tel droit qui nous est advenu et escheu et qui nous puet et doit compter et appartenir par le lais à nous fait par feu Jaques Responde, dudit lieu de Luques, par son testament ou ordonnance de derreniere voulenté ou autrement en toutes les maisons, vignes, terres, prez, cens, rentes, revenues, possessions, immeubles et heritages quelzconques que ledit feu Jaques Responde, qui puis n'a gaires est alé de vie à trespassement tenoit et possidoit en son vivant où qu'ilz

---

1. Le reste des lettres est semblable à l'exception de la date et du mandement qui, de plus que les lettres précédentes, mentionne à la suite de la vicomté de Paris les « bailliages de Meaulx, Senliz et Valois ».

soient assis en nostre dit royaume de France, pour en joïr et user par ledit Jaques Bernardin et ses hoirs masles legitimes procreez de son corps en loyal mariage, à tousjours mais perpetuelment et hereditablement en quelque valeur que les choses dessus dictes soient, reservé à nous la haulte et souveraine justice et tous droiz appartenant à ycele, et aussi tous les biens meubles qui nous pevent et doivent competer par le laiz devant dit, pourveu toutes voies que le droit qui nous est escheu et appartient come dit est es maisons... ne soient de nostre ancien demaine...... pourveu que ledit Jaques Bernardin ne ait en don d'autre terre de feu nostre tres chier seigneur et père que Dieu pardoint ou de nous, et aussi que lui et sesdiz hoirs...... et si seront tenuz faire residence personnelle es terres et païs de nostre obeïssance de France.

Si donnons en mandement par ces mesmes presentes à noz amez et feaulx les gens de noz comptes à Paris, les tresoriers et generaulz gouverneurs de noz finances en France et Normandie, au prevost de Paris...

Donné à Paris, le xxii⁰ jour de novembre, l'an de grace mil cccc xxxii et le xi⁰ de nostre regne.

Signé : Par le roy, à la relacion de monseigneur le gouvernant et regent de France, duc de Bedford,

Lunain.

CLXVII.

1432. 24 décembre. Paris.

Rémission accordée à Guiot l'Eguiller qui, étant allé boire à la taverne de l'Homme-Armé, dans la rue Pernelle-St-Pol (auj. rue de l'Homme-Armé), avec cinq autres individus, dont quatre appartenaient à la maison du duc et de la duchesse de Bedford (alors établie dans l'hôtel de la Grande-Rivière, rue de Paradis), avait tué d'un coup d'épée, dans une rixe, frère Robert l'Oubloier, religieux en l'église des Blancs-Manteaux. Frère Robert, qui se trouvait à la taverne, ainsi que deux autres religieux du même couvent, en habit dissimulé, avait, paraît-il, dégaîné l'épée le premier.

(JJ. 175, n° 179.)

Henry, par la grace de Dieu roy de France et d'Angleterre, savoir faisons à tous presens et advenir, nous avoir reçeu l'umble supplicacion des parens et amis charnels de Guiot l'Eguiller, povre jeune homme aagié de xxviii ans ou environ, chargié de femme et d'enfans, demourant à Paris, contenant que comme le mardi precedant de la feste Nostre Dasme en mars[1], derrenierement passé, après ce que ledit Guiot l'Eguillier, un appellé Anthoine qui pour lors estoit de la boulangerie de nostre tres chier et tres amé oncle le gouvernant et regent de nostre royaume de France, duc de Bedford, et un autre nommé Jehan Tesson, anglais, varlet du maistre boulangier de nostre dit oncle, se feussent assemblez avec deux varlez des charioz de feu nostre tres chiere et tres amée tante la duchesse de Bedfort, cui Dieu pardoint, l'un nommé Robin et l'autre nommé Guillemin Ryote, et un autre nommé Perrin, pour aler boire ensemble, et eulx estans ledit jour environ dix heures de nuit lez la porte du Chaulme qui est assez prez de l'ostel de la Riviere[2], ouquel se fait et tient ladicte boulangerie, sans penser à nul mal ne à autre chose que à aler boire en l'ostel où pend l'enseigne de l'Omme-Armé, en la rue Perronnelle de Saint-Paul[3], ouquel demeure un nommé Eschaudé, encontrerent trois hommes, chascun garnis d'espée et de hache qui, comme ilz ont depuis sceu, estoient religieux de l'eglise des Blans-Manteaulx[4] à Paris, l'un nommé frere Guillaume le Champenois, l'autre frere Pierre de Villandré et l'autre frere Robert l'Oubloier, qui estoient vestuz en habitz dissimulez, et comme gens lais[5], lesquelz varlez passerent oultre sans rien leur dire, fors que

---

1. Le 18 mars 1432.
2. On a vu plus haut, p. 43-45, l'acte qui attribua au duc de Bedford l'hôtel de la Rivière, situé au coin de la rue du Chaume (auj. rue des Archives) et de la rue de Paradis (auj. rue des Francs-Bourgeois).
3. La rue Pernelle-Saint-Pol portait déjà, concurremment à cette dénomination, le nom de rue de l'Homme-Armé qu'elle conserve encore aujourd'hui et qu'elle devait à la taverne mentionnée ici. L'enseigne de l'Homme-Armé est encore aujourd'hui, au coin de ladite rue et de la rue Sainte-Croix-de-la-Bretonnerie, l'enseigne d'un marchand de vin, le successeur sans doute du tavernier du xve siècle.
4. L'église des Blancs-Manteaux est, on le sait, située dans la rue Sainte-Croix-de-Bretonnerie, à quelques pas seulement de la petite rue de l'Homme-Armé, où aboutissaient même certains bâtiments du couvent.
5. Dans la société si dissolue du xve siècle, les équipées de religieux, analogues à celle dont le détail se lit ici, étaient des plus fréquentes. On en trouve la preuve dans un curieux registre d'écrou du Châtelet de Paris pour une partie de l'année 1488, conservé aux Archives nationales (Y 5261), registre duquel nous croyons devoir extraire le texte suivant, parce que cette fois le clerc de la prévôté a jugé intéressant de décrire le costume emprunté par chacun des galants religieux qu'une note marginale nous apprend avoir été relaxés le lendemain de leur arrestation :

« Mardi, xxme janvier IIII^c IIII^{xx} VIII [nouv. style].

ledit Guiot dist ausdits religieux qu'ils s'en alassent pour eschever noise, et aussi pareillement leur dist ledit Perrin qui demoura avec yceulx religieux. Et en attendant par ledit Guiot et autres de sa compaignie ledit Perrin, qui après ce qu'il eust ainsi parlé ausdiz trois religieux feust entré en l'ostel d'un boulangier demeurant pres d'illec pour lui baillier argent, ledit frere Robert l'Oubloier s'aproucha hastivement et couru sus à ladite compaignie et de son espée toute nue cuida fraper l'un, et, par ce qu'il faillit, copa par grant ire de sadite épée le pié à un chien là present, disant : « Ribaulx, vous demourrez après nous hardiment! Venez! » Pour quoy lesdits Robin, qui est anglois, Guillemin Riote et ledit Guiot, voians l'oultrage dudit frere Robert auquel n'avoient riens mesfait, prindrent à aler et fuir vers iceulx religieux et les suivirent jusques à une masure pres et au bout de la rue de Paradis où ils commencerent à gecter pierres contre lesdits Guiot et ses compaignons, et eulx à l'encontre desdiz religieux qui estoient en ladite masure, ouquel debat et conflit ledit Guillemin Riote qui avoit perdu son baston qu'il portoit, osta audit Guiot l'Eguiller de fait et contre sa voulenté une espée qu'il avoit, de laquele par l'uis de ladite masure on dit qu'il frappa un cop seulement ledit frere Robert qui, d'icelui cop, ala tantost après de vie à trespassement. Pour occasion duquel cas ainsi advenu, ledit Guiot, doubtant rigueur de justice s'est absenté du païs, a delaissié son mesnage et ses femme et enfans en grant povreté et misere, et n'i

---

« Frere Yvon du Boys, frere Jehan d'Estravo, frere Romain de Caylaco, frere Corneille Rivery, tous religieulx de l'ordre de Nostre-Dame des Carmes à Paris ; Marion Boutette, Denise la Regniere, Jehanne de Bourges, Katherine Michelle, femmes amoureuses demourans en la rue au Maire; amenez prisonniers par Jehan Champ, Guillaume Pajot et Denis Gaultier, sergens à verge, pour ce que le jour d'uy lesdiz sergens les ont trouvez lesdiz religieulx et femmes ensemble en une taverne en ladite rue au Maire, qui est lieu dissollu et où l'on fait bordeau, lesquelz religieulx estoient vestus de robbes, chappeaulx et cornettes qui est habit qu'ilz ne doivent porter pour laisier l'abit de leur ordre et estoient enbastonnés d'espéez et de dagues, et sur ce ester à droit.

« Ledit Du Boys, une robe longue de tanné doublée de sarge, chappeau tanné, une cornette de taffetas. D'Estravo, une robbe grise longue, fourrée d'agneaulx blans, chappeau gris, cornette de veloux. De Cailaco, une robbe de tanné, fourrée de penne blanche longue, chappeau noir, cornette de veloux. Rivery, une robbe de drap gris fourré d'agneaulx blans, longue, chappeau noir, cornette de taffetas, garni de deux bracquemars et d'une espée rappiere. »

oseroit jamais retourner se nostre grace et misericorde ne lui estoit sur ce impartie...

Si donnons en mandement par la teneur de ces presentes au prevost de Paris...

Donné à Paris, le xxiiiie jour du mois de decembre, l'an de grace mil cccc trente-deux et le unziesme de nostre regne.

Ainsi signé : Par le roy, à la relation de monseigneur le gouvernant et regent de France, duc de Bedford,

BROWING.

CLXVIII.

1433. 2 mai. Paris.

Rémission accordée à Pierre Germain, plombier et canonnier, convaincu de plusieurs vols de plomb et de cuivre exécutés de concert avec plusieurs autres individus aux fontaines de Saint-Innocent de Saint-Martin-des-Champs, de Bourges près Ménilmontant, de Saint-Lazare et de Conflans, toutes situées dans les faubourgs de Paris et qui, pour lors, étaient étoupées.

(JJ 175, n° 219.)

Henry, par la grace de Dieu, roy de France et d'Angleterre, savoir faisons à tous presens et advenir, nous avoir receu l'umble supplicacion des povres parens et amis charnelz de Perrin Germain, plombier et canonnier, natif de nostre bonne ville, aagié de xxiiii ans ou environ, à present prisonnier en nostre Chastellet de Paris, contenant come depuis an et demi en ça ou environ, ledit Perrin pour sa povreté, simplece et ignorance, se feust acompaignié avec Jehannin le Foing, plommier, Richart de la Porte, Jaquet l'Emperiere et Guillemin Beaupignié, aussi à present prisonniers oudit Chastellet, pour aler prendre et oster autrement que deuement certains tuyaux de plomb qui estoient es fontaines de Saint-Innocent, pres du pressoir Saint-Martin des Champs, en celle de Bourges pres du Mesnil-Mautemps[1], en celle de Saint-Ladre[2], en celle de Conflans, toutes iceles fontaines estant hors et assez pres de nostre dicte ville de Paris et dont les aucunes, dont longtemps a, ont esté et sont de present estoupées, sans y avoir

---

1. Ménilmontant, localité annexée à Paris en 1860.
2. Sur la fontaine Saint-Lazare, qui existait déjà au xiiie siècle, voir une note de M. Gustave Fagniez (*Bulletin de la Société de l'Histoire de Paris*, t. Ier, 1874, p. 80-85).

aucun cours d'eaue, ausqueles fontaines, tant de jour comme de nuit ledit Perrin avec sesdiz compaignons feust alé et venu par pluseurs et diverses foiz et par divers jours, et en iceles eussent mal prins certaine et grant quantité de plomb lequel ils eussent aporté à Paris où ils l'eussent vendu et fait vendre d'un commun accord et à pluseurs foiz la somme de vint et neuf livres parisis ou environ, de laquele ledit Perrin ot sa part et butin. Avec ce lesdiz Perrin et Richard de la Porte, en la compaignie d'un nommé Guiot d'Oisy, paravant ce que dit est, alerent ensemble en un certain jour oster et rompre une clef de cuivre qui estoit en ladicte fontaine de Conflans, qui fu par eulx vendue xvi solz parisis, desquelz xvi solz parisis ledit Perrin et la moictié et ledit Richard l'autre. Et oultre, lesdiz Perrin et Richard de la Porte, depuis certain temps en ça, furent entre eulx deux consentans et coulpables de avoir mal prins par ledit d'Oisy certaine quantité de plomb en l'ostel de Colin le Cointe, qui fu vendu par eulx et dont ledit Perrin en ot xL solz à sa part. Et environ quaresme derrain passé, en un certain jour, lesdiz Germain, Richard, Jehan le Foing et Guillemin Beaupignié se transporterent à ladicte fontaine de Conflans où ilz mal prindrent et osterent certaine autre quantité de plomb que ilz vendirent xL solz parisis dont chacun d'eulx ot sa part et butin. Pour le cas duquel Colin le Cointe, ledit Perrin fu emprisonné oudit Chastellet, et apres satisfacion et restitucion faicte à partie dudit plomb, fu delivré à plain de prison; lesqueles choses venues à la congnoissance de justice, ledit Germain a esté prins et emprisonné en nostre dit Chastellet, où il a confessé lesdiz cas, et pour iceulx est detenu en icelui où il est en voie de briefment finer ses jours, se nostre grace et misericorde ne lui sont sur ce imparties, si comme ses diz amis dient, en nous requerant humblement que, attendu qu'il est tenu et reputé un des souffisans ouvriers desdiz mestiers de plommier et canonnier qui de present soient en nostre dicte ville de Paris... Pour quoy nous, ces choses considerées... audict Perrin Germain.... avons quictié.... les faiz et cas dessusdiz... en le punissant civilement et faisant tenir prison fermée par un mois entier au pain et à l'eaue.

Si donnons en mandement au prevost de Paris...

Donné à Paris, le second jour de may, l'an de grace mil cccc xxxiii et de nostre regne le xie.

Ainsi signé: Par le roy, à la relacion du conseil estant à Paris,

J. MILET.

CLXIX-CLXXII.

1433. 2 mai. Paris.

Lettres de rémission délivrées pour les cas indiqués dans l'acte précédent :
1° à « Jehan le Foing, plommier, povre jeune enfant, aagié de xvi ans ou
« environ, à present prisonnier es prisons de nostre Chastellet de Paris. »
2° à « Guillemin Beaupignié, plommier à Paris. »
3° à « Richard de la Porte, povre homme aide à plommier, chargié de
« femme grosse et de trois petiz enfans querans leur vie, à present prison-
« nier en nostre Chastellet de Paris. »
4° à « Jaquet l'Emperiere, canonnier, chargié de femme et de deux petiz
« enfans, demourant en nostre bonne ville de Paris, à present prisonnier
« en nostre Chastellet de Paris. »
Les lettres accordées à Jean le Foing sont les seules où ne figure point la
clause d'emprisonnement « par un mois entier au pain et à l'eaue » que
l'on vient de lire dans les lettres de rémission accordées à Perrin Germain.

(JJ. 175, n°* 223, 237, 238 et 264.)

CLXXIII.

1434. 30 avril. Paris.

Rémission accordée par Henri VI à Jean Simon, dit d'Arras, coupable d'avoir
pris part avec feu Jean Trotet et feu Vincent de Beaubourgeois, à une conspiration ayant pour but de faire entrer les troupes de Charles VII dans
Paris, le 9 octobre 1432, par la porte St-Denis. Jean d'Arras quitta d'abord
Paris par crainte d'être poursuivi et révéla ensuite, de son propre mouvement, tout ce qu'il savait.

(JJ. 175, n° 289.)

Henry, par la grace de Dieu roy de France et d'Angleterre, savoir faisons à tous presens et advenir que nous considerans que ung nommé Jehan Simon, dit d'Arras[1], lequel
comme consentant et coulpable avecques feuz Jehan Trotet,
Vincent dit le Beaubourgeois et autres leurs complices de
mettre, le jour Saint Denis derrenier passé[2], noz adversaires en
nostre ville de Paris par la porte Saint-Denis d'icelle nostre ville[3],

---

1. Ce Jean d'Arras était cordonnier (voyez plus loin, p. 351).
2. Le 9 octobre 1433.
3. Voyez sur cette conspiration les deux pièces suivantes et surtout les
lettres de rémission accordées à Gossouin du Luet, où pour ainsi dire on la
voit éclore. Suivant l'auteur du Journal parisien, grand ennemi du parti national, les conjurés (qu'il ne nomme point) auraient été payés par les Français qui, le 8 octobre, veille de la fête de saint Denis, devaient venir avec
des nacelles pour entrer par les fossés d'entre la porte Saint-Denis et la porte

s'est absenté d'icelle nostre ville et rendu futiz, a dit et declairé de son mouvement la verité du cas de la machinacion et conspiracion de ladicte entrée et autres choses proufitables redondans au bien de nous et de nostre seigneurie et à la seurté de nostre dicte ville de Paris, à la supplicacion et requeste des parens et amis dudit Jehan d'Arras, à icelui par l'advis de nostre grant conseil, voulans misericorde preferer à rigueur de justice...

Si donnons en mandement au prevost de Paris...

Donné à Paris, le derrenier jour d'avril, l'an de grace mil cccc xxxiiii et de nostre regne le douziesme.

Seellée du seel de nostre Chastellet de Paris en l'absence de noz autres seaulx...

Ainsi signé : Par le roi, à la relation du grant conseil,

J. MILET.

CLXXIV.

1434. 30 avril. Paris.

Rémission accordée par Henri VI à Jean du Bois, dit Bouquet, convaincu d'avoir favorisé la fuite de Jean Simon, dit d'Arras, son cousin germain, l'un des conjurés qui, au mois d'octobre 1433, avaient projeté de livrer Paris à Charles VII.

(JJ. 175, n° 288.)

Henry, par la grace de Dieu roy de France et d'Angleterre, savoir faisons à tous presens et advenir nous avoir esté exposé de la partie de Jehan du Boys dit Bouquet, cordouennier demourant en nostre ville de Paris, chargié de femme et d'enfans, que, assez tost après que feu Jehan Trotet, Jehan Vincent dit le Beaubourgeois et autres leurs complices furent prins et emprisonnez en nostre Chastellet de Paris, à l'occasion de ce que ilz estoient accusez d'avoir esté consentans de mettre en nostre dicte ville de Paris noz adversaires, un nommé Jehan Simon dit d'Arras, cousin germain dudit exposant, pour ce que on le chargoit estre consentant de ladicte entrée, se absenta et demuça en nostre dicte ville de Paris. Et à ceste occasion la femme dudit d'Arras se tira

---

Saint-Honoré, choisissant cette portion de l'enceinte parce qu'elle était inhabitée. L'interrogatoire des conjurés prouva que chacun d'eux ignorait ce qui concernait ses complices. Cette conspiration dont les auteurs furent condamnés à mort et décapités suivait, à une semaine près, une autre conjuration également rapportée dans le Journal parisien.

devers ledit exposant en lui priant et requerant que il voulsist aidier à son dit cousin, mary d'elle, à laquele femme icelui exposant respondi que il y feroit le mieulx que il pourroit, et parla pour ceste cause à un sien varlet nommé Jehan de Fresnes en lui requerant que il voulsist garder en son hostel ledit Jehan d'Arras son cousin. A laquele requeste ledit de Fresnes respondi que, pour l'amour de lui, il en feroit le mieulx qu'il pourroit, et ladicte response icelui exposant fist savoir à la femme dudit d'Arras, laquele fist aler son dit mary en l'ostel dudit de Fresnes où ledit exposant ala parler à lui en le blasmant et remoustrant le grant mal dont on le chargoit et le grant inconvenient où il s'estoit mis. Et incontinant après parla icelui exposant à un batellier nommé Perrin Cortin qui passoit par devant son hostel, tenant en sa main une passe-porte, et lui demanda se il pourroit mener en sa nasselle deux de ses varlez jusques aux Carrieres[1] ou au pont de Charenton, à quoy respondi ledit batelier que voulentiers le feroit, pourveu que il n'y eust point de dangier, et que ce fussent bonnes gens; et ledit exposant lui dist que c'estoient deux de ses varlez. Et pour ce, le lendemain, environ quatre heures au matin, ledit exposant fist venir en son hostel à la porte Baudet ledit d'Arras, son cousin, et avecques lui ledit de Fresnes, ausquelz il dist : « Partez vous et alez vous deus par Saint-Gervais, et je vous yray « attendre soulz les ormes pour savoir se ledit batelier sera prest », lequel il trouva prest et arriverent incontinant lesdiz d'Arras et de Fresnes qui entrerent en la nasselle dudit batelier, et print congié d'eulx ledit exposant en disant audit d'Arras son cousin : « Va t'en à Valenciennes! » Et le convoia ledit de Fresnes jusques à la Garenne de Saint-Mor[2] ainsi comme il dit et raporta depuis audit exposant son maistre. Pour occasion duquel cas icelui esposant a esté emprisonné en nostre Chastellet et detenu en icelui par l'espace d'un mois ou environ, et depuis eslargi à caucion, et doubte icelui exposant, soulz umbre de ce que dit est, estre et demourer en grant dangier de justice, se sur ce ne lui estoit pourveu de nostre grace et misericorde, requerans humblement......
Pour ce est-il que nous, considéré ce que dit est...

Si donnons en mandement au prevost de Paris.

Donné à Paris, le derrenier jour d'avril, l'an de grace mil cccc

---

1. Les Carrières, écart de la commune de Charenton-le-Pont (Seine).
2. La Varenne-Saint-Maur, écart de Saint-Maur-des-Fossés (Seine).

xxxiiii et de nostre regne le douziesme, seellé du seel de nostre Chastellet de Paris en l'absence de noz autres seaulx.

Ainsi signé : Par le roy, à la relacion du grant conseil,

J. Milet.

CLXXV.

1435. 10 février. Paris.

Rémission accordée par Henri VI à Gossouin de Luet qui arrêté dix mois auparavant, sur les aveux de Jean d'Arras, comme ayant pris part à la conjuration de septembre 1433, avait été mis à la question puis détenu fort étroitement depuis lors. Gossouin rapporte dans sa supplique quelles ont été ses relations avec Jean Trotet et Jean d'Arras, les deux seuls conjurés qu'il ait connus; il a vu pour ainsi dire l'idée de la conjuration se faire jour chez ces deux hommes vers la mi-août 1433, mais il se défend énergiquement d'avoir su quelque chose de leur projet.

(JJ. 173, n° 326.)

Henry, par la grace de Dieu roy de France et d'Angleterre, savoir faisons à tous presens et advenir, nous avoir esté exposé de la partie de la femme, parens et amis de Gossuyn de Luet, orfevre, demourant en nostre bonne ville de Paris, que environ la my-aoust l'an mil cccc xxxiii, à un jour du matin, ledit Gossuyn qui avoit esté longuement malade, et estoit venu à convalescence, encontra au bout du pont Nostre-Dame un nomé Michiel Garcye, saulcier, demourant près d'ilec, auquel ledit Goussuyn dist qu'il avoit soif et, sans faire long parlement, tantost entrerent ensemble pour desjeuner, ainsi qu'ilz estoient bien acoustumez de faire, en une taverne bien près d'ilec au bout de la rue des Arcis[1], où est pour enseigne l'Ymage Nostre-Dame, vers le chevet Saint-Jaques de la Boucherie, avecques lesquels survindrent en icelle taverne feu Jehan Trotet, boulengier, et ung cordouennier nommé Jehan d'Arraz, lesquelz se assistrent avecques ledit Gossuyn et Michiel dessus nomez. Et en desjeunant, parlerent ainsi qu'il advient souvent, des guerres de ce royaume et des povretez que a le menu peuple à Paris et ailleurs. Et entre autres choses ledit feu Trotet, ou autre de la compaignie, demanda audit Gossuyn comment se portoient les gangnes de son mestier d'orfavrerie. A quoy ledit Gossuyn respondi que c'estoit le plus povre mestier de tous les

---

1. C'est le nom qu'a porté jusqu'en 1851 la partie de la rue Saint-Martin comprise entre la rue de la Vannerie et la rue de la Verrerie.

autres; car boulengiers, cordouanniers et gens de pluseurs autres mestiers besongnoient tousjours aucunement et vendoient leurs denrées plus ou mains selon le marchié qu'ils avoient des estoffes et matieres, mais, le plus du temps, les orfevres de Paris ne trouvoient homme qui les meist en besoingne, posé qu'ilz voulsissent faire les choses pour mains la moictié qu'ilz ne souloient. Et, en parlant de ces choses, ledit Gossuyn sans aucunement penser à mal dist que jamais n'auroit bon temps à Paris tant qu'il y eust en France ung roy paisible, que l'Université feust garnie et peuplée de gens, et que la court de Parlement feust maintenue et obeye, ainsi qu'elles souloient estre. Et d'autre part, ledit feu Jehan Trotet dist que les choses ne povoient mais gaires longuement durer en cest estat, et que s'il y avoit à Paris cinq cens hommes d'un accord qui se meissent sus pour faire rebellion, ilz se trouveroient mil de leur aliance. Et ces paroles ainsi dictes après ce qu'ilz eurent desjeunné se despartirent, et ledit Gossuyn ala faire sa besongne ainsi qu'il avoit acoustumé. Et un long temps après, un jour que ledit Gossuyn venoit de la ville ainsi qu'il entroit en sa maison, ledit Jehan d'Arras passoit par devant et assés hault, tant que icelui Gossuyn l'entendit bien, dist ces paroles : « Le bon corps est venu »; mais ledit Gossuyn ne pensoit point que, à lui, ledit Jehan d'Arras adreçast ces paroles, et pour ce ne se arresta point. Mais sans delaier ne aucunement parler audit Jehan d'Arraz, entra en sadicte maison sans avoir aucune ymaginacion ou souspeçon de mal contre aucun des dessus nommez à l'occasion des paroles cy dessus declairées ne autrement, car les dessus diz feu Jehan Trotet et Jehan d'Arras ne autre, ne dist ne declaira onques audit Gossuyn la voulenté et entencion que eulx et leurs complices avoient de mettre par traïson ceste bonne ville de Paris es mains des adversaires. Pour laquele trayson ledit feu Jehan Trotet et cinq ou six de ses adherens furent assés tost apres executez par justice, et ledit Jehan d'Arras et autres qui de ce sentoient coulpables se absentirent de ladicte ville, et ledit Gossuyn, qui onques n'avoit sceu aucune chose de leur mauvaise voulenté et ne doubtoit en riens qu'ilz le peussent aucunement accuser, s'est tousjours tenu paisiblement en nostre dicte ville de Paris, en faisant ses besoingnes ainsi qu'il avoit acoustumé, sans soy absenter ou musser en aucune maniere. Mais on dit que dès lors ledit Jehan d'Arras se ala rendre à Laigny ou ailleurs avec noz adversaires et depuis a fait savoir par deça que, en lui pardonnant ledit cas, il declaireroit pluseurs choses au bien de ladicte ville de Paris. Et par ce moien retourna à Paris environ le mois d'avril derrenierement passé, ouquel mois, à l'occasion des paroles dessus declairées ou autrement, ledit Gossuyn fu pour ceste cause emprisonné en nostre Chastellet de Paris, où il a esté par gehine et question tres durement traveillié de son corps et depuis continuelment detenu en prison fermée tres estroictement où il est encores en tres grant povreté et misere et y pourroit miserablement finir ses jours, se nostre grace et misericorde ne lui estoit sur ce impartie, si comme dient les exposans requerans humblement icelle. Pour ce est-il que nous, consideré ce que dit est...

Si donnons en mandement au prevost de Paris...

Donné à Paris, le dixiesme jour de fevrier, l'an de grace mil CCCC trente et quatre, et de nostre regne le XIIIe.

Ainsi signé : Par le roy, à la relation de monseigneur le gouvernant et regent le royaume de France, duc de Bedfort,

J. MILET.

CLXXVI.

1435. 19 février. Paris.

Henri VI autorise la fondation d'une confrérie en l'honneur de saint Denis dans l'église des Frères-Prêcheurs de Paris.

(JJ. 175, n° 334.)

Henry, par la grace de Dieu roy de France et d'Angleterre, savoir faisons à tous present et advenir, nous avoir esté humblement exposé de la partie de noz bien amez les prieur et couvent de l'eglise des freres prescheurs à Paris[1], que iceulx exposans et pluseurs autres bons catholiques et filz de nostre mere Saincte Eglise, aians grant et fervent devocion au benoit martir et amy de nostre seigneur Jhesu Christ, monseigneur saint Pierre le martir, ont pour ce desir, propos et entencion de creer, ordonner et establir en ladicte eglise à Paris une confrarie et fraternité en l'onneur et à la louenge et gloire de Dieu nostre createur, de la benoite glorieuse Vierge Marie sa mere et dudit benoist martir monseigneur saint Pierre le martir, à l'occasion de laquele confrarie et fraternité le divin service pourra estre augmenté à la

---

1. Le seul établissement de l'ordre des Frères-Prêcheurs qui existait alors à Paris était la maison dite des Jacobins, fondée en 1218.

louenge de Dieu et de toute la court de paradis, les bons vrais catholiques de bien en mieulx en nostre foy confermez, et ladicte eglise par les devocion et aumosnes desdis catholiques soustenue et reconfortée. Et aussi pour icelle confrarie augmenter et continuer les messes et autre service divin qu'ilz pourront pour ce ordonner pour le salut et remede des ames d'eulx et de leurs predecesseurs et bienfaicteurs et des autres qui à ladicte confrarie se vouldront adherer, ont aussi voulenté de mettre et ordonner en leur dicte eglise une boiste ou tronq où seront mis les bienfaiz et aumosnes de ladicte confrarie; lesqueles choses ilz n'oseroient bonnement faire sans noz congié et licence si come ilz dient, implorans humblement iceulx. Pour quoy nous avons les propos, entencion et devocion desdis exposans agreables et en bonne recommandacion, desirans l'augmentacion et continuacion du service divin, et afin que soions participans es messes, oraisons et autres bienfaiz de ladicte confrarie, et pour l'onneur et reverence de Dieu, nostre createur, de la benoite glorieuse Vierge Marie sa mere et dudit glorieux martir monseigneur saint Pierre le martir, ausdis exposans, pour eulx, leurs successeurs et tous autres tant hommes comme femmes qui mettre et adjoindre se vouldront avec eulx à ladicte confrarie avons donné et ottroié, donnons et ottroions de grace especial, pleine puissance et auctorité royal par ces presentes congié et licence de ladicte confrarie creer, ordonner et establir en ladicte eglise des freres prescheurs à Paris en l'onneur et reverence de Dieu nostre createur, de ladite glorieuse V[i]erge Marie sa mère, et dudit glorieux saint monseigneur saint Pierre le martir, de icelle confrarie faire crier et publier es noms que dessus es eglises et autres lieux de nostre bonne ville de Paris où il appartendra, pareillement que l'ont fait et pevent faire les autres confraries ordonnées en ceste nostre bonne ville de Paris, de avoir et tenir en ladicte eglise ladicte boiste ou tronq et y mettre et recevoir tout ce que un chacun selon sa devocion et sans aucune contraincte y vouldra liberalment donner et aumosner; pour le proufit et emolument qui de ce ystra estre tourné, converti et emploié oudit service divin qu'ilz feront faire et celebrer en icele eglise pour la bonne prosperité des confraries et bienfaicteurs de ladicte confrarie et salut de leurs ames, comme dit est. Et es autres affaires et necessitez de ladicte confrarie, et non ailleurs par la main et à la discrecion de deux desdis confreres preudommes, notables personnes et bien renommez, dont l'un sera religieux dudit ordre, et l'autre seculier; lesquelz par iceulx confreres ou la greigneur et seine partie des plus notables d'eulx nous voulons ad ce estre esleuz et nommez par un commun accord et consentement, lesquelz avant leur creacion, afin de eviter toute souspeçon, jureront aux sains Evangiles de Dieu ou autrement, bien et solennelment de tourner et convertir tout le proufit et emolument d'icele boiste et qu'ilz recevront à cause de ladicte confrarie, en messes, oroisons, service divin et autres necessitez d'icelle confrarie et non ailleurs, et d'en rendre bon compte et reliqua chacun an ausdis confreres ou à certain nombre des plus notables d'eulx, et telz que bon leur semblera. Ausquelz conferes pour les choses dessus dictes acomplir, un ou deux de noz officiers, tel ou telz que par nostre prevost de Paris et ses successeurs sera ou seront deputez presens, nous avons donné et donnons congié de eulx assembler et que, ce fait, ilz puissent chacun an nommer et eslire autres desdis confreres, se bon leur semble, qui soient de la condicion dessus dicte pour les choses dessus dictes acomplir, et ad ce les avons commis et ordonnez, commettons et ordonnons par ces presentes sans ce que ausdis exposans ne à leurs successeurs confreres de ladicte confrarie puisse en ce estre fait ou mis empeschement en aucune maniere, ne que noz officiers ne autres ad ce commis ou à commettre puissent ou doient pretendre ou reclamer ne requerir ou demander pour ce faire aucune pension, droit de salaire, gaiges à cause d'office ne autrement en quelque maniere que ce soit.

Si donnons en mandement par ces presentes à nostre dit prevost de Paris...

Donné à Paris, le xixe jour de fevrier l'an de grace mil cccc trente quatre, et de nostre regne le xiiie.

Ainsi signé : Par le roy, à la relacion du conseil,

GERVAIS.

INDEX ALPHABÉTIQUE.

A.

Abbayes parisiennes; voy. PARIS.
Ableiges (Jean d'), 258.
Accord entre Philippe de Morvilliers et le prieuré de Saint-Martin-des-Champs, 229-237.
Adam, secrétaire du roi, 15, 17, 19, 20, 46, 167.
Aignelet (Jean l'), 258.
— (Pierre l'), teinturier, 258.
Aiguillon (Raymond), 175.
Ailly (Michel d'), 261.
Aînesse (droit d'), 291.
Aismé (Simon), 320.
Aistre (Eustache de l'), chancelier de France, 31.
Alexandre le Grand, 334.
Allemand (Jean l'), 263.
Allouyn, serviteur de Nicolas de Savigny, 293-295.
Amaury (maître), 9.
Ambassade à Rome, 41.
Amblainvilliers, commune de Verrières-le-Buisson (Seine-et-Oise). — *Emblevillier*, 98.
Amende envers l'Hôtel-Dieu, 4.
Ami Lamache (Jean), prêtre, 93.
Amiens (Somme). — Bailliage, 316.
Amoy (le jardin d'), à Saint-Cloud, 93.
Anceau (Hervy), 260.
Anchier (Jeannin), neveu de M° Hugues le Coq, 103.
Andely-sur-Seine (Eure), 90.
Andry (Jean), 261.
Angennes (Regnauld d'), chevalier, 148, 159.
Angers (Maine-et-Loire), 210.
Anglais, 137-140, 142-143, 311-313.
Angleterre (Henri de Beaufort, évêque de Winchester, dit le cardinal d'), 321, 322, 325, 327, 329, 331, 332, 338, 339, 340.
Angoulant (Guillaume), quart prieur de Saint-Martin-des-Champs, 236.
Antoine, de la boulangerie du duc de Bedford, 344.
Antony (Seine). — La cour d'Antony, 62, 63.
Apostole (l'), 258.
Armagnacs (les), 190.
Arras (Jean-Simon, dit d'), cordonnier, 348-349, 349-350, 351-352.
Arrode (Isabeau), 252.
Armagnac (Bernard VII, comte d'), 148.
Asnières-sur-Oise (Seine-et-Oise), 316.
Assûrements (infractions d'), 49-50, 128-129.
Athies (Gérard d'), archevêque de Besançon, 216.
Athis-sur-Orge (Seine-et-Oise), 174.
Aubé (Pierre), boucher, 253.
— (Pierre), bourrelier, 253.
Aubelet (Regnauld), 261.

358   INDEX ALPHABÉTIQUE.

Aubigeois (Simon l'), 319.
Aubigny-sur-Nère (Cher), 221.
Aumale (Jean d'Harcourt, comte d'), 287.
Aumale (Richard de Beauchamp, comte de Warwick et d'), 177.
Auneau (Eure-et-Loir), 22.
Auvergne (M⁰ Martial d'), 225.
Auxerre (Guillaume d'), 266, 267.
— Jeanne, sa femme, 266-267.
— (Marguerite d'), 174.
— (Michelette d'), 226.
Auxerroise (Alix l'), 255.
Auxonne (Jean d'), chantre du prieuré de Saint-Martin-des-Champs, 236.
Avignon (Vaucluse), 153, 288.
Ay (M⁰ Jean d'), 265.

B.

Bachelier (Arnauld), 160, 165.
Bagneux (Seine), 170.
— (Jean de), 216, 217, 263.
Baillant (Jacques), bourgeois de Paris, 59.
Baillé (Pierre), receveur du domaine à Paris, 265.
Baillet (Miles), 134, 264.
— (M⁰ Oudard), 263.
Baillon (Guillaume Chastrisson, prieur de), 236.
Bailly (M⁰ Jean), procureur, 237.
— (N. de), secrétaire du roi, 206, 208.
Banquiers lombards, 51-52, 58-61, 182-183.
Bar (Guy de), seigneur de Presles, bailli de Sens, 192-194.
Barbier (Mahiet le), charpentier, 243.
Barcy, près Villiers-le-Sec (Seine-et-Oise), 315.
Bardin (Jeannette), dite la Noire, 142-143.
Baril (Jean), 263.
Baselat (Etienne), 254.
Bastille (la) ou la *bastide Saint-Antoine*, 22.
Bastu (Pierre), plâtrier, 262.
Bataille (Arnoulet), 81-82.
Baudaire (Jean), marchand, 21, 23.
— (Perrin), 21-23.
Baumes (M⁰ Denis de), 258, 263, 264.
Baux (Jean des), écuyer du duc de Bourgogne, 162.
Bayeux (Nicolas Habert, évêque de), 41.
Beaubourgeois (Jean Vincent, dit), 348, 349.
Beauce (pays de), 202.
Beauchamp (Richard de), comte de Warwick. *Voy*. Warwick.

Beaumont-sur-Oise (Seine-et-Oise).
— Comté, 316.
Beaupignié (Guillemin), plombier, 346-347, 348.
Beaurevoir (Aisne), 46.
— (Jean de Luxembourg), seigneur de), 32.
Beauvais (Pierre Cauchon, évêque de), 181, 212, 221, 223, 224, 226, 229, 321, 322, 324, 325, 327, 329, 331, 332, 333, 338, 339, 340.
Bec-de-faucon, arme à main, 189.
Becquet (Jean), canonnier, 2.
Bedford (Jean de Lancastre, duc de), 44, 136, 344.
— (Anne de Bourgogne, duchesse de), 280, 281, 332.
Begant (Jean le), 316.
Bègue (le), secrétaire du roi, 105, 216, 280.
Belloy (Seine-et-Oise), 159.
Beloy (Jean de), écuyer, échevin de Paris, 37-38.
Benoist (Jean), 253.
Béraud (Fabien), contrôleur de la recette des confiscations au diocèse de Paris, 215.
Bergeresse en Brie (la), 100.
Berland (Jeannin), 281. — Jeannette, sa femme, 281-282.
Bernardini (Jacques), de Lucques, 342-343.
Berny, commune de Fresnes-lès-Rungis (Seine), 62, 63.
Berry (le), pays, 248.
Berthe (Jean), 216.
Berthelemin (Pierre), orfèvre, 166.
Bertin (Jean), 258.
Besançon (Gérard d'Athies, archevêque de), 88.
Béthisy (Jean de), 165.
Béziers (Hérault), 323.
Bezille (Jean), seigneur de Maye et de Buffières, 95-96, 298.
Bienville (Oise), 290.
Bigame (Agnesot la), 255.
Billard (Jean), 217.
Billy (Colin de), 260.
Binot (Etienne), procureur au Châtelet, 258.
Blanc (Jean le), argentier de la reine Isabeau, 149, 150, 280.
Blanchard (M⁰ Pierre), maréchal, 263.
Blanchet (M⁰ Louis), 55.
Blasphémateurs, 11, 56-57.
Blondet (Pierre), 255.
Blount (Thomas), chevalier anglais, chambellan du duc de Bedford, 268.
Boesseau (André), tonnelier à Troo, 238-239.
— (Thomas), son fils, 238.

Bois (Jean du), chaudronnier, 257.
— (Jean du), dit Bouquet, cordonnier, 349-350.
— (Robin du), pelletier, 253.
Boisselet (Nicolas), 261.
Boissellier (Jean le), religieux de St-Martin-des-Champs, 236.
Boistel (Jean), 172.
Boitel (Jean), orfèvre, 258.
Bonfils (Jeannette), 81-83.
Bonhomme (Mᵉ Denis), maçon, 243.
Bonnet (Mᵉ Jean), 260.
Bon-Puits (Etienne de), 270.
Boqueaux (le seigneur de), 45.
Bordelières des environs de Saint-Merry, 154-156.
Bordes, secrétaire du roi, 26, 103.
Borgnet. *Voy.* Chaulnes (Jean de).
Bors (Guillaume), chevalier anglais, 288.
Bossu (Guyot le), 299. — Michelette, sa femme, 299.
— (Perrin le), cardeur de laine, 218-219.
Bossue (la vuitaine la), au port de Noisiel, 55.
Boucheries. *Voy.* sous le mot PARIS.
Bouchers en la grande boucherie de Paris, 70, 71, 77, 112-113; leurs priviléges, 77-78.
Bouchier (Mᵉ Bureau), 252, 262, 264.
— (Jacquet), boucher de la grande boucherie, 112-114.
— (Michelet), son frère, 113-114.
— (Mᵉ Pierre), 252, 262, 264.
Bouin (Guillaume), 198-200. — Macée, sa femme, 198-199.
Boulanger (Laurent le), 263.
— (P.), secrétaire du roi, 200, 221.
Boulengier (Mᵉ Pierre), 175.
Boulogne (Karle de), 148.
Boulogne-sur-Seine (Seine). — *Notre-Dame de Boulogne-la-Petite*, 6.
Bouquet (Jean du Bois, dit), cordonnier, 349-350.
Bouquevrard (Girard de), 83.
Bourbon (Jacques de), roi de Naples, 162.
— (Pierre de), seigneur de Préaux, 106.
Bourdin (Guillaume), 34, 35 n., 36.
Bourges (Cher), 168, 181, 247, 267, 287, 288.
Bourg-l'Abbé (le), à Paris, 59.
Bourgogne (Anne de), duchesse de Bedford, 281.
— (Guy, bâtard de), 115.
— (Jean de), marchand de tissus de soie, 312.
— (Jean Sans-Peur), 18, 21.
— (Philippe le Bon, duc de), 287-288, 300, 306.
Boursier (Alexandre le), 62, 63, 64, 65, 84, 288, 315.

Bouteiller (Guillaume le), chevalier, 87, 93, 94.
— (Guillaume le), 315.
— (Guy le), chevalier, seigneur de la Roche-Guyon, 88-90.
Boutelièvre (Jean), drapier, 260.
Boutier (Mᵉ Jean le), secrétaire du roi, 110.
Brac (Mᵉ Pierre de), 193.
Braque (chapelle de), à Paris, 175-177.
— (Nicolas), 272.
Bréauté (Roger de), 251, 264.
Bretagne, 287, 298.
— (Jean VI, duc de), 249.
Breteau (Guillaume), receveur de Paris, 277.
Breton (Bernard le), 118. — Jeannette, sa femme, 118-122.
— de la Bretonnerie (le), 315.
Bretonnerie (la), 315.
Bretonnière (Jean de la), sous-prieur de Saint-Martin-des-Champs, 229, 237.
Briant (Robin), 127-129. — Catherine, sa femme, 127-129.
Brie (la), pays, 100.
Brie-Comte-Robert (Seine-et-Marne), 22.
Briffaut (Jean), 117.
Brit (Robert), écuyer, 269.
Broissin (Jean), drapier, 259.
Browing, secrétaire du roi, 346.
Bruiel (Milet de), 40.
Brun (Pierre de), sergent à verge au Châtelet, 189-190.
Bruneau (Mᵉ Etienne), secrétaire du roi, 171.
Brunel (Adam), 72.
— (Mᵉ Florent), général conseiller sur le fait des aides, 206, 311.
— (Perrette), 207.
Buffières (Jean Bezille, seigneur de), 95.
Bugnet (Agnès), 207.
Bureau, seigneur de la Rivière, 44.
Burgault (Jean), chauffecire de la cnancellerie de France, 76-77, 185-189.
Buron (Jeannette), 121.
Busseteau (Pierre), 175.
Buymont (Guillaume de), premier huissier du Parlement, 49, 293-295.

C.

Caille (Denisot), 259.
Calais (Jacquet de), 72.
— (Jean de), 303-308.
Calot (Laurent), secrétaire du roi, 23, 25, 117, 123, 177, 180, 181, 203, 214, 229, 239, 271-274, 274, 299.

Camely (Jean de), 93, 95.
Canliers (Jacques de), 272.
Canteleu (Pierre), 151.
Cardon (M⁰ Jacques), 262.
Carmes (religieux des), 305.
Carnavalet (Thomas), 258.
Carpin (Jean), maréchal, 253.
Carrelier (le), valet changeur, 113.
Carrières (les), commune de Charenton-le-Pont (Seine), 350.
Carrières - Saint - Denis (Seine-et-Oise), 281.
Carrouge (Perrin du), 260.
Castel (M⁰ Jean), 338. — Jeanne, sa femme, 338-339.
Catherine (sainte), 284.
Cavelier (Michelet le), 111. — Portune, sa femme, 111.
Celle (Jean), 16.
Cenami (Guillaume), lombard, 53, 54, 182.
Cesne (Guillaume le), docteur en théologie, 40.
Chaillot (Paris), 54, 249, 299.
Chaînes de la ville de Paris, 2.
Chaligault (m⁰ Miles), 252, 256.
Chambellan (Jean), 263.
Chambellan du roi, 321, 322, 324, 338, 339.
Champagne, 129. — (Comté de), 100.
Champenois (frère Guillaume le), religieux des Blancs-Manteaux, 344.
Champigny (Regnauld de), 172, 173.
Champluisant (M⁰ Simon de), prévôt de Paris, 113.
Changeur (Colin le), 217.
Changon, expression injurieuse, 245.
Chanteprime (M⁰ Erard), 160-165.
— (François), 162.
— (Jean), 149.
— (M⁰ Jean), frère d'Erard, 160-165.
— (Philippe), 276.
Chapelains de la chapelle de Braque, 176-177.
Chapelle (Jean de la), clerc des comptes, 307, 309-310, 314.
Chapelle Saint-Denis (la), (Paris), 307.
Chappellier (Jean), 174.
Chapperon (Jeannin), valet charretier, 11.
Charenton-le-Pont (Seine), 43, 55, 350.
Charité (Etienne de la), 152.
— (Pierre de la), licencié ès lois, 152.
Charles V, roi de France, 275, 310.
Charles VI, roi de France, *passim*.
Charles VII, roi de France, qualifié dauphin, 22, *passim*.
Charonne (Paris), 172, 173.
Chartres (Eure-et-Loir), 22.
— (bailliage et baïlli de), 98, 101.

Chartres (diocèse de), 159.
Chastel (Tanneguy du), 285, 286, 288.
Chastenier (Jean), secrétaire du Dauphin, 207, 224-226, 252, 262, 272.
Chastrisson (Guillaume), prieur de Baillon, 236.
Château-Thierry (Aisne), 80.
Châteauvillain (Guillaume de), 296, 297.
Châtelet (grand), *passim*.
Châtelet (petit), 13.
Châtillon-sur-Marne (Guillaume, seigneur de), 80, 81.
Chauderon (Jean), 322.
Chauffecires ou scelleurs en la chancellerie de France, 76, 185-188.
Chaulnes (Jean de), dit Borgnet, écuyer, 321-322.
Chauvin (Robert), charpentier, 243.
Chef-de-Ville (Cardot de), 261.
Chelant (M⁰ Jean), 254.
Chembaut (N.), secrétaire du roi, 130, 133, 202, 285, 318, 320.
Chemin (Pierre du), 260.
Chennevières (Seine-et-Oise), 316.
Chéron (Jean le), marchand, 291.
Chetewode (Thomas), chevalier, 285-286.
Cheval (M⁰ Pierre), procureur, 237.
Chevalier (Denisot), 217.
— (Robin), 16.
Chevaux (courtiers de), 123-124.
Chevreuse (Seine-et-Oise), 225.
Choisy-au-Bac (Oise). *Voy.* Pont-à-Choisy.
Chouart (M⁰ Jean), 59, 115.
Chypre (royaume de), 162.
Cirasse (Guillaume), échevin, 265.
Clairoix (Oise), 290.
Clamecy (Gilles, seigneur de), prévôt de Paris, 75, 212, 223, 227, 325, 327.
Clarence (Thomas de Lancastre, duc de), 22, 217.
Clément [de Fauquembergues], greffier au Parlement, 237.
Clerc (Guillemin le), chaussetier, 153.
— (Jean le), chevalier, chancelier de France, 187, 338.
— (J. le), secrétaire du roi, 241, 283.
— (Perrinet ou Pierre le), 34, 35 n., 36; monnayeur du serment de France, 69-70.
Clérembaut (Pierre), 7, 10, 11.
Clermont (Martin Gouge, évêque de), 88.
Cléry (Loir-et-Cher). *Voy.* Notre-Dame-de-Cléry.
Cluny (l'abbé de), 235.
— (Ordre de), 231.

Cochereau (Philibert), prieur de Nemours, 220-221.
— (Robert), procureur, 237.
Cointe (Colin le), 347.
Colinet, clerc du prévôt de Paris, 113.
Collé (Girard), 257.
Colletier (Jean), examinateur au Châtelet, 10.
Cologne (Jean de), sergent à verge au Châtelet, 241.
Combertin (Pierre), 169.
Compans (Molinet de), 45.
— (Pierre), 45.
Compère (Jean), 263.
Compiègne (Oise), 53, 95, 290, 291.
Conciergerie, 11, 19, 30, 50, etc.
Conflans (fontaine de), près Paris, 346, 347.
— (J. de), secrétaire du roi, 6, 245.
Confrérie des Changeurs de Grand-Pont, en l'église de Saint-Barthélemy, 274-275 ; — de Sainte-Anne, en l'église des Saints-Innocents, 219-220 ; — de Saint-Crépin, en l'église de Notre-Dame de Paris, 310-311 ; — de Saint-Denis, en l'église des Frères-Prêcheurs, 353-355 ; — en l'église de Saint-Laurent, 284 ; — de la Vierge, en l'église de Saint-Julien-des-Ménétriers, 46-47 ; — du Saint-Sacrement, en la paroisse de Saint-Eustache, 14.
Congnet (Jean), 75.
Conjuration et conjurés de mai 1418, 34-36.
— parisienne de 1430, 302-308 ; — de 1433, 348, 349-350, 351-353.
Conseil (Jean du), notaire au Châtelet, 236, 237, 256, 259.
Constantinople (Jean de la Rochetaillée, patriarche de), 57, 114.
Conversations politiques, 300-301.
Coq (M° Hugues le), prévôt des marchands, 102-103.
— (Pierre le), son frère, 103, 289.
Coquengne (Jean), 260.
Corbeil (Seine-et-Oise), 43.
Cordelier (Robinet), 316.
Cordier (Jean), bourgeois de Paris, 5. — Gilette, sa femme, 5.
— (Michaud), 268.
Corinthe (Grèce), 334.
Cortin (Perrin), 350.
Cotismor (Guillaume), écuyer, serviteur et bouteiller du duc de Bedford, 341, 342.
Coulon (Louis de), hôtelier de Saint-Martin-des-Champs, 236.
Couraud (Gillette), 62.
— (Jacqueline), veuve de M° Jean Gentien, 323, 324.

Courcelles (Jean, seigneur de), 75-76, 221, 223, 325, 327.
Courolles (Pierre de), dit Mespelotier, 253.
Courtevache (M° André), 255.
Courtiers de chevaux. Leur nombre est limité, 123.
Courtin (Etienne), 255.
Cousinot (M° Guillaume), 80.
Coustel (M° Guy), official de Meaux, 116.
Crasse (la dame de), 315.
Crécy (Aubert de), 172.
Crépin (saint) et saint Crépinien, 310.
Crespy (M° Jean de), 41.
Crochet (Gilles), boulanger, 263.
Croix (Jean de la), 151.
Crosnes (Seine-et-Oise), 131, 132.
Crouy (M° Pierre de), 222. — Catherine, sa fille, 222. — Marie, sa femme, 222.
Cul-d'Oue (M° Charles), 224-225, 340.
— (Jean), 62.
Curet (Pierre), orfèvre, 166-167.

D.

Dagnois (Jean le), bachelier maçon, 243.
Dammartin (Bureau de), 159.
— (M° Guy de), 126.
Dampont (Andriet de), 59.
Daunes (Jean de), chauffecire de la chancellerie de France, 185-186.
Dauphin (Guichard), chevalier, 184.
Dessous-le-Bois (Jean), bourgeois de Paris, 14.
— (Jean), sergent à verge du Châtelet, 24.
Deuil (Seine-et-Oise), 173, 315.
Diant (Seine-et-Marne). Son château, 276.
Dieu-le-Gart (Perrin), ouvrier de la monnaie de Paris, 329-331.
Dieupart (Jean), 34, 35 n., 36.
Dijon (Côte-d'Or), 162.
Doit (Cardin du), 191-192. — Laurence, sa femme, 191.
Dommangeot (Jean), valet de chambre de la duchesse de Bedford, puis monnayeur du serment de France, 331-332.
Doucet (Guillaume), chancelier, 27-29.
Dourdan (Seine-et-Oise), 162.
Douxsire (M° Jean), examinateur au Châtelet, 243.
Drac (Jeanne du), femme de Philippe de Morvilliers, 229-237.
Drosay (Jean de), secrétaire du roi, 171, 264, 298.

Droyau (Olivier), 148.
Du Bois ou *De Bosco*, secrétaire du roi, 209.
— (Jean), 90. — Jacquette, sa fille, 90-92. — Perrette, sa femme, 90.
— (Jean), 172.
Duc (Jean le), sellier, 260.
Dunkerque (Roland de), grand pannetier de France, 86-87.
Duré (Laurent), examinateur au Châtelet, 215.
Du Ros, 201.
Dury (Vincent), 258, 259.
Du Val (G.), secrétaire du roi, 114.
Dyonis (Alain), 72.

E.

Eguiller (Guiot l'), 343-346.
Ely (Philippe Morgan, évêque d'), 316, 321.
Emigrés parisiens, 17-19, 21-23, 25-26, etc.
Empereur (Jacques l'), échanson et conseiller du roi, 31, 79.
Emperière (Jacquet l'), canonnier, 346-347, 348.
Emery (Pierre), 259.
Enchères, 273.
Ene (Maurice d'), 341.
Epernon (Jean d'), chauffecire de la chancellerie de France, 185-186.
Eschaudé, demeurant en l'hôtel de l'Homme-Armé, 344.
Esclat (Mᵉ Pierre de l'), 62, 63, 64, 65, 79.
Escuier (Pierre l'), 127-129.
Espine (Jean de l'), greffier criminel au Parlement, 50.
— (Richard de l'), 196.
Este (Jean d'), 264.
Etampes (Seine-et-Oise), 169, 240, 247.
Etuves, 263 ; — du Coup-de-Bâton, 263.
Ezanville (Seine-et-Oise), 315.

F.

Facien (Jean), le jeune, 256.
Faculté de théologie, 334.
Fait (Jacquet le), 9.
Farcheville, commune de Bouville (Eure-et-Loir), 169, 170.
Fatmant (Pierre), 63.
Fauconnerie du roi, 255.
Fauquembergues (Clément de), greffier au Parlement, 237.
Faux en écriture privée, 182-183.
Faux monnayeurs, 67-69, 90-92, 329-331.
Faux témoignages, 9-10, 16, 118-122.
Fécamp (Gilles de Duremort, abbé de), 316, 321.

Femme insultée, 73.
Femmes de mauvaise vie, 142-143, 154-155, 327-329.
Fer (Oudard le), 300.
Féron. *Voy.* Ferron.
Ferrebouc (Grégoire), secrétaire du roi, 34, 35 n., 36, 112, 220, 248.
Ferrements volés, 104.
Ferron (Guillaume), 174.
— (Mᵉ Pierre), 42, 174.
Ferrons, 219. — (confrérie des), dans l'église des Innocents, 219.
Ferry (Jean), 216.
Ferté (Bonaventure de la), orbateur, 59.
Ferté-Milon (la) (Aisne), 22, 26.
Feuchier (Colin), sergent à verge au Châtelet, 241.
Fèvre (Catherine le), 81, 82.
— (Godefroy le), 172.
— (Simon le), 204. — Isabeau, sa femme, 204. — Jeannette, leur fille, femme de Robin Hazart, 204.
Fiançailles, 127-129, 222.
Fille (Jean la), dit Vignette, laboureur, 73.
Filleul (Mᵉ Jean), avocat au Parlement, 290.
— (Simonne), femme de Jean de Fleury, 290.
Flament (Denisot le), 259.
— (Guillaume le), 182.
Flandre, 288.
Fleury (Mᵉ Jean de), secrétaire du roi, 119-122, 161-165, 188; notaire royal, contrôleur de l'audience de la chancellerie de France, 290.
Foing (Jeannin le), plombier, 346-347, 348.
Foire de Genève, 287 ; — de Saint-Laurent, 141.
Foison (Jean), boulanger, 25-26 ; Gillette, sa femme, 25-26.
Foletemps (Guillaume de), 34, 35 n., 36.
Fontaine (Jean de la), bourgeois, 224, 262.
Fontaine (Mᵉ Jean de), procureur au Parlement, 182. — Jeanne Pillot, sa femme, 182.
Fontaines de Paris ou des environs, 346-347, 348.
Fontenay (Pierre de), seigneur de Rance, 176-177.
Fontenay-aux-Roses (Seine), 170, 174.
Fontenoy, secrétaire du roi, 124, 143.
— (Jean de), 217.
Forest (hôtel de), commune de Brou (Seine-et-Marne), 54.
For-l'Evêque (le), 57, 246.
Fouet (Pierre), 121.

Foulon (Denisot), 216.
Fouquaut (M⁰ Thibaud), 282.
Fraillon (M⁰ Nicolas), maître des requêtes de l'hôtel, 186, 212.
Fremin (Marie), 6.
Fresnay (Jacquet du), 16.
Fresnes (Jean du), salpêtrier du roi, 1.
— (Jean de), valet cordonnier, 350.
Fresnoy (M⁰ Jean de), 160, 165.

G.

Galie, commune de Saint-Cyr (Seine-et-Oise), 94.
Gallardon (Eure-et-Loir), 22.
— (bailliage de), 98.
Gangier (Jean), bachelier maçon, 243.
Gantiers, 219-220.
Garancières (Yon, seigneur de), 194.
Garcie (Michel), saucier, 351.
Garde d'une succession, 293-296.
Garet (Jeannin), sergent à verge au Châtelet de Paris, 27-29.
Garges (Seine-et-Oise), 174.
Gast (Louis), chevalier, 100, 101.
Gaudin (Tassin), chevalier, 288.
Gaudreville, commune de Grandville (Eure-et-Loir), 169.
Gaultier (Pierre), 59.
Gehé (M⁰ Girard), 173.
— (M⁰ Jehan), 173.
Gendre (Jean le), 54.
Genève (Suisse), 153, 288. — Foire de Genève, 287.
Génevois (Pierre), 217.
Gente, secrétaire du roi, 77, 78.
Gentien (M⁰ Benoît), 323.
— (M⁰ Jean), 323.
— (Jeanne), 252, 260.
— (M⁰ Oudard), 171, 323.
— (Pierre), 159.
Gentilly (Seine), 172, 175.
Geppes (Richard), homme d'armes anglais, 311-313.
Germain (Perrin), plombier et canonnier, 346-347, 348.
Gervais, secrétaire du roi, 219, 355.
Gervot (Jehan), 258.
Gesot (Perrin), 16.
Gestin (Raoulet), 41.
Gilles (Jean), valet de chambre du roi, 34, 35 n., 36.
— (Philippot), laboureur, 56.
Girêmes (Philippe, dit Cordelier de), 93-94, 277.
Gobert (Louis), 277. — Catherine, sa femme, 277.
Godin (Pierre), 258.
Gois (Guillaume le). — Catherine, sa femme, 127.
— (Jean le), boucher de la grande boucherie de Paris, 39, 71.

Gonnesse (Seine-et-Oise), 173. — Curé de Saint-Pierre de Gonnesse, 228.
Gouët (Denisot), 263.
Gouge (Martin), évêque de Clermont, 88, 89.
Goujon (Jean), 263.
Goupil (Jean), 9, 10.
Gourlay (M⁰ Guillaume), 260.
Gournault (Raoul), 174.
Gouteur (Guillaume le), sergent à verge au Châtelet, 27, 29.
Gouvieux (Jean de), bourgeois de Paris, 14.
Grace (Jeanne la), 59.
Grancey (Guillaume, seigneur de Châteauvillain et de), 296.
Grand maître d'hôtel du roi. — Thibaut de Neuchâtel, 196, 321, 322, 324, 339.
Grand pannetier de France. — Roland de Dunkerque, 86.
Grange (la dame de la), 151.
— (Jean de la), 320.
Grassay (Pierre de), chevalier, 100, 101.
Graville (Jean Malet, seigneur de), 18.
Grèce, 333.
Grégoire (Simonnet), bourgeois de Paris, 14.
Grenetier (le), 27, 28.
Greslé, secrétaire du roi, 70, 71.
Grève (quartier de), à Paris, 95.
Gringoire (carrefour), à Montreuil-sous-Bois, 172.
Gros (Henriet le), clerc non marié, 17.
Guenardon (Jean), dit Limousin, 173.
Guérard (Jean), 168-170.
Guérin (frère Pierre), religieux augustin, 221.
Guet de nuit, 13, 199, 257.
Guillaume (Jacquet), 118-122, 307.
— Jeannette, sa femme, 118-122.
Guillebault (Guy), trésorier du duc de Bourgogne, 71-72.
Guyancourt (Seine-et-Oise), 94.
Guyard (Thévenin), 202-203.

H.

Hafart (Pierre), potier d'étain, 256.
Hainaut (le), pays, 46.
Halle au poisson, 202.
Halles (les), 256, 258.
Hamelin (Jean), 261.
Han (Thomas du), 174. — Marguerite, sa femme, 174.
Happart (Pierre), 93, 95.
Hardouin (Robert de), 254.
Hastes (les), commune de Perreux

(Yonne), au bailliage de Troyes, 100.
Haterel (Jeanne), dame de Miraumont, 7.
Haye (Jean de la), dit Picquet. *Voy.* Picquet.
— (Perrenet de la), 239.
Hazart (Robin), 204-206. — Jeanne le Fèvre, sa femme, 204.
Hébert (Thomassin), orfèvre, 218-219.
Hélias (Jean), épicier, 59.
Hémon (Jeannette), 205.
Héron (M* Macé), 217.
Hervy (Étienne) et Jeanne, sa femme, 104-105.
Holant (Mathieu), 34, 36 et n.
Hôtel-Dieu de Paris, 4, 73.
Hubert (Sanson), charpentier, 243.
Hue (Colin), 175.
Huiliers. — Taxe de leur marchandise, 27, 31.
Hungerford (Walter de), 196-197.
Hurtevent (Guillaume), commis à la garde de la tapisserie du roi, 30.

I.

Infanticide, 132.
Insultes adressées à une femme, 73.
Intelligences des Parisiens avec le parti dauphinois ou avec les sujets de Charles VII, 81-83, 223, 224-227, 227-229, 304-307.
Isabeau, 172.
Isabeau de Bavière, reine de France, 85, 280, 281.
Isle (Guillaume de l'), 209. — Jeanne, sa femme, 209-210.
— (Jean de l'), prêtre, 34, 35 n., 36.
— (Lancelot de l'), écuyer anglais, 288.
— (le sire de l'), capitaine de par le roi d'Angleterre en Champagne, 129.
Isle-Adam (l') (Seine-et-Oise). — Seigneurie, 315.
— (Jean de Villiers, seigneur de l'), 309-310, 314-316, 340.
Issoudun (Indre), 248.
Issy (Seine), 249.
Italiens. *Voy.* Lombards.

J.

Jacques de Bourbon, roi de Naples, 162.
Jacquet (Jacquin), 262.
Jagny (Noudet de), 341, 342.
— (Pierre de), 100, 101.
— (Regnauld de), 341, 342.
Jalousie (scène de), 49-50.
Jarrecourt (Martin de), 223.
Jaux (Oise), 290.
Jay (Jean le), bachelier maçon, 243.
Jean, roi de France, 275.
Jesse (Simonette de la), demoiselle de la duchesse de Bedford, 280-281.
Jeu de paume, 56.
Jodoin (Jeannin), monnayeur du serment de l'Empire, 67, 68.
Joliet (Colin), salpêtrier du roi, 1, 2, 3, 4.
Jourdain (Jean), 155.
Jourdrier (R.), secrétaire du roi, 34.
Jugloz (Henri), chevalier anglais, 288.
Juré (Jacotin le), familier de l'évêque de Thérouenne, 320-321.

L.

Lagny-sur-Marne (Seine-et-Marne), 55, 352.
Laillier (Jacquet de), 32.
— (Michel de), 253.
Lamache (Jean Ami), prêtre, 93.
Lambert (Jean), orfèvre, 130-133.
Langres (Bernard de la Tour, évêque de), 145.
— (Charles de Poitiers, évêque et duc de), 41, 145.
— (M* Pierre de), 264.
Languedoc, 287, 323.
Laon (Aisne), 304.
Laonnois (pays de), 117.
Larchant (Seine-et-Marne). *Voy.* St-Mathurin-de-Larchant.
Lardin (Pierre), 256.
Larget (Jean), 293, 294. — Marion, sa femme, 293.
Laurent (Philippot), 73.
Lautrec (Brunissent, vicomtesse de), 194 n.
Layeville (M* Robert de), maçon, 243.
Levis (Philippe de), seigneur de la Roche-en-Regnier et de la Voulte, 98.
Lévis-Saint-Nom (Seine-et-Oise), 98.
Limousin (Jean Guenardon, dit), 173.
Lion (Jean de), 258.
Lisieux (Nicolas de Savigny, doyen de), 293.
Lit (Isabeau de), 253.
Loir (Guillaume de), orfèvre, 305-307.
Loire (la), fleuve, 292.
Lombardie, 287.
Lombards, 21-22, 51-53, 58-61, 182-183, 342-343.
Longchamp, commune de Boulogne-sur-Seine (Seine), 299.
Longue-Joue (Jean), avocat, 259.

Loré (Thenot), 217.
Lorin (Thenot), 217.
Lormier (Jean), infirmier du prieuré de Saint-Martin-des-Champs, 230.
Louveciennes (Seine-et-Oise), 93. — Le moutier de Louveciennes, 93.
— (Jean de), écuyer, 93.
Louvel (Guillaume), serviteur de Jeanne du Puis, veuve de Picquet, 212. — Genevote, sa femme, 212.
— (Robert), 285, 286.
Louvet (Robert), clerc de la ville de Paris, 225-226.
Loyers, 277-279.
Lubin (saint), 284.
Lucas (Guillaume), 1, 2.
Lucques (Italie), 342.
Luet (Gossuin du), orfèvre, 351-353.
Lunain (J. de), secrétaire du roi, 308, 316, 342, 343.
Lupanars, 154-156.
Luxembourg (Jean de), seigneur de Beaurevoir, 32.
— (Louis de), évêque de Thérouenne, chancelier de France, 185.
Lyon (Rhône), 287, 288.
Lyonnais, 287.
Lyons (Jean de), 81, 82.

M.

Maalines (Gérard de), 59.
Maçon (Michel le), prêtre, 34, 35 n., 36.
Magny-les-Hameaux (Seine-et-Oise), 98.
Mahiart (Thomas), charretier à Crosnes, 131.
Maignac (M⁰ Pierre), 257.
Maillard (Jean), huilier, 260.
— (Michelet), cordier, 208. — Jeannette, sa femme, 208-209.
Mainfroy (Jean), 62.
Maire (Innocent le), marchand, 277. — Mabille, sa femme, 277-279.
— (Pierre le), 261.
Maisières (Andrieu de), sergent au Châtelet, 141.
Maistre (Colas le), marchand tourangeau, 227, 228.
Malart (Jean), huilier, 259.
Malesherbes (Loiret), 18, 180.
Mantes (Seine-et-Oise), 205.
Maquet, 255.
Marais outre la porte Montmartre, 246.
Marc (Colin), 144.
Marc (G. de), secrétaire du roi, 140, 211, 296.
Marcel (M⁰ Jean), 262.
Marche (Henri de la), chauffecire de la chancellerie de France, 185-186.
Marchicol (Arnoul), poulailler, 262.

Marcoignet (Isabeau de), 65.
— (Louis de), 66.
Maréchal (Guillaume le), 15.
— (Guillaume le), anglais, 137-139.
— (Jean le), 260.
Mares (Alexandre dès), changeur, 119-122, 173.
Mariage annulé, 127-129.
Marigny (M⁰ Pierre de), maître des requêtes de l'hôtel, 185, 212, 217, 223, 227.
Marle (Henri de), chancelier de France, 58, 59, 61, 315. — Mahaut, sa femme, 58, 59.
Marly-le-Roi (Seine-et-Oise), 98.
Marne (la), rivière, 55, 100.
Marquat (Michel), 53, 54.
Martin (frère), religieux de Sainte-Croix-de-la-Bretonnerie, 224-226.
— (Guillaume), 263.
— (Guillaume), chevalier, 254.
Martineau (Thomas), 253.
Massouart (Jean), huilier, 256.
Massy (Seine-et-Oise), 168, 169.
Mathieu (saint), 274.
Maufillâtre, 255.
Maunoury (Blanot), 168.
Maupas (Louis de), 217.
Maye (seigneurie de), 96. — (Jean Bezille, seigneur de), 95.
Mazerolles (M⁰ Geoffroy de), 216, 217.
Meaux (Seine-et-Marne), 18, 26, 32, 37, 38, 39, 41, 45, 111.
— (bailli et bailliage de), 101, 221, 269, 321, 322, 342 n.
— (Guy Coustel, official de), 116.
— (siége de), 66, 108, 109.
Mehun-sur-Yèvre (Cher), 288.
Melun (Seine-et-Marne), 22, 137, 269.
— (bailli et bailliage de), 221, 269.
Ménagier (Ferry le), 260.
Ménilmontant (Paris), 346.
Mercerie, 198.
Mercier (Etienne le), 261.
Méreville (Richard de), 283.
Méry-sur-Oise (Seine-et-Oise), 315.
Mespelotier (Pierre de Courolles, dit), 253.
Messagers du parti dauphinois, 223, 224-226, 305.
Meulant (Seine-et-Oise), 81, 84.
Michault (Jean), boucher, 227-229.
— (Jean), frère du précédent, 228.
Michel l'Ange (saint), 284.
Mile (M⁰ Henri), 100, 101.
Milet (Jean), secrétaire du roi, 33, 37, 39, 41, 66, 73, 75, 81, 84, 86, 87, 99-101, 106, 127, 135, 144, 160, 184, 197, 224, 227, 268, 270, 271, 274, 277, 281, 284, 289, 292, 297, 301, 310, 313, 325, 327, 329, 331, 332, 333, 338, 339, 349, 351,

353. — Marguerite, sa femme, 101.
Milly (Seine-et-Oise), 170.
Mingois (Jean), fripier, 4. — Colette, sa femme, 4.
Mingot (Martin), ouvrier de la monnaie de Paris, 329-331.
Miraumont (Jeanne Haterel, dame de), 7.
Mire (Jean le), chauffecire de la chancellerie de France, 185.
— (Philippe le), chauffecire de la chancellerie de France, 185-189.
Mireville (Pierre de), sergent à verge au Châtelet, 27, 29.
Miron (M° Jean), 172.
Mitte (Cardin), 292. — Isabeau, sa femme, 292.
Miz (Hervy), curé d'Yerres-les-Nonnains, 220-222.
Moine (Richard le), 254.
— (Tristan le), sous-hôtelier du prieuré de St-Martin-des-Champs, 236.
Molinet (Simonnet du), 260.
Molins (M° Giles de), 195.
Mongerie (Laurent de la), 262.
Monnaies. — Hôtel de la monnaie, 33. — Macé de Valenciennes, général maître des monnaies de France, 212-214. — Jean Rontier, maître des monnaies du Puy-en-Velay, 81.
Monnayeurs du serment de France, 69-70, 331-332.
Monnayeurs (faux-), 67-69, 90-92, 329-331.
Mont (Isabelet du), 261.
Montaigu (Gérard de), évêque de Paris, 18, 180.
Montalhere (Jean de), 261.
Montbazon (Jacqueline de Montagu, dame de), 18.
Montberon (Jacques, seigneur de), 97.
Montbron (Charente), 97. — *Voy.* Montberon.
Montenay (le seigneur de), 174.
Montigny (Jean de), dit Sainte-Frise, 321.
Montferrand (Bérard de), chevalier, 126, 195-196.
— (M° Guy de), 196.
Montfort, secrétaire du roi, 29, 183.
Montgermon (Jean Sireau, dit de), faux-monnayeur, 90-92.
Montjay, commune de Villevaudé (Seine-et-Marne), 54, 55.
— (Le seigneur de), 55.
Montlhéry (Seine-et-Oise), 43, 169.
Montlouet (Eure-et-Loir), 159.
Montmartre (Paris). — Religieuses, 255.
Montpipeau, commune d'Huisseau-sur-Mauves (Loiret), 292.

Montreuil-sous-Bois (Seine), 105, 172.
Montrouge (Seine), 104.
Mont-Saint-Michel (Robert Jolivet, abbé du), 219, 223, 227, 316, 321.
Morand (Pierre), procureur au Châtelet, 307.
Moreau (Pierre), charpentier, 342.
Moret (Pierre le), sergent du guet de nuit, 257.
Morhier (Simon), prévôt de Paris, 147-148, 158, 200, 223.
Mortalité à Paris et dans le pays environnant, en 1418, 180.
Morillon (Robin), sergent à verge au Châtelet, 138-140.
Morvilliers (Philippe de), premier président en Parlement, 29, 42-43, 227, 229-237, 242, 324, 325, 327, 329, 331, 332, 333, 338. — Jeanne du Drac, sa femme, 229-237.
Motte (Jean de la), notaire au Châtelet, 237, 238.
Motte-Tilly (la) (Aube). — Jean de Puligny, seigneur de la Motte-Tilly, 8, 78-79.
Moulin (le), près Antony (Seine), 62.
Mourlans (moulin à vent de), entre Paris et Noisy-le-Sec, 104.
Moysant (Yvonnet), 16.

N.

Nantouillet (Pierre de), 197.
Naples (Italie), 162 ; — (le roi Jacques de), 162.
Narbonne (Brunissent de), 194.
Naudon (M° Jean), 263.
Nazet (Guillaume), 262.
Neelle, secrétaire du roi, 247.
Nemours (Philibert Cochereau, prieur de), 220.
Nervot (Thomas), grenetier de Provins, 108-109.
Neuville (Colin de), 24, 110.
Nevers (Nièvre), 221.
Nicolas (Jean), 258.
Nigeon, près Chaillot (Paris), 249.
Nivelet (Jean), avaleur de vins, 318-320.
Noble (Colin le), 258.
Nogent-le-Roi (Eure-et-Loir), 292.
Nogent-le-Rotrou (bailliage de), 99.
Noisiel (Seine-et-Marne) ; — (le port de), 55.
Noisy-le-Grand (Seine-et-Oise), 100.
Noisy-le-Sec (Seine), 104.
Normand (Jean le), 256.
Norwick (Guillaume Alnewick, évêque de), 321, 322, 324, 340.
Nostri (Guillaume), 184.
Notre-Dame-de-Cléry (Loir-et-Cher), 207.

Notre-Dame-des-Champs (Paris), 11, 12.
Noue (Jean de la), notaire au Châtelet, 183.
Nourrices, 5, 131, 281.
Nouviant (Étienne de), procureur, 237, 260.
— (Étienne de), le jeune, 174.
Noyon (Jean de Mailly, évêque de), 181, 229, 316, 321, 325, 327, 329, 331, 332, 333, 338, 339.

O.

Oger, secrétaire du roi, 14, 48, 51, 74, 156, 190, 192, 270, 275.
— (Mᵉ Pierre d'), 172.
Oiseau (Hennequin l'), bourgeois de Paris, 14.
Oisy (Guyot d'), 347.
Olon (Sicard), 261.
Ordures jetées sur la voie publique, 24.
Orfèvre (Mᵉ Pierre l'), 110, 146.
Orgemont (Guillaume d'), 8, 9, 315.
— (Philippe d'), 315.
Orlant (Henri), 259.
Orléans (Loiret), 22, 146, 153, 168, 207, 222.
— (le duc d'), 157.
— (Jean d'), 191. — Laurence, sa femme, 191.
— (Université d'), 152, 222.
Orsay (Seine-et-Oise), 315.
Oubloier (frère Robert l'), religieux des Blancs-Manteaux, 344-345.

P.

Pape (le). — Martin V, 304.
Papillon (Jean), 258.
Parent (Jean), 172.
Paris (Seine). — Surprise de cette ville par les Bourguignons en 1418, *passim.*
— Abbaye: Sainte-Geneviève, 8, 9, 129 ; — de Saint-Germain-des-Prés, 11 ; — de Saint-Magloire, 59.
— Boucherie (grande), 254 ; — de Sainte-Geneviève, 7 ; —du Temple, 176.
— Carrefour Guillory, 260, 263 ; — Saint-Séverin, 260 ; — du Temple, 260.
— Chapelle de Braque, 176-177.
— Chapitre de l'église de Paris, 193.
— Château du Louvre, 299.
— Cour Bazile, 261 ; — Robert, 155.
— Couvent des Augustins, 142 ; — des Béguines, 255 ; — des Carmes, 128 ; — du Petit-Saint-Antoine, 257.
— Croix du Tiroir, 259.

(Paris. *Suite.*)
— Eglise des Blancs-Manteaux, 178, 344 ; — des Frères Prêcheurs de Paris, 353-355 ; — de la Madeleine, en la Cité, 50, 113, 262 ; — de Notre-Dame, 58, 310 ; — Saint-Barthélemy, 274 ; — Saint-Bon, 62 ; — Sainte-Croix-de-la-Bretonnerie, 110, 224 ; — de Saint-Eustache, 14, 262 ; — Saint-Germain-des-Prés, 132 ; — Saint-Gervais, 350 ; — Saint-Honoré, 256 ; — St-Jacques-de-la-Boucherie, 113, 351 ; — Saint-Jean-en-Grève, 122 ; — Saint-Julien-des-Ménétriers, 46-48 ; — Saint-Leufroy, 254 ; — Saint-Martin-des-Champs, 1, 3, 242 ; — Saint-Merry, 132, 154, 256, 305, 312 ; — Saint-Nicolas-des-Champs, 244 ; — Saint-Paul, 106 ; — du Saint-Sépulcre, 258.
— Fontaine de Bourges, près Ménilmontant, 346 ; — la Reine, rue Saint-Denis, 252 ; — de Saint-Innocent, 346 ; — de Saint-Lazare, 346 ; — de Saint-Martin-des-Champs, 346.
— (Evêques de) : Gérard de Montaigu ; — Jacques du Châtellier, 321, 324, 325, 327, 329, 331, 332, 333, 338 ; — Jean de la Rochetaillée, 68.
— Hôtel de l'Aigle, rue des Lombards, 53 ; — de l'Ange (*de l'Angle*), rue Saint-Jacques, 260 ; — d'Angennes, 148 ; — d'Armagnac, 148 ; — d'Artois, 296 ; — de la Bannière de France, rue de la Heaumerie, 256, 259 ; — de Besançon, 88-90, 97 n.; — de Bohême, 157 ; — des Bordes, 44 ; — de la Cage, rue Saint-Antoine, 257 ; — du Cerf-Volant, rue des Potiers-d'étain, 256 ; — du Cerf-Volant, rue de la Verrerie, 265 ; — du Chapeau-Rouge, rue Saint-Jacques, 41 ; — du Chariot, rue de la Tonnellerie, 340 ; — du Chat, rue Saint-Martin, 258 ; — du Château, rue de la Huchette, 255 ; — du Château, rue Saint-Martin, 257 ; — du Cheval-Blanc, rue Saint-Denis, 263 ; — du Cheval-Rouge, rue du Figuier, 255 ; — du Chevalier au Cygne, rue du Temple, 260 ; — de Clairvaux, rue Saint-Martin, 256 ; — de Clisson, 44, 136 ; — des Cognées, rue du Cimetière Saint-Jean, 261 ; — des Connins, rue de la Mortellerie, 246 ; — des Connins, rue Saint-Jacques, 260 ; — de la Coquille, rue Saint-Denis, 252 ; — de la Coquille, rue Saint-Martin, 255 ; — de la Corne de

(Paris : hôtels. *Suite*.)
Cerf, en Grève, 263 ; — de la Corne-de-Cerf, rue du Cimetière Saint-Nicolas, 257 ; — du Cornet, 261 ; — du Cornet, rue Saint-Martin, 256, 312 ; — des Coulons, rue Saint-Jacques, 260 ; — des Créneaux, rue du Temple, 260 ; — du Cygne, rue Montmartre, 261 ; — du Dauphin, rue des Gravilliers, 257 ; — du Dauphin, rue Saint-Jacques, 260 ; — du Dauphin, rue Saint-Séverin, 261 ; — des Deux-Pommes-Rouges, rue Saint-Martin, 257 ; — des Deux-Tableaux, rue Neuve-Saint-Merry, 265 ; — de l'Echiquier, au carrefour Guillory, 260 ; — de l'Echiquier, en la Cité, 253 ; sans doute le même que celui de la rue de la Juiverie, 262 ; — de l'Echiquier, rue des Arcis, 258 ; — de l'Ecu de Bretagne, à la porte Baudoyer, 138-139 ; — de l'Ecu de France, rue Saint-Denis, 252 ; — de l'Ecu de France, rue de la Vannerie, 259 ; — des Ecureuils, rue Saint-Martin, 256 ; — de Flandre, 261 ; — de la Fleur-de-Lys rouge, rue Saint-Martin, 256 ; — de la Garde-Dieu, près la porte à la Comtesse d'Artois, 296, 297 ; — de la Grande-Rivière, 44 ; — du Gril, rue de la Cordonnerie, 259 ; — du Gros-Tournois, à Petit-Pont, 260 ; — du Heaume, rue de l'Arbre-Sec, 253 ; — du Heaume, rue Pirouette, 256 ; — de la Herse, rue Trousse-Vache, 258 ; — de l'Homme-Armé, rue Pernelle-Saint-Paul, 344 ; — de la Huchette, rue Saint-Antoine, 119 ; — de l'Image-Notre-Dame, rue des Arcis, 351 ; — de l'Image-Notre-Dame, rue de la Harpe, 264 ; — de l'Image-Notre-Dame, rue Saint-Sauveur, 72 ; — de l'Image-Notre-Dame, rue de la Verrerie, 151 ; — de l'Image-Notre-Dame, rue de la Vieille-Monnaie, 52 ; — de l'Image-Saint-Crépin, rue Saint-Honoré, 253 ; — de l'Image-Sainte-Catherine, à la porte de Paris, 254 ; — de l'Image-Sainte-Catherine, rue de la Juiverie, 264 ; — de l'Image-Sainte-Catherine, rue de la Vieille-Monnaie, 264 ; — de l'Image-du-Saint-Esprit, rue Saint-Germain-l'Auxerrois, 259 ; — de l'Image-Saint-Eustache, 258 ; — de l'Image Saint-Jacques, autour des Halles, 258 ; — de l'Image Saint-Jacques, à la Croix-du-Tiroir, 259 ; — de

(Paris : hôtels. *Suite*.)
l'Image Saint-Jean, rue de la Heaumerie, 253 ; — de l'Image Saint-Martin, tenant à l'église Saint-Leufroy, 254 ; — de l'Image Saint-Martin, rue Beaubourg, 254 ; — de l'Image Saint-Martin, rue de la Montagne Sainte-Geneviève, 260 ; — de l'Image Saint-Nicolas, rue Aubry-le-Boucher, 258 ; — de l'Image Sainte-Yves, rue de la Parcheminerie, 260 ; — de Langres, près les Jacobins, 94, 145 ; — de la Lanterne, rue de la Heaumerie, 253 ; — de la Levrière, à la Croix-du-Tiroir, 259 ; — de la Licorne, rue Saint-Denis, 255 ; — de la Limace, rue de Marivaux, 253 ; — de la Limace, rue Saint-Séverin, 261, 262 ; — du Lion-d'Or, rue Saint-Denis, 115 ; — du Lion-d'Or, rue de la Saunerie, 262 ; — du Lion-Rouge, autour du marché aux porées, 253 ; — du Loquet, à la Croix-du-Tiroir, 259 ; — des Maillets, rue Beaubourg, 258 ; — de Marle, 58 ; — de la Moufle, rue Saint-Antoine, 255 ; — du Moulinet, rue Saint-Séverin, 261, 262 ; — du Moulinet, rue de la Vannerie, 260 ; — du Mouton, 261 ; — du Mouton, rue de l'Hirondelle, 85 ; — du Mouton, rue Saint-Denis, 228 ; — de Nesle, 13, 89 ; — de Novion, rue de Paradis, 197 ; — de l'Ours, à la porte Baudoyer, 96, 118, 126, 307 ; — du Pannier, 260 ; — du Paon, à la pointe Saint-Eustache, 263 ; — du Papegaut, rue de la Harpe, 264 ; — de la Pelle, rue de l'Arbre-Sec, 263 ; — de la Petite-Rivière, 44 ; — du Petit-Mouton, rue de la Harpe, 264 ; — du Plat d'Etain, rue Saint-Honoré, 255 ; — de la Plâtrière, rue Saint-Antoine, 184 ; — de la Pomme-de-Pin, en la Cité, 307 ; — de la Pomme-Rouge, rue aux Ours, 255 ; — de la Pomme-Rouge, rue Saint-Denis, 255 ; — du Pourcelet-Noir, rue Saint-Denis, 115 ; — des Préaux, 106 ; — du Renard, rue Saint-Denis, 252 ; — de la Rivière, 344 ; — de la Rose, au carrefour Guillory, 260 ; — de la Rose, à la pointe Saint-Eustache, 263 ; — de la Rose, rue Saint-Antoine, 255 ; — de Saint-Jacques et de Sainte-Catherine, 270 ; — des Singes, rue de la Parcheminerie, 41 ; — des Singes, rue de la Vannerie, 277, 279 ; — du Soleil, rue Aubry-le-Boucher, 263 ; — du Soleil,

(Paris : hôtels. *Suite*.)
rue de la Tonnellerie, 340 ; — de la Souche, rue Froger-l'Anier, 139; — de la Tête-Noire, rue Geoffroy-l'Angevin, 258 ; — de Thorigny, 95, 298 ; — de la Tombe, rue Saint-Antoine, 257 ; — des Tournelles, 198, 317-318 ; — de la Treille, rue des Gravilliers, 1, 3 ; — des Trois-Ecus, rue du Figuier, 255 ; — du Veau, rue Saint-Martin, 256.
— Lieu dit la Porte-Neuve, 253 ; — les Prés, 253.
— Marché aux Porées, 253, 270.
— Paroisse Saint-Barthélemy, 199 ; — Saint-Merry, 154 ; — Saint-Séverin, 41.
— Parvis Notre-Dame, 228.
— Place Maubert, 128.
— Pointe Saint-Eustache, 263.
— Ponts : Grand-Pont, 166, 167, 274 ; — Petit-Pont, 255, 260, 262 ; — pont aux Meuniers, 254 ; — pont Neuf (ou pont Saint-Michel), 89, 142, 198; — pont Notre-Dame, 113, 131, 333, 351.
— Porte Barbette, 149, 280; — Baudet ou Baudoyer, 27, 118, 138, 304, 306, 307, 350 ; — de Bordelles, 306 ; — de Bucy, 13 ; — du Chaume, 44, 344 ; — à la Comtesse, 296 ; — Montmartre, 246 ; — de Paris, 254 ; — Saint-Antoine, 283, 304, 306 ; — ancienne porte Saint-Denis, 115 ; — porte Saint-Denis, 306, 307, 348; — Saint-Honoré, 56, 175 ; — Saint-Jacques, 191, 199; — ancienne porte Saint-Martin ou porte des Vieux-Murs, 87, 257.
— Poterne Huidelon, 258 n.
— Presbytère Saint-Christophe, 262.
— Pressoir de Saint-Martin-des-Champs, 346.
— Prieuré de St-Martin-des-Champs, 229-237, 242 ; chapelle Saint-Nicolas, dans ce prieuré, 231, 234.
— Prisons de Sainte-Geneviève, 9; — de Thiron, 105.
— Quartier de la Cité, 253, 262 ; — de Grève, 263, 279, 307.
— Religieux de Sainte-Catherine du Val-des-Ecoliers, 184; — de Sainte-Geneviève, 217 ; — du Temple, 110.
— Rue Amaury de Roissy, 257 ; — aux Anglais, 260 ; — de l'Arbre-Sec, 253, 263 ; — des Arcis, 258, 351 ; — Aubry-le-Boucher, 258, 263 ; — des Augustins, 89 ; — Baillehoue, 154-155 ; — Barbette (ou rue Vieille-du-Temple), 95 ; — Beaubourg, 154, 189, 254, 258 ;

(Paris : rues. *Suite*.)
— *du* Bersuel (peut-être le cul-de-sac Saint-Landry), 290 ; — de Bohême (*de Behaigne*), 268 ; — du Bouloy, 261 ; — des Bourdonnais, 125 ; — du Bourg-l'Abbé, 59 n.; — Bouterbrie ou *du Bourc de Brie*, 6 ; — de la Bretonnerie, 109, 319 ; — de la Cave de Ponthieu, 32 ; — du Cerf, 259 ; — de Champfleury, 256 ; — de la Charronnerie, 254 ; — de la Charpenterie, 253 ; — du Cimetière Saint-Jean, 261 ; — du Cimetière Saint-Nicolas, 257 ; — de la Colombe, 290 ; — aux Commanderesses, 263 ; — du Comte de Dammartin, 58 ; — de la Cordonnerie, 259 ; — du Coup de Bâton, 263 ; — de la Court-Robert, 153 ; — d'Entre-Deux-Portes, 261 ; — des Etuves, 272 ; — du Fauconnier, 255, n. 2 ; — au Feurre (depuis rue aux Fers), 270 ; — du Figuier, 255 ; — de Flandres (ou Coquillière), 157 ; — de la Fontaine-Maubué, 154; — du Four [Saint-Honoré], 144, 272 ; — Froger-l'Anier, 139 ; — de Galande, 193, 260 ; — Geoffroy-l'Angevin, 258 ; — de la Grande-Truanderie, 263 ; — des Gravilliers, 1, 2, 257 ; — de Grenelle [Saint-Honoré], 157, 254 ; — de la Harpe, 255, 264 ; — de la Heaumerie, 253, 255, 256, 259 ; — de l'Hirondelle (*rue d'Arondelle*), 88-89 ; — de la Huchette, 255 ; — Jean-Beausire, 283 ; — Jean le Mire, 261 ; — Jean Painmollet, 62 ; — de la Juiverie, en la Cité, 262, 264 ; — des Lavandières [Sainte-Opportune], 262 ; — de la Lingerie, 270 ; — des Lombards, 53 ; — au Maire, 242, 244 ; — de Marivaux, 54, 253, 262 ; — Merderel, 261 ; — du Mont-Saint-Hilaire, 129 ; — de la Montagne Sainte-Geneviève, 260 ; — Montmartre, 253, 261 ; — Montorgueil, 246 ; — de la Mortellerie, 42, 246, 259 ; — du Moulinet, 272 ; — de Nesle (ou d'Orléans-Saint-Honoré), 157 ; — Neuve-Saint-Merry, 154, 265 ; — des Noyers (ou Gilles Cœur), 89 ; — aux Oues, 59, 255 ; — Palée, 116 ; — de Paradis [au Marais], 44, 197 ; — de la Parcheminerie, 260 ; — de la Parcheminerie (ou des Blancs-Manteaux), 178 ; — Pernelle-Saint-Pol, 80, 344 ; — des Petits-Champs, 189 ; — du Plâtre (quartier Sainte-Avoie), 110 ; — rue du Plâtre (quartier

(Paris : rues. *Suite*.)
Saint-Benoît), 193; — Plâtrière[-St-Honoré], 56, 253; — des Poitevins, 12; — de la Porte-Baudoyer, 126, 195-196; — des Poulies, 75, 257; — des Prouvaires, 144, 262; — Quincampoix, 59, 257, 258, 263; — Saint-Antoine, 119, 184, 255; — Saint-Bon, 62; — Saint-Christophe, en la Cité, 262; — Sainte-Croix-de-la-Bretonnerie, 80, 154; — Saint-Denis, 115, 228, 252, 255, 258, 263, 307; — Sainte-Germain-l'Auxerrois, 240, 259, 260; — Saint-Honoré, 148, 205, 253, 255; — Saint-Jacques, 145, 260; — Saint-Martin, 46, 87, 242, 243, 244, 256, 257, 312; — Saint-Sauveur, 72; — Saint-Séverin, 261, 262; — Saillantbien, 262; — Sans-Chef, 257; — de la Saunerie, 259, 262; — de la Savonnerie, 282; — Simon le Franc, 91, 154, 258; — des Singes, 101; — de la Tacherie, 254; — du Temple, 254, 260; — Tirechappe, 254; — de la Tonnellerie, 208, 340; — Troussevache, 258; — de la Truanderie, 261; — de la Vannerie, 259, 260, 277, 279; — de la Verrerie, 62, 134, 151, 265; — Vieille-du-Temple, 101, 298; — de la Vieille-Monnaie, 53, 253, 264; — de la Vieille-Poterie, 62; — de la Vieille-Tixeranderie, 315.

Paris (Jean), procureur du prieuré de Saint-Martin-des-Champs, 229, 237.
— (Jean de), 259.
— (M° Philippe de), 170-181. — Marguerite, sa femme, 180-181.
Parisiens. — Priviléges accordés aux habitants de Paris, 333, 334-338.
Parker (Raoul), secrétaire du roi, 142, 149-150, 150-151, 158.
Parlement. — Fondations faites à Saint-Martin-des-Champs en faveur du Premier Président et du Premier Huissier, 232.
Pasqual (Jean), 24.
Pasquier (Thomas), 1, 2, 257.
Pastoureau (François), 256, 258, 263, 264.
Pèlerinage à Boulogne-sur-Seine, 16; — à Notre-Dame de Cléry, 207; — à Saint-Germain-des-Prés, 132.
Pelu (Jean le), 216.
Percebois (Henriet), 263.
Perche (Thomas de Montagu, comte de Salisbury et du), 249.
Perdriel (Jacquet), 303-307.
Perrin, 344, 345.

Pestivien (Jean), sergent à verge au Châtelet, 48-51.
Pet (Jean le), barbier, 259.
Petit (Henriet), sergent du guet de pied), 189-190.
— (Raoulin), valet courtier de vins, 327-329.
— (Roger le), aumônier du prieuré de Saint-Martin-des-Champs, 236.
Philippe (Jean), drapier, 254.
— (Thomas), pâtissier, 253.
Picard (M° Jean), secrétaire de la reine Isabeau, 108-109.
Picardie, 7.
Picquet (Guillaume), 255.
— (J.), secrétaire du roi, 150, 152, 175, 250.
— (Jean de la Haye, dit), 175, 178-179, 211, 315. — Jeanne du Puis, sa femme, 178-179.
Pidoue (Regnaud), 125.
Piémont, 287.
Pierre (saint), 353-354.
Pierrefonds (Oise), 291.
Pierrepont (Guillaume, seigneur de Châteauvillain et de), 296.
Pigne (Honoré), cordonnier, 257.
Pignon, 256.
Pilleron (Remy), 217.
Pillot (Pierre), marchand, 182. — Jeanne, sa fille, femme de M° Jean de Fontaines, 142.
Pilori (condamnation au), 11, 300.
Piot (Eudes), maître des enfants au prieuré de St-Martin-des-Champs, 236.
Plantes (Guillaume des), 258.
Plessis-Raoul (le), aujourd'hui le Plessis-Picquet (Seine), 315.
Pleys (Pierre du), 54.
Plomb volé, 13, 346-347, 348.
Poissonnier (Jean), 263.
Poissy (M° Jean de), 261, 262.
Poitiers (Charles de), évêque et duc de Langres, 145.
Poitou, 287.
Ponceau (Jean du), orfèvre, 166-167.
Pont-à-Choisy, aujourd'hui Choisy-au-Bac (Oise), 45.
Ponthieu (sénéchaussée de), 316.
Pontoise (Seine-et-Oise), 73, 79. — Prise de Pontoise, 212.
Popeham (Jean), chevalier anglais, 297.
Popincourt (Souillard de), 315.
— (Touillard de), fils de Souillard de Popincourt, 315.
Porte (Colin de la), 259.
— (Richard de la), aide à plombier, 346-347, 348.
Porteclef (Nicolas), 93.
Portes (Arnoulet des), sergent de la douzaine du Châtelet, 189.

Poteau (Jean), 1, 2, 3.
Pouilly, 100.
Pré (Guillaume du), laboureur de bras, 240-241, 247-248.
— (Jean du), boulanger, son frère, 240-241, 247-248.
— (Thévenin du), père des deux précédents, 247. — Clémence, sa femme, 247.
Préaux (Pierre de Bourbon, seigneur de), 106.
Prés (Jean des), quint prieur de Saint-Martin-des-Champs, 236.
Presles (Guy de Bar, seigneur de), 192-194.
Preudhomme (Colin), 258.
— (Thévenin), drapier, 259.
Preux (Me André le), 258.
Prévôt des marchands de la ville de Paris, 102, 277.
Prieuré disputé par deux prétendants, 220-221.
Prouvais (Aisne). — Le seigneur de Prouvais, 221.
Provins (Thomas Nervot, grènetier de), 109, 110.
Prunier (Gilet), 12.
Puis (Jeanne du), femme de Jean de la Haye, dit Picquet, 211-212.
Puligny (Jean de), seigneur de la Motte-Tilly, 78-79.
Puy-en-Velay (Le) (Haute-Loire). — Le Puy-en-Auvergne, 51, 63.

Q.

Quartier (Jean le), religieux de Saint-Martin-des-Champs, 236.
Quatre (Richard), anglais, 142-143.
Queue-en-Brie (la) (Seine-et-Marne), 18, 317.
Quinement (Alain), chandelier, 253, 261.
Quitry (le sire de), 276.

R.

Ragueneau (Pierre), 253.
Raguier (Hémon), trésorier de la reine Isabeau, 85.
— (Me Raymond), 173, 252, 257, 315.
Rance (Aube). — Pierre de Fontenay, seigneur de Rance, 176-177, 212.
Rançons de prisonniers de guerre, 18, 46.
Raoul (Yvonnet), 259.
Rapine (Me Germain), avocat au Châtelet, 135.
Rapiout, secrétaire du roi, 289.
Raponde ou Raspondi (Jacques), lombard, 53, 264, 342.
Raspondi. Voy. Raponde.
Receveur de Paris. Voy. Breteau (Guillaume).

Regnauld (Jean), 262.
Reims (Marne), 80, 100, 101.
Religieux déguisés, 344-345.
Retrou (Jean de), breton, 141.
Reuilly (Me Philippe de), maître des requêtes de l'hôtel, 186.
Riant (Thomas), bourgeois de Paris, 14.
Riberel (Jean), 172.
Richier (Simon), maçon, 243.
Ridel (Philippe), 259.
Rinel (Jean de), secrétaire du roi, 45, 53, 96, 99, 107-111, 116, 146, 147, 153, 154, 195, 196, 212, 266, 286, 288, 291, 321, 322, 324, 340, 341.
Riote (Guillemin), valet des chariots de la duchesse de Bedford, 344-345.
Ris (Luquin), capitaine lombard, 21, 22.
Rivière (Bureau, seigneur de la), 44.
— (Charles de la), comte de Dammartin, 44.
— (Thomas de la), 172.
Robersart (Louis de), chambellan du duc de Bedford, 340.
Robin, valet des chariots de la duchesse de Bedford, 344-345.
— (Pierre), maçon général du roi, 243.
Roche (Jean), 118, 122.
— (le comte de la), 41.
— (Jean de la), 217.
Roche-en-Regnier (la) (Haute-Loire). — Philippe de Lévis, seigneur de la Roche-en-Régnier, 98.
Rochefoucauld (la) (Charente). — Le seigneur de la Rochefoucauld, 297.
Roche-Guyon (la) (Seine-et-Oise). — Guy le Bouteiller, seigneur de la Roche-Guyon, 88.
Rochetaillée (Jean de la), archevêque de Rouen, 181, 214-217.
Rocourt (Jean de), 259.
Roi (Antoine le), pelletier, 59.
Roissy (Seine-et-Oise), 43.
Romainville (Seine), 171.
Rome (Italie), 333. — Cour pontificale, 41.
Rontier (Jean), maître des monnaies au Puy, 81-83.
Rosay (Jean de), chevalier, 101.
Rose (Pierre de la), secrétaire du roi, 55, 61, 65.
Rosières (Foulques de), notaire au Châtelet, 174, 293-296.
Rosny (Seine), 174.
Rossignol (Jean), laboureur, 244.
Roti (Jean), pelletier, 259.
Rouart (Jean), mégissier, 259.
Rouen (Seine-Inférieure), 340.
— (l'archevêque de). Voy. Rochetaillée (Jean de la).

Rouen (le trésorier de), 227.
Roulot (Rolin de), sergent à verge au Châtelet, 141.
Rousseau (Pierre), 254.
Roussel (Me Jean), procureur, 237.
Rouvres, secrétaire du roi, 4, 11.
— (Me Jean de), avocat à Meaux, 108, 109.
Rouvray (Me Nicolas de), 175.
Roux (Egrin le), 254.
Ru (Nicolas du), 173.
Rue (Jean de la), cordonnier, 253.
Rueil (Me Simon de), licencié en lois, 222.
Russell (Sander) ou *Cendre Roussel*, anglois, 137-140.
Rust (Barthélemy), 63.

S.

Sablon (Michel du), 101.
Sablonnier (Jean), sergent à cheval, 59.
Sac (Barthélemy), 63.
— (Jean), bourgeois de Paris, 63, 64.
Saconnati (Jean), 261.
Sage (messire Raoul le), 223, 224, 227.
Saget (Gillot), 172.
Sainctor (Colin le), tondeur du roi, 30.
Saint-Cloud (Seine-et-Oise), 93, 216.
— Aunois de Champpourry, 216.
— Jardin d'Amoy (le), 93. — Rue d'Aunoy, 216. — Saussoie-Bourdon (la), 93.
— (le capitaine de), 170.
Saint-Denis (Seine), 299, 306, 339.
Sainte-Catherine-de-Fierbois (Indre-et-Loire), 240.
Sainte-Frise. *Voy*. Montigny (Jean de).
Sainte-Maure (Jean de), 8.
Saint-Faron, près Meaux (Seine-et-Marne), 32, 33.
Saint-Germain-des-Prés (Paris), 73, 172, 173, 272.
— (l'aumônier de), 173.
— (le pitancier de), 173.
Saint-Jean (Regnauld de), 342.
Saint-Laurent, près Paris, 141. — Paroisse de Saint-Laurent, 284.
Saint-Liébault (Jean, seigneur de Courcelles et de), 74-75, 223, 227.
Saint-Marc (Louis de), 100, 101.
Saint-Marcel-lès-Paris, 20. — Ferrures de Saint-Marcel, 83.
Saint-Martin-les-Etampes, commune d'Etampes (Seine-et-Oise), 247.
Saint-Mathurin-de-Larchant (Loir-et-Cher), 240.
Saint-Maur-les-Fossés (Seine), 180, 181.

Saint-Omer (Me Mathieu de), 253.
Saint-Piat (Eure-et-Loir), 159.
Saint-Pierre (Raoul le Sage, seigneur de), 316, 321, 322, 324, 340.
Saint-Thibault-des-Vignes (Seine-et-Marne), 55.
Saint-Yon (Garnier de), 39.
— (Jean de), maître des bouchers de Paris, 39 ; trésorier de France, 134-135, 184; écuyer, 270.
— (Robert de), 68.
Saisie de meubles par un propriétaire, 7.
Salerne (Raoul de), sous-chantre du prieuré de St-Martin-des-Champs, 236.
Salisbury (Thomas de Montagu, comte de), 153, 170, 249-250.
— (la comtesse de), 137.
Sanguin (Guillaume), 72, 233.
Sarcelles (Seine-et-Oise), 315.
Saubertier (Hugues de), écuyer, 84.
Sauchoy (Guillemin du), ouvrier de la monnaie du serment de l'Empire, 67, 68.
Sauqueville (Seine-Inférieure), 21.
Sauvage (Me Jean), lieutenant civil du prévôt de Paris, 265.
Savigny (Me Nicolas de), doyen de Lisieux et avocat au Parlement, 293. — Alix sa chambrière, 294-295.
Savise (Moriset), 253.
Savin (Regnauld), procureur au Châtelet, 307.
Savoie (Guillaume de), 54.
Say (Nicolas), homme d'armes anglais, 311-313.
Séguin (dom Jacques), prieur de Saint-Martin-des-Champs, 229, 236.
Séguinat, secrétaire du roi, 58.
Seine (la), fleuve, 292.
Séjour (Perrin), 216.
Senlis (Oise), 45.
— (bailli et bailliage de), 221, 291, 316, 322, 342 n.
— (Richard de), 9, 10, 11.
Sens (Guy de Bar, bailli de), 192-194.
Sensigault (Denisot), boulanger à Saint-Marcel, 19. — Jeannette, sa femme, 19.
Sergents à verge au Châtelet, 48-50. — Portent une hache, 49 ; une verge fleurdelisée, 140 ; une épée, 141.
— de la douzaine du Châtelet, 189.
— du guet à pied, 188-189.
Sergy (Me Pierre de), procureur au Parlement, 48-50. — Jeanne, sa femme, 48-49.
Servilliers (Pierre de), charpentier général du roi et garde de la voirie,

royale pour le receveur de Paris, 243, 257.
Sevestre (Geoffroy), maçon, 243.
Sèvres (Seine-et-Oise), 93, 170.
Simon (Jean), dit d'Arras, cordonnier, 348-349, 349-350, 351-352.
— (Thomas), 72.
Sireau (Jean), dit de Montgermon, faux-monnayeur, 90-92.
Sologne (la), pays, 248.
Soret (Guillaume), 56.
Souris (Pierre), 258).
Spifame (Antoine), chevalier de l'ordre de Saint-Jean de Jérusalem, 55.
— (Barthélemy), 52, 53, 54.
— (Jean), 53, 54.
Stafford (Humfroy, comte de), 317, 340.
Stanfort (Jacquet de), marchand, fils de Jean et père de Simonnet, 287.
— (Jean de), marchand et bourgeois de Paris, père de Simonnet et de Jacquet, 287.
— (Simonnet de), valet de chambre du duc de Bourgogne, 287, 288.
Stoc (Pierre), gascon, 22.
Sucy-en-Brie (Seine-et-Marne), 94.
— (le curé de), 18.
Suffolk (le comte de), 153.
Suicidés, 19, 111, 208-209.
Sully-sur-Loire (Loiret), 153.
Suresnes (Seine), 175.

T.

Taboise (Philippot de la), 207.
Tailleur (Michelet le), 263.
Taissy (Marne), 100.
Talvoisin, commune d'Ymeray (Eure-et-Loir), 159.
Tapisserie du roi, 30-31.
Taquet (Jean), sergent à verge au Châtelet, 15. — Margot, sa femme, 15.
Taranne (Jean), 54, 173, 216, 249, 250, 252, 254.
— (Simon), 216.
Tartarin (Simon), 261.
Tartier (Philippot), maçon, 9.
Tassin (Jean), bachelier maçon, 243.
Tavernes, 1-4, 138-140, 344-348.
Taxe de l'huile, 27-28.
Tesson (Jean), valet du maître boulanger du duc de Bedford, 344.
Thérouanne (Louis de Luxembourg, évêque de). *Voy.* Luxembourg.
Thévenin (Jean), boulanger, 317. — Jeannette, sa femme, 317-318.
Thibaut (Thévenin) et Margot, sa femme, 15, 16.
Thiphaine (Etienne), tiers prieur de Saint-Martin-des-Champs, 236.
Thoisy (Jean de), évêque de Tournai, 144.

Thomas (Jean), cordonnier, 300.
Thorigny (Hervé de Mauny, seigneur de), 93-95.
Thoroude (Pierre), maçon, voyer de l'évêque de Paris, 300.
Tillart (M⁰ Jean de), 172.
Tirant (Guillaume), 244-245.
Tisseurs de soie, 46-48, 200-202.
Tonnelier (Jean le), épicier, 270.
Tosté (M⁰ Girard), 217.
Toulouse (Haute-Garonne), 323.
Tour (Bernard de la), évêque de Langres, 145.
— (Bertrand V, seigneur de la), en Auvergne, 93-94, 145.
Tournai (Jean de Thoisy, évêque de), 144.
Tournoul (Thomas), anglais, 137-139.
Tours (Indre-et-Loire), 227, 228, 238, 287.
Trianon, commune de Versailles (Seine-et-Oise), 159.
Tronchet (M⁰ Etienne du), 204.
Troo (Loir-et-Cher), 238.
Trotet (Jean), boulanger, 349, 351-352.
Troyes (Aube), 100.
— (le bailli de), 101.
Tuilières (Guillaume de), marqueur de petits paniers de marée aux halles de Paris, 24-25.
— (Marguerite de), 252, 261.
— (M⁰ Robert de), 252, 261.
Tur (M⁰ Guillaume le), 144.
Turpin (Jean), 50.

U.

Uillier (M⁰ Jean l'), maçon, 257.
Université de Paris, ses priviléges, 324-325, 326-327, 334, 352.
— d'Orléans, 152, 222.
Ussy (M⁰ Jacques d'), 144.

V.

Vaasseur (Andriet le), 8.
Vaillant (Jean), 258.
Val (Guillaume du), 54.
Valenciennes (Nord), 350.
— (Isabeau de), femme de Macé de Valenciennes, 213.
— (Macé de), général maître des monnaies de France, 212-213.
— (Macé de), fils des précédents, 213.
— (Perrenet de), fils de Macé et d'Isabeau, 213.
Valois (bailliage de), 342 n.
— (gouverneur de), 291.
Vanves (Seine), 170, 216. — Bas-Mesnil (le), 217. — Carrefour de la Fontaine, 216. — Cave Jean de

Vaudetar (la), 217. — Chasteignier, 217. — Cloiseaux (les), 217. — Clos de la Briesche (le), 216. — Croix-Blanche (la), 217. — Girarde (la), 217. — Hanapeau, 217. — Haut-Mesnil (le), 217. — Haye d'Eremille (la), 216. — Montignie (la), 217. — Ruelles (les), 217. — Terroir d'Entre-Deux-Voies, 217. — Terroir de Garmant, 216. — Voie d'Erpineau (la), 216. — Voie du Parc (la), 217.
Varenne-Saint-Maur (la), commune de St-Maur-les-Fossés (Seine), 350.
Varennes (Robin de), 262.
Variffroy (Jean), 292. — Tiphaine, sa femme, 291.
Vauboulon (Girard de), 160-165.
Vaudetar (Charles de), 269.
— (Jean de), 217.
— (Milet de), frère de Charles, 269.
— (Perrenet de), 217.
Vauquelin (Agnès), 260.
Veau (Jean le), 1, 2.
Vélizon, femme de mauvaise vie, 327-329.
Vendières (Simon de), chevalier, 159.
Vendôme (Loir-et-Cher). — Comté de Vendôme, 238, 239.
— (Robert de Willoughby, comte de), 156.
Venette (Oise), 290.
Ver (Jean de), religieux de Saint-Martin-des-Champs, 236.
Verdelet (Charles), 151.
Veret (Artaud), sacristain du prieuré de Saint-Martin-des-Champs, 236.
— (R.), secrétaire du roi, 79, 90, 101, 111, 125.
Vermandois (bailli de), 101.
Verrières-le-Buisson (Seine-et-Oise), 98.
Versailles (Jean de), 342.
Vert-le-Grand (Seine-et-Oise). — *Val-le-Grand*, 43.
Viart (Me Jacques), examinateur au Châtelet de Paris, 121.
Vichier (Jean le), fripier, 361.
Vierge Marie (la), 353-354.
Vigneron (le), 28-29.
Vignes à Chaillot, 299.
Vignette (Jean la Fille, dit), laboureur, 73-74.
Vignier (Me Guillaume), 171-172.
Villain (Pierre), 259.
Villandré (frère Pierre de), religieux des Blancs-Manteaux, 344.
Villaroy, commune de Guyancourt (Seine-et-Oise), 94.
Ville-Evrard, commune de Neuilly-sur-Marne, 121.
Villeflix, commune de Noisy-le-Grand (Seine-et-Oise), 100.
Ville-l'Evêque (la) (Paris), 175.
Villeneuve-l'Etang, commune de Marnes (Seine-et-Oise), 93.
Villette-Saint-Lazare (la) (Paris), 240, 247.
Villiers (Jean de), chevalier, 315.
Villiers-le-Bel (Seine-et-Oise), 315, 316.
Villiers-le-Morhier (Eure-et-Loir). — Simon Morhier, seigneur de Villiers, 147, 158, 200.
Villiers-le-Sec (Seine-et-Oise), 315.
Vincent, dit Beaubourgeois (Jean), 348, 349.
Virgile (Me Jean), 252, 254, 255.
Vitry (Me Guillaume de), 62.
Vitry-en-Perthois (le bailli de), 101.
Vivien (Jacquet), 4, 24.
— (Me Jean), président en la chambre des enquêtes au Parlement, 234.
Vivier (Guyot du), 320.
— (Henri du), fils de Jean, 160-165, 275.
— (Jean du), orfèvre et valet de chambre du roi Jean, de Charles V et de Charles VI, 275.
— (Jean du), frère de Thibaud et de Henri, 161.
— (Simonnet du), valet tavernier et courtier de vins, 16.
— (Me Thibaud du), 160-165.
Voidié (Jeanne), femme de Jean Lambert, orfèvre, 130-133.
— (Robert), père et fils, 131.
Voirie parisienne, 242-244.
Vols domestiques, 6-9, 281-282.
Vouhaignet (Jean), 224.
Voulte-sur-Rhône (la) (Ardèche), ou *la Vote en Auvergne*. — Philippe de Lévis, seigneur de la Voulte, 98.

W.

Warrout (Me Mathurin), 110, 252, 260.
Warwick (Richard de Beauchamp, comte de), 177, 178, 316, 321, 324, 327, 329, 331, 333, 338, 339, 340.
Wideville (Richard), écuyer anglais, 106.
Willoughby (Robert, seigneur de), comte de Vendôme, 156-157, 316.

Y.

Yerres (Seine-et-Oise). — Hervy Miz, curé d'Yerres, 120.
Ysambart, secrétaire du roi, 32, 69.
Ysbarre (Augustin), banquier lombard, 51-55, 58-61.
Yver (Denis), 262.

ERRATA.

Texte.

Page 130, ligne 6. *Au lieu de* : Chembant, *lisez* : Chembaut.
Page 142, lignes 24 et 29. *Au lieu de* : suppliante, *lisez* : suppliant.
Page 183, ligne 2. *Au lieu de* : traité, *lisez* : traite.
Page 208, ligne 32. *Au lieu de* : Jehannecte, *lisez* : Jehannette.
Pages 250 à 264 (pièce CXXI). Il eût été bon, pour une plus grande clarté du texte, de mettre à la ligne les : *Item*, des pages 254, ligne 2; 255, l. 11; 256, l. 9; 257, l. 14; 260, l. 12 et 26; 261, l. 4, 11 et 15; 262, l. 3; 263, l. 1.
Page 314, ligne 29. *Au lieu de* : Jacques, *lisez* : Jaques.

Cotes des pièces.

Page 143. Pièce LXXI, ligne 3. *Au lieu de* : de Tessy, *lisez* : d'Ussy.
Page 153. *Corriger le n° d'ordre* LXXXIII *en* LXXVIII.
Page 158. Pièce LXXXI, dernière ligne. *Au lieu de*: Gentier, *lisez*: Gentien.
Page 268. Pièce CXXIV, ligne 1. *Au lieu de*: son chambellan, *lisez* : chambellan du duc de Bedford.
Page 291. Pièce CXXXIX. La cote est quelque peu inexacte : Jean le Chéron n'avait pas quitté Paris avec Isabeau et Tiphaine, mais il était allé se fixer près d'elles.
Page 297. Pièce CXLII, ligne 1. *Au lieu de* : Pophain, *lisez* : Popeham.
Page 348. Pièce CLXXIII, ligne 4. *Au lieu de* : 1432, *lisez* : 1433.
Page 353. Pièce CLXXVI. *Au lieu de* : saint Denis, *lisez* : saint Pierre.

Notes.

Page 149, note 1, ligne 2. *Après* : 1424, *ajoutez* : (vieux style).
Page 307, ligne 7. Il eût été à propos de rappeler en note que Jacquet Guillaume, l'un des conjurés de 1430, n'était pas différent d'un personnage dont les lettres de rémission, en date de juin 1424, avaient été publiées plus haut (pièce LX).

Imprimerie Gouverneur, G. Daupeley à Nogent-le-Rotrou.

www.ingramcontent.com/pod-product-compliance
Lightning Source LLC
Chambersburg PA
CBHW050430170426
43201CB00008B/609